U0693037

国家出版基金项目
NATIONAL PUBLICATION FOUNDATION

中国近代
思想家文库

◎

杨毓麟
陈天华
邹容卷

严昌洪
何广编

中国人民大学出版社
·北京·

《中国近代思想家文库》编纂委员会名单

主　任　　柳斌杰　纪宝成

副主任　　吴尚之　李宝中　李　潞

　　　　　王　然　贺耀敏　李永强

主　编　　戴　逸

副主编　　王俊义　耿云志

委　员　　王汝丰　刘志琴　　许纪霖　杨天石　杨宗元

　　　　　陈　铮　欧阳哲生　罗志田　夏晓虹　徐　莉

　　　　　黄兴涛　黄爱平　　蔡乐苏　熊月之

　　　　　（按姓氏笔画排序）

总　序

　　对于近代的理解，虽不见得所有人都是一致的，但总的说来，对于近代这个词所涵的基本意义，人们还是有共识的。一个国家、一个民族走入近代，就意味着以工业化为主导的经济取代了以地主经济、领主经济或自然经济为主导的中世纪的经济形态，也还意味着，它不再是孤立的或是封闭与半封闭的，而是以某种形式加入到世界总的发展进程。尤其重要的是，它以某种形式的民主制度取代君主专制或其他不同形式的专制制度。中国是个幅员广大、人口众多、历史悠久的多民族国家，由于长期历史发展是自成一体的，与外界的交往比较有限，其生产方式的代谢迟缓了一些。如果说，世界的近代是从 17 世纪开始的，那么中国的近代则是从 19 世纪中期才开始的。现在国内学界比较一致的认识，是把 1840 年到 1949 年视为中国的近代。

　　中国的近代起始的标志是 1840 年的鸦片战争。原来相对封闭的国门被拥有近代种种优势的英帝国以军舰、大炮再加上种种卑鄙的欺诈打开了。从此，中国不情愿地加入到世界秩序中，沦为半殖民地。原来独立的大一统的中央集权的君主专制国家，如今独立已经极大地被限制，大一统也逐渐残缺不全，中央集权因列强的侵夺也不完全名实相符了。后来因太平天国运动，地方军政势力崛起，形成内轻外重的形势，也使中央集权被弱化。经历第二次鸦片战争、中法战争、甲午战争、八国联军入侵的战争以及辛亥革命后的多次内外战争，直至日本全面侵略中国的战争，致使中国的经济、政治、教育、文化，都无法顺利走上近代发展的轨道。古今之间，新旧之间，中外之间，混杂、矛盾、冲突。总之，鸦片战争后的中国，既未能成为近代国家，更不能维持原有的统治秩序。而外患内忧咄咄逼人，人们都有某种程度"国将不国"的忧虑。

　　"天下兴亡，匹夫有责"，读书明理的士大夫，或今所谓知识分子，尤为敏感，在空前的危机与挑战面前，皆思有所献替。于是发生种种救亡图存的思想与主张。有的从所能见及的西方国家发展的经验中借鉴某些东西，形成自己的改革方案；有的从历史回忆中拾取某些智慧，形成某种民族复兴的设想；有的则力图把西方的和中国所固有的一些东西加以调和或结合，形成某种救亡图强的主张。这些方案、设想、主张，从世界上"最先进的"，到"最落后的"，几乎样样都有。就提出这些方案、设想、主张者的初衷而言，绝大多数都含着几分救国的意愿。其先进与落后，是否可行，能否成功，尽可充分讨论，但可不必过为诛心之论。显而易见，既然救国的问题最为紧迫，人们所心营目注者自然是种种与救国的方案直接相关的思想学说，而作为产生这些学说的更基础性的理论，及其他各种知识、思想，则关注者少。

围绕着救国、强国的大议题，知识精英们参考世界上种种思想学说，加以研究、选择，认为其中比较适用的思想学说，拿来向国人宣传，并赢得一部分人的认可。于是互相推引，互相激励，更加发挥，演而成潮。在近代中国，曾经得到比较广泛的传播的思想学说，或者够得上思潮的，主要有以下几种：

（一）进化论。近代西方思想较早被引介到中国，而又发生绝大影响的，要属进化论。中国人逐渐相信，进化是宇宙之铁则，不进化就必遭淘汰。以此思想警醒国人，颇曾有助于振作民族精神。但随后不久，社会达尔文主义伴随而来，不免发生一些负面的影响。人们对进化的了解，也存在某些片面性，有时把进化理解为一条简单的直线。辩证法思想帮助人们形成内容更丰富和更加符合实际的发展观念，减少或避免片面性的进化观念的某些负面影响。

（二）民族主义。中国古代的民族主义思想，其核心是"非我族类，其心必异"，所以最重"华夷之辨"。鸦片战争前后一段时期，中国人的民族思想，大体仍是如此。后来渐渐认识到"今之夷狄，非古之夷狄"，"西人治国有法度，不得以古旧之夷狄视之"。但当时中国正遭受西方列强的侵略和掠夺，追求民族独立是民族主义之第一义。20世纪初，中国知识精英开始有了"中华民族"的概念。于是，渐渐形成以建立近代民族国家为核心的近代民族主义。结束清朝君主专制，创立中华民国，是这一思想的初步实现。第一次世界大战爆发，中国加入"协约国"，第一次以主动的姿态参与世界事务，接着俄国十月革命爆发，这两件事对近代中国的发展历程造成绝大影响。同时也将中国人的民族主义提升到一个新的层次，即与国际主义（或世界主义）发生紧密联系。也可以说，中国人更加自觉地用世界的眼光来观察中国的问题。新生的中国共产党和改组后的国民党都是如此。民族主义成为中国的知识精英用来应对近代中国所面临的种种危机和种种挑战的一个重要的思想武器。

（三）社会主义。社会主义作为一种模糊的理想是早在古代就有的，而且不论东方和西方都曾有过。但作为近代思潮，它是于 19 世纪在批判近代资本主义的基础上产生的。起初仍带有空想的性质，直到马克思和恩格斯才创立起科学社会主义。20 世纪初期，社会主义开始传入中国。当时的传播者不太了解科学社会主义与以往的社会主义学说的本质区别。有一部分人，明显地受到无政府主义的强烈影响，更远离科学社会主义。直到五四新文化运动兴起之后，中国人始较严格地引介、宣传科学社会主义。但有一段时间，无政府主义仍是一股很大的思想潮流。中国共产党的成立，从思想上说，是战胜无政府主义的结果。中国共产党把在中国实现社会主义乃至共产主义作为自己的奋斗目标。此后，社会主义者，多次同各种非科学社会主义思想的信仰者进行论争并不断克服种种非科学社会主义思想的影响。

（四）自由主义。自由主义也是从清末就被介绍到中国来，只是信从者一直寥寥。直到五四新文化运动兴起，具有欧美教育背景的知识精英的数量渐渐多起来，自由主义始渐渐形成一股思想潮流。自由主义强调个性解放、意志自由和自己承担责任，在政治上反对一切专制主义。在中国的社会条件下，自由主义缺乏社会基础。在政治激烈动荡的时候，自由主义者很难凝聚成一股有组织的力量；在稍稍平和的时候，他们往往更多沉浸在自己的专业中。所以，在中国近代史上，自由主义不曾有，也不可能有大的作为。

（五）激进主义与保守主义。处于转型期的社会，旧的东西尚未完全退出舞台，新的东西也还未能巩固地树立起来，新旧冲突往往要持续很长的时间，有时甚至达到很激烈的程度。凡助推新东西成长的，人们便视为进步的；凡帮助旧东西排斥新东西的，人们便视为保守的。其实，与保守主义对应的，应是进步主义；与顽固主义相对的则应是激进主义。不过在通常话语环境中人们不太严格加以区分。中国历史悠久，特别是君主专制制度持续两千余年，旧东西积累异常丰富，社会转型极其不易。而世界的发展却进步甚速。中国的一部分精英分子往往特别急切地想改造中国社会，总想找出最厉害的手段，选一条最捷近的路，以最快的速度实现全盘改造。这类思想、主张及其采取的行动，皆属激进主义。在中共党史上，它表现为"左"倾或极右的机会主义。从极端的激进主义到极端的顽固主义，中间有着各种程度的进步与保守的流派。社会的稳定，或社会和平改革的成功，都依赖有一个实力雄厚的中间力量。但因种种原因，中国社会的中间力量一直未能成长到足够的程度。进步主义与保守主义，以及激进主义与顽固主义，不断进行斗争，而实际所获进步不大。

（六）革命与和平改革。中国近代史上，革命运动与和平改革运动交替进行，有时又是平行发展。两者的宗旨都是为改变原有的君主专制制度而代之以某种形式的近代民主制度。有很长一个时期，有两种错误的观念，一是把革命理解为仅仅是指以暴力取得政权的行动，二是与此相关联，把暴力革命与和平改革对立起来，认为革命是推动历史进步的，而改革是维护旧有统治秩序的。这两种论调既无理论根据，也不合历史实际。凡是有助于改变君主专制制度的探索，无论暴力的或和平的改革都是应予肯定的。

中国近代揭幕之时，西方列强正在疯狂地侵略与掠夺殖民地和半殖民地，中国是它们互相争夺的最后一块、也是最大的资源地。而这时的中国，沿袭了两千年的君主专制制度已到了奄奄一息的末日，统治当局腐朽无能，对外不足以御侮，对内不足以言治，其统治的合法性和统治的能力均招致怀疑。革命运动与改革的呼声，以及自发的民变接连不断。国家、民族的命运真的到了千钧一发之际，危机极端紧迫。先觉分子救国之心切，每遇稍具新意义的思想学说便急不可待地学习引介。于是西方思想学说纷纷涌进中国，各阶层、各领域，凡能读书读报者，受其影响，各依其家庭、职业、教育之不同背景而选择自以为不错的一种，接受之，信仰之，传播之。于是西方几百年里相继风行的思想学说，在短时期内纷纷涌进中国。在清末最后的十几年里是这样，五四时期在较高的水准上重复出现这种情况。

这种情况直接造成两个重要的历史现象：一个是中国社会的实际代谢过程（亦即社会转型过程）相对迟缓，而思想的代谢过程却来得格外神速。另一个是在西方原是差不多三百年的历史中渐次出现的各种思想学说，集中在几年或十几年的时间里狂泻而来，人们不及深入研究、审慎抉择，便匆忙引介、传播，引介者、传播者、听闻者，都难免有些消化不良。其实，这种情况在清末，在五四时期，都已有人觉察。我们现在指出这些问题并非苛求前人，而是要引为教训。

同时我们也看到，中国近代思想无比的多样性与复杂性呈现出绚丽多彩的姿态，各种思想持续不断地展开论争，这又构成中国近代思想史的一个突出特点。有些论争为我们留下了非常丰富的思想资料，如兴洋务与反洋务之争，变法与反变法之争，革命与改良之争，共和与立宪之争，东西文化之争，文言与白话之争，新旧伦理之争，科学与人生观之争，中国社会性质的论争，社会史的论争，人权与约法之争，全盘西化与本位文化之争，民主与独裁之争，等等。这些争论都不同程度地关联着一直影响甚至困扰着中国人的几个核心问题，即所谓中西问题、古今问题与心物关系问题。

中国近代思想的光谱虽比较齐全，但各种思想的存在状态及其影响力是很不平衡的。有些思想信从者多，言论著作亦多，且略成系统；有些可能只有很少的人做过介绍或略加研究；有的还可能因种种原因，只存在私人载记中，当时未及面世。然这些思想，其中有很多并不因时间久远而失去其价值。因为就总的情况说，我们还没有完成社会的近代转型，所以先贤们对某些问题的思考，在今天对我们仍有参考借鉴的价值。我们编辑这套《中国近代思想家文库》，希望尽可能全面地、系统地整理出近代中国思想家的思想成果，一则借以保存这份珍贵遗产，再则为研究思想史提供方便，三则为有心于中国思想文化建设者提供参考借鉴的便利。

考虑到中国近代思想的上述诸特点，我们编辑本《文库》时，对于思想家不取太严格的界定，凡在某一学科、某一领域，有其独立思考、提出特别见解和主张者，都尽量收入。虽然其中有些主张与表述有时代和个人的局限，但为反映近代思想发展的轨迹，以供今人参考，我们亦保留其原貌。所以本《文库》实为"中国近代思想集成"。

本《文库》入选的思想家，主要是活跃在 1840 年至 1949 年之间的思想人物。但中共领袖人物，因有较为丰富的研究著述，本《文库》则未收入。

编辑如此规模的《文库》，对象范围的确定，材料的搜集，版本的比勘，体例的斟酌，在在皆非易事。限于我们的水平，容有瑕隙，敬请方家指正。

《中国近代思想家文库》编纂委员会

目　录

邹容卷

导　言

　　以往一些关于近代人物或辛亥革命志士的传记作品和文集，常有邹陈合传和邹陈合集，如陈旭麓著《邹容与陈天华的思想》（上海人民出版社1957年版），陈旭麓、费成康著《邹容和陈天华》（祖国丛书，上海人民出版社1985年版），冯祖贻著《邹容陈天华评传》（中国近代人物评传丛书，河南教育出版社1986年版），朱庆葆、牛力著《邹容陈天华评传》（中国思想家评传丛书，南京大学出版社2006年版）和郅志编《猛回头——陈天华·邹容集》（中国启蒙思想文库，辽宁人民出版社1994年版）等。

　　对于邹陈合传，著名历史学家章开沅先生曾发表过这样的看法："邹陈合传，理所当然。尽管一个生在四川，一个生在湖南，家庭背景、经历和性格都不尽相同，但他们都具有爱国民主思想，都用至诚的文字为革命鼓吹，而且都过早地死于英年，牺牲在革命正在进入高潮之际，因此特别使人们深感钦佩而又惋惜。邹容和陈天华都是有崇高理想、远大抱负并且才华过人的英俊青年。他们又各有自己的性格，陈天华的湖南'霸蛮'精神和邹容的巴蜀清奇气质，使他们的短促生命散发出浓郁的乡土气息。我希望有更多的作者为这一代仁人志士写传，如果有一大批好的传记，则将可为今天的青年提供一座有立体感的、虎虎有生气的辛亥革命时期年轻英杰的群像。"① 至于邹陈合集，郅志在《猛回头——陈天华·邹容集》的编序中称邹陈二人的作品都是20世纪初年"历史转折点的代表作"。

　　他们的这些话，也可以用来说明我们把杨毓麟、陈天华、邹容三人

---

① 章开沅为冯祖贻著《邹容陈天华评传》所作序言。

的文章合编成一个集子的原因。杨毓麟与陈天华是湖南同乡、留日同学、革命同志，并同以蹈海方式结束自己年轻的生命，诚如姜泣群《朝野新谭》所言："陈天华杨笃生两先生，皆于满清专制时代，以文字鼓吹革命之先觉。检阅两君之历史，其才识、志行、境遇，无不相同，亦可谓革命悲惨史上之奇谭也。呜呼！天既前后而生奇才于湘地，卒竟使其前后而从屈大夫游，何其忍哉！"[①] 而且，他们三人都是在 1903 年前后进入政治生涯的年轻人，都以自己的慷慨激昂的文字呼唤人民迎接革命的到来，都有宣传革命的小册子广泛传播，造成巨大的社会影响而成为辛亥革命的思想先驱。同时，他们的著作《新湖南》、《革命军》、《猛回头》与《警世钟》先后问世，互相借资，共同有着爱国与革命的主题和建立民主共和国的理想，也共同有着庸俗进化论、大汉族主义等思想缺陷，反映了历史转折点上人们思想的过渡性。把这些文字编为一册，各篇文章参照阅读，才能更好地把握辛亥革命思想准备阶段青年革命家们的思想脉搏，更好地理解民主革命思潮广泛传播，革命高潮迅速到来，不出十年就取得武昌首义、全国响应、推翻帝制、建立共和伟大胜利的历程。

杨毓麟，字笃生，号叔壬，别号盥盒，改名守仁。1872 年 11 月 14 日出生于湖南长沙高桥乡一户耕读传家的普通农户。幼时受的是传统教育，读过四书五经、史籍古文，中过秀才，选过拔贡，还成为"候选知县"，只是他无意仕进，并未谋求实职。他在湖南省城岳麓、城南、校经三书院肄业，广泛阅读清人经说，本国文学、历史，尤其留心经世之学。在维新运动中应聘为湖南时务学堂教习，任《湘学新报》撰述，主张变法维新，立志改造社会。1902 年起三渡扶桑，初入弘文学院，继进早稻田大学。湖南留学生创办《游学译编》，他积极参与，并担任编译工作，接触通过日本人译介的西方学说，探寻救国真理，逐步由爱国转向革命，该刊宣传政治革命、种族革命思想的文章大半出自其手笔，鼓吹湘省脱离满政府而独立。通过学习西方启蒙思想和政治学说，他提高了对"民族主义"、"帝国主义"的认识，加深了对"中等社会"在救国、革命中之重要作用的理解，乃撰《新湖南》，倡言反满独立，广为流传。参加拒俄义勇队，在《游学译编》发表《满洲问题》和《续满洲问题》长文，揭露沙俄对我国东北地区的侵略，警示列强借满洲问题再

---

① 姜泣群：《民国野史》（又名《朝野新谭》），影印本，325 页，南京，江苏广陵古籍刻印社，1995。

议瓜分中国，并声讨清政府卖国之罪，"慷慨淋漓，声泪俱下"。后参加学生军改组成的军国民教育会，主张用暗杀和起义等武装斗争手段推翻清廷。曾与苏鹏等组成暗杀团，试制炸药，成为革命党人中制作炸弹的高手，于1904年潜入北京谋炸慈禧太后，未果。1905年五大臣出洋考察宪政，他充五大臣随员以图策应吴樾行刺，未遂。并未暴露的杨毓麟于1906年初随考察大臣载泽等到达日本，与黄兴等联系，加入同盟会。考察中，于法政知识所得甚多，然以政府非有真立宪之精神，不屑追随，便辞职返沪，设正利厚成肆为江海交通机关。1907年与于右任等创办《神州日报》，任总主笔，才出报36号，报馆失火，幸免于难，发表《本报三十七号纪念词》，欲将坏事变成好事，以火灾为除旧布新之征兆，宣言"今神州之黑暗将被扫除，新神州之光明将益发见"。1908年被留欧学生监督蒯光典聘为秘书，随行至英国，翌年入苏格兰爱伯汀大学学习，兼充《民立报》欧洲特约通讯员和同盟会驻英联络员。与孙中山会晤，建议设立远东通信社，得到孙中山首肯。1910年，汪精卫等在北京谋刺摄政王，所用炸药系杨毓麟从苏格兰购寄。1911年闻黄花岗起义失败，悲愤忧伤，旧疾加剧，遂至利物浦蹈海自杀。其族中叔祖兼同学杨昌济在《蹈海烈士杨君守仁事略》中述其死因称：在国内时，"君既奔走江湖，积年劳瘁，感愤时事，脑疾时发。加以报馆事务异常繁琐，精力大亏"；在英国时，"研习英文甚苦，脑疾愈甚，顾勤敏性成，不自制，明知用功过度于身体有伤，而苦学如故。……读英文报纸，见其主张强权，不讲公道，愤甚，尤痛心疾首于日本人之强横。顾见时事日非，政府卖国，而国民无力能排除之也，益愤闷不能自已，而病乃日深矣。至今年闰六月初旬因服硫磷药品太多，脑炎狂发，遍体沸热，不复可耐，乃乘车至利物浦，作遗书与友人，以闰六月十一日投身利物浦海中"①。杨毓麟死后，时人撰文哭之："今笃生从灵均（引者按：指屈原）于千百载下，则后人论其人，识其事，想象其忠愤之怀，引风凭吊者，较之灵均当何如？呜呼！昊天不吊伤我天民，以吾人切盼之英杰乃不克竟其志，以大有为与斯世，卒以蹈海忧愤死，岂不重可恸乎？昔屈原死而宗国卒陷于沦亡，今笃生死，祖国前途当何如乎？故吾人之哭文豪，不只为文豪哭，亦为祖国前途放声一哭也。"②

①　杨昌济：《蹈海烈士杨君守仁事略》，载《甲寅》，第一卷第四号（1914年11月）。
②　天复：《哭文豪》，载《民立报》，1911-08-22。

真是无独有偶，在杨毓麟在英国跳海自尽前六年，湖南革命宣传家陈天华在日本蹈海，三个月后，另一位湖南革命志士姚宏业在上海投黄浦江而死。虽然陈天华在绝命书中交待说"慎毋误会其意，谓鄙人为取缔规则而死，而更有意外之举动"，但该规则确实是导致陈天华蹈海、姚宏业投江的重要因素。规则颁布后，中国留学生群起而抗争，并因策略不同而产生分歧，有继续留在日本的，陈天华是其代表人物之一；有集体离日返国的，姚宏业亦是代表人物之一。陈天华是因为看见抗议规则的中国学生中一些人的不端行为被日本报纸诋毁为"放纵卑劣"而大受刺激，想以自己的死触动留学生注意讲究私德，以便维护中国人的形象和中国的国格。姚宏业则是因为为返沪学生开办的中国公学经费拮据，办学困难，受到顽固官绅肆意攻击愤而投江自尽的。一连三位湖南志士蹈海警世，原因何在？是三湘多奇士，湖南人的强悍、霸蛮的性格造就了他们不怕死的精神？还是如青年周恩来所吟咏的那样"难酬蹈海亦英雄"，他们壮志难酬，遂以蹈海的英雄行为舍生取义？抑或是楚国爱国诗人屈原自沉汨罗江的悲壮之举感召着楚人的子孙？我们还是认真阅读他们的文章，沿着他们的心路历程，探寻他们蹈海的深刻原因吧。

杨毓麟著作甚多，首推《新湖南》影响最大。康有为曾发表《辨革命书》，宣传"合则强，分则弱"以及"惧外人之干涉"的观点，攻击革命派欲分现成大国为数十小国，以力追印度，是自取弱亡；赞扬满洲合于汉，大有益于中国。《新湖南》针对这些观点予以回应，认为非大国不能立足世界，西方列强侵略远东，必须靠中国集同洲同种来抵抗。但在满政府统治下，难以完成此使命。该书是杨毓麟受太平洋客（欧榘甲）所著《新广东》的影响，以"湖南之湖南人"署名撰写出版的。《新广东》论述广东自立之基础和应当自立之原因，分析广东不知自立之害，认为自立当先做预备并去俗见，陈述广东自立三策（开自立报馆、开自立学堂、联秘密社会）。主张各省先自立，然后建立联邦政府，以达全中国自立之目的。《新湖南》根据这个思路，"论湖南之形势与湖南人之特质，发挥民族主义，寓地方独立之意"[①]。当然，《新湖南》介绍西方社会政治学说，理论上加强了对民族主义和帝国主义的论述，实践上主张以革命的手段实现这一目标，对推动当时的革命思潮的传播起了较大作用。这些都大大超越了《新广东》。

---

① 杨毓麟：《〈新湖南〉再版广告》，载《游学译编》，1904（11）。

　　我们已知陈天华曾借资移植《新湖南》部分内容，如两者都引用了"民族帝国主义"概念，都揭露了帝国主义通过政治、军事、经济、传教等手段掠夺中国，企图使中国成为它们的殖民地。其实，杨毓麟关于民族帝国主义的论述，也是借资移植了美国学者灵绶的《十九世纪末世界之政治》一书，当然还借资了同时代中外人士的其他著作。

　　灵绶是美国威斯康辛大学教授，所著《十九世纪末世界之政治》，原书名为 *World Politics at the End of the Nineteenth Century：As Influenced by the Oriental Situation*，1900 年在纽约出版。日译者为高田早苗，明治三十四年由东京专门学校（早稻田大学前身）出版。中译者是罗普，1902 年上海广智书局活版部印刷。该书对日本和中国学术界影响很大，学者郑匡民说："这本书是围绕着中国问题论及当时世界列强所执的帝国主义政略。高田早苗称此书'是解释刻下重大问题的最有价值之书'。"[①] 梁启超撰《论民族竞争之大势》时坦言"篇中取材多本于美人灵绶氏所著《十九世纪末世界之政治》，洁丁氏所著《平民主义与帝国主义》，日本浮田和民氏所著《日本帝国主义》、《帝国主义之理想》等书，而参以己见，引申发明之。不敢掠美，附识数言"。在从前撰写文章，编著作品，借资移植成为风气的时代，梁启超能够做这样的说明，用今天的话说，比较符合规范。据郑匡民考证，梁启超当时所参考的是灵绶该书的日译本。

　　灵绶的书共五编，第一编为"民族帝国主义"，下分五章，分别论述"自民族主义一变而为民族帝国主义"、"民族帝国政略之手段"、"列强之殖民"、"殖民政略与帝国主义之关系"、"民族帝国政略之结果"。第二编为"中国开放门户"，下分三章，分别论述"中国社会与政治的特点"、"诸外国在中国所得利益之性质"、"中国之现在与未来"。第三编为"支那开放对世界政治全局的影响"，主要论述"俄国之帝国政略"、"东洋形势对西欧诸国的影响"、"东西文明之接触"、"中国开放的一般影响"。第四编主要论述德国的帝国政略。第五编论述美国在东洋政治中的地位。《新湖南》部分内容很显然是借资了这部著作的。

　　灵绶认为，由民族主义一变为民族帝国主义的原因是各国过分发展，人口增长，而土地有限，所以要向外伸展。这是一种历史的必然，非一二人所能为，无人能抵挡。杨毓麟也接受了这一观点，认为民族主

---

① 郑匡民：《梁启超启蒙思想的东学背景》，183 页，上海，上海书店出版社，2003。

义变而为民族帝国主义，"其为此主义之原动力者，非出于政府一二人之野心也，国民生殖蕃盛之力之所膨胀也；亦非出于武夫健将一二人之权略也，国民工商业发达、资本充实之所膨胀也。发生之基本，则全国人之思想也；运动之机关，则全国人之耳目也。故其风潮之猛，若倾海水而注之大陆，而吾国民乃无一着不失子，无一处不退步矣"。

杨毓麟在分析现今大局之危迫的时候，引用了灵绶书中关于民族帝国殖民政略与手段的观点，揭露列强对殖民地的政略是施行帝国主义之方针，以殖民政略为主脑，而以租界政略、铁道政略、矿产政略、传教政略、工商政略为眉目，用以组织此殖民政略，使达于周密完全之地。并联系中国实际，一一剖析了列强运用这些政略对中国所进行的政治、经济、文化侵略。

通过描绘中国和湖南在帝国主义侵略下所呈现的险象，借灵绶在《十九世纪末世界之政治》中关于"中国不及此五年自强，五年以后决无可措手"的预言，警醒国人，首先是湖南人尽快改造中国社会以图存。在论述民族建国主义时，也借资了灵绶书中关于近代国家形成原因的理论和关于欧洲民族国家形成的历史，并引申说："欲横遏此帝国主义之潮流者，非以民族主义筑坚埤以捍之，则如泛桃梗于洪涛之上而已矣"。而中国既不是单一民族国家，汉人置于满人统治之下；又无个人自由权，国民在专制统治下毫无权利。在此情况下，他强调民族建国主义和个人权利主义的重要，称民族主义和个人权利主义，是生人之公理也，天下之正义也。有阻遏此主义使不得达者，卧薪尝胆，矛淅剑炊①，冀得一当而已矣，公理然也，正义然也。出于对满政府抵抗侵略的绝望，对民族联合的急切，杨毓麟号召湖南人以对湖南的责任、对全国的责任，用"破坏"、"独立"手段，先脱离满政府，建立一个新湖南，实行地方自治，并带动各省均"新"之，使各省以独立之亲和力聚而为新中国。他大声呼号："欲新中国必新湖南！"

《新湖南》出版后，与《新广东》一起风行全国，"一时湖南新学少年游日本者，翕然称之"。

《新湖南》与邹容《革命军》、陈天华《猛回头》一样，存在着这样一些局限性，主要是对帝国主义的本质缺乏深刻认识，对挽救危亡的基

---

① "矛淅剑炊"，亦作"剑炊矛淅"，语出《世说新语·排调》"矛头淅米剑头炊"，意为矛头淘米而剑头炊饭，形容处境极其危险。杨毓麟在文中活用此典，写作"矛炊剑淅"。而以往部分编者不明其意，或误为"矛炊剑淅"，或误为"矛炊剑折"。

本社会力量视而不见，并没有找到革命的正确途径，而是侧重于采取俄国虚无党的恐怖主义手段进行所谓的"破坏"。还有大汉族主义情绪等等。这些问题在邹容、陈天华的著作中同样存在，下面将做分析，此处不赘。

本书收录了杨毓麟关于满洲问题的文章。1903 年俄国独占中国东北的企图日益明显，这不仅关系到满洲一隅之存亡，而且中国之存亡系焉；处心积虑打满洲主意的不仅一俄罗斯而已，世界列强亦均注目于此，杨毓麟认为"满洲问题，非一满政府之问题，而世界各国经营极东者之问题；非世界各国经营极东者之问题，而为亚洲大陆主人翁之中国民族存亡之问题也。"数月以来，风云万变，其存其亡，系于旦夕。杨毓麟有鉴于此，搜集日本和西方各媒体的大量资料，加以论说，撰写了《满洲问题》和《续满洲问题》长文，详记此问题之原因及各国侵略之现状以及我国应对之方法，主张国民用脱离清政府而独立的办法解决中国主权存亡之问题。文章指出，清政府解决满洲问题的办法，"势必举黑山白水全壤而奉之于俄"，从而引起英之在长江上下游，日之在福建，德之在山东，法之在广西、云南、贵州加紧势力范围内的侵略，从而导致瓜分危机又起。我国民于此问题，要以冲决网罗之决心，用实行民族建国主义之手段，脱离清廷而独立，"不承认满政府使得仍旧垄断吾民族主权，满政府所外市之主权，他国不得以享有之；夺满政府以夺他国，而后吾民族拥护主权之势力，无往而不伸"。他阐述关于独立的见解称："独立者，国民一切事业之母。一隅独立，则足以号令一省；一省独立，则足以号令全国"；"曰独立而依赖强援者，是独立之性质不完全也"；"独立者，非独对于满政府，抑亦对于全世界"。他在文章中号召国民以不怕死的精神挽救危亡："知死则蹈死，知死蹈死则可以独立，可以与满政府宣战而保存主权!!! 可以与俄、英、德、法、美、日本宣战而收回主权!!!"两篇文章所抄录的大量国外媒体的文章，为我们保存了研究满洲问题和当时国际形势的第一手资料。

本书还收录了几篇《神州日报》的社论和时评。杨昌济称赞杨毓麟说："每著一论，精神迸露，义气凛然，读者深为感发。君固工文辞，有远识，具不可及处，尤在其言有物，出于至诚，盖并世所罕觏也。"[1] 杨毓麟和王无生在《神州日报》担任撰写社论的工作。该报第一天的发刊词由杨毓麟、王无生二人主稿，经社长于右任参订而成，故署名"三

---

① 杨昌济：《蹈海烈士杨君守仁事略》，载《甲寅》，第一卷第四号（1914 年 11 月）。

函"。此文意内言外隐含民族主义之情绪，与当年《苏报》、《国民日日报》的激烈革命言论不同，为避清廷文网只能作迂回宣传。其内容，古今中外，旁征博引，摅怀旧之蓄念，发思古之幽情，历举我国之人种智慧、宗教观念、社会主义、国家主义、帝国主义、法律系统、文学思想、冒险性质等种种特色，如数家珍。说明该报办报方针是"指陈得丧，穷极端委，鞭策顽懦，导启贞元"，许诺力免新闻报纸容易出现的几种弊病。我们选录此文就是因为它是旧文学之代表作。冯自由在《上海神州日报小史》中称其文字高古典雅，赞誉其"益足光祖宗之玄灵，振大汉之天声，诚旧文学中之代表作也"[1]，一时士林传诵。

可能怕多数读者看不明白用高古典雅的文言文撰写的发刊词，该报第二天和第三天又刊载了杨毓麟撰写的社论《论本报所处之地位并祝其前途》。杨毓麟认为，我国近十年来日报开始渐次具有政治新闻之性质，但尚不能与世界各国办得好的报纸相颉颃。在今后我国之政治事情不得不与世界各国相追逐的形势下，我国报纸之实质与态度亦不得不蕲与世界各国之程度渐次相接近。为了紧跟国内外迅速变化的形势，为了追赶世界各国报纸的程度而创办的《神州日报》，出于对国民的责任，每天关注国内外重大政治时事问题，及时报导，"对于政府则有呼吁而已矣，有问难而已矣；对于国民则有陈诉而已矣，有贡献而已矣"。并希望国民加强团结，坚强意力，改造国家，革新政治。其所祝之前途为："由此而十年而百年而千万年，追逐吾国民政治事件之发达，而促成吾《神州日报》新闻事业之发达。"此文与上文如果参照来读，则可对于杨毓麟等的办报思想有比较清楚的了解。

《论报律》是一篇简短的社论，阐述报纸对于国家、社会之重要性，揭露清政府拟颁布《报律》约束报纸，控制舆论的伎俩，预言这一目的必将达不到："欲用此以为新闻事业之障碍，则吾未见其术之果售也。"

《危言脞录》是一篇论说，鉴于人的心理一般认为父誉其子，不如邻人誉之见谓诚，吾人之所谓危者，抑亦不如外人所谓危之见谓真确也，遂抄录日本和俄国报纸关于中国将蹈高丽覆辙的言论，如日本《朝日新闻》根据帝国主义强盗逻辑所做预言："支那民族，苟不幸不能自治，致累及外国，则欧洲诸国与我国不得不起而干涉之。"因为他们在高丽已经这样做了。俄国《诺威乌列米亚日报》说得更明确："日俄战

---

① 冯自由：《革命逸史》，第 2 集，244～245 页，北京，中华书局，1981。

争以前，日本宣言所以与俄开战者，在巩固高丽之独立及自由。然及今日，则所谓巩固高丽独立自由云者，已抛弃之于太平洋大海水中，而将高丽收为日本之一县。""日本并吞中国之准备，亦已切实进行。……日本人对中国之态度，与对高丽之态度并无所异。"杨毓麟抄录外报言论，乃是为了让国民对中国危亡迫在眉睫的形势有所警醒，了解政府对外妥协之罪恶而加以革除整顿，从而挽救危亡。

《论世界三大思想之流行》的论说具有较强的理论性。该文认为：一个时代有一个时代的思想，时代变化了，思想亦发生变化。思想既不能落后于时代，也不能超前于时代。自18世纪后半期以来百余年间有三种思想因政治上之刺激而更代迭进，由国家主义到国家社会主义再到无政府社会主义。国家主义发达于相反相成的民族国家主义与帝国主义的时代，国家社会主义出现于相反相成的生计问题与政治问题时代。中国人思想与时代颇不相副，不知已处于国家主义发达与国家社会主义萌生之时代，不是但知个人而不知国家，不知民族国家与帝国主义之相表里，就是借国家主义以文饰其个人主义，并不是知道民族国家主义与帝国主义离合迎拒而趋奉国家主义，更有人喜言社会不喜言国家，以为社会离开国家可以独立存在，遂以社会抵抗国家，结果只有失败。此文的意思是要国民认清时代，以民族国家主义抵抗帝国主义，因为"国与国竞势，不得不以完全之国家御之"。杨毓麟在此重申了他在《新湖南》中的观点。

《记白人暗杀事件列表》不是一篇论说文，我们之所以收录，是为了从一个侧面反映杨毓麟对于暗杀活动的态度。某湘人作《杨毓麟传》说："党人能自制炸弹，自守仁始。"[1] 吴稚晖在《杨守仁传略》中指出："党人从事暗杀，为利器上之研究者，始于三人，即自癸甲之间，笃生君与黄廑午君兴，又一江西徐某，共制炸弹于日本横滨是也。"他称杨毓麟为"革命党之健者，炸裂弹之先导"[2]。可见杨毓麟一贯主张以暗杀作为革命手段之一种，尤其欣赏俄国虚无党的暗杀活动。他在文章中以西方无政府主义暗杀活动频繁的事实，警告政府以粉饰专制政体为藏身之固是不可以久长的，"苟当局者而观于此，抑亦可以知所自择矣"。

邹容、陈天华、杨毓麟三人能否称得上近代思想家，不在于他们的

---

① 曹亚伯：《武昌革命真史》，前编上，368页，北京，中华书局，1930。

② 吴稚晖：《杨守仁传略》，见《吴稚晖先生全集》，第16卷，195页，台北，中国国民党中央委员会党史史料编纂委员会，1969。

理论著作的数量，而应该看他们的思想在当时思想界所达到的高度，看他们的思想对历史进程所产生影响的深远程度。笔者与许小青教授合著的《癸卯年万岁——1903 年的革命思潮与革命运动》中的一段文字大致可以回答这个问题："邹容的《革命军》，陈天华的《猛回头》、《警世钟》，章太炎的《驳康有为论革命书》和杨毓麟的《新湖南》等革命作品及其思想宣传，是 1903 年革命思潮初盛的重要标志之一，直接推动1903 年革命思潮向纵深方向发展。这些作品的传播，也是对立宪保皇论的直接斗争，这对当时刚进入历史舞台不久的新式知识分子选择革命道路起了至关重要的作用。1903 年民族民主革命思想的启蒙，为其后各地革命小团体的成立提供了重要的思想条件。"①

以脍炙人口的通俗小册子《猛回头》、《警世钟》激动国人之心，以蹈海壮举震撼了当年留日学生灵魂的陈天华，1875 年（清光绪元年）出生于湖南新化县下乐村。父亲陈善乃乡村一介塾师，家境贫寒，5 岁开始跟随父亲读书的陈天华不得不在 9 岁时辍学，先是帮人放牛，以很少的一点工钱贴补家用；后来做小贩，提篮叫卖，饱尝人间冷暖。他勤奋好学，向人借书来读，涉猎甚广，既浏览过艰涩的古代史籍，又阅读过通俗的民间读物，尤其喜欢说唱、弹词之类小册子，有时还模仿着写几段唱词自唱自乐。冯自由在《革命逸史》中称他"少时即以光复汉族为念，遇乡人之称颂胡（林翼）、曾（国藩）、左（宗棠）、彭（玉麟）功业者，辄唾弃不顾，而有愧色"②。村边有一座路亭，供行人休憩，陈天华为路亭书联云："莫谓草庐无俊杰，须知山泽起英雄"，表达了他以匡扶天下为己任的抱负。

陈天华 15 岁时才得以进入私塾正规读书，系统接受传统教育。20岁时随父亲移居新化县城，仍提篮叫卖，维持生计。族人见他聪颖好学，便资助他进入资江书院学习，旋考入新化实学堂，开始接触西学。维新运动期间，曾以童生名义参与地方士绅禀请示禁幼女缠足的活动。他如饥似渴地博览新学群书，特别嗜读中西史志，爱国热情益炽，救国之志弥坚。1900 年再得族人资助，进入长沙岳麓书院肄业。惜读未久，

---

① 严昌洪、许小青：《癸卯年万岁——1903 年的革命思潮与革命运动》，143 页，武汉，华中师范大学出版社，2011。
② 冯自由：《〈猛回头〉作者陈天华》，见《革命逸史》，第 2 集，119 页，北京，中华书局，1981。

即因父亲病逝归里，大病不起。次年病稍愈，入省城求实书院继续学习。由于写得一手好文章，在当时的长沙小有文名。有位官员欣赏其才华，欲帮其成家，陈天华毅然却之，说："天下方多故，安能再以儿女情累我乎！国不安，吾不娶。"①

1903 年春，陈天华得补官费游学师范生赴日留学，入弘文学院师范科。去不久，拒俄运动发生，他出于爱国热情，积极投身运动，参加留学生组织的拒俄义勇队（旋改名学生军），任本部办事员。学生军改组为军国民教育会，他捐出节衣缩食省下的两元钱以助活动经费，并自认运动员，拟自费回国运动湘人拒俄。同时"日作书报以警世"，在撰写《猛回头》、《警世钟》小册子的同时，在《苏报》发表致湖南人的公开信，读者读后竟有堕泪者。俄军占领奉天（今沈阳）后，瓜分之议又起，湖南留学生致电湘抚赵尔巽，谓"瓜分约成，湖南属英，宜速备"。陈天华尤其感奋，大为悲恸，"如疾如狂，如孤儿弱女之新丧考妣，奔走徬徨于故旧间，相见无一语，惟紧握友人之手，潸潸然涕泪交横而已"②，啮指血作书数通，寄示湘人，备陈亡国危机，号召大家死战，全省士气更为激昂。赵尔巽亦被感动，亲临各学堂，将陈天华血书宣布，并揭载官报，令各府、州、县开设武备练习所以备战。当年上海《俄事警闻》发表《陈天华之血书》报道此事，盛赞陈天华公开信和血书的巨大影响："竟能鼓动一切，各学堂学生至以武备为性命，即下流社会，亦颇闻风兴起，内中不乏知大义而奋不顾身之人。"③

1903 年秋末，黄兴等湖南志士拟建立华兴会组织，陈天华回湘参与发起。华兴会成立后，以"驱逐鞑虏，恢复中华"为口号，以武装反清为行动方针。陈天华等受命前往江西策动军队起事。同时四处演说，撰写文章，抨击时政，"专以鼓吹民族主义为务。所著咸用白话文或通俗文，务使舆夫走卒皆能读之了解"④。所写文章多刊载于他所参与编辑的《俚语日报》。据陈天华同乡好友杨源濬回忆，他还"日与下等社会谈论种、国大事，虽目不识丁者，闻之皆泣下"⑤。

1904 年春，《俚语日报》因顽固士绅罗织罪名而遭官府查封，陈天华再次赴日，入法政大学学习。可能由于他口吃的原因，日语程度不

①②　杨源濬：《陈君天华行状》，新化县自治会编。
③　《陈天华之血书》，载《俄事警闻》，1904-01-06。
④　冯自由：《〈猛回头〉作者陈天华》，见《革命逸史》，第 2 集，119 页。
⑤　杨源濬：《陈君天华行状》，新化县自治会编。

好，很少上课，又未参加考试，故法政大学速成科学生名单中没有他的名字。8月归国，准备参加华兴会长沙起义。然起义因计划外泄而流产，陈天华间道走江西，至上海，与诸党人决议创立启明译书局，作为革命秘密机关，以图再举。由于万福华谋刺王之春案牵连，黄兴等人被捕，多人逃逸，唯陈天华正襟危坐待捕，并说："事不成，国灭种亡，等死耳，何生为？"在友人力劝下才再次东渡日本，复入法政大学。

日俄战争爆发后，挽救国家免被瓜分已是刻不容缓，但革命运动却屡遭挫折，陈天华不得不稍稍改变救国策略，在梁启超影响下，他于1905年初撰写《要求救亡意见书》致留学界，提议由留学生全体选派代表归国，向清政府请愿，立即颁布立宪，以便能通过政府行为更快地挽救危亡，并拟只身进京上书清廷。《要求救亡意见书》为以前各种《陈天华集》所未载，人们只是从冯自由《中华民国开国前革命史》中窥见其消息："陈天华议请立宪。乙巳（清光绪三十一年）春间，各国忽盛传瓜分中国之说，学界中闻之极形恐慌。陈天华提议由留学生全体选派代表归国，向北京政府请愿，立即颁布立宪，以救危亡。陈本革命党员，至是忽萌立宪之想，闻者咸以为异。然陈此举故别有用意，同志多谅解之。"① 冯自由所说陈天华的提议，就是他当时在留学生中散发的《意见书》。1985年，著名学者杨天石先生在日本外务省档案中找到了这篇文字，是铅印传单，附于警视总监安立钢之给外务大臣小村寿太郎的报告之后。但杨先生没有公布全文。现在，我们从孔祥吉、村田雄二郎《陈天华若干重要史实补充订正——以日本外务省档案为中心》②一文中转录了这篇国内看不到的文字。如何看待这篇存在争议的文字，杨天石先生是这样说的："在陈天华看来，革命不会很快发生，远水救不了近火，国家危亡在即，只能以请愿的形式阻止清政府卖国，这样会便捷得多。然而，陈天华毕竟不同于改良派。这就是，他对于和平请愿的作用并不十分夸大，对清政府能否改弦更张也并不抱很多幻想。"③所以，在湖南同学多不赞成要求政府之说的情况下，经黄兴、宋教仁劝告，陈天华就放弃了《要求救亡意见书》的主张，继续和黄兴、宋教仁等积极从事革命活动，1905年年中，与宋教仁等在东京创办了《二十

① 冯自由：《中华民国开国前革命史》，上编，58页，重庆，中国文化服务社，1946。

② 孔祥吉、村田雄二郎：《陈天华若干重要史实补充订正——以日本外务省档案为中心》，载《福建论坛》（人文社会科学版），2005（4）。

③ 杨天石：《陈天华的〈要求救亡意见书〉及其被否定经过》，载《近代史研究》，1988（1）。

世纪之支那》杂志，宣传革命。在孙中山到日本寻求合作时，他们与孙中山晤面，力主华兴会与兴中会实行联合。同盟会成立前，陈天华被推为章程起草员之一。同盟会成立时被孙中山指任为书记部职员，参与《民报》的编撰，写作《中国革命史论》等文，投入与改良派的大论战中。

　　清政府为阻止留学生爱国与革命活动，与日本政府勾结，由日本文部省颁布了《关于准许清国人入学之公私立学校之规程》（通称"清国留学生取缔规则"），对留日学生的言论、结社、居住及通信自由横加限制，引起广大留日学生的强烈反对。宋教仁劝陈天华撰文发表对此事的意见，陈天华答以："否。徒以空言驱人发难，吾岂为耶。"留日学生为反对清政府勾结日本政府颁布"取缔中国留学生规则"，开始罢课、归国，行动越来越激烈。陈天华对留学生的过激行动不以为然，故无所动。12 月 7 日，全体留日学生总罢课。日本《朝日新闻》发表文章对中国留学生爱国行动进行肆意嘲讽，认为留学生对文部省令多有"误解"，并诬蔑中国留学生为"乌合之众"，"清国人特有的放纵卑劣之意志，其团结亦会十分薄弱"。陈天华愤嫉日本报刊对中华民族的污蔑，决定以死来警醒国人团结一致，遂撰《绝命辞》和《致留日学生总会诸干事书》、《致湖南留学生书》，呼吁留日同学"去绝非行"，"坚忍奉公，力学爱国"，不要听信亲日派言论。12 月 8 日晨，他在东京大森湾蹈海自尽，结束了自己的生命。龚书铎主编的《中国通史》近代前编丁编传记第二十六章（汤志钧执笔）评论陈天华蹈海说："陈天华的投海，不能认为是意志薄弱，灰心丧志，而是以一死来警醒同胞，'力求振作之方，雪日本报章所言，举行救国之实'。无疑，誉为蹈海英雄，陈天华是当之无愧的。"①

　　陈天华的著作虽然比邹容多一些，但比起近代其他思想家来还是少得很，而且他亦英年早逝，并走得突然，有些著述尚未完成。在此情况下，为尽量反映陈天华思想全貌，我们收录了他绝大部分著作。唯许多地方都提到的《最近政见之评决》，只见 1903 年 10 月《游学译编》第 11 期刊登的广告②，并未见到原文。虽然宋教仁所撰《民报》第二号

---

①　白寿彝总主编：《中国通史》，第 11 卷，近代前编下，1653 页，上海，上海人民出版社，1999。

②　该广告称："现近政见纷纭不一，方针若不急定，前途危险不堪言喻。思黄子有见于此，取近日各家之政见书细心评决，语语确当，此书一出，众喙悉息。欲作廿世纪之主人翁者，不可不手是篇。"

《烈士陈星台小传》称："烈士所著书，其已都成集者《猛回头》、《警世钟》、《最近政见之评决》、《国民必读》、《最后之方针》、《中国革命史论》，皆风行于世；其散见于他书者，尚俟厘订。"然而管见所及，《最近政见之评决》与《支那最后之方针》等文，后世各种陈天华集未有收录，本书只好阙如。有一点需要说明的是，我们之所以打破本丛书体例，在本书中收录了陈天华未完成的小说《狮子吼》，乃是因为我们认为，在该小说的楔子，以及各章回借人物之口所说的很多话，均反映了陈天华的民族民主革命思想，有较高理论价值，不可简单以文学作品视之。

陈天华留学日本后，最早发表的几篇文章均刊于 1903 年五六月的《苏报》。

《敬告湖南人》写于拒俄运动已经深入开展之际，陈天华当时看见列强强割、强租中国领土，入侵东三省和广西，中国即将遭瓜分，马上要变成印度、波兰、非洲。他认为中国如果亡于列强，比以前亡于文明程度低的民族还要惨，因为民族帝国主义实行殖民政策，必将消灭殖民地人民以便它们移民，到那时不仅亡国，还要亡种，即帝国主义不仅要夺取统治权，还要剥夺人民的生存权。他认为畏死是亡国灭种的一大原因，他鼓动国人不怕牺牲，奋起反抗列强侵略，舍死向前，即使亡国还不至于亡种。他写此公开信，是欲号召湖南人在各省中带头救亡。

《论〈湖南官报〉之腐败》从定义报纸之职责开篇，陈天华认为报纸之天职在于发表舆论，监督官场，使政治改良，成就多数人之幸福。放弃此天职者就是不良报馆。这些论述具有普遍意义，我们今天评价一般媒体仍可借鉴。陈天华针对当时而言，认为《湖南官报》就是为虎作伥，视民如寇的不良报馆。他在文中回顾了湖南报界之源起与官报出现之历史，揭露《湖南官报》腐败的种种表现，抨击办官报的人为官场之伥、之傀儡。此文可视为陈天华反清革命思想已经明朗的见证。

1903 年 5 月，从日本回国的邹容，在上海发起成立中国学生同盟会，得到陈天华等的响应，《论中国学生同盟会之发起》就是陈天华对邹容表示支持和声援的文章。他在文章中肯定邹容发起创立中国学生同盟会的意义，在于使学界成一绝大合法团体，以鏖战于中国前途竞争逼拶之中。他认为学生为国家之主人，肩负国家兴亡的责任。当前学生势力逐渐壮大，但缺乏一个大团体来统一学生运动。他希望中国全体学生能加入中国学生同盟会，以便更好地发挥力量，实现中国之复兴。

1903 年 6 月，军国民教育会特派员到天津，欲晋见袁世凯，以便提出留学生赴前线抗俄的请求，但遭到冷遇。爱国有罪，救亡遭禁，一时传言很多，甚至误传两特派员在天津被害。陈天华当时已自认军国民教育会运动员，可能曾写信告知湖南同学，拟回国从事运动。但以川资无出，一时未能归国，同学不放心，写信询问。陈天华遂写了《复湖南同学诸君书》，以公开信的形式在《苏报》发表，介绍了军国民教育会和拒俄运动有关情况，并在信中指斥政府对学生爱国行动的压制，表明自己为了国家誓死如归的决心。

陈天华影响最大的作品无疑是《猛回头》与《警世钟》了。《猛回头》采用了散韵夹杂弹词的形式，用他自己在序言中所说的话就是："拿鼓板儿，弦索儿，在亚洲大陆清凉山下，唱几曲文明戏。"弹词是湖南民间很早就流行的一种源于道情，用方言说唱的曲种。用弹词形式揭露时政在湖南有传统，杨毓麟在《新湖南》中曾说："当日遗黎所著有《下元甲子歌》，托于青盲弹词，以写兵祸之惨黩，首尾数万言，读之令人痛心酸鼻。所谓'呕起几根头发气'者，村农里妪，至今能讴吟之。"陈天华从小就受到这类民间曲艺的影响，他又用这种老百姓喜闻乐见的曲艺形式宣传革命思想，达到广泛传播的效果。

《猛回头》与《革命军》等当时宣传排满革命的著作一样，很注重剖析人种问题，在正文之前先写"人种略述"，叙述汉种为满洲征服，沦为满人奴隶。此外还写了"地理略述"，介绍世界地理，描绘欧洲的强大与殖民，呼唤同胞警惕欧洲列强变中国为它们的殖民地。正文就是从这两方面展开。一方面，沉痛地回顾近代以来中国遭受侵略的历史，用一系列事实揭露列强通过战争勒索割地赔款，通过修铁路开矿山掠夺中国财富，通过商品倾销剥削中国人民的血汗，通过强占租借地和划分势力范围掀起瓜分狂潮，并预言亡国的悲惨景象，以印度、安南、波兰、犹太亡国和非洲、南洋、澳洲被殖民的历史，告诫同胞一定要死中求活，奋力救亡。另一方面，揭露清政府只知压迫人民，而不能抵御列强侵略，为了保住自己摇摇欲坠的统治，不惜出卖国家领土、主权，在此情况下，"这朝廷，原是个，名存实亡，替洋人，做一个，守土官长。压制我，众汉人，拱手降洋"。陈天华认识到，帝国主义变换策略，保全清政府，让它作为代理人，代它们继续压迫剥削中国人民，清政府已经成了"洋人的朝廷"，不可能依靠这样的政府挽救国家危亡。为此，他提出社会改良的十点主张：除党见、讲公德、重武备、务实业、兴学堂、立演说、兴女学、禁缠足、禁洋烟、改良社会。虽然这十点没有突破维新派和开明官员的主张，有许多还是清政府在"新政"中正在施行的举措，但陈天华并未停留在这些方面，而是进一步提出了要学习法国改革弊政，推翻专制，实行民主；学习德国全民皆兵，打败法国，报仇雪耻；学习美国推翻英国殖民统治，建立独立自由国家；学习意大利报仇复国，摆脱奥地利羁绊而独立。他最终的目的是要全国人民不怕牺牲，推翻"洋人朝廷"，抵御列强侵略，建立完全独立的中华国家。他最后唱出了自己的心声："改条约，复政权，完全独立。"

陈天华在《警世钟》中再次重申了《猛回头》中的主要观点，叙述列强侵略中国的历史，描绘被洋人欺压的惨状；强调认清种族，以做满人和洋人的双重奴隶为耻；痛恨满政府帮助洋人压迫、屠杀本国人；认为国家人人有份，救国人人有责，奉劝各阶层各方面的人都要为救国做出贡献，有钱出钱，有力出力，有命舍命；只有不怕牺牲进行长期的死战才能救国；反对盲目排外和盲目崇外，指出"要拒外人，须要先学外人的长处"，"必定用文明排外，不可用野蛮排外"。他最后呼吁：全国人民发达爱国心，勇任救国事，前死后继，百折不回，建立一个可以横绝五大洲的极完全的国家。

两个小册子，字里行间，反映了作为一个中国人的民族自豪感："我中华，原是个，有名大邦，不比那，弹丸地，僻处偏方。论方里，四千万，五洲无比，论人口，四万万，世界谁当。论物产，真是个，取之不尽，论才智，也不让，东西各洋。看起来，哪一件，比人不上。"也表露出作者对于民族被欺凌有一种屈辱感："我们同胞辛苦所积的银钱产业，一齐要被洋人夺去；我们同胞恩爱的妻儿老小，活活要被洋人拆散；男男女女们，父子兄弟们，夫妻儿女们，都要受那洋人的斩杀奸淫。我们同胞的生路，将从此停止；我们同胞的后代，将永远断绝。枪林炮雨，是我们同胞的送终场；黑牢暗狱，是我们同胞的安身所。大好江山，变做了犬羊的世界；神明贵种，沦落为最下的奴才。"还充满了民族复兴的自信心："猛睡狮，梦中醒，向天一吼，百兽惊，龙蛇走，魑魅逃藏。改条约，复政权，完全独立，雪仇耻，驱外族，复我冠裳。到那时，齐叫道，中华万岁，才是我，大国民，气吐眉扬。"

陈天华的著作中有对其他著作的借资移植。著名学者冯祖贻指出："陈天华的《猛回头》、《警世钟》吸取当代思想家的思想精华，可以杨毓麟的《新湖南》为例。"他比对了两人作品的内容，发现都有"排外"不忘"排满"思想的表述：《新湖南》揭露清政府已成为帝国主义之

"伥"，成为列强的"守藏之胥"、"窃符之使"，《猛回头》则指斥清政府成为帝国主义的"守土官长"，已变为"洋人朝廷"。两者都引用了"民族帝国主义"概念，都揭露了帝国主义通过政治、军事、经济、传教等手段掠夺中国，企图使中国成为它们的殖民地。两者都用印度、波兰、犹太等国亡国的史实引起中国人民的警觉。两者都认识到反满救亡是一个长期的任务，号召人们前仆后继，坚持长期的斗争，杨毓麟在《新湖南》最后的"湖南独立歌"中唱道："请自今以为始兮，子又生孙，孙又生子。子子孙孙无穷已兮"，终有达到目的之一日。陈天华在《猛回头》中也唱道："或排外，或革命，舍死做去，父而子，子而孙，永远不忘。这目的，总有时，自然达到，纵不成，也落得，万古流芳。"冯祖贻还指出，《新湖南》中的某些缺陷，《警世钟》、《猛回头》中同样也存在着。冯祖贻强调，举出这些相近、相似之处，决不是低估陈天华两部著作出现的划时代意义。一些思想陈天华表达得更清楚、更完整，一些道理陈天华讲述得更为明晰。还有些观点更是《新湖南》所没有提到的。"至于《猛回头》、《警世钟》在人民群众中的宣传、鼓动作用更是《新湖南》所不能望其项背的。"①

　　《猛回头》与《警世钟》的缺陷与《新湖南》相似，首先是充满大国沙文主义色彩，认为中国是世界大国，历史上也曾是强国，本应称霸世界，做他国的皇帝的。还有严重的大汉族主义，歧视满族和苗、瑶等少数民族。庸俗进化论与唯心史观同样存在，用种族之间斗争的"优胜劣败"或气候、地理环境的因素来解释社会现象，如认为"优等民族"统治"劣等民族"，"野蛮民族"被"文明民族"征服具有必然性，说"当汉人未来之先，这苗瑶也是泱泱大族。他族内的事情，他也办得井井有条。只因撞着我们这文明的汉族，就如雪见太阳，全不要理他，自行消灭；我汉族对于蒙古、满洲、苗瑶，自然是文明的；对于欧美各国，又是野蛮。倘不力求进步，使文明与欧美并驾齐驱，还有不灭种的理吗？"还认为"民族帝国主义"是"因其国的人数太多，本地不能安插，撞着某国的人民本领抵挡他不住的，他就乘势占了。久而久之，必将其人灭尽，他方可全得一块地方"。这种观点也来自灵绶的《十九世纪末世界之政治》，他认为由民族主义发展成为帝国主义的原因是各国

　　① 冯祖贻：《邹容陈天华评传》，70～73页，郑州，河南教育出版社，1986。

过分发展，人口增长，而土地有限，故不得不伸展于外。梁启超受其影响，在《论民族竞争之大势》一文中也有类似观点。① 这些观点均模糊了社会矛盾斗争是人类发展进步的动力，掩盖了帝国主义掠夺的本质。这些是我们阅读时应该注意的。

陈天华作为同盟会机关刊物《民报》的撰述员，在《民报》创刊号上发表的时评《论中国宜改创民主政体》、《怪哉，上海各学堂各报馆之慰问出洋五大臣》、《丑哉，金邦平》、《今日岂分省界之日耶》，均是针对时事发表的评论。

当时改良派认为，因人民程度不逮，中国只可行君主立宪，不可行民主共和。《论中国宜改创民主政体》从三个方面驳斥了改良派的观点，认为国民能力必可回复，且可以短期回复，并可享完全之权利。陈天华在此文中进一步指出：要实行民主共和，一定要用革命手段，不革命不能除旧布新，推行改革；不革命不能推翻阻碍改革的异族政府。

1905 年，清政府准备实行立宪，作为预备阶段的一项重要活动，就是派五大臣出洋考察政治。革命党人从反清立场出发，认为清廷此举是为了掩盖继续实行专制统治的事实，或发文章予以揭露，或采取行动予以阻止。革命党人吴樾炸伤绍英等，自己当场被炸牺牲，五大臣出洋推迟，革命党人因此受到鼓舞。陈天华认为清政府"假考察政治之名，以掩天下之耳目。于其归也，粉饰一二新政，以愚弄我汉人"。他写了《怪哉，上海各学堂各报馆之慰问出洋五大臣》一文，称赞吴樾是轻生仗义之人，揭露了清政府立宪的真实企图，应该表扬，但上海各学堂、各报馆，对于牺牲之烈士斥为"丧心病狂"，对于幸免的大臣"慰之幸之"，是颠倒是非，是真正的"丧心病狂"。

清廷为鼓励留学生归国服务，举行回国留学生考试，一体给予科举出身，并授官职。此举从发展教育，培养人才来说无可厚非，但是陈天华从反满立场出发，批评政府此举为牢笼人心，培植奴才之手段，撰写《丑哉，金邦平》，批判以金邦平为代表的参加殿试之人以得官为荣，不以充当清廷奴才为耻，号召作为黄帝子孙的留学生投入反满革命军，以共建汉人政府为荣耀。其中观点显然有些偏颇。

在清政府举办的新政中，开始不见有所谓省界，楚材晋用的情形比

---

① 参见郑匡民：《梁启超启蒙思想的东学背景》，184～187 页。

较常见，后来一些省份学界中严限外省人之学额，渐有排挤外省人之风，即所谓"严正省界"。在陈天华看来，这种严分畛域，互相排斥的做法，不利于汉族团结起来推翻满人统治，不利于合全国之力抵御外侮，更不利于国家前途。在《今日岂分省界之日耶》一文中，他主张消除省界，大家平等互利，反对互相排斥。值得注意的是，他在文中提出"博爱平等主义"与"民族主义"二者相互为用，提倡"四海一气"，"万国平和"，并超越原来所持狭隘民族主义，认为"民族之说特限于今日用之，中国大强之后，即非所宜"。这一点可以帮助我们理解何以革命派在革命时期高唱排满，革命后立即实行五族共和。非省界观点的宣传，对于打破留学生同乡组织和革命小团体的狭隘地域性、建立全国性革命组织亦发挥了积极作用。

陈天华的《中国革命史论》，如果完成，可能会成为介于批判文章与学术著作之间的一部好著作。他在绪论中介绍其写作缘起，界定"革命"的含义，说明写作的目的。该著针对梁启超《中国历史上革命之研究》提出的中国革命史与泰西革命史比较有七大特色，中国革命会陷中国于不救的观点批驳说：梁启超以泰西近世之革命例中国以往之革命，而曰中国不如泰西，泰西可革命，中国不可革命，是不明泰西之历史。他说明其所以有中国革命史之作，是为了指出从前革命不足法的症结所在，总结教训，以便促后起者之改良，首先要解决的问题是中国革命需要有中等社会主持其事。他准备论述各朝革命历史，详叙其致乱之源，当时革命之实迹，及革命后之影响，最后以近世文明革命比照，进行评论，使世人知法、戒之所在。陈天华只写了秦末之革命一章，实在可惜。

《国民必读——奉劝一般国民要争权利义务》，原本是一个未署作者、出版单位与出版时间的小册子，1963 年经学者李松年在柳亚子的藏书中发现，并考订为陈天华所作。刘晴波、彭国兴编《陈天华集》，根据文章中所叙事实，考订此文写于 1905 年 10 月日俄战争结束后不久。从表面上看，此文是向国民普及政治知识，说明什么是国民、权利、义务，国民有哪些重要的权利、义务，如何争取这些权利、义务；实际上，这也是一篇革命宣传的白话读物，不仅揭露了帝国主义侵略中国、清政府媚外残民的罪行，还宣传了资产阶级天赋人权思想和西方民主自由观念，许多内容超越了《猛回头》、《警世钟》的认识，理论色彩比较浓厚，其深刻的论述既是现实斗争的理论依据，又是对未来国家里人民地位的构想。

　　《狮子吼》是一部未完成的浪漫主义与写实主义相结合的政治小说。作者在楔子中假托在梦里获得《光复纪事本末》史书副本，醒后据以演绎为这部章回小说。说它带有浪漫主义色彩，是指陈天华借虚构人物华人梦的梦境，构想了国家光复五十周年时的情景，其中所谓《共和国年鉴》中关于学校、学生、军队（常备军与预备兵）、军舰、铁路、邮局、轮船等的统计数据和每年税收总数，预言了革命成功五十年后中国经济社会发展的程度。作者还虚构了一个"民权村"，在那里有民主自由、平等幸福的生活，寄托了陈天华对未来资产阶级共和国的理想。说它又具有写实主义风格，是因为小说以当时的阶级矛盾和民族矛盾作为广阔的时代背景，揭露列强特别是俄国的侵略阴谋，控诉清政府的腐败和压迫人民的罪行，并通过小说中人物狄必攘、文明种、孙念祖等的故事，反映了黄兴、陈天华等人的革命经历，而小说中叙述的很多事物和情节，可以在现实生活中找到其原型：强中会——兴中会、华兴会；拒俄会——拒俄义勇队；共和学堂——爱国学社；破迷报馆案——苏报案；《革命论》——《革命军》；审血诚——沈荩……很真实地展现了当时爱国志士所进行的艰苦卓绝的革命活动，宣传了革命派激进的排满反帝的民族主义思想。这是一部十分奇特的小说，可惜作者未能完成，使我们不能获知故事的结局。

　　陈天华的作品所产生的深远而广泛的影响，使他获得了"革命党之大文豪"的美誉。特别是他用白话文写作的《猛回头》和《警世钟》，通俗流畅，读起来朗朗上口，对下层群众来说浅显易懂，且具有很强烈的煽情作用，真乃"一字一泪，沁人心脾，谈复仇而色变，歌复仇而声歔"①。读到动情处，不容你不悲愤、不警醒。两书出版后，很快风靡各地。《猛回头》一版再版，《游学译编》第 11 册刊登再版《猛回头》广告说："是书以弹词写述异族欺陵之惨剧，唤醒国民迷梦，提倡独立精神，一字一泪，一语一血，诚普渡世人之宝筏也。初版五千部，不及兼旬，销罄无余，因增订（视原本增加四分之一）再版。"两书被各地革命党人作为最基本最重要的革命宣传品，在军学两界中广泛散发，成为许多人走上革命道路的启蒙读物。当年曾在陈天华家乡新化办中学的曹亚伯回忆说："陈天华留学日本，专著革命小册子如《警世钟》、《猛

---

① 《祭陈星台先生文》，载《民报》，第 2 号。

回头》等，输入湖南湖北之各学堂各军营中，而新化学界革命之思潮，几不可遏止矣。"① 宋教仁在《烈士陈星台小传》中称："近年革命风潮簸荡一时者，皆烈士提倡之也。"②

110 年前从四川走出的青年才俊邹容，以他撰写的脍炙人口的《革命军》小册子而名噪一时；又以他在轰动中外的苏报案中毅然自动投案受到迫害而家喻户晓。两年后，在他为之呼唤的革命高潮到来之前，在他为之呐喊的"中华共和国"出现在东方地平线上之前，他却被黑暗势力吞噬了。

邹容，1885 年出生于天府之国四川的巴县（今重庆）城内一个旧式商人家庭。其父邹子璠经商致富，颇饶资财。他思想守旧，一心想培养邹容走科举之路，获取一官半职，以改变家庭的社会地位。自幼聪颖过人的邹容虽然熟读四书五经和《史记》、《汉书》等典籍，但随着自己年龄的增长和社会上新思潮的激荡，逐渐接触新学书报，接受新思想，鄙弃科举，跑到日本驻重庆领事馆去学习外语和西学。1901 年，来了一个机会，四川总督派遣学生留学日本，邹容遂冲破家庭阻力，束装晋省，参加官费留日资格考试。本来已被录取，并随留学生监督李立元拜谒了总督奎俊，然后返渝治行装。岂知因其"聪颖而不端谨，不合条件"而临时被摈除。所谓"不端谨"，盖系指他第一次参加巴县童子试时顶撞考官，愤而罢考；后在重庆楼外楼公开揭露知府幕僚之义子科场舞弊，并当面质问知府，被打手心。可能有人打了小报告，他鄙弃科举，又富有正义感，敢于斗争的言行被当局知道了，当官的认为他聪明而调皮，到国外去学习不好驾驭，就把他的名字从录取名册中抹去，改补了别人。虽然官费留学被摈，邹容并不气馁，又积极争取自费出洋。其父开始持反对态度，父子闹得几乎决裂，后来邹容终于说服父亲出资助其自费留学日本。

1902 年，邹容先到上海江南制造局附设广方言馆补习日语。9 月抵达东京，入同文书院补习日语和普通课程，其间阅读了不少西学书籍，并受留日学生中排满革命思潮感染，产生反满反专制的革命思想。凡遇留学生开会，他必争先演说，演说词犀利悲壮，鲜与伦比。1903 年 1

① 曹亚伯：《武昌革命真史·自叙》。
② 宋教仁：《烈士陈星台小传》，载《民报》，第 2 号。

月底在东京中国留学生新年团拜会上，他"大倡排满主义"。关于邹容参加新年团拜会发表排满言论一事，笔者曾在《癸卯年万岁——1903年的革命思潮与革命运动》一书中做过辨析：当年《选报》上《满洲留学生风潮》一文记载了广西马君武、湘人樊锥、监督汪大燮等在团拜会上讲话，却没有记载"当时通电皆指名的刘成禺"和邹容等，可能的解释是，开会时，马君武演说后，大家议论纷纷，人多嘴杂，刘成禺、邹容等人均参与过七嘴八舌的议论，他们的发言没有像马君武的演说那样反响大，并未引起人们特别的注意，该文作者似乎没有听清后面几位的发言，所以没有记述刘成禺、邹容的讲话，也没有记其他人的辩驳。而刘成禺后来说自己在癸卯新年集会上继马君武之后发言排满，"当日全国通电，皆言刘成禺，而不言马君武，故予一人获罪"，虽然夸大其词，有攘臂言功之嫌，但不会是说的假话。章炳麟于1903年7月6日在狱中答《新闻报》记者时称邹容"元旦演说，已大倡排满主义"，也不是空穴来风。①

随后邹容即着手写作排满力作《革命军》书稿。尚未杀青，便出了后来章炳麟在狱中赠邹容诗中所说的"快剪刀除辫"一事。他们除的是留学生监督姚文甫的辫子。此人常常破坏留学生的爱国运动，众学生衔恨已久，邹容等人得知他与另一留学生监督的小妾有染，就利用这个机会来教训他。3月31日，他们来到姚文甫的住所，一面指斥其丑行，一面剪去其发辫，悬挂到中国留学生会馆正梁上示众，让这位监督大人下不了台。驻日公使蔡钧照会日本外务省，声言"近来留学生之宗旨变坏，应推邹逆为祸首"，要到同文书院索拿邹容，邹容才不得不离开日本，返回上海。他在上海进入爱国学社学习，并参与中国教育会活动，已负时誉的章炳麟见邹容才思敏捷，胆识超群，便与之结为忘年交，共同从事革命宣传活动。邹容很快成为上海拒俄运动积极分子，中国国民总会设义勇队时，他是四川少数报名参加者之一。中国教育会在张园召开会议，他发表演说论改革中国现时大势。邹容还发起成立中国学生同盟会，得到陈天华等的响应，陈天华在《苏报》发表《论中国学生同盟会之发起》表示支持，他在文章中写道："蜀邹容者，东京退学生也，

① 参见严昌洪、许小青：《癸卯年万岁——1903年的革命思潮与革命运动》，26～27页，武汉，华中师范大学出版社，2011。

愤中国学生团体之不坚，毅然创一中国学生同盟会，海内外全体学生皆要求入会……其目的在于学界成一绝大合法团体，以鏖战于中国前途竞争逼拶之中者也。"① 就在此时，邹容完成了《革命军》的写作，由章炳麟作序出版。《革命军》的出版，像一块石头投入到舆论界自戊戌维新运动失败后的一潭死水中，立即掀起巨浪，影响空前之大。《苏报》推介《革命军》不遗余力，并迅速革命化，加以章炳麟在报上直斥"载湉小丑，未辨菽麦"，《苏报》成为清廷的眼中钉肉中刺，他们勾结租界当局，制造了苏报案，逮捕了章炳麟等人。邹容不愿看见战友身陷囹圄而自己却独善其身，便自动到租界巡捕房投案，结果自然是与章炳麟在战友关系外又成为狱友。次年租界会审公廨判处邹容监禁两年，章炳麟监禁三年，罚做苦工。邹容与章炳麟在狱中坚持斗争，两人还诗歌唱和，互相勉励。但是监狱的恶劣环境使身体羸弱的邹容于刑期届满，即将出狱的 1905 年 4 月 3 日瘐死狱中。

然而历史没有忘记这位英年早逝的青年革命家，人民也牢记着这位辛亥革命的思想先驱。一百多年来，《革命军》大概有 40 多种版本在社会上流传，《邹容文集》或《邹容集》也有近 10 个版本，充分说明人们一直怀念他，他发出的通过革命"使中国大陆成干净土，黄帝子孙皆华盛顿"，中国与世界列强并雄，长存于新世纪新世界上，成为"地球上名国、地球上主人翁"的号召，至今仍鼓舞着中国人民为民族复兴而奋斗。

在诸种邹容集中，各种版本均有不够完善之处，特别是 1981 年 10 月 6 日《人民日报》记者报道苏州发现邹容亲笔信时所出现的人名错误，被早期邹容文集所沿袭，后来以讹传讹，影响至今仍存。该报道附了邹容致蔡寅信原件的照片，十分清晰，但记者却认不真切，在抄录和注解时将两个人名弄错，信中收信人本来是"冶民志士"，记者却弄成"治民志士"，并注解为："治民　蔡寅，字治民，号壮怀……"信中涉及的另一位革命者是金松岑，记者认作"金松岭"，并注解为："金松岭　吴江人，爱国学社主要成员。"由于中央党报的权威性，这两个错误的人名一直被人沿袭。重庆出版社 1983 年版《邹容文集》在收录邹容《狱中与蔡寅书》和附录《人民日报》记者的报道《苏州发现邹容亲笔信》时完全按照《人民日报》的文字，使错误进一步扩散。长江文艺出版社 2004 年版《百年百篇经典书信》将邹容《狱中与蔡寅书》作为经

---

① 陈天华：《论中国学生同盟会之发起》，载《苏报》，1903-05-30。

典书信收录，同时也沿袭了上述错误。2011 年出版了两种《邹容集》
最新版本，其中重庆出版社版《邹容集》是以该社 1983 年版为基础的，
故原封不动地收录了邹容的信和《人民日报》的报道。而人民文学出版
社版的《中国文库·邹容集》，可能根据柳亚子《我和言论界的因缘》
介绍《苏报》上《驳革命驳议》一文系由章炳麟、邹容等四人合写时所
做的说明"我续了一段，同邑蔡冶民先生也续了一段"，正确地将邹容
信中对收信人的称呼写作"冶民志士足下"，并指出"《人民日报》作
'治民'，误"。然而该书仍然沿袭了"金松岭"的错误。邹容信中涉及
的两人蔡寅和金松岑均是江苏吴江人，他们在上海中国教育会和爱国学
社与章炳麟、邹容结识。苏报案发生后，曾筹款准备延请律师为章、邹
二人辩护，因故未果。人们即使对蔡寅、金松岑不熟悉，就是从书信原
件照片上也可清楚地辨认出"冶"字和"岑"字。为了让这种鲁鱼亥豕
的错误止于今日，我们在此多费了点笔墨，敬希读者诸君鉴谅。

　　邹容英年早逝，生命短暂，除了独撰的《革命军》小册子和合写的
《驳革命驳议》文章外，没有留下其他论著。我们想尽量多收点邹容的
文字，所以除以上两文外，还收录了反映他思想的四通书信，而诗歌作
品则抄录于《年谱简编》中。

　　邹容两封家书，一致父母，一致长兄，原件保存在重庆市博物馆。
两信均写于 1901 年赴省城成都参加官费留日考试后不久，内容自然涉
及这次考试的经历和对留学的看法。邹容在信中评论了中国教育现状，
通过转述江师（江叔澥）的话说明中国没有完善的学校，在给大哥的信
中又指出科举之弊：花大量国帑，从大批士子中拣选一二优秀者，对于
国家并无多少益处，对科举将停的期盼溢于言表。他认为读书人切毋奔
走于词章帖括中，以效忠于前人，正确的道路是，通过留学学习新知，
即令不出洋深造，也应从事崇实致用之学，只有这样才有裨益于世道人
心。这其实就是他反感童子试，情愿进日本领事馆学习外语和西学，也
不愿学八股，不爱入考场，以及 1900 年公开抨击府试舞弊，当面质问
知府等一系列言行的注脚。邹容在致父母信中对"华舅"（邹容舅父刘
华廷）反对他留学日本的言论进行了批驳，同时也是在做其父的思想工
作，因为在华舅不支持留学的影响下，其父也不愿儿子远游异国。邹容
在信中复述华舅所说："中国之弱，乃是天运盛衰之理，陈陈相因。前
满人盛，今洋人盛，所谓报应。张、刘亦伟人，尚无奈何，天下汝一人
岂能挽回？士农工商皆为衣食计耳，汝将英文读好，即吃着不尽，何必

别生他念。若欲为国，试看谭嗣同将头切去，波及父母，好否自知。"
邹容认为这些话看似有些道理，但都是老成谋国的顽固之见，全无生气，去圣人仁义之道甚远。为救亡就应有谭嗣同等先烈先贤不计个人安危，不顾家庭得失，舍生取义，杀身成仁的气概。其实早两年少年邹容就在谭嗣同遗像前立下誓言，要继承谭嗣同遗志，华舅拿谭嗣同被杀头的事来吓阻他岂能奏效。

至于邹容在狱中分别致柳亚子和蔡寅的两封信，除了述狱中感受外，重申了爱国情怀和革命志向。

1903 年 6 月 12—13 日《苏报》刊载了《驳革命驳议》一文。据柳亚子 1936 年 3 月 5 日在《逸经》创刊号发表的《我和言论界的因缘》称，该文系章炳麟、柳亚子、蔡冶民和邹容四人合撰，其中"末尾是威丹先生加下去的"。虽然章士钊在《疏黄帝魂》（刊于 1961 年 10 月中华书局版《辛亥革命回忆录》第一集）中称此文是他本人所作，但学术界一般采纳柳亚子的说法。该文针对 1903 年 6 月 8—9 日《中外日报》发表的《革命驳议》一文主张维新而不主张革命，因为"今日革命之难，一在外界干涉，一在内容腐败"的观点进行了批驳，认为戊戌变法的实践证明，维新是枝节改革，立宪缓不济急，自上而下的变法，国民无主动权，故不能从根本上救国；外国革命历史足以证明，只有自下而上的革命，国民操有主动权，才能救中国。只要敢于牺牲，外国干涉不足惧。与章炳麟《驳康有为论革命书》比较起来，此文由于出自多人手笔，驳论不够集中，立论不能透彻。

《革命军》是邹容的代表作。该书以青年志士的豪情，泼辣犀利的文笔，揭露清政府二百六十年来的民族压迫政策，鞭笞封建专制制度，抨击列强侵略，呼唤学习西方，建立中华共和国，以实现民族复兴。出版后，产生巨大影响，不胫而走，一再被翻印，曾被人誉为中国的"人权宣言"。

《革命军》的思想来源于何处？邹容旅上海，游扶桑，短短一两年的时间里阅读了大量进步书刊，达人名家言论均印于脑中。国外的达人名家言他明确地指出了卢梭的《民约论》、孟德斯鸠的《万法精理》、弥勒约翰的《自由之理》和《法国革命史》、《美国独立檄文》（即美国《独立宣言》）等。他从中接受了西方天赋人权和自由平等博爱思想以及民主共和制度的影响，以欧美文明做参照，做楷模，做宝方灵药。特别是从第六章革命独立大义的内容看，美国《独立宣言》对其影响很大，下文将有详述。国内的达人名家虽然没有在文章中指名道姓，但直接借资移植的文字却是很多的，隗瀛涛、李民在《邹容传论》中已指出《革命军》对谭嗣同《仁学》、梁启超《新民说》、蒋智由的诗、《国民报》的文章的转录或修改后录入①；唐文权在《关于〈革命军〉的借资移植问题》一文中更揭示了《革命军》用原文照录入文或略加裁剪入文的方式借资了《国民报》七则、梁启超四则、谭嗣同二则、章太炎一则、蒋智由一则、麦孟华一则，还有尚未查得出处的内容。据唐文权分析，《革命军》借资的内容，揭露清政府的暴政因而鼓吹种族革命，与批判奴性因而强调革命教育的内容刚好各占一半。②

邹容利用这些思想武器，号召在中国实行一场大革命，他认为："革命者，天演之公例也；革命者，世界之公理也；革命者，争存争亡过渡时代之要义也；革命者，顺乎天而应乎人者也；革命者，去腐败而存良善者也；革命者，由野蛮而进文明者也；革命者，除奴隶而为主人者也。"具体说到中国，革命的目的就是要扫除专制政体，脱去奴隶性质，推翻满人统治，使中国成干净土，能与列强并雄于世界民族之林。

他将书名定为《革命军》，并署名"革命军中马前卒"，表明他有一种超前的思想，意识到中国必有革命军起，必将发生一场武装革命。他这种思想为孙中山所接受，1903年冬，孙中山赴檀香山改组兴中会，建立"中华革命军"，以示纪念邹容，他说："今后同志当自称为军，所以纪念邹容之功也。"③

邹容在论述革命之原因时，首先发出不平之鸣，用大量事实揭露清政府民族压迫、民族歧视政策，包括官制不平等，在各级政府官员职数配备上满多汉少；军事上在各要地设驻防制度，用武力管控、压制汉人；在获取功名利禄方面也极其不平等，满人容易汉人难；文化上实行愚民政策，对读书人多方困之、辱之、汩之、絷之、贼之，使其成为奄奄无生气之人；经济上则是残酷剥削汉人，使工、农、兵被吸干血汗，奴隶于满人之下而不敢动；政治参与方面，汉人无权无势，工商业者受尽盘剥而没有丝毫参政权；满汉在法律上也不平等，刑法残酷，狱政黑暗，只对汉人，不对满人。其次控诉清政府在入关时的旧仇和出卖中国

① 隗瀛涛、李民：《邹容传论》，见周永林编：《邹容文集》，重庆，重庆出版社，1983。
② 唐文权：《关于〈革命军〉的借资移植问题》，载《中国文化研究集刊》，第五辑，上海，复旦大学出版社，1987。
③ 孙中山：《复某人函》，见《孙中山全集》，第1卷，228页，北京，中华书局，1981。

利权于外国的新恨，并将中国国际地位低下的原因归于满人的统治。最后归纳革命之原因，指出要救亡图存，光复祖国，必须革命："我同胞处今之世，立今之日，内受满洲之压制，外受列国之驱迫，内患外侮，两相刺激，十年灭国，百年灭种，其信然夫……吾今与同胞约曰：张九世复仇之义，作十年血战之期，磨吾刃，建吾旗，各出其九死一生之魄力，以驱逐……满人，以恢复我声明文物之祖国，以收回我天赋之权利，以挽回我有生以来之自由，以购取人人平等之幸福。"

他将革命区分为非正义性和正义性两种，认为两者的目的不同，前者为个人争权夺利而杀人放火，是野蛮的革命；后者为国民追求自由平等，是文明的革命。两者手段不同，前者有破坏无建设，后者有破坏也有建设。他主张的革命主义，是要在中国进行正义的、文明的大革命。他还辨析建设与破坏之关系，从而引申出革命前须有教育，革命后须有教育。他以外国史实为参照系，用法国、美国未革命以前，教育发达，印度、犹太亡国是因为无教育，从而说明教育兴邦，无教育亡国的道理。又用华盛顿、拿破仑为例，说明有名之少数英雄是无数无名英雄之代表，从而强调提高国民素质的重要性。他呼吁通过教育从三个方面来提高全体国民的认识，一是"当知中国者中国人之中国也"，从而明确自己爱国救国的责任；二是"当知自由平等之大义"，从而自觉地投身到反对专制，追求自由平等的斗争中去；三是"当有政治法律之观念"，从而在遵守法律的前提下积极参与政治。最后指出国民须养成四种精神，即独立精神、冒险精神、公德精神、自治精神。

邹容认为："夫人之爱其种也，必其内有所结，而后外有所排。"为了证明排满革命的正义性和抵御列强侵略的正义性，邹容通过介绍世界人种之构成与分布，说明汉种，即"中国人"是中国土地上的主人，是伟大的民族，满人与汉人不属同种，是攫取了中国土地和统治权的"外来强盗"，是革命的对象。而列强更是侵略中国，奴役中国人的外来强盗，也是需要通过革命来抵抗的。

他还从"国民独立，奴隶服从"的不同性质论述革命必先去奴隶之根性的重要意义。回顾历史，指出中国人自古以来即为专制统治的奴隶，外族统治的奴隶。反观现实，中国人是满人的奴隶，列强的奴隶。说明要保国保种，不再做满人的奴隶，列强的奴隶，必须先去掉奴隶的根性，自认为国民，从而具有反抗精神、国民精神，革命才能取得胜利。

第六章"革命独立之大义"是最重要的一章，邹容在这里阐释了革命方略和建国纲领。他重申了不愿为数重之奴隶，必须革命、独立。他模拟美国《独立宣言》内容，说明革命独立的内涵。《国民报》1901 年 5 月 10 日创刊号刊登的《美国独立之檄文》，就是美国《独立宣言》的最早译本，邹容模拟的就是这个译本。该文首先宣言："世运日开，文明日进，自今而后，我国人民永脱他国政治之羁绊，而介于宇内强国之间。盖欲全我天然及上帝所赋不羁平等之位置，不得不与彼等（原注：指英国，下仿之）相分离而保我独立之权。"① 而《革命军》此章亦宣称："自世界文明日开，而专制政体一人奄有天下之制可倒。自人智日聪明，而人人皆得有天赋之权利可享。今日，今日，我皇汉人民，永脱满洲之羁绊，尽复所失之权利，而介于地球强国之间，盖欲全我天赋平等自由之位置，不得不革命而保我独立之权。"下面将《革命军》与《国民报》所刊《美国独立檄文》以及当代任东来《独立宣言》最新译本加以对照，看看邹容是怎样模拟的。

邹容《革命军》	《国民报》所刊《美国独立檄文》	任译《独立宣言》②
凡为国人，男女一律平等，无上下贵贱之分。各人不可夺之权利皆由天授。生命自由及一切利益之事，皆属天赋之权利。	凡为国人，一律平等，无贵贱上下之分。各人不可夺之权利皆由天授。生命自由及一切利益之事，皆属天赋之权利。	造物者创造了平等的个人，并赋予他们若干不可剥夺的权利，其中包括生命权、自由权和追求幸福的权利。
所有服从满洲人之义务，一律销灭。	所有服从英王之义务一律销灭。	他们解除效忠英国王室的一切义务。
各人权利必需保护。须经人民公许，建设政府，而各假以权，专掌保护人民权利之事。	各人权利必需保护，须经人民公许，建设政府，而各假以权，专掌保护人民权利之事。	为了保障这些权利，人们才在他们之间建立政府，而政府之正当权力，则来自被统治者的同意。
无论何时，政府所为，有干犯人民权利之事，人民即可革命，推倒旧日之政府，而求遂共安全康乐之心。迨其既得安全康乐之后，经承公议，整顿权利，更立新政府，亦为人民应有之权利。	无论何时，政府所为，有与以上诸条不合者，人民即可革命，颠覆旧日之政府，而求遂其安全康乐之心。迨其既得安全康乐之后，经众公议，整顿权利，更立新政府，亦为人民应有之权利。	任何形式的政府，只要破坏上述目的，人民就有权利改变或废除它，并建立新政府；新政府赖以奠基的原则，得以组织权力的方式，都要最大可能地增进民众的安全和幸福。

① 《美国独立檄文》，载《国民报》，第 1 期（1901 年 5 月）。

② 任东来所译美国《独立宣言》文本引自网上资料。

续前表

邹容《革命军》	《国民报》所刊《美国独立檄文》	任译《独立宣言》
若建立政府之后，少有不洽众望，即欲群起革命，朝更夕改，如弈棋之不定，固非新建国家之道。天下事不能无弊，要以能平和为贵，使其弊不致大害人民，则与其颠覆昔日之政府而求伸其权利，毋宁平和之为愈。	若建立政府之后，少有不洽舆情，即欲群起革命，朝更夕改，如弈①棋之不定，固非立国之道。天下事不能无弊，要以能忍为贵，使其弊不致大害人民，则与其颠覆旧日之政府而求伸张其权利，毋宁忍之为愈。	的确，从慎重考虑，不应当由于轻微和短暂的原因而改变成立多年的政府。过去的一切经验也都说明，任何苦难，只要尚能忍受，人类都宁愿容忍，而无意废除他们久已习惯了的政府来恢复自身的权益。
然政府之中，日持其弊端暴政相继施②行，举一国人民悉措诸专制政体之下，则人民起而颠覆之，更立新政，以求遂其保权之心，岂非人民至大之权利，且为人民自重之义务哉！	然政府之中日持其弊，凡暴政滥法相继施行，举一国人民悉措诸专制政体之下，则人民起而颠覆之，更立新政，以求遂其保全权利之心，岂非人民至大之权利，且为人民至重之义务哉！	但是，当政府一贯滥用职权、强取豪夺，一成不变地追逐这一目标，足以证明它旨在把人民置于绝对专制统治之下时，那么，人民就有权利，也有义务推翻这个政府，并为他们未来的安全建立新的保障。
我中国人之忍苦受困，已至是而极矣。今既革命独立，而犹为专制政体所苦，则万万不能甘心者矣。此所以不得不变昔日之政体也。	美人之忍受困苦至是而极，今既革命独立，而犹为专制政体所苦，则万万不能甘心者矣。此所以不得不变昔日之政体也。	这就是这些殖民地过去逆来顺受的情况，也是它们现在不得不改变以前政府制度的原因。
中华共和国为自由独立之国。	合众国殖民地为自由独立之国。	这些联合一致的殖民地从此成为、而且是名正言顺地成为自由和独立的国家。
自由独立国中所有宣战、议和、订盟、通商，及独立国一切应为之事，俱有十分权力，与各大国平等。	自由独立国中所有宣战、议和、订盟、通商，及独立国一切应为之事，俱有十分权力与各大国平等。	作为自由独立的国家，它们完全有权宣战、媾和、结盟、通商和采取独立国家理应采取和处理的一切行动和事宜。

　　台北潘光哲先生在《关于"告别革命"的历史书写——以一九〇三年为例的一些思考》一文曾指出，《革命军》对于未来政治体制的规画的25条方案里，不少是对于当时刊布在《国民报》的《美国独立檄文》

---

① "弈"，原作"奕"，误，校改。
② "施"，原作"放"，误，校改。

的"复制"。① 此处的对比表是在潘文基础上补充内容制成。

邹容为什么选择美国《独立宣言》而没有采用法国《人权宣言》为模本，主要原因是，美国革命前是英国殖民地，美国革命就是要推翻英国的殖民统治，取得独立自由的地位，这与中国情形十分相似，中国在满人统治下，革命就是要推翻满人统治，建立独立自由的国家。基于这种相似性，除了以上这些内容外，邹容还提出"立宪法悉照美国宪法"，"自治之法律，悉照美国自治法律"，"凡关全体个人之事，及交涉之事，及设官分职国家上之事，悉准美国办理"。

邹容作为一个不到 20 岁的年轻人，有了外国革命模式为"宝方"，仿佛自己也底气十足，敢于为国家的未来指明方向，所以《革命军》中这些内容，既是人权宣言、革命宣言，又是为未来新国家设计的蓝图：在自由独立的共和国里，有总统制，有议会政治，有规范人们行为的宪法和法律，有设官分职治事的制度……鲁迅曾评论说：在《革命军》中"他所主张的不过是民族革命，未曾想到共和"②，似乎并不准确，邹容不仅想到共和，还为未来的共和国设计了蓝图。在邹容《革命军》出版以前，包括孙中山在内，中国还没有一个人如此详尽、清晰地描绘未来共和国的图景。孙中山和同盟会提出的三民主义政治纲领，应该说是包括邹容在内的许多革命志士思想的结晶，孙中山不过是其时许多革命者之杰出代表。

《革命军》的影响是巨大的，孙中山在后来回顾革命历程的《有志竟成》中充分肯定了《革命军》对华侨参与革命的影响："《革命军》一书，为排满最激烈之言论，华侨极为欢迎；其开导华侨风气，为力者大。"③ 鲁迅在回忆当年史实时指出："不独英雄式的名号而已，便是悲壮淋漓的诗文，也不过是纸片上的东西，于后来的武昌起义怕没有什么大关系。倘说影响，则别的千言万语，大概都抵不过浅近直截的'革命军马前卒邹容'所做的《革命军》。"④ 吴玉章所写《纪念邹容烈士》七

---

① 潘光哲：《关于"告别革命"的历史书写——以一九〇三年为例的一些思考》，载《近代中国》，第 145 期（2001 年 10 月）。

② 鲁迅：《"革命军马前卒"和"落伍者"》，载《语丝》，第五卷第二期（1929 年 3 月 18 日）。

③ 孙中山：《建国方略》第八章《有志竟成》，见《孙中山全集》，第 6 卷，236 页，北京，中华书局，1985。

④ 鲁迅：《杂忆》（一），载《莽原》，第九期（1925 年 6 月 19 日）。

律诗曰："少年壮志扫胡尘，叱咤风云《革命军》。号角一声惊睡梦，英
雄四起挽沉沦。剪刀除辫人称快，铁槛捐躯世不平。风雨巴山遗恨远，
至今人念大将军。"[1]　这既是对邹容的评价，也是对《革命军》的评论。

　　在今天看来，《革命军》的也即邹容的思想缺陷是显而易见的。首
先，他错误地认为满人是异种，满洲是外国，清朝取代明朝是中国亡
国。这在 20 世纪初年革命派中是比较普遍的看法。从 1902 年留日学生
举行纪念支那亡国二百四十二年集会，到同盟会革命纲领"驱除鞑虏，
恢复中华"，都反映了这种"排满"思潮。《革命军》中还充斥着对满人
的妖魔化的诅咒，骂他们是"腥膻贱种"，要将他们驱赶出中国去，在
中国大地上恢复皇汉威仪。

　　固然，高扬"排满"大旗是革命派为了动员民众参加推翻专制统治
的政治革命的一种策略，声讨满人的罪行是对清政府不满的一种激愤的
表示，"排满"实际是从属于资产阶级反帝反封建革命目标的，并不是
某些外国学者所渲染的"种族革命"或"种族复仇"，但也不能不看到，
邹容和一些人在历史上、地理上、人种学上从学理的角度论证满洲是外
国，刘师培还以韦裔笔名在《民报》上发表长文《辨满人非中国臣民》，
思古在《民报》上发表了《论满洲当明末时代于中国为敌国》。那时，
他们没有中华民族的概念，也没有科学的人种学知识，不懂中国自古以
来就是一个多民族国家，中国版图上的各个民族都是中国人，都可以成
为中国的统治民族。他们在大汉族主义支配下存在着民族偏见，认为满
人比汉人野蛮，不配做中国的统治者，甚至道出了情愿做列强的亡国
奴，也不愿做满人的奴隶的情绪化语言，因为他们认为西方列强文明程
度高于中国，虽然也知道列强亡我之心不死，但是反对帝国主义侵略的
意识不很明确，更多地被"反满"情绪所冲淡，很容易放过主要敌人。
所以，这种反满的认识既不符合事实，也不符合中国的利益，今天阅读
这些文章要有理性认识，不能被当时革命派的情绪所左右。

---

[1]　吴玉章：《辛亥革命》，北京，中国人民大学出版社，1960，书前照片题诗。

杨毓麟卷

新湖南[*]

第一篇　绪言

太平洋客著《新广东》，三户之愤民读而韪之。有顷，见康氏所为《辨革命书》，反复而读之，忧沉沉而袭心。某之言曰：凡物合则大，分则小；合则强，分则弱，物之理也。毕士麦克生当欧洲盛言革命之后，近对法国盛行革命之事，岂不知民主独立之义哉？而在普国独伸王权，卒能合日耳曼二十五邦，而挫法称霸。嘉富洱乃力倡民权者，而必立萨谛尼亚为共主，合十邦以为意国，卒能列于强大。使二子者但言革命民主，则日耳曼、罗马纷乱数十年，必永为法、奥、俄所分割隶属而已。夫毕士麦克、嘉富洱苦心极力，合小为大，以致强霸。吾中国革命诸人，号称救国者，乃欲分现成之大国为数十小国，以力追印度。人不分割我而我自分割之，天不弱亡我而我自弱亡之，何其反也？俄罗斯所以为大国者，岂不以旁纳诸种之故？满洲之合于汉，开蒙古、回疆、青海、卫藏万里之地，为中国扩大之图，教化既益广被，种族更增雄厚，乃有大益于中国者也。

三户之愤民曰：唯唯，否否。夫今世界既入二十世纪之舞台，则第二等国以下必不能于地球上有插立国旗之地，此稍知时局者之所同认

---

　　* 此文录自张枏、王忍之编：《辛亥革命前十年间时论选集》，第一卷下册，北京，三联书店，1960。该书编者在书后《书刊介绍》中介绍说："《新湖南》1903 年在日本出版的小册子，一册线装，卷首原有湖南省地图。作者署名'湖南之湖南人'，他的真名是杨笃生，又名守仁。"本书以饶怀民编《杨毓麟集》（岳麓书社 2008 年版）为校本，并与《黄帝魂》所载《新湖南》（节）参校。

也。白祸之倾注于远东，以江河两流系为归墟，非吸集同洲种族以堤塞之，力薄精殚，终于复绝，此亦稍知时局者之所同认也。顾欲达此目的，必寄之地广人众、形势优胜者，乃能集合权力以造黄种之幸福。环顾大陆，非中国莫与属焉。而中国权力操之满政府，以满政府为可寄乎？此则非可确认之受验书也。

康氏之欲熔铸满汉也，以其占旁纳诸种之位置，则吾请得而剖析之。凡吸集民族者必有其实力，而实力又有辨：一则为亲和之实力，一则为混合之实力。亲和之实力生于自然，于同种为最著；混合之实力生于现在过去之事会而混成于历史，其组织而凝集之者，必缘于政治上之调和与宗教之融结力。其混成与否，当以何等原则规定之，此颇为复杂之问题也，而要视其民族根性之厚薄。其根性厚者，于未至混成之过渡时代，必常呈解散之形状，且虽几于混成，而权力不底于平，亦必呈解散之形状，如芬兰、波兰之于俄、德，匈牙利之于奥地利是也。其根性薄者，非茶然同化及被他种所蹂躏而渐灭，亦必终至于解散。至于调和融结而无散释者，必其根性厚薄相等而权力适剂于平，俱不失优等之位置者也。今满洲之吸集蒙古、卫藏①也，恃宗教以笼络之，虽然，如满人者，宗教思想最薄弱者也，特特为射雉之媒而已；而政治之调和，日日见其失败。故两蒙、两藏皆有脱离衔轭之势，乌能混合之哉？彼既不能调和而融结之，旦夕之间为白人所役使，将为刲割汉种之先驱，不及今而备之，岂有及乎？若汉种之与满族，其调和融结之术，似较蒙、回、卫藏②为胜之矣。虽然，此岂彼族之本谋哉？不过汉种膨胀之力，使彼有不能不且前且却者耳，故阳为一家，阴相摈弃。乃彼白人者，窥寻间隙，思得而利用之，知吾族势力未及成长也，乘其幼稚而摧折之。戊戌之事，英、美大国无一伸公论者，其情可知。吾族不能自伸其势力，而待满政府徐徐为立代议士，何其偾也。夫彼日耳曼联邦、罗马民族，由自然亲和力之发生，而成德意志、意大利优美之结果耳。今以汉种生殖之区域，较之德、意，无所不及，顾不离绝满政府，则无由凝固其吸集之力，不能吸集而仡仡伈伈倪倪，必与顽愚迷乱之满政府，同毙于白种人鸩醪毒脯之下，日日安坐而望满政府，则亦日日安坐而就屠割。夫所谓十八省为十八国者，非未来之现象，而已往与现在之现象也，内部

---

① "卫藏"，原作"藏卫"，误，校改。
② "卫藏"，原作"藏卫"，误，校改。

之吸集力与外部之刺激力相触而生者也。以排满与排外二重之刺激力，进入于汉种之心目，乃可以言吸集。汉种能自相吸集，而后能提携满、蒙、卫藏，使自相吸集。汉种能自相吸集，且能提携满、蒙、卫藏使自相吸集，而后能集权于亚洲中央政府以抗御白祸。夫提携他族使自相吸集者，决非满政府之素心也。纵令如康氏所言，复辟之后，设施何若？夫以今日之事言之，被玩弄于权阉奸相股掌之上者，亦岂有复辟之理？吾见椒饼就御而宫车晚出耳！且必使吾种人放弃责任，而禁其自谋，此何理也？日本以区区三岛一跃而入头等国，汉种以十八省之地而必待指挥于满政府，谓如含乳之子，一离保姆必不自存活者，岂非过虑钦？

康氏之言曰：汉种之于满政府，不得以奴隶论。虽然，以野蛮民族翘然为天下共主者二百六十年，是以奴隶而据主人之室也。奴隶而主人者，则亦必奴隶其主人，此又无可自讳者也。吾湖南人也，欲谋中国，不得不谋湖南。湖南，山国也，交通绝不便利，自长江接洞庭而上溯，行浅水汽船者五百里，自秋末迄冬初，率阻浅不得上驶，南隔岭峤接两粤，皆山险也。其民朴陋贫瘠，而暗于外事特甚，以排外闻天下，野蛮暴动，贻外人口实数数然也，而奴性亦未甚深固。

太平洋客曰：广东有自立特质四：一曰人才众多也，一曰财力雄厚也，一曰地方扼要也，一曰户口繁殖也。广东之事，则诚然矣。吾见边东海各省，若闽浙，若江苏，风气早开，通外事而知世界大势者，不远下于广东；物力丰厚，生殖繁衍，不远下于广东；扼扬子江、钱塘江、闽江之流域，地形便利，不远下于广东；然则奋袂攘臂为天下先，剑及屦及，而沿江负海，皆自立国旗之所飘漾也。然而志士太息于下，而国仇民贼惕淫荒宴于上，莫敢发难者，则岂非调停满汉、迟回审慎而重为戎首者钦？虽然，需者事之贼，时乎不再来，过此以往，虽欲如今日之仰视天、俯画地，以睥睨天下事，而载胥及溺、维倾柱绝，求一片土为立脚地，岂可得哉！微广东倡独立，吾湖南犹将倡独立焉。乃者，庚子实试行之，举事不成，奋为鬼雄，而"种界"二字剐入湖南人之脑中者，如压字机器之刻入纸背焉。然则广东倡之，吾湖南和之；广东鼓之，吾湖南舞之。吾于广东，如骖之靳也。苟有赤血，苟有热肠，勿以其身家性命为奴于白种者之重儓贱隶，勿以其财产土地为奴于白种者之包苴箪笥。奴吾者，吾仇之；干预吾事、抑制吾之脱奴籍者，吾仇之。湖南者，吾湖南人之湖南也。铁血相见，不黩不竦，此吾湖南人对于湖南之公责也，抑亦吾湖南人对于汉种之公责也。作《新湖南》，用遍告湖南中等社会，以耻旧湖南人之甘于为奴者，以谂旧湖南人之不愿为奴者，以待十八行省之同襁奴服，而还我主人翁之位置者。

第二篇　湖南人之性质及其责任

诸君在于湖南之位置，实下等社会之所托命，而上等社会之替人也。提挈下等社会以矫正上等社会者，惟诸君之责；破坏上等社会以卵翼下等社会者，亦为诸君之责。下等社会吾亟亟与之言，故必亟亟与诸君言；上等社会吾不屑与之言，尤不得不亟亟与诸君言。诸君，诸君！湖南之青年军，演新舞台之霹雳手，非异人任也。

诸君，诸君！湖南有一大纪念事，知吾人之入奴籍在于何时乎？事始于故明甲申国破后之二年九月，满政府遣兵入湖广，其后二年三月遂克长沙。于时，吾湖南父老子弟方秣马厉①兵，以随何腾蛟之后，思保全疆土，以存中原文献于西南一角弹丸黑子之地。兵气不扬，内讧迭起，然而湖南人之扶伤更进如故也。何腾蛟既殁，继之以堵允锡之役；堵允锡既殁，继之以李定国之役，至明祚既斩，死灰不燃。而吴三桂以愚暗之姿，盗窃名义，犹足以倾我湖南人之观听，盖倔强洞庭、衡岳之间，冀得仰首伸眉者，出入顺治、康熙，垂数十年，满政府乃痛惩而狄夷之。哀我子遗，自兵事休息以后，乃十室而失其九；故我湖南户产，至今尚多标业。出郭门不十里，墓田葬地往往有所谓标业者，外府州县标业之占粮籍十居八九，盖兵锋所至，几于刮地而一赤之矣。当日遗黎所著有《下元甲子歌》，托于青盲弹词，以写兵祸之惨黩，首尾数万言，读之令人痛心酸鼻。所谓"呕起几根头发气"者，村农里妪，至今能讴吟之。湖南既当滇、黔、两粤兵事之冲，草剃禽狝，生齿寥落，榛莽多而居人少，吏役无所得攫噬，而边地苗、壮、瑶、伢②所出没，林菁深阻，与山鬼争席。遗民逸老乃得展转栖息于虎豹蛇虫之窟，以寄其天倾地塌之悲，所至则诛茅数尺地，结庵以居，樵夫牧竖③皆以其胼手胝足所得欢迎而阴饫之。至今吾乡中数百丁之旧族必有一庵，庵不必供佛，供不知谁何之神像，或并其祖先为一庵而供之。其像若披缁为头陀状，若黄冠为道士服，若祖背戟肘为武士状。凡一姓之庵，子孙必世守之，

---

① "厉"，《黄帝魂》所载《新湖南》（节）作"励"。
② "苗、壮、瑶、伢"，原作"苗、獞、猺、犵"，今改。
③ 《黄帝魂》所载《新湖南》（节）此处有"虽"字。

盖皆畸民烈士之余痛也。

诸君试披《楚宝》及《沅湘耆旧集》，所载遗闻轶事，焄蒿凄怆，为何如哉！王船山氏平生所著书，自经义、史论以至稗官小说，于种族之戚，家国之痛，呻吟呜咽，举笔不忘，如盲者之思视也，如痿者之思起也，如喑者之思言也，如饮食男女之欲，一日不能离于其侧，朝愁暮思，梦寐以之。虽以黄梨洲之刚侠，至其沉酣没溺，持此为第一义谛，为毕生归根立命之所。或尚未之及，其遗集所传付，不在王氏子姓之家，亦不在其故旧亲戚之家，而往往于破寮废刹中遇之。故种界之悲剧流传于我湖南人之脑蒂者，最为醲深微至。

当未与湖北分闱以前，达于朝者①寥寥焉，盖洞庭以南，自为风气，而独以其庞民耆献之学说，展转相传播。自分闱以后，则利禄之途既启，而种性亦少劣焉。然而微茫灭没于吾人之心目者，亦无往而不遇之。盖士庶之家非食禄于朝者，其丧葬率用前代之衣冠，名为唐巾，询其故，则有所谓"生降死不降"之说。咸同间，号称"中兴"，湖南悻悻然以名业自见矣，而巴陵吴敏树暮年不乐应曾文正之招，其卒也，亦以前代冠服殓，其余名士尚多有之。缠足，恶习也，而湖南人保守之性特强，叩其所以，城市之人不能言其故，乡里之氓又往往有所谓"男降女不降"之说，取其与满政府为反对也。悲夫！以如此悖教害礼之薄俗，而托之以为深痛巨创之一纪念碑，吾湖南人曷尝一日忘奴僇之耻哉！

诸君，诸君！出苦海而上天堂，以洗二百数十年之积耻者在今日，展转②贩卖，鞭驱足踏，自甲家而鬻之乙家者亦在今日，是在吾人之自为之。种性不灭，则两戒山河涌起平地。种性既灭，则万劫不复，沉沦九幽。吾岂敢煽起杀机以菹醢我父老子弟之性命哉？吾抑岂忍汩溺世法，以任吾父老子弟之沉眠酣寝，席薪火以待焦灼哉？诸君，诸君！谓我何求，或亦未之思耳。

且我湖南有特别独立之根性，无所表现，其影响仅仅及于学术而未大显。盖前则划以大江，群岭环其左而负其后，湘江与岭外之流同出一源，故风气稍近于云贵，而冒险之性，颇同于粤，于湖北与江西则相似者甚少，盖所受于地理者使然。其岸异之处，颇能自振于他省之外，自

---

① "达与朝者"，《黄帝魂》所载《新湖南》（节）作"趋风气者"。

② "转"字原脱，据《黄帝魂》所载《新湖南》（节）校补。

濂溪周氏，师心独往，以一人之意识，经纬成一学说，遂为两宋道学不祧之祖。胜国以来，船山王氏以其坚贞刻苦之身，进退宋儒，自立宗主。当时阳明学说遍天下，而湘学独奋然自异焉。自是学子被服其成俗，二百年来，大江南北相率为烦琐之经说，而邵阳魏默深治今文《尚书》、三家诗，门庭敞然。及今人湘潭王氏之于《公羊》，类能蹂躏数千载大儒之堂庑，而建立一帜。道咸之间，举世以谈洋务为耻，而魏默深首治之。湘阴郭嵩焘远袭船山，近接魏氏，其谈海外政艺时措之宜，能发人之所未见，冒不韪而勿惜。至于直接船山之精神者，尤莫如谭嗣同，无所依傍，浩然独往，不知宇宙之圻埒，何论世法！其爱同胞而綦仇虐，时时迸发于脑筋而不能自已，是何也？曰：独立之根性使然也。故吾湖南人之奴性，虽经十一朝之栽培浸灌，宜若可以深根而固蒂矣，然至于今日，几几乎迸裂爆散，有冲决网罗之势。庚子之役，唐、林、李、蔡之属，诛锄酷烈，萌芽殆尽矣，而今岁乃复有贺金声一事。金声平生之志事，想诸君之所素闻也。以一诸生躬耕于闾里，慨然有扶义而起之思，率其弟子，苦身力作，散金帛以收民望。倾荡其家资及其弟子之产业者数数矣，而来学者益亲，排满与排外二者交迸于脑蒂，欲乘时飚起，徒以策略疏阔，为贼臣所夷灭。夫以雄城巨镇，拥旄仗节者之所不能为，而唐、林、李、蔡以徒手为之；唐、林、李、蔡殒身灰骨曾不几日，而贺金声复以徒手而继之。以如许之头颅，易无端之斩斲，前僵后仆，无所于悔，诸君何必让人独为君子哉？呜呼！诸君不可不深长思也。满政府之栽培浸溉吾奴性也，以顺、康之间数十年之长枪大马耕之，以孔有德、济尔哈朗等数十万之雄师种之，以何腾蛟、堵允锡诸君子隳胆抽肠之热血溉之，湖南人之奴性固未尝勾萌而萌达也。满洲人知汉种之可以饵也，无端以无足轻重之秀才、举人、进士、翰林粪而壅之，无端以谬为恭敬之孔教、虚加崇奖之朱学，藩而垣之，扶而植之，君臣之义，如日中天，而盗据神器、虔刘华夏之穷凶极恶，则遂无人敢目忤而唇反。顾吾湘人，则未至熟寐而沉醉也，在援旗击鼓而发扬之耳。呜呼！诸君，诸君！不可不深长思也。

且我湖南人对于同种之责任，其重大有远过于诸省者，诸君亦尝闻之乎？咸同以前，我湖南人碌碌无所轻重于天下，亦几不知有所谓对于天下之责任。知有所谓对于天下之责任者，当自洪杨之难始。谭嗣同曰："中兴之役，湘人自以为功，吾日夕思之，铲灭同种，以媚胡族，实负天下之大罪，吾日夕痛之。"吾读其言，流涕不可止。以湖南人遇洪杨之难，而忝窃节钺，算入满汉名臣，功绩传之混账糊涂簿籍中，实湖南之大不幸也。虽然，吾尝求其故，则亦有说。洪杨之举事，虽能震荡天下，实龊龊无远略，其用兵殆同儿戏，而其掳掠焚杀之惨，几几不减于前明闯、献之所为者。自粤来围湖南时，吾乡实受其荼毒，至今父老言之心悸。其掠人也，常喜刳腹屠肠，刽其肝而食之。一父老言，见一酋为此，在傍得赐一脔焉。投小儿高数仞，而承之以枪，或自腹出于背，或贯其颅而出；尤恶书籍，用之入厕拭秽。吾里中某处为刳腹所，某处为竿①首所，言之历历。当粤兵至湖南时，侦探绝不明，城门尚未闭也，过其前仅隔一街，而不知突入。至城南，踞书院。中有某生者，奇谲士也，干之以策，令自鄂分二道，一入蜀，一趋河南，入关乃下太行。粤酋憒然无所晓，但聚妇人群饮为乐。某生佯起如厕，逾墙而走，几折臂焉，常为乡里所笑。故曾国藩作檄及军歌，而乡里子弟呼噪而起，盖湖南承前明遗老之风声气习，痛恶流贼之暴乱以致此也。又洪、杨剽窃天主教之绪余，天父、天兄，称名诞幻，与湖南士庶闻所承用之学说，格不相入，故湘、粤之哄，虽谓带宗教之性质可也。及其株守金陵，不能遣一旅北渡，外援不固，内衅旋作，智愚而知其有亡形矣。不然，虽有胡、曾、左、彭之伟略，其将奈之何哉？虽然，湖南人如胡、左二公，固非无度外之思想者也。胡公与官文大隙，而终竟得官文之助，传者谓胡公善处危疑之地，而亦济之以术。顾以余所见胡公与其属吏手札若干事，则胡公之志为官文所扼者不少。自鄂出师至蕲黄一札，言之尤为愤慨。盖胡公至是知非大有所革除，不足以庇生民之命，而满政府决非可与图事，故其建议欲使曾公节制数省，布置宏大，亦常以非常之业微语曾公，顾曾公不之许。热河之难，湘军当北援，濡滞不前者，实胡公有所谋，而曾公柅之。故曾公尝诮胡公一生脚跟不定，实为此也。而胡公乃怀抱郁郁，呕血而卒。左公暮年，亦颓唐衰落，薨时语其家人曰："朝廷待我固不可谓不厚。"少间，又语曰："误乃公事矣，在当日不过一反手间耳。"此言故人子弟多闻之者。桂阳陈士杰，以功至开府，其生平宗旨实与马殷、边镐略同，特于湘人为后起，嗫不敢发。彭公一生不乐秉节钺任疆寄，郭嵩焘出使归，径还乡不复命，皆有所憾者。吾尝察之，胡、左二公见之太晚，故不及发难；郭、陈二人所居地望，不及曾、左，濡忍而莫如之何。故余独谓当日所为负罪于天下

---

① "竿"，原作"竽"，误，校改。

者，在曾公不能定计而自取之耳。以曾、左、彭、杨之俦，左提右挈，收粤捻而为之用，内政外交，规画粗定，逐胡人而放之辽河之外，直至灶上扫除耳。徇书生之小节而忘国民之大耻，此其最可惜者。至以湘人而置洪杨麾钺之下，则其势必有所不能，故其罪不在于破粤也。西谚曰"以血洗血"，此惨憺哀痛之言也，吾湖南负罪于天下也，以血购之，欲求所以湔雪前耻而开辟新世界者，亦当以血偿之。谭、唐、林、李诸人血矣，向道隆、何来保、蔡忠浩之徒血矣，贺金声亦又血矣，特其造端也尚微，其结果也尚不知在于何日。虽然，迫矣，蹙矣，亡无日矣，过此以往，啜其泣矣，嗟何及矣。以不知谁何之人与不知谁何之颜色，取吾湖南之地图而一染焉，再染焉，三四染焉，何如以我湖南人之血染我湖南之地，为庄严而美丽乎？进而上之，以我湖南人之血，染我中国之地，是以中国染中国也。吾四万万人之血，尚足以没胡人之顶，请自我湖南始；吾四万万人之血，尚足以熏白人之脑，请自我湖南始。

诸君，诸君！我辈对于湖南之责任为如何乎？胡、曾数公之遗策余画，当其末流，实为国民重腽之疾，而我湖南受之特深，当军事之盛时，湘人负戈荷戟，东际海，西极天山，恪守奴职，日夜黾勉，无所告劳。军兴既毕，欠饷最巨，政府间岁则增秀才额或举人额数名以示报酬，所欠则以"乐捐"二字了之。故湘人之进取于场屋者，常不免动其衽金寝革之积惨。而散勇之流落不归，遭法于有司者遍天下。陕甘以西，嘉峪关以外，为丐及盗，入川则与哥老会为一家，入江苏则与盐枭为一家，入山东、直隶则亦厕身义和团、大刀小刀会诸党中，出山海关，则入红胡子，在广西，则为边法界之流勇。而地方官吏则亦借此铺张掩捕之劳迹，以换其翎顶，掠索以肥其姻戚，故湘人之散勇无得归返，亦无得生活者。而厘金一事，流毒东南数十年，及今尚未得解除。然湖南人陆挑水运，呻吟于水深火热之下，生计萧条，骨髓枯竭，壮者散四方，老羸转沟壑，则已不可救药矣！畴昔协饷横被数省，而今也，一二县之偏灾，非借外省之捐助，则阖户而待毙，岂非厘金之朘削使之然哉?！然则"中兴"以后数十年来，吾湖南人无日不在黑暗地狱中也。"中兴"诸公所操之政策，所成就之"名业"，其结果为何如哉？徒足驱迫我湖南人，弱者为沟途之饿殍，强者为绿林之豪客而已。故近二十年来，下等社会劳动之生殖益穷，而秘密社会之势益盛。出郭门十里多为盗薮，如南门外之金盆岭，如省河对岸之望城坡，白日行劫，入夜则篝火狐鸣相啸聚。由湘入粤，行宝庆一路，由湘入黔，行辰州一路，由湘至江岸，行澧州一路，行客不戒，则贸其首。附郭之县，若长沙、善化，闾里之间，日日闻愁痛声，岁穷腊尽，烟火寂寥，春帖几至数百户无一新者。视十年前繁瘠异况，其相去如行大西门墙根而想象上海四马路也。逆数至三十年前，则如坐死囚牢槛之中而思伦敦、纽约之皇居帝室矣。危险忧愁，如此其极，而益与外患相接近。教堂林立于都市，租界连亘于口岸，弥州历县之矿产划入他人势力范围中，而觊觎攫搏，惟其眼光所注，不得不止。下等社会知觉无几，一切举动绝无意识，但隐约闻说膏血为洋人所吸取，权利为洋人所侵夺，不知所以自救之术，以为今日杀一洋人，明日烧一教堂，足以殄绝其野心而杜塞其来路矣。衡州一案赔款至三十七万，辰州一案则至八万镑，再出教案一二事，则举全省地皮鬻之而不足以偿也。因矿山之交涉而有教案，将复因教案而成矿山之交涉，矿教二事，相缘无已。杜兰斯哇以矿产而亡，况于湖南，其民智、兵力无一足与杜兰斯哇相提并论者哉！今日救亡之策，将待湖南大吏从容而展布之乎？则彼大吏者何人？固匍匐俯伏于李莲英、荣禄厕牖之下者也。日日捕缚志士，屠戮新党，使人不敢结党会，使人不敢谈时事。刘高照之顶戴，人人知其以志士新党之血，三淳五沃，染而红之者也。故湖南无一独立不羁之报馆，无一临时出席之会场，以是民智益塞，民气益郁，举国皆无耳无目之人，举国人之议论行为，皆为无规则、无团体、无方针、无目的之傀儡。过其朝，则嗫嚅之声毳毳然；入其塾，则诨笑之声謞謞然；适其野，则气息怫戾，容色愁惨，时时有涕泣之声，抑时时有愤怨之声，抑时时有耰锄戈戟交作之声。万一义和团出于江湖岭峤之间，我辈虽欲自命为湖南人，其可得乎？今日起而为之，虽不免有万一不成，断腰绝领之患，然孰愈于在大师兄、红灯照出现之后，大书特书曰"某国顺民"四字，以迎八国联军队将之旗乎？以湖南人士诊湖南人病症，利害之势，洞若观火，存亡之机，间不容发，非独忍此而不为也。抑亦明白而言之，而听者方若闻若不闻，若欲信若不欲信。以现象如今日之离奇傲诡，而诸君不悟，任下等社会之傲扰，而不思所以提挈之，任上等社会之淫荒沉湎，而不知所以改造之，天虽欲胙我湖南人，抑将奈此无骨无血无脑气筋之走肉何哉！湖南者，吾辈之家室也，一旦为他人所盗据，将托宿于何所？出国门而乞食，亦何以见九州人士乎？诸君，诸君！所望能投袂而起者也。

第三篇　现今大局之危迫

湖南人不知湖南之祸也，实由于不知中国前途之趋势；不知中国前途之趋势也，实由于不知欧美各国对付亚东之政策。故欲知湖南之祸之决不可逃，非确知欧美诸国对付亚东之政策不可。

诸强国之谋我中国也，不遗余力矣。湖南人之所惊者，彼外交家手腕之敏捷，军事上形势之强盛耳。至其已往之历史，所为远因近因者何若，未来之历史，所为得尺得寸者何若，固往往不及详察，而实指其所以然。

夫所谓历史上之远因者，何也？则民族建国主义是也。所谓历史上之近因者，何也？则由民族主义一变而为帝国主义是也。民族主义之前，固已有所谓帝国主义矣，顾其为此主义之原动力者，或出于世主一人之野心，或出于武夫健将一二人之权略，而非以其全国人之思想为发生之基本，非以其全国人之耳目为运动之机关，故其末路往往丧败不可收拾。民族主义变而为民族帝国主义则异是。其为此主义之原动力者，非出于政府一二人之野心也，国民生殖蕃盛之力之所膨胀也；亦非出于武夫健将一二人之权略也，国民工商业发达、资本充实之所膨胀也。发生之基本，则全国人之思想也；运动之机关，则全国人之耳目也。故其风潮之猛，若倾海水而注之大陆，而吾国民乃无一着不失子，无一处不退步矣。而其所为未来之历史者，则尤为彼族至华美至瑰丽之舞台，而吾国民至凄恻至萧条之枪林剑树也。是何也？彼族以东亚为二十世纪工商业竞争之中心点，欲反客而为主，目营而心醉之也久矣。

俄国之帝国主义，以西伯利亚铁路为成立之骨干，而其注射于亚东南部者，则有攘夺旅顺、大连湾诸要害之事焉，有攘夺东三省之事焉，有浸浸攘夺内外两蒙之事焉，有浸浸攘夺前后两藏之事焉。是何也？曰：以此中心点故。

英国之帝国主义，其发生于印度、埃及、南非诸地者，固已磅礴积极充满大宅之势矣，而其注射于亚东中部、西部、南部者，则有九龙界线之扩张焉，有威海卫海军根据地之确定焉，有扬子江流域势力范围之划出焉，有横贯波斯经印度达四川大铁路之经略焉。是何也，曰：以此中心点故。

德国之帝国主义，其发生于小亚细亚缩毂之道与南美诸国实业之场者，亦已羽毛丰满，有摩霄振翮之势矣，而其注射于亚东东部者，则有胶州湾海军根据地之攫取焉，有山东全省铁道、矿产之攫取焉。是何也？曰：以此中心点故。

美国之帝国主义，以攫夺古巴、夏威夷、菲律宾群岛为横亘太平洋海面之势，以凿通尼喀拉加运河、沉设太平洋海线为缩短大西、太平两洋海线之势，而其注射于亚东南部也，则有湘粤铁路之承办焉。是何也？曰：以此为中心点故。

夫此中心点者，我民族利用之，则可凌斥八极，抗拒欧美民族之竞争，而摧落其牙角也；彼民族利用之，而又知其决不可以使吾族把持势力也，则其所以跆借之者，何如乎？亚美利加之土人，被圈禁于山谷，种族殆尽；夏威夷之土人，比白人未至时其生齿之减少，相去乃数十倍。是何也？曰：惟他种所侵蚀之故。然犹曰：此非文明之国也。埃及之权力入于白人之手，而累然行乞于街市者，皆文明国之旧民也；印度之权力入于白人之手，而恭然受役于外人，无得主持政治上之机要者，亦文明国之旧民也。然犹曰：此非其同洲与同种也。波兰之见分于俄、德也，禁用波语，禁用波文，其有产业者、为地主者，尤为俄、德人之所排斥，必欲倾其产、罄其蓄积而后已。彼其于同洲同种者尚如此，于吾族则何爱焉？俄国之虐待犹太人，而犹太人无所申诉也，曰：惟无国故。然今吾国虽危亡在旦夕，然此国名者固犹在万国统计表中也。乃如夏威夷之焚烧华人街，损失资财数十百万，吞声忍泪，莫之敢校也；俄兵之入东三省，驱同胞六千人为黑龙江之溺鬼，山哀浦思，莫之或恤也。以今亡而未亡则已如此矣，况其利用此中心点，俨然为中国之新主人翁，其为贪残酷烈，岂可思议乎？！彼族之于种界也，畛域之坚，厚于地壳。伯盖斯之著《政治学》也，充民族主义之极，必欲逐土耳其于欧罗巴外，以其为黄种也。亚美利加之拒绝华工，澳大利亚之拒绝华工，虽日本亦几在例禁之列。彼其所以自营其生计、自殖其种族者，其侵略他人之权利不留余地，毒害至于如此！然则中国前途之趋势，虽筑太平大同之垒，隆之以至于天，导兼爱平等之波，汇之使澄如海，尚不足以消此急劫，度此群生矣！

若夫列强所以施行此帝国主义之方针，则以殖民政略为主脑，而以租界政略、铁道政略、矿产政略、传教政略、工商政略为眉目，用以组织此殖民政略，使达于周密完全之地。其推行之实际，又有可以言者焉，列强之耀兵力以索取商权也，其始但有所谓通商主义，而无殖民主义，其后一变而为殖民主义也，则英、俄二国权力之所炫耀也。俄为欧陆所禁闭，不得出黑海，亟亟欲得一不冻之海岸线，又亟亟欲得一最佳之海军根据地，目营四海，得二要害焉，中亚细亚之极端，则有波斯湾，东亚之极端，则有辽东半岛。谋波斯湾而不得，则指亚东东岸以求之。西伯利亚铁道发端，而亚东东北之为俄国殖民地，已如南山之不可移矣。英国殖民地，遍及于美、澳、非、印，百事成立，别无所私其攫捌，见俄人之心雄而手捷也，亟亟为英俄协商之举。于是各国皆一变其从来之目的，悍然以殖民政略行之矣。始之所谓租界者，虽有治外法权之损失，尚无所谓土地所有权及先得权也；政略既变，则虽有租界之名，而实则土地所有权及先得权，俱已包含于其中矣。始之所谓铁道者，虽有资本灌入之损失，尚无军事上之关系及政治上之关系也；政略既变，则虽有合同之名，而实则军事上之关系及政治上之关系，牵连轇轕，轶出于包办之外矣。始之所谓矿利者，虽有洋股附入之损失，尚无圈划全省地面及垄断数十百里矿脉之事也；政略既变，则虽有地主之名，而实则圈划全省，垄断连州，疆吏不敢争，枢臣不敢问矣。始之所谓传教者，虽有民教交哄之损失，尚无借此以掠夺要地，劫取海权之事也；政略既变，则虽仅以保护为名，而实则掠夺要地，劫取海权，国际公法不得而持其平，太平弭兵会不得而听其直矣。始之所谓工商政略者，不过支支节节侵入内地，输出巨镪，如捧漏巵以沃焦釜，尚不至以工商势力圈限囊括政治圈限也；政略既变，则以工商势力圈限为其名，而以政治圈限为其实，招牌未改，而数百年之老店已盘顶于他人；堂构依然，而数十世之家居，已重典于异姓矣。凡各国新闻笔锋之所指，雄辩家舌剑之所摧，外交家睛球之所射，武备家枪针炮准之所拟度，政治家之所以绞脑浆而早作夜思，以及实业家、地学家、宗教家视远镜之所窥，德律风之所谈，象限仪、纪限仪之所测，罫纸规笔之所绘，其有出于亚东殖民政略之外者，无几矣！然而其手段愈高，其方法愈巧，其议论愈精，其规画愈细，于是以扶植满洲政府，为兼弱攻昧之秘藏，以开放中国门户，为断腰绝脊之妙术。满洲政府为之伥，而列强为之虎；满洲政府为之囮，而列强为之罗。使吾国民援戈相逐，则借满政府之兵力以锄之，正其名以告天下曰，此盗贼之行径，野蛮之举动也；使吾国民戢翼而处，则借满政府之赔款以蠹之，正其名以告天下曰，此所以维持国际之安宁，保全外交之睦谊也。而吾国民则如中蛊毒，脏腑蚀尽，终必死亡；如遇鬼妻，精髓日枯，立见僵踣。此则彼民族之所为徘徊四顾，踌躇满志，以为世界上最有光荣之历史，无如我白民者也。白人有言曰："世界者，优等民族世袭之产业也，优等人族斥逐劣等之野蛮人族及衰微人族，夺其领土盘踞而蹂躏之，此天赋之权利使然，犹人之斥逐禽兽也。禽兽以充人类之庖厨为天职，劣等人族以供优等人族之牺牲为天职。"彼优等民族之为此，实天演强权之适当而最无惭德者也。以此为历史，以此为道德，以此为文明，以此为教育。其用之于我民族也，始则显避其名，而巧取其实；今则隐据其实，而并不惜显被其名矣。俄人之踞东三省，英、美新闻之论之者，不以为恶名，而以为正义也。英人以辰州教案欲袭用德国胶州之手段，英字新闻之论之者，不以为暴行，而以为公理也。以日本区区岛民，日日研究支那问题者，亦悍然以染指大陆为正当应行之天职也。顾列国之操术也，不以迫蹙而以舒徐，不以刚强而以柔媚。利用我土地以为其外府，则且利用满政府以为守藏之胥；利用我权利以适其阴谋，则且利用满政府以为窃符之使。哀我生民，独奈何不痴不聋堕入罟护陷阱之中，无术以自脱也。

用是而求之，则彼诸国有劫夺我湖南之资格者，其对我之政策，果何如哉？以租界政略言之，则岳州、长沙、常德、湘潭及其他户口稍繁、交通稍便之处，皆列国所为瞠目而攘臂也。以铁路政略言之，则湘粤干路及其他支线以全长计之为三千三百二十四里，过于芦汉干路乃在九百八十八里以外，此英、美两国所为通力而合作也。以传教政略言之，则岳、常、衡、永、辰、沅，英法教会之所蔓延也。以矿产政略、工商政略言之，则英国势力范围之所圈及也。租界所及即主权所及，则沿湘、沅二水及资江流系之城镇，无不为碧眼虬髯儿之根据地者矣。铁道所及即军事与政治所及，则我湖南循干路自湘达粤，循支线西去自湘达黔，东去自湘达赣，西北去自湘之蜀，无不属于英、美军旗之下矣。至矿产政略与传教政略相辅而行，则尤为施于我湖南之特别手段。凡此数者，其一足以绝我湖南人之命脉者也。夫以湖南之贫瘠，既以重要利权太阿倒授，且复借赔修之名目以重累之，使万无生息之望，况乎有每年摊还之巨款，元气已尽于前者乎！如乳小儿而夺之哺，如凛饿夫而绝其粥，饮泉食槁，亦将无以资生，鬻子卖妻，尚且难乎为继。呜呼，噫嘻！发纷纷兮委渠，骨藉藉①兮无居，此实我湖南人未来之倒影也。且彼族之对付湖南，岂特如此而已哉！我湖南人若非能一志合力以御外

---

① "藉藉"，原作"借借"，误，校改。

侮，则彼列强者，方将指挥不肖之官吏，以屠割我忿民；将指挥不肖之绅富，以钤束我懦民；将驱策不肖之教民，以歼灭同类为功伐；将愚荞不肖之穷民，以拥护异族为哺啜。于是，此县之人与彼县之人相仇，甲府之人与乙府之人相仇，此社会之人与彼社会之人相仇，以犬噬犬，以马踶马，以虎搏虎，以蚁杀蚁。赤君山之树，杞梓与樗栎同戕；渴洞庭之波，鱼鳖与蛟龙共尽。彼白民者乃始掀髯大笑，今而后可以率我子姓歌哭斯聚族斯矣。悲夫！我湖南之险象如此其剧也。然而诸君或且不之信也，则吾请得而证之。英人之于印度也，以印度人攻印度人，以印度人杀印度人。印度人之相仇也益甚，而抵抗英人之力乃益弱。迄今日犹且借印度人酋长之威力以钤制其国民，印度人虽悟之，而未可如何也。远东有战事，则以印度人为前驱，进战而死，犹弃狐豚腐鼠也。人口日渐消耗，比百年前十损五六焉。故印度人股栗胁息于英人鞭策之下者，无他，英人以印攻印之效也。俄人之于波兰也，以波兰人攻波兰人，以波兰人杀波兰人。波兰人之构祸也益深，而抵抗俄人之力乃益弱。一旦借波兰之主权，斩杀其志士数百人，坐徙西伯利亚者又数万人，稚子弱妇，宛转顿踣于车轮马足之下，遂与普、奥裂地而自私之。波兰人裂眦泣血而未如之何，至今不得复其国名焉。故波兰人股栗胁息于俄人衔辔之下者，无他，俄人以波兰攻波兰之效也。然此犹其远者，诸君之感情或有所不及动也。请言近事，联军之入京也，以教民为前行，奋斗而死，累然仆于地者，皆教民也。英人之得威海卫也，则练华兵。德人之据胶州湾也，亦练华兵。此皆将安用之哉？必不用之欧洲大陆也，又不用之于美洲大陆也，其必用之我中国也，决矣。然则吾国人不与人战则已，一与人战，乃自相①斩刈以相寻于尽也。湖南之入白人手中也，则亦必练湘勇。以湖南人仇湖南人，以湖南人杀湖南人，湖南日日自相仇杀，而抵抗异族之力，乃烟消冰释，沦灭于无何有之乡矣。于是白人安坐而临之，而畴昔之出死力以为白人者，固非能见怜于白人也。苦工力作则吾湖南人为之，厮养下贱则吾湖南人为之，今日之巍然据高坐、称上流者，皆异日求得一刚巴度、大写之位置而欣欣有得色者也，非是则无所得衣，非是则无所得食。彼族之自尊自大也固宜有是，吾族之自污自辱也固宜有是。不受同化力，则必受反拨力；受反拨力，则必殄刈无遗育。虽受同化力，而亦必受无形之反拨力；受无形之反拨力，则亦永

沦于异种而殄灭无遗育。虽然，此不足怪矣。吾湖南之自忘其种姓、自造此孽果而无所逭也。灵缓所著书谓："中国不及此五年自强，五年以后决无可措手。"诸君及今日改造湖南之社会，吾犹恨其晚也。

第四篇　湖南新旧党之评判及理论之必出于一途

湖南无兼并之豪农，无走集海陆之巨商，无鸠合巨厂之大工业，诸君占中等社会之位置，惟自居于士类者成一大部分，而出入于商与士之间者附属焉，出入于方术、技击与士类之间者附属焉。而主持全省之议论、思想者，惟士林而已。吾湖南而为埃及，必有人为亚拉飞；吾湖南而为菲律宾，必有人为阿君雅度；吾湖南而为杜兰斯哇，必有人为古鲁家。若而人者，必出于中等社会无疑也。顾湖南中等社会之议论、思想，涣散而不统合，党仇交争，戈矛林立，则又何以御滔天之大祸哉？不知破除门户之见，而自生畛域之私，攘夷者以趋新者为仇敌，排满者亦以趋新者为仇敌，排满与攘夷二事并为一谈者，则又以攘夷与排满划分轻重者为仇敌，实则不及研究利害，闭门向壁而高谈阔论。一旦枪林弹雨轰集于阶闼之前，枕藉而死，子孙无类，口沫未干，私忿犹在，而此父兄子弟之根据地，已为大力者负之而趋，生称亡虏，谥为至愚，悔何及乎？顾诸君之所以如此者，良有所蔽焉，不可不为诸君剖心析肝而陈说之。

戊戌以前，天下无所谓新旧党之名；有之，自牝①朝乱政，掀翻前局始。戊戌以前，湖南亦无所谓新旧党之名；有之，自劣绅争权、学堂交哄始。为祸首者，实为王先谦、叶德辉。交讧互讼，见于《翼教丛编》及《湘报》中者，海内人士皆耳而目之。王、叶二氏之无行，此吾湖南人之所共知也，葵园之行乐图，叶麻之小品传，其所描绘，尚未及十分之一。王氏好利而忘在得之戒，叶氏好名而有行险之材，皆欲挟其经义史事、词章考据之陋学，以矜式来者，而以争名夺利之余力，轶而出于倡优、赌博之间，在孔门为无忌惮之小人，在满政府亦为不守法之刁奴劣仆。至其晚节末路，将何如哉？波澜反复，情急计迁，执箪笥壶浆以迎非族，而呼大英、大美、大法、大德万岁者，即此人也。何也？知满政府之不足以死，故必不为之死，彼知湖南事势已不可为，则必不敢冲锋犯难，将袖手而不为，故其归宿惟有屈膝丐命，尚可借此以鱼肉

---

① "牝"，原作"牡"，误，据饶怀民编《杨毓麟集》校改。

同类而肥其身家耳。故如二氏者，吾决不屑与言，然为湖南大局计，尚不得不涕泣而与之一言，冀万一有天良发现之一日。

夫二人之所争者，个人之私权私利也。争个人之私权私利，而遂至牺牲湖南人之公权公利以从之，二人者固自以为得计矣。夫天下岂有公权公利被剥夺于他族，而尚得存有个人之私权私利者哉？台湾贱人某甲者，富至数百万，日人至台，执顺民旗以迎之，以为可以博他人之怜爱矣，然日人尽夺其资产，劫而徙之于东京，今尚在某市中，为他国国民所耻笑。王、叶之工于自为者，亦不过如台湾某甲之下场头耳。令彼二氏者回其强决之志，挥其明辨之笔，鼓其隽永之舌，以作新湖南少年之气，则挽回劫运，终将于彼乎赖之，故吾愿二人者，熟思而审处之。不然，既见摈于他族，又见贱恶于湖南人，障面自羞，复载之内，何所侧足？往者不可谏，来者犹可追也。又有孔宪教者，其嗜利无耻，与王、叶颇同臭味，而其知识愚暗，常为王、叶所揶揄。八比、试帖、小楷之积习，深入骨髓者相率而崇拜之，其徒党皆有妾妇行而桀跖心，思想至猥亵，议论至浅鄙。而无识之京官与慕膻逐臭之鄙夫，常徘徊于其径路，不入于王、叶，则入于孔氏，所争者在稻粱之谋，所执者在牛马襟裾之名义。诸君，诸君！幸能分别黑白者，则望其尘而恐自污矣。若夫超立离立于垢浊之外，而为湖南旧学精神命脉之所寄者，则湘潭王氏实为一大宗。其所治经说，类皆拨去汉宋诸家之榛芜灌莽，而自以其理想之所至，成一家言。顾其弊也，颇堕于厌世主义，而又不乐博观四海宗教、学术之变迁。故其识解所及，犹堕于疏阔而暗于世宙之趋势。然振奇吊诡，秕糠利禄，终当以事功见者也。又有如贺金声一流者，坚忍刻苦，必欲不负其初心，而成见自封，涂肝脑以徇虚骄之意气而不悟者，所在尚多有之。悲夫，悲夫！此吾所得为揭鼓以求之，盛筵以飨之，鸣炮以敬之，而愿其一审观中原之急难而与共济于方来者也。

诸君，诸君！今且吾辈之所研究者，在存中国，在存湖南以存中国，苟有不必排满而得存湖南者，吾辈不必排满可也；苟有其不出于排满而必不得存湖南者，吾辈又奚为隐忍苟活坐视其亡也？苟其径情直行出于攘夷而可以存湖南者，吾辈径情直行以攘夷可也；苟其必用迂回曲折之手段而后可以攘夷、而后可以存湖南者，吾辈又安能以六十三州县之性命轻于一掷也？且夫言公权、公益者，则何党之足云？

新党者，假借众人之所指目而以为名词耳。苟能以湖南公益为目的者，温和可也，激烈可也，进步可也，自由可也。新则何所谓党？所贵于新学者，不为一身之奴，不为一家之奴，不为一姓之奴，亦不为一学说之奴，不为一党派之奴。新学之真精神，如是如是，新学之真面目，如是如是。进而言之，则且不宜为湖南公益之奴，而必为中国谋；进而言之，则且不宜为中国公益之奴，而愿为同洲同种谋。

顾吾所必欲伸之理论安在乎？则曰民族建国主义及个人权利主义而已。十六世纪以前，欧洲人不知有民族建国主义也，故有以天下为国家之误；不知有个人权利主义也，故有以政府为国家之误。其知之也，则封建之弊而新国家之所由崛起也；专制之弊而宪法之所由以确定也。惟其以天下为国家，故爱国之公心，泛而不切；惟其以政府为国家，故爱国之热力，屈而不伸。欧洲之为政治学说者，务力破之，遂得成十九世纪竞长增高之国力。若是乎，理论之大有力于世界也。

民族建国主义何由起？起于罗马之末。凡种族不同、言语不同、习惯不同、宗教不同之民，皆必有特别之性质。有特别之性质，则必有特别之思想。而人类者，自营之动物也，以特别之性质与特别之思想，各试其自营之手段，则一种人得有特别之权力者，必对于他一种人生不平等之妨害；受不平等之妨害者，必对于他一种人生自存之竞争。故异类之民集于一政府之下者，实人类之危轳厹轨也。罗马政府集异族于一范围，此古世帝国主义之橐籥①也。政府之势力，不能无类败，而此异思想、异性质之民，各自求其托命，异者不得不相离，同者不得不相即。异者相离，同者相即，集合之力愈庞大而坚实，则与异种相冲突、相抵抗之力亦愈牢固而强韧。非此，则异类之民族将利用吾乖散睽隔之势，以快其攫搏援噬之心，此民族主义所以浸昌浸炽也。日耳曼以独立不羁之民族，服属于罗马之宇下，其反拨之力最盛，久而久之，此义遂由日耳曼民族而倡佯于欧洲大陆。苟为他族所箝束欺压，则必洒国民之颈血以争之，掷国民之颅骨以易之，绵延数十载以至百年，必得所欲而后止。英相格林威尔用此以大造白里登，德相毕士麻克用此以大造德意志，意相嘉富洱用此以大造意大利，匈牙利烈士噶苏利用此以反抗奥地利。以此主义为之而不成，若波兰、芬兰民族之于俄罗斯，则天下哀之；若菲律宾之于西班牙、美利坚，杜兰斯哇之于英吉利，则敌国震之。虽然，此主义于建设国家之基础，要为有绝大之凝合力。以拿破仑之雄心壮志，欲冲决此主义之郛郭，而建立独一无二之伟大帝国，卒至

---

① "籥"，原作"约"，误，校改。

身死荒岛，前图尽丧，岂非民族主义墙壁坚固使之然哉！今日地球诸国，所谓凌厉无前者，帝国主义也，而此帝国主义，实以民族主义为之根底。故欲横遏此帝国主义之潮流者，非以民族主义筑坚塘以捍之，则如泛桃①梗于洪涛之上而已矣。夫胡越之人，不能相为忻戚，天性然也。故民族主义者，生人之公理也，天下之正义也。有阻遏此主义使不得达者，卧薪尝胆，矛炊剑淅②，冀得一当而已矣，公理然也，正义然也。欲起国民之痿痹者，此其一事矣。

虽然，民族建国主义不得个人权利主义以辅翼之，其分子之亲和犹未密，其质点之结集犹未坚，其形式之组织犹未完，其势力犹未能达于全盛也。欧人之言政治者，疾专制之腐败，思有以大革除之也，乃倡个人权利之说。所谓个人权利者，天赋个人之自由权是也。霍布士、陆克诸人导之，而实光大于法国之卢骚。卢骚之说，以为人生而有自由权。此自由权，人与我皆平等，故不捐弃己之自由权，亦不侵害人之自由权。有自由权，斯有责任，为有我故；有自由权，斯有界限，为有人故。言自由则必言平等，为人己平等，而不失其自由故。人生而欲保护其自由权及增进其自由权，故不能无群。群之始成于所谓民约者，此国家所由成立之原理也。惟国家以民约集合而成，故以集约诸人之希望为目的，而不得以一二人之希望为目的；以集约诸人之幸福为趋向，而不以一二人之幸福为趋向。故政府者，为国家之一部，国民者，为国家之全体。人人为服从于国家之一人，亦人人为享有自由权之一人。故虽有时割弃其自由权之一部纳诸公益之中，即得增长自由权之一部于公益之中。虽有割弃，随有增长，既有增长，故亦无割弃。放弃其自由权者，失人格者也。侵害他人之自由权者，损伤他人之人格者也。失人格与损伤人格者，皆乱术也。是故主权者，国民之所独掌也；政府者，承国民之意欲而奉行之委员也。国民者，股东也；政府者，股东之司事也。此论既出，于是欧美大陆莫不公认政府与国家之分别，莫不公认人民之自由权，以为政府与国民共守之界线。于是而共和焉，于是而立宪焉，于是有人民对于国家之责任，亦有政府对于国家之责任，于是有人民对于政府之责任，亦有政府对于人民之责任。是故国家之土地，乃人民所根

---

① "桃"，原作"挑"，误，校改。

② "淅"，原作"浙"，误，校改。《世说新语·排调》有"矛头淅米剑头炊"一语，意为矛头淘米而剑头炊饭，形容处境极其危险。按照此意，则应为"矛淅剑炊"。此处杨毓麟活用典故。

著之基址也，非政府之私产也；国家之政务，乃人民所共同之期向也，非政府之私职也；国家之区域，乃此民族与彼民族相别白之标识也，非政府之所得随意收缩裂弃也；国家之政治机关，乃吾国民建设大社会之完全秩序，非政府之所得数逋逃而凭狐鼠也。于是以全国之观念为观念，以全国之感情为感情，以全国之思议为思议，以全国之运动为运动，人人知其身为国家之一分子，为公同社会之一质点，而公德发达，如晓日之升于天，公权牢固，如磐石之根于地，形式益完，势力益盛，虽欲不突飞于地球之上，不可得矣。是故个人权利主义者，非个人权利主义，实公德之建筑场也。故天赋人权者，生人之公理也，天下之正义也。有遏抑此主义使不得伸者，卧薪尝胆，矛炊剑淅①，冀得一当而已矣，公理然也，正义然也。欲起国民之痿痹者，此其一事矣。

则请以欧洲大陆之学说，对观吾中国之学说。孔子之作《春秋》也，内其国而外诸夏，内诸夏而外夷狄，诸夏之与夷狄，其畛域截然不可紊也，其称名判然不可假也。所谓称子称人，进退之大法，则以彼受吾同化力而进之，非以吾国民俯首帖耳于异种②之下而进之也。民族主义之发达，昌矣明矣。自是以后，吾国民益腐败，五胡之乱，沦于左衽垂数百年，中国之士不耻被异种③之衣冠，中国之民不耻受异种④之鞭策，耗矣，哀哉！神圣之子孙奄然无气至此极也。自唐至宋，胡族浸浸益猖獗，吾国民浸浸益柔懦，南宋诸儒虽大声疾呼，以复仇雪耻号召天下，顾其学说之界画，国家与世界混茫而不可辨，乃至朱学末流，若许衡、吴澄辈，转侧于顽凶淫肆之胡俗，不以为耻。自前明之末以迄今世纪，满人盗据天府，反借崇奉朱学以伸其压制钳束之大义于天下，遂至吾国民忘其所自来。闻欧洲人则夷之，不知彼异种⑤者，其声明、文物、学术、政理，且远出欧洲民族之下也。见欧洲人则甚之，不知彼异种⑥者，锢塞吾民之进步，攘夺吾民之权利，锄剃吾民之英杰，且乐奉欧人之馋吻，而自为其爪牙也。今日欲拔出于欧洲之坎窞，则不得不拔出于胡族之坎窞。欧洲之坎窞，借胡族以为入阱之隧。若不申明此义，而欲亲昵和会并为一家，既失独立之精神，而益与人以名义，使得挟制政府，以行其芟夷蕴崇之毒手，虽欲免白人之覆⑦压，不可得也。

---

① "矛炊剑淅"，原作"炊矛淅剑"，误，校改。
② "异种"，《黄帝魂》作"贱族劣种"。
③④⑤⑥ "异种"，《黄帝魂》作"劣种"。
⑦ "覆"，原作"复"，误，校改。

　　吾中国数千年来，未有知政府与国家之区别者也。西方之学说曰：国家有三权，三权不分立者，其秩序必不安宁，幸福必不增进，是故立法、司法、行政三者，不得不分别部居，使各在于独立之地。虽然，三权者，由国家之主权而生；主权者，以国民全体为体，而以三权分立为用；是故主张此三权者，国民全体之意识也。立法权者，由国民全体付之少数之部分，以达全体之意识者也；行法权者，国民少数之一部分，受全体之委任而奉行主权之职务者也；司法权者，所以监督行法者与人民之奉法者也。奉行主权者不当其位，由国民之公意斥退可也，戮辱之可也。宪法者，以国民之公意立之，亦得以国民之公意废之，以国民之公意护持之，亦得以国民之公意革除之。是故宪法者，国民公意之眉目，而政府与国民所同受之约束也。政府者，在于国家为一部分。国家者，不独非一姓之政府所得私，亦非寡人之政府所得私也。故有政府亡而国家不亡者，有国家亡而政府不亡者，明国家之存亡，系于全体之主权之存亡，不系于政府之兴废，惟系于全体之主权之存亡，故印度虽有酋长而印度不可谓不亡；惟不系于政府之兴废，故播尔奔政府亡而法国不亡，拿破仑政府亡而法国不亡。

　　吾国之学说，虽有贵民轻君之大义，而数千年服儒服、冠儒冠者，莫敢承用，但知元后作民父母而已，但知尊君卑臣，辨天泽高堂陛而已。于是一不知谁何之人，若盗贼，若夷狄，僭据政府，则群国民而牺牲之惟命，生心外向，举主权、土地献媚他人亦惟命，而拘文牵义之士，从而为之囚，从而为之死，从而为之愤慨悲思，曰：名教然也。故夫吾国之所谓名教者，教猱升木，便利盗贼夷狄之利器也。匹妇为强暴所淫掠，已而为之守贞，已而为之殉死，曰：此名教然也。塞上之牧儿为夷狄所奴虏，已而为之服劳，已而为之死义，曰：此名教然也。此乃横行于青天白日之下，魑魅魍魉之学说也。以十八省四万万民族酣嬉颠倒于魑魅魍魉学说之下，而不知割断根株，澡雪狂乱，则以吾国民之性命供白人之菹醢，亦孰非名教者耶？亦孰非生人之公理，天地之通义者耶？虽欲免白人之覆①压，不可得也。

　　夫以吾国之学说尘霾若彼，则此二百年来所生之现象，吾人亦可以自思而得之矣。彼胡族历世相传之政策，何一非防家贼者乎？所持以为诒谋者，不过"汉人强，满人亡；汉人癯，满人腴"之秘书密记。所挟

---

　　① "覆"，原作"复"，误，校改。

以为威福者，不过摧折士气，解散民党之强权辣手。至于今日，执名义以正告天下，犹且曰："汝国民者，食我之毛，践我之土也；汝国民者，二百年来，列祖列宗深仁厚泽之所复育也，皇太后宵旰忧勤之所扶植也。"自吾党观之，是恶可以欺小儿哉！二百年来之历史，皆爱新觉罗氏之罪状也。自光绪初政以迄于今，皆那拉氏西邸卖官之贸易所、梨园歌舞之淫乐图也。诸君试入学宫门，读所谓卧碑者，与周厉王之监谤、秦始皇之禁偶语何异？翻《大清律》一书，无一毫集会自由之权，无一毫出版自由之权。故十一朝之事实不暇详言也。观其对我国民之律令，阴谋毒计，如对照胆镜矣。那拉氏之淫纵，今亦不屑备举。试问纵拳匪以要大祸，使我国民负九万万之巨款，卖身鬻子不得偿者，谁之罪欤？青衣蓬首，走出水窦，国门以外，豆粥难求，可以惩矣！及至西安，则醄歌恒舞，连日逮暮。岑春煊①以梨园一部得优擢矣，卖官鬻爵、需索进奉之事，迭见于阙下，刘坤一、张之洞之贡使，至以宫门费多少相比较，天下传为笑柄。回跸入河南，百姓走徙，如遭大寇，闾里为墟，知县办差，至被太监勒索而缢死，百姓老幼妇女，走避不及，悬缢林中者相望也。日进燕窝粥一顿，给宫监三百金乃得达，故李莲英、荣禄入京以后，富过于旧，此何从而得之哉？以那拉氏为之城社也。日日言母子一心，励精图治，其所图者何事？不过以数十万金修颐和园，为饮宴外国妇女地耳！白玉之床，洋酉醄睡，不以为耻，且以为殊荣奇宠而张大之矣。俞正燮记康熙中黑龙江立约事，谓使臣与俄女主订约于镜奁之下，今日之事，诸君亦知之乎？中国割地赔款之约，其不订于那拉氏镜奁下者，几何哉？鸣呼！台湾之割于日本也，我国民之死于掠杀、死于覆②溺者数万人；金州、旅顺、大连湾之入于俄，我国民之死于搜杀、死于苦役、死于劫夺者数万人；广州湾之入于法，我国民之死于搜杀、死于炸弹者数千人；新安之入于英，我国民之死于格斗者数千人；东三省之构衅于俄，我国民之挤死于黑龙江，蹂踏于哥萨克马足，焚搜村落，灰烬于烟焰者数万人。此其为同胞之伤痛何如哉！顾彼那拉氏，则日日乐观此戏以为下酒物也。此何也？满汉之不相为苦乐，无怪其然也。华人在台湾避日本苛虐，相率航海入闽，某将军命炮沉其舟，无一生活者。是而可忍，孰不可忍？今试问土为谁氏之土欤？毛为谁氏之

---

① "煊"，原作"喧"，误，据饶怀民编《杨毓麟集》校改。
② "覆"，原作"复"，误，校改。

毛欤？

吾国民之遗产为强梁所占据久矣，吾国民之身命为强梁所役使久矣，今日亦当泥首谢罪，以见还矣！然而，彼知大命不可以幸延、神器不可久窃也，念为吾奴隶所得，不如使吾友得之之为愈也。使吾奴隶得之，则逆僭而上逼，不如使吾友得之，豆剖瓜分，犹可以泄忿之为愈也。处心积虑如此，嘻，其甚矣！遍数东南西北诸界线，割让他人，无少顾惜，共几千万方里，岂不以物非固有、置诸不足轻重之数哉？呜呼！以不同之民族，行无限之专制，学说不明，事至今日，尚欲求苏息于恐怖政府之下。诸君，诸君！吾则安能忍而与此终古欤？

夫以现象之危险如此，政府之不足恃如此，湖南之隶籍于他人，直转瞬间事耳。六十四州县，改渲颜色之图，已于黄昏黑暗时，高挂于白人之壁矣。能执一理论以图匡救之法，则彼民族者，尚未及牢钉而熟熨也。不然，则亦谓他人父而已矣，谓他人母而已矣！然且谓他人父，他人不见我父也，谓他人母，他人不见我母也。络马首，穿牛鼻，彼殖民家之长技也，欲自比于人群，岂可得哉！岂可得哉！

第五篇　破坏

夫理论既一，总合策力，以图建设，固已阳回阴薄，如蛰雷潜苏于九渊之下矣。虽然，有自立之方针，又有自立之程度。自立之程度何也？曰：破坏是也。改造社会者，不能仍旧社会而组织之，则必破坏旧社会而涤荡之。夫破坏者，宇宙之悲谷也，吾不忍于湖南见之，吾亦何忍为湖南言之？虽然，是乌可以已哉！苟可以不至于暴动，即毒蛇鸷兽，亦决不至于暴动也。破坏者，肝脑[①]之庖厨也，衣冠之鼎镬也。如吾党者，抑岂独非此刀砧上之一块肉，匕箸间之一杯羹哉？

顾吾以湖南之事观之，则无可以不至于暴动之望，即无可以不至于暴动之事也。夫所以不至于暴动者，何也？必有使湖南公益日日进步者，必有使湖南自立之根本日日稳固者。是将恶乎望之？望之鬼幽魄躁之官欤？则为湖南之大敌者，即其坐堂皇而巍然具冠带者也。非斩绝自立之萌芽，不足以护其顶戴；非吸取湖南公众之利益，不足以润其身家。见西客则如娼妓之媚人，见湖南士民则如仓鼠之变虎，行止动作，

---

① "脑"，原作"胆"，误，据饶怀民编《杨毓麟集》校改。

外人提其线而舞之，则中节而适度焉。望之求田问舍之绅士欤？则奄奄待尽，如就木之陈人，汲汲寻欢，如登筵之醉蟹，非老而不死之糊涂虫，则大愚不灵之顽固党也；非寻行数墨之冬烘学究，则斜簪散鬓之风月闲人也。为琐琐姻亚谋膴仕，则腕捷而材高；为堂堂中国策治安，则心空而脑坏。燕雀处堂，不知突决栋焚之在于眉睫也。他人有心，予忖度之，吾湖南绅士之权力，其强盛实在诸行省之上，彼于官场最能有抵抗力。莫能为湖南肩大任者，其弊在于自谋其利，似为大局虽坏，吾囊中之预备金尚如故也，地皮上之不动产尚如故也。一切教育军备大计所在，则诿其权于官，出而干预之，则恐将破其居积之一二分也。充此类而推之，则卖祖国而以图其利，亦将无所不为者也。然非貌为关心时事者，不足以间执新学小生之口。于是官场言教育，则亦言教育；官场言工艺，则亦言工艺；官场言商矿，则亦言商矿。有利于私益者，则攘而归之于己；有害于私益者，则百计而避之，若将陨焉；至于湖南公益，现在之办法，当以何为目的，吾之所不计也，将来之成效，以何为期限，吾之所不计也。言外事则苍苍然如堕云雾之中，争闲气则断断然如涉洙泗之水。以湖南自立之大计望之此曹，犹画饼而欲充饥也。

然则湖南之公敌岂独在官场而已哉？彼日日坐大轿、掌纱灯，以出入于游戏征逐之地，称老师、拜大人，以雄长于厮养仆御之间者，皆是也。即有一二贤者，亦硁硁自守，以五十步笑百步而已。非隆隆炸弹，不足以惊其人梦之游魂；非霍霍刀光，不足以刮其沁心之铜臭。呜呼！破坏之活剧，吾曹安得不一睹之？破坏之悬崖，吾曹安得不一临之？

轰轰烈烈哉，破坏之前途也。葱葱茏茏哉，破坏之结果也。熊熊灼灼哉，破坏之光明也。纷纷郁郁哉，破坏之景象也。夷羊在牧，吾以破坏为威凤之翔于天；旱魃行灾，吾以破坏为神龙之垂于海。西人有恒言曰：列国文明皆从流血购来。柏雷亚曰：自由，犹树也，溉之以虐政府之血，而后生长焉。吾亦曰：未来之湖南犹树也，溉之以顽官、劣绅、劬民、瘁士之血，而后生长焉。

悲夫！求文明者，非独赏其价值，又须忍其痛苦。吾侪之求自存者，忍亦苦痛，不忍亦苦痛。不忍苦痛之苦痛，其祸迟而长，而其后且无以偿；忍苦痛之苦痛，其祸速且短，而其后且有以偿之。吾闻物竞家之说矣，母之得子，天下至苦痛至困难之事，故慈母之怀不可夺子。惟国亦然。国民之权利，经天下至苦痛至困难之生产，则其得之也，亦必能有以护持之。故湖南人苟不知权利之说，则亦已矣，苟其知之，则惟有牺牲此不肖之官场绅贵以求之。愈苦痛则前途愈坦荡，愈苦痛则结果愈甘芳，愈苦痛则光明愈灿烂，愈苦痛则景象愈雄杰。荆榛塞途，一步不可以行，剃而掷之，则掉臂自如矣。乱丝在桁，一缕不可一织；斩而去之，则经纬自成矣。乌喙之毒，中人必死，而收效乃捷于参苓。夫孰知摧陷廓清之胜于委曲迁就哉！夫孰如腾掷跳荡之胜于从容濡忍哉！掊巨室之锁，可以为养军十岁之资；破蠹吏之囊，可以为购炮千尊之费。彼以不义得之，我以公义收之，一转瞬间，而可为多数之幸福，况建设之高尚公正百倍于现在者哉！

诸君不见英吉利之事乎？英吉利者，立宪之前辈也，独立之海王星也，其得之矣，以暴动而已矣。一千二百十五年之革命，惨矣烈矣，继之以一千四百八十五年之革命；一千四百八十五年之革命，惨矣烈矣，继之以一千八百三十二年之革命，而后有今日焉。最后之革命，最温和之暴动也，其间凶人之枪弹及于乘舆，数十万人之请愿书呈于内阁，喧喧阗阗，不可一日以居，有陆沉之象焉。不如是，则英吉利必仍为奴隶国，不足以成今日之英吉利也。

诸君不见法兰西之事乎？法兰西者，《民约论》之出生地也，自由权之演武场也，其行之也，以暴动而已矣。一千七百八十五年之革命，惨矣烈矣，继之以一千八百三十年之革命；一千八百三十年之革命，惨矣烈矣，继之以一千八百四十二年之革命。馘独夫民贼之首，以徇于巴黎市，举国之人莫不为之拊髀雀跃，而呼自由万岁也。三逐其君，十四更其宪法，糜肉流血，如沸如羹，有地狱之悲焉，然卒为强国。不如是，则法兰西必仍为奴隶国，不足以成今日之法兰西也。

诸君不见意大利之事乎？内受那颇利诸国王之压制，外受法、奥诸国之凌逼，无复统一之期矣。然而烧炭党倾热泪以救之，加里波的、玛志尼之徒刳心钑肾以谋之，义旗屡举，喋血无数，卒收功于嘉富洱，而大业遂成。夫意大利者，民族建国盘根错节之场，而独立之枯窘题也，然而以"暴动"二字，摧坚陷阵，用为首功。不如是，必仍为奴隶国而附庸于奥、法，决不足以成今日之意大利也。

至于日本，其立宪之宣告，可谓最安稳而容易者矣，然而国会未设以前，志士之著小说以鼓舞民气者若干事，译西书以摇荡人心者若干事，郡县之暴徒蜂起而抗官吏者若干事。西乡隆盛以维新第一人物，扬旗拔剑，问罪于政府，齑粉其身而不惜也。故日本者，仅免于大破坏而已。论谁为原动力者，则亦暴徒崛起之功也。不如是，则宪法必不得立，郡町村自治之制必不得定，不足以成今日之日本也。

是故暴动云者，开辟新局面之爱牟乾也，筑造新国家之塞门得土也。且夫两利相形则取其重，两害相形则取其轻。今日不暴动，不能禁他人之不破坏我也。湖南之见破坏于外人，此亦必然之事，不可解之灾矣。与其他日见破坏于外人，何如发之自我，尚可以收拾之哉？人曰：今日之言暴动者，凶德也。吾党则曰：今日之言暴动者，立义也。人曰：今日之言暴动者，败群也。吾党则曰：今日之言暴动者，爱国也。人曰：今日之言暴动者，畔夫也。吾党则曰：今日之言暴动者，贞士也。他人之言暴动也，或与吾党异，吾党欲有所创立而为暴动，欲有所成就而为暴动。苟有所创立、有所成就，而不必为暴动者，吾党行之；苟有所创立、有所成就，而不得不行之以暴动者，吾党行之。夫以暴动而后能有所创立、有所成就，此天下至艰至险之途也。

虽然，诸君不必瞿然惊疑，诸君不必茶然沮丧。拿破仑曰："'难'之一字，惟庸人字典中一见之耳。"壮哉此言！夫当华盛顿畔英自立之先，亚美利加何尝见一十三色国旗之影哉？然而今日则且横掩太平洋海面矣。是何也？曰：惟不畏难而已矣。吾党今日之破坏，决无华盛顿之难，此可知也。彼不肖之官场绅贵，其手腕决不如英国政府之强，其兵锋决不如英国军队之精，其财力决不如英国国会之易集。华盛顿与英苦战八年，始足自立。今日湖南之官绅，尸居余气而已矣。

虽然，是所难者，不在于破坏，而在于吾党主张破坏之精神。有破坏之精神，必又有破坏之条理。无精神而言破坏，是一跌而不复振也；无条理而言破坏，是一溃而不可防也。条理者，不可宣言者也；吾不可不言精神。

今世界各国中破坏之精神，最强盛者莫如俄国之无政府党，无政府党言破坏之渊薮也。斯拉夫民族之所以有此党人者何也？为社会阶级之制不平也，为官吏之腐败也，为司法行政机关之颓坏也，为学校教育之箝制也。以种种之原因，生种种之反对，以种种之反对，生种种之压抑，然压抑者，岂足以息破坏之焰哉！凡专制者，未有不恃压抑为墙墉者也；而破坏者，则又能乘墙墉而俯瞰之者也。压抑一次，则反对之风潮亦高一次，如加重力于压水柜，挤力愈紧，则喷起愈强，如掷皮球于地，用力愈猛，则跃起愈疾，故夫压抑者，反对之良友，而破坏之导师也。是故俄国之虚无主义，自革命文学时期升而为游说煽动时期，自游说煽动时期升而为暗杀恐怖时期，愈挫愈奋，愤盈旁魄，几使俄政府权力威命之所及，俱陷于盲风晦雨之途焉。在昔十九世纪之初，倡之者不过一二人；至十九世纪之中，而蔓延及于学校焉；至十九世纪之末，而蔓延及于军队焉。开革命党之协议会，发行民意党之纲领书，遂骎骎乎宣告皇帝之死刑。学校之青年，悍然与政府为国事之劲敌，斧钺在前，监狱在后，曾不足以戢其凶行十之一①。至于学校教头、地方知事，被刃绝命，累累相望也。历山二世被狙击者至七次，游艇下之水雷、铁道线下之地雷等未发见者，尚不在此数。如彼得堡御殿之爆发，观兵式辇路之炸弹，最为震动地球诸国之耳目者。其党人秘密活版所至数十处，爆发物兴造所、通券所至数十处。政府设备不敢稍疏，而党人之势力，乃如水银泻地，无孔不入。无政府哲学弥满充塞于国民之脑质中，至使妙龄之弱女，亦乐敝衣毁饰，杂于男子之中，冀得一达其目的，以为愉快。呜呼！何其壮也。故俄国今日不立宪，则亦必至于革命。以如鬼如神如天如地之政府，焦然坐于快枪毒炮之中，虽欲不许与国民之权利而不可得，岂非破坏之精神所为掀簸而摇撼之者哉？是故主张破坏者如炸药，破坏之精神如炸药之燃烧性；主张破坏者如镪水，破坏之精神如镪水之酸化性。此性不可灭，抑亦无能灭之者；此性不至无端而即发，亦未有当其适宜之度而不发者。既发之后，有绝大之分解力，即有绝大之生产物；而炸药、镪水之能力，已变为功用之后，散如飞烟，销如幻泡，则已不复存其原来之体质形状矣。是故主张破坏者，其能力之成迹止此，其功用之结果必不止此。此可言破坏即可言建设，则岂非仁人君子，精神魄力所留遗哉？悲矣夫，吾愿吾党缟素苴经以当破坏之凶门；笑矣夫，吾乐与吾党轩鼗鼓舞，以颂崭新之结构。

第六篇　独立

精神充矣，条理具矣，程度达矣，建天心阁为独立之厅，辟湖南巡抚衙门为独立之政府，开独立之议政院，选独立之国会员，制定独立之宪法，组织独立之机关，扩张独立之主权，规划独立之地方自治制，生计、武备、教育、警察诸事以次备举。以吾湖南为古巴，以吾湖南为比利时，以吾湖南为瑞士，庶可谓吾党得意之秋乎！然而吾党之言独立决不在此。

---

① "十之一"，原作"之十一"，误，据饶怀民编《杨毓麟集》校改。

　　夫人人视湖南为公共之湖南，则湖南不能独立；为其如此，则湖南为质点排列之混合物，而非亲和力构造之化合物也。人人视中国为公共之中国，则中国不能独立；为其如此，则中国为质点排列之混合物，而非亲和力构造之化合物也。混合物者，如积沙然，遇风而扬，随流而荡，受外力不及锱铢，而已有离绝播散之象矣。化合物则不然，非依其本来亲和力之原则，决不足改变之。在公共之湖南中，必使各个人自任一部之位置，各个人发见其独体之亲和力，则湖南独立矣。在公共之中国中，必使各分省自任一部之位置，各分省发见其独体之亲和力，则中国独立矣。夫中国之所以致有今日者，非为其团体之不能结合耶？在亚洲中部而名之曰中国，在中国而有十八省，非固有之团体耶？如之何欲决裂而离去之？然混合之团体，决非所谓团体，以今之道，无变今之俗，中国散为十八行省，十八行省散为千五百州县，千五百州县散为四万万人。名虽集合，形虽庞大，而腐朽霉烂，终于瓦解。今日之集合，实所以胎孕分割之奇痛也。湖南者，中国之一部分；新湖南者，畔全体而裂去其一部者也。非能畔而裂之，则亦不能缝而完之。由吾党之说，则四万万分子，聚而为千五百分子，千五百分子，聚而为十八分子，十八分子聚而为中国。质点愈密，则团结力愈益强固，非自成为一部，必不能于全体中占一部之位置，不能于全体中占一部之位置，滋所以病全体者也。故吾党欲新中国必新湖南。

　　普通中国之思想，有最大之弱点，一曰见慑于满政府之余威也。夫当彼族之隆，安坐而定禹域，所以能慑服吾国民者，有四焉：法制简质，身臂相使，而吾国民窘束于刀笔筐箧之下，救过不给，一也；种族亲固，团结坚牢，而吾国民嚬呻于饥馑师役之中，内讧并起，二也；武力强盛，耐饥与寒，而吾国民狼藉①于弓弦马足之间，戎车不竞，三也；权略兼资，知彼与己，而吾国民俦张于水火荆棘之内，大计全疏，四也。今彼以二百年之休养，闲②宴无事，种性愈失，其不足虑也决矣。以言法制，则袭前明苛碎之失，束缚绳墨，难以更张；以言团体，则成萧墙构祸之形，树立党援，自谋封殖；以言武力，则宴安鸩毒，肥马鲜衣，绵力薄材，而师干不试；以言权略，则孤坐穷山，引虎自卫，甘言厚币，而附骨为疽。然则彼族威力，其已熸矣，无一营之卒不须召

---

① "藉"，原作"借"，误，据饶怀民编《杨毓麟集》校改。
② "闲"，原作"间"，误，校改。

募华人，无一日之粮不须取资于江河两流系，无一夫之械不待给于江、鄂、山东诸省制造厂。浮寄孤悬于十八行省之上，而发祥重地置于饿虎之齿颊间，内外两蒙阴除羁绊，根实已拔①，徒建空名，一旦华人起而乘之，如以乌获而推稚子，其僵仆也，决矣！我湖南独立，彼族所以控制之者如何？川、粤乱萌方长，江海门户洞开，自守泛地，有所不足，所恃者惟鄂、豫、赣、皖尚足资调遣耳，然俱不免有内顾之忧，不足畏也。一省自立，则满政府坠地矣。诸君亦闻英人之言乎？英人之论中国也，谓汉种卑贱屈辱，不足以居政府，惟满人尚高视阔步，有足恐怖汉族之形式，宜扶而翼之。诸君之言尊王也，欲有政府也，有政府以存国家之权利也，但求其可恐怖乎？何不刻狮画虎而崇拜之？何用彼东胡②为耶？新湖南者，所以身当祸首而雪此恶谲也，故吾党欲新中国必新湖南。

普通中国之思想有最大之谬见，一曰惧引外人之干预也。夫外人之干预我中国也，岂自今日始哉？鹬蚌相持，渔人获利。虽然，罗者得鹬，渔者得蚌，苟在其所取，岂有见赦者哉？然则如之何？曰：在吾自立之力量耳。瑕则攻之，坚则辅之，瞰吾势力，以为伸缩，此各国之隐情也。然亦在目前则然耳。过此以往，英之波斯、缅甸大铁路，美之尼喀拿加运河皆已竣工，内地各国租办之铁路，亦已毕事，而列强扩张海陆军备，有加无已，亟欲乘衅一决雌雄，则其干预之强猛，视此三五年内，当百倍。在今日而实行干预者，吾尚有可以支拄之力也；在他日而实行覆③压者，吾决无可以摆脱之方也。湖南深入堂奥之中，倔强一隅，事须及热。故吾党欲新中国必新湖南。

虽然，湖南之自立者，湖南人切实之问题也。吾言湖南自立，尤有所望于诸君一致之决心焉。今世立国于地球之上，不能无以党会为基础者也。是故有国会，有地方议会，有私人所倡立之政党会。国会及地方议会者，立法之机关也，自治之铃键也。私人所倡立之政党会者，于国会、地方议会外，以特别之性质，结特别之团体，主张一党派特别之议论，而欲施行一党派特别之方针者也。此特别会党者，惟其各以公益为主，则其所执之方针、目的，不必尽同，而其维持公益则大同。能如是，则英、德、美、日诸国所以能占地球上高等也。匈牙利之见败于

---

① "拔"，原作"拨"，据饶怀民编《杨毓麟集》校改。
② 饶怀民编《杨毓麟集》在"东胡"后有"之贱种"。
③ "覆"，原作"复"，误，校改。

奥，而使噶苏士不得伸其志也，意大利之见败于奥、法，而使加里波的
遁迹于美也，皆党人见解之游移、胆力之怯懦为之也。使彼党人，人人
能为噶苏士，则匈牙利之独立不至重入烦恼之乡；人人能为加里波的、
玛志尼，则意大利之勃兴，不待迭出于坎坷之境。然则为党人者，不可
不刚强坚忍、安徐重固以图之也。图之则若为先后，若为奔走，若为游
说，若为凶行，各如其意以行之。智者侠心，任侠心者组合为一朋；勇
者侠命，任侠命者组合为一朋；富者侠财，任侠财者组合为一朋；贫者
侠力，任侠力者组合为一朋；文儒侠辩，任侠辩者组合为一朋；妇女侠
慧，任侠慧者组合为一朋。心与心竞，而经略出焉；命与命竞，而爆烈
出焉；财与财竞，而资用出焉；力与力竞，而事业出焉；说与说竞，而
流衍出焉；慧与慧竞，而奇秘出焉。此朋与彼朋，相扶相翕，而汹涌澎
湃，有长风怒涛、疾霆震电起于天地之间，自由万岁、新湖南万岁之
声，遍于国界矣。且夫以党人各自占其会党之一部分，则会党立；以会
党各自占湖南之一部分，则湖南立。不能自占党人之一部分，而欲新湖
南者，犹各省不能自占中国之一部分而欲新中国也，日日而言之，夕夕
而梦之，岂有及哉？临渊羡鱼，网罟备具，不能濡足以求之于水；入林
而誉果，俯仰取足，不能扳茬以入之怀。袖手而使人，被使者复袖手而
有所使；玩时愒日，不如起而自为之。吾为旁观者，他人亦为旁观者，
旁观者复呵旁观者，然则遍数湖南人而无一非旁观者也。吾自为之，他
人亦自为之，自为者可与他人合而为之，亦可与他人分而为之，然则遍
数湖南人，而无一非自为之者也。遍湖南人而自为之，新湖南之成立，
夫岂远而！

　　言世界民族之最强大者，必曰条顿人。言国力最饶富及领土之最广
阔者，必曰条顿之英吉利人。此何以故？凡英吉利人，少数人口所到之
海岸，必得纵横广大若干里之属地，此何以故？问其所以，则以英吉利
人富于个人独立性。惟其有独立性，故能以少数人控驭多数人而驯扰
之；亦惟有独立性，故能以少数人抚有多数人之领土而承袭之。美哉，
独立性之作用乎！能使其国为头等国，能使其国民为头等国民。观地球
列国之等级，可以知独立性之优劣焉。然则吾党所谓新湖南之事业，以
何等程限为满足乎？吾党必曰：以制造湖南人得为独立性之头等国民为
程限，以制造湖南得为独立性民族之头等国为程限。然则所谓独立性民
族之头等国者，以湖南为范围乎？抑非以湖南为范围乎？吾党必曰：吾
党必制造中国为独立性民族之头等国，必制造中国国民为独立性之头等

国民。吾能不以条顿民族之独立性制造湖南人，而以湖南人之独立性制造湖南人；吾能不以条顿民族之独立性制造中国人，而以中国人之独立性制造中国人。中国人之独立性无程限，湖南人之独立性亦无程限。中国人之制造中国无程限，吾湖南人之制造湖南亦无程限。以是为满足，以是为程限。

呜呼！白云无极，苍梧邈然。作小朝廷之生活，举止羞人；接无政府之风潮，头颅顾我。南风不竞，恐残山剩水之无多；东门可芜，有秋菊春兰之未沫。知昨非而今是，羌含旧而谋新。悲夫！天方荐瘥，丧乱弘多，忱当以慨，为湖南独立之歌：

衡山高高兮，湘水沄沄，其北有洞庭八百里，佛狸饮马之所不能渴，苻坚投鞭欲渡不得问其津。夫何一塞外之游牧兮，是为乌桓贱族①，肃慎之遗民。腰硬弓、手长箭、骑大马来窥此江上兮，岳云愁、湘灵泣、山鬼呼啸。白日而攫人，以杀戮为耕作者四十载兮，诉之帝释，帝释沉醉而伪若不闻。左陈刀锯而右施饼饵兮，乃复蛊我以俗学，梏我以俳优无用之文。使我聪者聋、明者昧、行者跛、谈者吃而以为天宠兮，如鹦鹉之在笼，猿猴之在槛。秋非我秋，春非我春。瞰其后者，倏然命俦啸侣而来袭兮，三战三北愿为之臣仆，拜舞呼导，以叩吾门。田宅、丘墓不得自有兮，教堂、租界、矿山、铁道，惟视彼族之笑颦为奉承。拒之则为盗贼兮，听之则剥权失利，亡宗覆②嗣，目不及忤而舌不及伸。然且问八十国不知名而坐谈时事兮，倡尊王、言锁港，逞血气以嗔瞋人。蜩螗沸羹而复如此兮，门户之争，未及止息，席卷而去者，已列在印度总督、柴棍总督之下陈。不自立之祸，其后乃如此。谓余不信，祝融颡兮，湘水绝此恨兮，更千万世而不得直酌我酒兮。为君歌竹上，泪兮安可磨？吁嗟乎③噫嘻，奈汝湖南人何？吁嗟乎噫嘻，奈汝湖南人何？

衡山之高高极天，西瞰峨眉、太白，如在户牖；南望越南之大海，如瓶罍杯杓落于几案之前。清湘之水流若驶，一日下城陵矶，三日而出太平洋，与长江合流者四千里。其北有汝祖国之中原兮，其南有汝同胞南徙广阔辽远之扬州。惟此荆衡之南，五岭之北，驱豺而斩棘兮，乃汝

---

① "贱族"，原脱，据饶怀民编《杨毓麟集》校补。
② "覆"，原作"复"，误，校改。
③ "乎"，原作"呼"，误，据饶怀民编《杨毓麟集》校补。

士所食之旧德，汝农所服之先畴。一旦有强暴者移转而掠卖兮，奈何乎争之不得，誓当横尸暴骨率九世以相仇。不自由毋宁死兮，曰乾侯败绩，非吾孔子之所羞。万一有不败兮，是皇王帝霸，汉、唐、宋、明，衣冠文武之所遗留。固将左揭滇黔，右携赣鄂，后连粤峤，前援江北，以求此泗水之坠鼎兮，绳黄河南北、长江上下，以光复我金瓯。天诱其衷兮，鬼恁其谋。岣嵝之峰有天书陨而赤光降兮，曰汝能为民族之牺牲者，尔偿我值，我必如汝愿以相售。诏重华而相之兮，埤之以烈山之子，俾遏此横流。太平、印度两洋，波沸如山立，怪声砰訇如地裂兮，是汝曹得意之秋。常山宝符十二，捷足者得之兮，毋俾辱于①非族。磨牙吮血为子孙忧，曰余稽首而承嘉命兮，斧腰脊碎心脑，出死以相求。五州之民各有其室家兮，余亦借此堂构，未雨而绸缪。西邻之责言所不得及兮，道旁之行客所不得谋。请自今以为始兮，子又生孙，孙又生子。子子孙孙无穷已兮，余亦不待夸娥氏之移所峙。

---

① "于"，原脱，据饶怀民编《杨毓麟集》校补。

满洲问题 *

绪　言

满洲第二期撤兵，惹起世界列强之注目，于兹三阅月矣。俄国不履行撤兵之约，而以新条约要求于满政府，知满政府之易欺也。厚币以诱之，甘言以绐之，英、美、日本知满政府之不足恃也。因势力平衡之利害，而各出于其所欲干涉之地步，荏苒①数月，尚无归宿。

夫满洲问题，非一满政府之问题，而世界各国经营极东者之问题也；非世界各国经营极东者之问题，而为亚洲大陆主人翁之中国民族存亡之问题也。中国民族不能自解决此问题，则必使欧美、日本列强取而解决之；使欧美、日本列强取而解决之，则为亚洲大陆主人翁者，将永无视息天日之下之一日。夫满政府外交界之现象，惟仰俄人鼻息之不遑，其必终出于让步可知也。列国知俄国主意之坚牢，清政府措置之蒙昧，不屑为无益之争，其必出于最后极平和极惨毒之一解决可知也。今日解决此问题，势必举黑山白水全壤而奉之于俄；举黑山白水全壤而奉之于俄，英之在长江上下游，日之在福建，德之在山东，法之在广西、云南、贵州，皆非见利而思义者也。

吾国民于此问题，不可不知其真相，不可不思其究竟，不可不处之以冲决网罗之决心，不可不应付之以实行民族建国主义之手段。同胞乎！国民乎！请与诸君熟观外交之黑幕而详察之。

　＊　此文录自《游学译编》第九册，光绪二十九年六月十五日（1903年8月7日）出版。未署名。以饶怀民编《杨毓麟集》为校本。

　①　"荏苒"，原作"莆"，误，据饶怀民编《杨毓麟集》校改。

一、俄国新要求之发见

庚子乱定，中俄两国所缔结之条约，六个月以内，满洲俄兵当作三回撤退。第一期线之撤兵，去年年末，名虽履行，然实止于挪移地域而已。第二期线，以本年三月十一日（阳历四月八日）为撤退期。俄国代理公使遂提出关于满洲统辖权之条件要求满政府。

据日本《外交时报》所载，俄国新要求之要领书，译文如左（伦敦泰晤士北京通信员所电告本国者）：

俄国与清国，为二世纪以来之邻邦，其接境实长九千里。因他国之干涉，害彼此国际之交好，将使前日所协商之诸般事务，陷于困难之域。于是俄人以防遏外人之干涉为其义务，于关系满洲诸事无不然者，俄国为镇定满洲回复清国正当之官宪，不惜牺牲数千之生命、数百万之金钱。依战胜之权利，俄国固有可以并吞此地之理由。虽然俄国不欲利用此机会，欲如千八百八十一年还附伊犁于清国之往事，如去岁还附长城、牛庄间地域之往事，故今又欲与清国为盟约，而还附奉天、吉林之两部及牛庄之条约港。

正条

一、还附诸地方，无论依如何的形式，不可移与别国。违此约时，则俄国当出强硬之处置。

二、现时蒙古之行政法，不得纷更。如纷更之，则视为动摇住民以纷扰俄国之国境。

三、清国不经俄国之承认，不得于满洲开新条约港，又不得许诺设置新领事。

四、清国行政衙门不问为何种衙门，有任用外国人时，其外国人之权力不许侵及俄国之利益优胜的北清事务。北清之事务当一切委托俄国人。例如，自外国佣聘矿山顾问时，此人之权力，不得侵及满洲及蒙古之事务。关系满蒙事务，当任用俄国之顾问。

五、俄国管理当北京、牛庄间电线之存续的全期间，必兼管理旅顺、牛庄、奉天间之电线，盖以此为北京、牛庄间电线必当延长之线也。

六、还附牛庄于清国后，华俄银行仍旧为税关银行，当如现时执行其业务。

七、当俄国占领期间，俄国臣民在满洲所获得之权利，撤兵后当一切仍旧享有之。

此外，复有长文曰：俄国为在铁道沿线有保持健康之责任，现在之卫生局必当使存续，以是税关事务官及税关医务官，当仍旧必用俄人。右卫生局，以以上二官、海关道员、各国领事、微菌学者、俄国铁道代表者及支办经费之道员组织之。

右文书有德布兰孙氏之钤印。其日为阳历四月五日（俄历十八日）。

俄人之提出此案也，实以为永久领有之准备。夫在满洲实际之经营，无一不在俄人之掌握中，无端取诸其怀而还附之原主，断然不可得之事也。然俄人既为此提议矣，其势必有利害关系重大之他国出而抗议。既逢与国之抗议，则必撤回所要求之新条件。顾虽撤回所要求之新条件，而履行撤兵之实事，固必不能行也。夫俄人之视满洲政府①，固无有也。所畏者，独利害关系之他国耳。彼其视满政府无有，故敢断然出此要求。彼其所畏者，利害关系重要之他国，故以代理公使签名而徐收其后。夫果执行此条件，则满洲之主人翁非满政府，而为斯拉夫民族；满洲之统治者非满政府之将军、都统，而斯拉夫民族东方新领地之总督，固了然也。

条件既出，而欧美各国新闻之议论，一大震竦。华盛顿《斯达亚报》所论云：

俄国对清国所提出之满洲新要求，所谓主权之宣言书也。俄国欲获得一定之新条件，而后履行撤兵之约。如此条约见许诺时，是与俄国以满洲主权，非独对于他国有该地之主权，即对于清国亦得有该地域之全主权。在此条约中，清国尚得于满洲有行政权耶？此不可得之事也。是满洲者，俄国所不许开放而独占之贸易港也。夫牛庄之海关收入，自是不纳于清国税关，而当新纳于华俄银行，是全省收入之掌管权归于俄国之手中也！满洲无论何部分，不能附与他国，是惟俄国将来于全地域有命令权也！非俄国人则不得任用为军政、民政之行政顾问官，是地方行政惟俄国全有宰制权也！且得以清国电线为己国电线之权，是于通信机关当与清国得均等之便利也！……抑因此条件让步于俄国者，是非独失满洲而已，又将举清国全部许俄国以全有之主权，俄国于北京恫喝清廷，他国虽如何相为援助，不能使清廷恢复其正当之权力云云。

---

① "府"，原作"洲"，据饶怀民编《杨毓麟集》校改。

二、俄人在东三省之举动

俄人既断然执行收东三省为领土之意见，其在东三省撤兵线内之举动何如？是吾人之所欲详悉者也。然而，吾国民身亲探险东三省者几无一人，吾国报馆特派检察东三省事情者无一员。如是东三省情事，苍苍然堕于云雾之中，无能道其详者。仅仅得于日本新闻纸中，盗窃一二，是吾国民之羞辱也。

日人之探险东三省也，有所谓南部满洲之视察者，有所谓满洲踏查录者，有所谓北满洲素通记者，有所谓满洲最近情报者，而某氏《满洲撤兵视察日志》言之尤翔实，录要如左（闰月初二日大阪《每日新闻》所载）：

视察东三省第二次撤兵事，以四月四日（阳历）出北京。爰记昨春缔结满洲条约时，驻屯第二期撤兵线内之俄兵如左：

营口及牛家屯　东部西伯利亚狙击第四联队，取塔哥萨克第一联队第二中队，东部西伯利亚炮兵第一联队第三中队。

辽阳　东部西伯利亚狙击第十三联队，威儿奴停司克哥萨克第一联队之一半。

奉天　东部西伯利亚狙击第一联队之一半，同第三联队，累尔停司克哥萨克第一联队，杂巴依喀尔哥萨克骑兵第三中队，东部西伯利亚炮兵大队，同工兵第一中队。

铁岭　东部西伯利亚狙击第十六联队。

开原　同狙击第十九联队，同炮兵第一联队第一中队。

吉林　同狙击第十三、第十四、第十五联队，同炮兵第一联队、第十五及第三十队之一半。

老梢沟　同狙击第十八联队，同炮兵第一联队第四中队。

哈尔滨　同狙击第十七及第二十联队，乌苏里哥萨克大队，沿海海州龙骑兵第三大队，东部西伯利亚炮兵大队。

宁古塔　雅尔敦骑兵第一联队，东部西伯利亚炮兵第一联队第五中队一半。

珲春　东部西伯利亚炮兵第一联队第三中队一半。

伊通州　杂巴依喀尔哥萨克第二中队。

以上驻扎步、骑、炮、工兵合计约十二万。

四月四日，着牛庄。访该地俄领事新任民政长官格罗子赛氏。八日，第二期撤兵时日已至，营口还附，毫无影响。再访格氏有所质问，据云，假令营口今日不还附，决非违背条约。何则？该条约虽规定撤兵期，而营口之还附，惟于天津未还附以前不实行之而已，无规定之期。此撤兵与还附全为别一问题。又现在营口虽有若干之俄兵，乃因设有民政厅，在警察事务上为必要，驻在于此，势不得已云。其疏辩甚力。格氏以市费设一学校，募集学生三十余名，专教俄语，任俄人为教师。营口税关长尚以俄人为之。此人为喀罗哇鲁氏，尝在华俄银行，往年芬格罗得设立金矿公司，于外蒙古置清国税关时，喀氏自该银行为赫德之秘书役，因得入税关，以机敏为赫德所倚任云。

营口繁盛，为大豆、豆粕之中央市场，已增设厘金局于通江子、铁岭、三叉子，而尤要者为增设辽河畔之厘金局。事虽出于增祺，实为俄国所策划。以上营口及牛家屯。

四月十一日，着奉天。奉天城门，前日树俄国旗，以俄兵守卫之；今易以黄龙旗，以支那官兵为守卫。驻扎奉天之狙击第三联队、炮兵大队、哥萨克联队等已撤退，机器局已交还。自表而观之，奉天还附，既已毕事。是日访增祺将军，问撤兵与还附事。将军微笑曰："此外观而已，其实未也。"余告以视察城厢内外，不见俄兵踪迹。将军曰："果然，不过外观而已。其实俄兵约七百名，借民屋而潜伏于此。"复语撤兵前后之情况云："先年驻屯步骑炮工诸队，其后一年间，时时有军队往来，有一时步兵至非常之多数。尔后又渐次减少。四月三日，俄兵一旦出城外，集会于停车场。得旅顺来电，是晚复来，极为混杂。八日，但余现在潜伏之兵，其余全撤退。据所传闻，有变服装而赴通化县者，有赴旅顺者，又有招募马贼为卫植队，称曰森林保护兵，而派遣之于内地者。而未撤退之地方，奉天省中，所在多有。即如金州、盖平、凤凰城、营口、辽阳及铁岭等地，虽有多少增减，然俄军之驻屯，固为事实。惟在表面伪为撤兵还附者，但于奉天交还各衙门，换树国旗，交送城门番兵，废俄国警察权而已。而俄国外交事务官、代理书记官、军事事务官，尚驻在于此。城内之电信局，虽未被封锁，而发暗号电信则不许。紧要事件电报北京政府则不达，不得已另建清国电报局于城内云。"次面晤交涉局总办李聘三（牛庄道台），问营口还附，当履新任事。据云，虽任营口道台，当赴该地，未得俄国照会，引领以俟云云。余质以营口俄国民政长官之言，李道台未来营，不能还附，今足下复云须待俄国照会，彼此相待，其理安在？李言：俄国还附之期，今尚未至云。余问俄国欲得鸭绿江畔森林采伐权，事已成否？彼答以不知；又问通化县森林采伐事如何，彼亦言不知。其实李氏为死心塌地之俄国党。通化县森林采伐事，为增祺所拒。李至北京，为俄人运动，得如愿相偿云。以上奉天。

四月十四日，至长春府（宽城子）。十五日，至吉林府，访警察署长古却南；十七日，视察城内外，访问吉林将军长顺、交涉局总办吉林分巡道文韫、哈尔滨交涉局译官李鸿桂、俄国外交事务官柳巴雅、俄文学堂学监巴克谢可夫。

俄国驻在吉林省内之地域，以珲春、宁古塔、三姓、阿什河、哈尔滨、宾州、老梢沟、吉林、长春及伊通等为最重要。吉林府之俄兵，散屯东西门外、造兵场、炮台及城内。步兵为东部西伯利亚狙击第十四、第十六联队及第十八联队之一部，其它哥萨克骑兵一大队、炮兵二大队，合计约及七千之数。此将军长顺所亲言也。此等诸兵，皆当以四月八日撤退，然竟无撤退之影响。问之文韫，据云，长顺早报知外部，外部照会俄国代理公使。俄使云：当照条约撤退。惟吉林驻兵，为数太多，且军械器具亦多，自陆路归国，甚不便利。待趁松花江水归航去时，自当撤退，今则时期未至云。长春府尚有第十三联队、第十四联队之一部分、哥萨克骑兵若干，其数约千名。其东部西伯利亚第二炮兵大队，亦置其司令部，驻屯若干兵。过八日则撤去。又第十四联队之一部，其后一礼拜间亦出发，而警察权则依然如故。

吉林、长春间二百四十清里，道路险恶多沼泽。俄人为联络此两府，驻屯四分遣队如左：

第一分遣队，约兵士三百名，将校二名，在距吉林四十五清里之大水河。

第二分遣队，约兵士六十名，在距吉林百清里之殷家头儿。

第三分遣队，约兵士三十名，在距吉林百三十清里之沉泥河。

第四分遣队，约兵士三十名，在距吉林九十九清里之牧牛沟。

以上四分遣队，于各村为暴行，大量牺牲妇女以肆奸淫。村民无不愤恨之，终以不能抵抗暴力之故，视污辱其最爱之妻女为无可如何之运命，无不吞声忍气，以受俄兵之凌暴者。

晤俄国外交事务官柳巴雅，问吉林不烦以俄兵守城门，警卫街上，妨行旅之自由。答云："俄国在本国如此，则在满洲亦当实行之。"更问俄国外交事务官何时撤去。彼云："永久不撤，且吉林为俄国租界，虽列国在此无租得市场，俄人亦当置该官。"此租界不知俄国以何时得之者。

二十日，着松花江驿（哈尔滨），视察同地码头。二十一日，着宁古塔。二十四日，返哈尔滨，视察该地新旧市街。于新市有东部西伯利亚狙击第十八联队之一大队，于旧哈尔滨有东部西伯利亚炮兵大队（炮二十门），于埠头有乌苏里哥萨克兵大队，而第五旅团长少将亚力启氏仍旧驻在此地。比之一年前，仅见步兵有若干之增减与撤去沿海州龙骑兵而已。现驻屯兵更无撤意，且于哈尔滨更置后黑龙江军团之第二旅团本部，系以保护铁道为名，新驻于此者，此非撤兵，乃增兵也。自哈尔滨至海林驿之铁路，沿途各处，有第十八联队之分遣队；于宁古塔，有同联队之一大队（自第一中队至第四中队）及哥萨克骑兵二中队，分驻牡丹江岸之衙门及西门外之民屋，城内外警察权尚为俄人所有。

老梢沟亦有多数之骑兵，此处有第二松花江岸之大铁桥，属要害之区域。以上吉林、宁古塔、哈尔滨等地。

二十五日，入辽阳。辽阳城内有东部西伯利亚狙击第十五联队第一大队，及后拜喀尔湖哥萨克骑、炮兵一中队（炮五门）。在停车场附近，有东部西伯利亚炮兵第三中队及哥萨克骑兵一中队，城内外警察权尚为俄人所有。

此次所视察营口、辽阳、奉天、长春、吉林、哈尔滨、宁古塔诸地，惟奉天略具撤兵之形式。又在铁道上，见铁岭停车场附近之地，有哥萨克骑兵约百名；距哈尔滨若干华里（五百四十二俄里）之写顿驿与奉天驿之间之某地方，见有张幕河岸驻屯之兵士，以夜间不能详其为何项兵队云。

又据日本各新闻纸，最近调查俄兵驻屯东三省之概数如左（五月中旬至闰月中旬）：

驻兵地	步兵	骑兵	炮兵	合计
营口及牛家屯	二〇〇	—	—	二〇〇
大石桥及附近	七〇〇	七〇〇	—	一四〇〇
辽阳、凤凰城等	一五六〇	二二四〇	三八〇	五一八〇
奉天	四〇〇	一四〇	一四〇	六八〇
铁岭	二〇〇	四〇〇	—	六〇〇
公主陵及附近	六〇〇	九〇〇	一〇〇	一六〇〇

长春	八四〇	一四〇	—	九八〇
吉林及附近	五〇四〇	五六〇	一一八〇	六七八〇
老梢沟	四〇〇	四〇〇	二〇〇	一〇〇〇
哈尔滨、阿什喀等	三〇六〇	二八〇〇	八二〇	六六八〇
乌吉密	四〇〇	三〇〇	—	七〇〇
横道河子及附近	一三〇〇	一〇〇〇	一〇〇	二四〇〇
宁古塔	五六〇	二八〇	—	八四〇
穆陵	三〇〇	三〇〇	一〇〇	七〇〇
齐齐哈尔	四〇〇	五〇〇	—	九〇〇
布哈特及附近	一二〇〇	一四〇〇	—	二六〇〇
海拉尔	四〇〇	三〇〇	—	七〇〇
合计	一九一六〇	一二六二〇	二八八〇	三四六六〇

俄国之新要求既提出，撤兵条约益益不履行；而完成满洲经营之事业，益益进其步武；准备领有全地域之行动，益益增其敏活。概括东报之所言，有曰俄人促举兵营建筑及其他建筑诸工事者；有曰努力改善凤皇①城通鸭绿江之道路，以增进交通机关之便利者；有曰吉林省之驻屯兵不依撤兵条约之限制，在吉林则集一师团之兵于一中将之下，在吉林宽城子各要所增驻多数之军队者；有曰以去五月十九日（阳历）自辽阳向凤皇城输送百四十辆之军器与百辆之马粮者；有曰浮汽船二艘于辽河为巡逻之用，更浮小蒸汽船六艘为自哈尔滨转运之用者；有曰雇佣支那人为兴安岭以西运转之用，自哈尔滨至辽河口为敷设铁道之准备者；有曰用怀柔马贼之策，招集多数贼目使为俄国用者。亟亟于满洲之经营日戒不息，欲一举而据领有之实权。其脑筋所想象，常对于所要求之第二国而为牢固之根据，对于外来干涉之第三国而□②开战之预防，固有席卷长城以北，以轰发太平洋岸云垂海立、奇哀激险之壮势。

三、欧美诸国对于极东事件之态度

俄人之对满政府也，日以财贿结贵戚、近幸之欢心，欲以暧昧成之。而其对于干涉极东事件诸与国也，则以且前且却之势，避激烈之冲

---

① "皇"，一般作"凰"。
② 原字不清，存疑。

突，投之以所觊幸之便利以赡其欲，使勿败吾事而止。

当新条件之初起也，首先抗议干涉，而牵制满政府与俄使之行动者，则有日英二国。日本之于满洲事件，与中国关系之最亲密者也。而日英同盟既成立，英国平素所主持之保全开放主义，亦与俄人独力进取有相妨之势，于是举全力以防遏□①俄新协商之成立，谓其蔑视日英同盟之宗旨也。虽然，英国固不欲在极东与俄人以强硬之刺激，惟俄人之占领满洲已成为事实，则英国亦必索得相当之代价而已。

如《德黎纽士新报》所论云：

美国在满洲要求一自由港，为俄人所反对。彼等之斗争，非吾人所与闻也。在亚细亚与俄人妥协者，吾人之利益也。若俄人于印度不妨害吾事，则吾亦不妨任满洲之折入于俄。

观以上所云，则英人所目营而心醉者，在乘俄人东下之势，在支那南部以和平之局得领有主权之事实可知也。其以日英同盟之主义而生干涉者，不过因此为索取新条约之计，非如日本之必须为一决战也。于是日本颇疑日英同盟之不固，而在野之议论，稍稍为之一动摇。

载孟绿主义飞渡太平洋而干涉极东事件者，则有美国。美国于东省事，但于通商上有密接之关系而已，非如日英二国牵连而兼有政治上之主义也。虽然，美国棉花工场恃牛庄为门户以通贩运于满洲者百分之五。当庚子事变，贸易杜绝，美商为之大失利，满洲贸易之杜绝，固必感非常之苦痛者也。北清事变之终局，清俄和约之成立也，俄人以防卫满洲之秩序为口实，得续屯兵队之利益。美国即公然送质问书于俄国，使俄人与以实行满洲撤兵之凭证，固知俄人外交手段之不可端倪也。及是而美人外交界运动益敏捷，遂一跃而得插入东三省之舞台。

新条约案之提出也，美国率先送质问书于俄国，且主张满洲之开放，于牛庄一港外，更要求奉天、大东沟为贸易场。盛遣舰队于渤海湾，游弋芝罘、大沽、牛庄之间。于是俄人于日英同盟之外，更逢一劲敌，千方百计以买美国之欢心，而前日振衣攘臂与日英两国为协同运动者，一变而有静如处女之势。质问书略云：

闻在清国领土内，取得矿山开掘权、铁道布设权及其他实业上之特权，与某公司为如何之协商，此美国政府所大注意者。如此例外之独

---

① 原字不清，疑为"清"。

占，若被准许时，是阻碍清国与列国所缔结之条约，抑制正当之贸易。又如此行动，伤清国之主权，损清国执行义务之势力，且使他国要求清国以他项之利益，其极必至打破全清帝国贸易及航海上各国均沾之利益云。

俄人见美国之急起而反抗也，则命驻美公使喀希尼氏与美国国务卿赫氏协商，证明俄国在满洲决不妨害美国之商务，且当保护之。又许诺美国所要求的满洲通商之特权，决不以同一之权利与他国。先是，喀希尼有开陈满洲事件之意见书，揭载于某新闻纸曰：

知满洲之现状者，必知该地域建筑物必需用美国之物品。是故俄国希望该地域之发达，欲取增进俄美两国贸易之道，断断然也。美国之钢铁、木材、棉花诸类及诸种之建筑材料，固俄国之所必要也。俄国当保护美国在满洲的商业上之利益，固为明确之事。……开放满洲新贸易港，非该地之利益。若全为商业上之问题者，乃别一问题也。虽然，于满洲开放贸易港乎，抑闭锁之乎？皆必生政治上之争论，增平和之危殆者也。满洲有一贸易港，可迅速增加美国之商业者，莫如牛庄。……合众国于满洲，当保持特殊之利益。又合众国于世界，但有商业之关系，而无领土之关系。保持该地域之平和，一奋其势力，虽属美国政府份内之事，然俄国之愿望，亦在平和，决不在扰乱。为此目的，北京之满洲协商正在进行中，是乃所以确定撤兵之条件，而使该地域安固，不再起千九百年之暴乱也云云。

圣彼得堡某新闻之政治记者耶得里金氏持强硬之论曰：

吾等用武力而取满洲，其战争非自俄国开之，实自泰西列国之宣教师及商人等开之。满洲者，用二十万人之军队之全力所取得也，而为战争投身命者二万人，费国库之资财，至数百万之高价，乃始得之。俄国于该区域保持秩序及幸福，一变其无政府暴乱之风，此仇视俄国如英国之泰晤士新闻纸所尝叹美者也。据此而观，则以正义之权利言之，满洲者，诸凡一切最良之权利，固当属于俄国者也。对于满洲而有要求，如对于俄国在满洲之权利、财产而为攻击，自日英两国为之犹可也，自美国为之则愚矣。

美国既得俄国之辩言，及开放奉天、大东沟之要约，遂直接与俄国政府协商开放之事，而顿失其强硬之态度。其新闻纸愤俄国外交界之反复者，亦不用激烈之反抗。柏林之《佛兰希赫咱意争格》新闻纸论之曰：

　　合众国者，非如日英两国之所期望而为协同运动者，惟以保护美国所当保持之利益，为解决满洲问题一定之宗旨也。……合众国于千九百年扰乱之际，其态度既一定，协同运动，为彼所不欲。又自特殊之点观之，于极东直似极尊重俄国之外交者，故合众国特采单独之态度也。彼于满洲之统治者，固不问其为清人与俄人，惟满洲与彼有经济上重要之关系。苟不损害通商上之事业则足矣。保全支那帝国领土之思想，非华盛顿政府之所计及。彼政略中视满洲早已脱离清国之怀抱，而为已绝望之决论矣。

　　折冲樽俎、立谈坐啸而消释意外之波澜者，及是遂徐徐对满政府以求达其最终之目的。法国与俄人为同盟，无毫末之异议。以法人于支那南部欲谋一定之利益，势不得不袖手于北方之事，一听树立猛鹫国旗者之所为也。而德国于满洲，但有通商上之利害，无论何人握持统治主权，不以为意，比之英日两国有直接的利害之感觉者悬殊。惟以开放门户为目的者，则从而扶助之，其势与合众国无大差异。于是极东问题狂风横雨激剧之气象，一变而为凄清暗淡之天，而挕挕大陆，已于酣眠沉醉中，削除其一角。先是，纽约之《雅堵雅儿德杂》新闻纸论之曰：

　　英美日三国攻击俄人，不过出于纸上之议论而已。日本民间之愤激，虽达于高度，若俄国欲慰安日本，认许日本在高丽之主权，则日本政府必不敢出于一战。日本既然，英国亦从而靡，合众国亦惟计及满洲商业上之利益而已，外交上之抗议亦当不迫切。是故日本虽派舰队于牛庄，自是以后，俄领亚细亚之地图，必于黑龙江南岸附加一极有价值之新领土，更无疑义。

　　又《波斯顿新闻》亦有论曰：

　　俄国内部如不起革命者，则领有满洲之事，到底不能防遏之。俄国虽有贯彻此目的之兵力，观其过去之政略，终当自外交上达其期向。俄国今使牛庄之关税收入不纳于清国税关，而纳之于华俄银行。夫收入之所在，即统治之实力之所存。虽然，无论何人固不得使俄国弃置此权利也。日本之感情，虽甚为激昂，而俄国当变更面目而益巩固其根据，欲驱逐之于满洲境外，岂可得耶？

　　俄国欲以外交定极东领土之主权也，欧美列国皆心许之，非独心许之，抑将相助而各谋其所，安坐而获之天宠。而满政府之对此问题也，付诸等闲，欲以俯首帖耳、敷衍搪责了之。俄人亦利用满政府之痴聋，而以华俄银行投例外无名之款项以蚀荣寿公主及亲王大臣之心肝，而摄老佛爷之魂魄。国民梦梦相视不发，于是以五洲注目之大事件而举国噤吟，不闻人声。仅仅有大学生呈奏、出洋及内地诸学生义勇队一二事，如闲花弱草点缀于平沙断岸之间。而日薄崦嵫，苍苍黄黄，大陆无光，以趋就于九幽之长夜。

四、新要求之变态

新要求之被质问于美国，惹起世界之议论也，俄国于圣彼得堡极言其非事实。俄外部复美使书，但谓华俄银行有近今新提出之私约而已。而其催促满政府之协商决定也益急，满政府之答之也，选㪍无气力；日英则时时警告，使直为拒绝，免生弥天之祸害也，久之不得满政府之要领。始俄使雷萨归朝，命代理公使提出之。既见协议之不能决定，且恐有被拒绝之势也，则亟亟复入北京。以五月十五日（阳历六月十日）访庆邸，续陈前议。当雷萨之未归也，华俄银行职事璞科第氏密见庆邸，庆邸时以病假拒英日公使之接见者数日矣，而璞氏及俄国代理公使则数得密晤。璞氏之见庆邸也，更以四事反复陈辩，危词以动之，以为雷萨设辞之地步。雷萨既见庆邸，遂言曰："前约既被撤回，今日所议者，四事而已。此四事者，贵政府所不难承认，各国所不至有烦言，诺否惟在足下，乞勿饰辞以为推诿。"庆邸答曰："诺否在朝廷，本大臣但有协议之权，无决议之权，且此事关系大局，徐熟议之。"雷萨之辞去也，庆邸遂仰敕裁于颐和园。所传提议四事者如左云：

第一，扩张华俄银行之营业权，于东三省一带地方，清国之官业及华俄共同之事业当补给资金之事。

第二，营口之税关事务，今后二十年间当委托华俄银行，但因时宜得延长其年限。

第三，于奉天、吉林两府，设置修交局，以清俄两国之委员组织之。凡关于两省之政治、军事、经济、卫生、司法事宜，当使相互协商共议。

第四，自北京过张家口、库伦达恰克图之蒙古铁道敷设权，当特许华俄银行。

于四项外又有添加者，则在西藏之西北部施行清俄协同之行政制度也。俄使之提议四事也，谓是仅得谓为撤兵之善后，策补前约之未备而已。夫前约之所未备，固无终极，今若许诺之，则后日又将有前约之未备者复将提出新案件，以补前约为口实。且列国在中国立约多矣，皆以前约为口实而提出之，举中国以奉之，而列国之未备者如故也。中国之地有尽，而因缘前约为事无已，战国策士所谓抱薪救火，薪不尽火①不止者，固无以逾于今日。然而顽冥不灵之满政府固犹将曲徇之也。

五、日本主战论之沸腾

莽莽神州，奄奄大国，遂有息窒脉绝之一日。然而有嚣然而眂之，愤然而斥之，而举手揶②揄之，而瞠目屏营之，而顿足号呶之之一国焉。见邻人之失火而狂呼暬嚚者，非为邻人也，知其将延缘而焦吾之栋也。彼日本者，对于满洲之不撤兵，最为愤恚者也。德国新闻纸论之曰：俄人于千八百九十五年，曾与他强国相提携，以妨害日本辽东攻战之成业者也。今取其所为妨害日本之事业而实行之，此日本之所为激昂也。诚如此言，中国国民于东三省之感情若何，幸免掠夺而复被转卖，如之何其可忘也。转卖之后，复为掠夺者之所怜伤，又如之何其可忘也。然而为日本者，则已骎骎然有唇亡齿寒之惧，乃怫然戚然投袂而起。

虽然，发言如循环，用兵如刺蠚之俄人岂漠然任日本之狂呶猛喝而不以为意哉？嘻嘻，左执干戈，右陈玉帛，无端而有俄国陆军大臣克罗特巴金东游之一事。克氏之出圣彼得堡也，实在新要求发现之日，以五月十七日（阳历六月十二）到日京，或曰视察日本经济及实业上之势力，而谋俄国实业之开发也；或曰欲连结③海参崴与旅顺，谋于高丽领土内得一良港也。及二十一日克氏赴大阪，而有晴④天霹雳震动日本全国之头脑者，则有日俄和约成立之报告。新闻纸之非难之者，曰臆测也，捏造也。而传之者则自夸其机敏，谓必将见诸事实云。所谓日俄和约者如左：

---

① "火"字原脱，校补。
② "揶"，原作"椰"，误，据饶怀民编《杨毓麟集》校改。
③ "结"，原作"终"，误，据饶怀民编《杨毓麟集》校改。
④ "晴"，原作"青"，误，据饶怀民编《杨毓麟集》校改。

日俄两国，为在满洲及高丽两地避政治上及通商上利害之冲突，以不侵害彼此之权利，而增进两国之利益，使将来益加亲厚之谊为宗旨，立假定之约如左：

第一，俄国当依对清条约，迅速从事第二次撤兵，即撤退盛京残部及吉林之驻兵。虽然，为守备东清铁道，及保护现今所获正当权利之故，但不害清国之主权，不害日本之贸易，得存留适当之警察队。

第二，俄国于开放奉天、营口及大东沟，供日本及他国之贸易市场，并无异议。又日本人民以后旅行满洲内地，因土匪之逼迫及其他之事变，遭遇危难之时，俄国警察队当恳切叮咛、执援助之劳。

第三，因第二条前段之宗旨，日本欲设置领事馆于该三地时，俄国不得反对之。

第四，满洲之行政组织不得变更之。但不妨害日本人民正当之自由及利益，又不越俄国所制限之程度，可默认日本得移民满洲之事。

第五，俄国认日本在高丽势力之发达，但不损俄国人民之便宜，则日本获得下项利益，俄国必益无异议。

一、京义铁道敷设为日本所获得之事。

二、高丽之最高顾问用日本人之事。

三、郁林岛伐木权俄人让与日本之事。

第六①，本和约意见书，暂为假定，其调印，当在圣彼得堡俟俄国外务大臣与日本全权公使完结之。本约未调印前，如两国意见相同时，得加改正。

日俄和约之成立，固不可信。虽然，俄国于美国许以特别之协商既奏其功，则以同一之手段，转而施之于日本，避急激之狂流以济一时之覆舠，固非必无之事也。虽然，满洲者，清国之领土也。俄与日本在满洲同在第三国之位置，俄国在满洲之行动与日本在满洲之行动，无相承诺之理。日本苟认清国为正当之满洲统治者，直接与之缔结满洲行动之条约，何故受俄国之协议而许诺满洲之处分案耶？俄国视满洲为自己领土之案件，而与为协议，是直承认俄国有满洲之主权也，又从而承诺之，是直全然以俄国之意志处分中国之事也。然而满韩交换之论，因此遂呼噪于国中，而主战之高潮，益益有腾上之势。日本愤慨之士，倡立

---

① "六"，原作"五"，误，据饶怀民编《杨毓麟集》校改。

对外同志会，以近卫公爵为中心。而富井政章、户水宽人、小野冢喜平次、金井延、高桥作卫、中村进午、寺尾亨七博士，率先倡主战论，上意见书于总理大臣桂太郎及外部大臣小村寿太郎，且公之于新闻纸。而头山满、神鞭知常、柴四郎①、佐佐友房四氏，亦上意见书于当路者，日本之战争论强硬益强硬，激昂益激昂。反顾亚东大陆主人翁者，颓然筋柔力尽，无复有蹶起之能力。

七博士之意见书，其略云：

俄国至今日，不举行撤兵之事实，足以为开战之理由。日俄之间，早晚不得无战争。欲为战争，则不可逸失千载一时之期运。当局者，欲熟察英美之态度，然后决之，是昧于外交之事者也。且如英国助日本而与俄宣战乎？则法国亦必与俄人共其事业。果然，则此战争非独满洲而已，将延而及于东欧、西亚及亚非利加，为一大争斗。英国于满洲之利益，非有如斯大争斗之价值者，虽法国亦然。况如美国单以开放满洲为目的，不问统治之者之为清、为俄将又为日本者耶！英美两国，固不足恃，若恃此两国为最后之援助，是束缚己②国行动之自由者也。且所关于日英条约者，惟日本与他一国为敌时，英国当守严正中立之义务而已。自撤兵期限迄今已二月，英国之行动固无可疑也。或者有满韩交换之说，是又大谬者也。欲守朝鲜，必不可使满洲归于俄国之手。且极东问题之解决，必以保全满洲为解决。若以朝鲜为争议之中心，将一举而朝鲜与满洲并失之。纵令俄国政治家以满韩交换之甘言诱我，终不可以出于姑息退让之策，要当以决心定大计也。

七博士及四氏之外，进步党之为主战论者，则以大隈伯为领袖。大隈伯之论云：

我国民认扩张军备之必要，忍租税之苦痛，甘公债之负担者，岂非欲举卧薪尝胆之实耶？今战备粗完，对抗俄人，实力尚足，然我当局者牵制于阁外之元老，或顾虑胜败，将逸去千载一时之机会，甚可惜也！俄国对我之战备，尔来大有所经营，到底不能急速完成之。故不幸一旦及于开战，以我军备之实力，国民勇武之特性，且又得全世界之同情，胜败之数，历历可见。俄人自知不敌，故立不战之方针，而试外交之敏

---

① "郎"，原作"朗"，误，据饶怀民编《杨毓麟集》校改。
② "己"，原作"已"，误，据饶怀民编《杨毓麟集》校改。

捷，我邦一无所顾虑，折冲大敌可也。徒警告孱弱之清政府而诘责之，有何意味耶？

夫日本之于满洲，非有存亡之痛也。失之满洲，而取偿于高丽，又非全然有失败之忧也，而感愤若此者，知危则思奋也。满政府之不知危也，无怪其然。郭开进而赵亡，黄皓横而晋入，尚书铜臭，姹女钱多，饮鸩自甘，亦固其所独怪。吾国民之对此问题也，泛泛然如股掌之上失一秋毫也。夫俄人之要求也，何为而生出主权之关系？一东三省于俄人而有主权之关系者，中国全土必因此而生出无数主权之关系也。俄人所要求之见诺许也，何为而生出某国平衡之代价？一某强国而生出平衡之代价者，中国全土必因此而无一不交附平衡之代价也。此主权之关系，非满政府受其奴辱；受其奴辱者，吾十八省之同胞也。此平衡之代价，非满政府膺其刲割；膺其刲割者，我四万万之同胞也。呜呼！我同胞可以愤，可以怒，可以缞绖长号，可以剑及屦及，奋斗而死！

六、国民之前途

痿痹乎，割之则必动；甘寝乎，鞭之则必痛。不动不痛，顽然如木石者，枯骨也。植满政府之枯骨以为四万万人之代表者，是四万万人皆枯骨也。呜呼！吾国民今日对此问题而尚嗫嚅焉，而尚次且焉。谓此为满政府之所当处分，非吾国民之所当处分也。吾四万万人，其果无心胸以视息者耶？

夫俄人生此问题，五洲各国固公认其为主权之宣言书也。虽然，此主权之宣言书者，视满政府之承认与否。满政府而不承认其有主权，虽百俄国，安能夺吾主权者？今视满政府之举动，果承认其主权乎？果不承认其主权乎？不承认其主权也，则当大声疾呼，叱强俄之无礼，沥血以告我国民，以求吾四万万人之同意焉，以求吾四万万人之致死焉。为满政府所负于吾国民之义务则然也，为满政府所负于吾国民之恩泽之责任则然也。又且大声疾呼诉俄国之无礼，驰书以告万国弭兵会，以求世界列国之同意焉，以求列国会议之公断焉。为满政府所以列于世界列国中之资格则然也，为满政府所以列于世界列国中之权利则然也。如是，则吾为国民者，固将举四万万人以满政府之名义①同意之决斗，以争主

---

① "同"前原有衍文"联"，今删。

权之存在也。今满政府不能为此，而卖吾国民焉，而卖其与国以加吾国民之祸害焉。被要索之国之催迫，则展转迁就，阳离而阴附之；被邻国之诘问，则依阿淟涊以为之应对。夫不拒绝他人之侵主权者，是默认他人之主权也；默认他人之主权者，是公然捐弃己国之主权也；公然捐弃己国之主权，则已丧失其统治该地域之资格。无端默认他人之主权，则且甘心降黜其统治全国之资格，而形成为一无国家之资格之民族。

夫中国主权，非满政府所私有也，国民之公主权，一家一姓，不得私有之；不得私有之，亦不得私与之。满政府卖国民而私与之，吾国民固不当公认；吾国民既不当公认之，则争主权之存在者，为吾国民之所自担任，为吾国民之所自把持也。是故满政府不与俄宣战，吾国民当以四万万人之同意与俄宣战，满政府禁制吾四万万之人之与俄宣战，吾国民当以四万万人之同意与满政府宣战。且吾国民毋^①视主权之问题，仅仅在此满洲一隅之地也。吾今日承认俄国满洲之主权，则欧美列强侵入吾政治区域之范围中者，若英，若法，若德，若美，若日本，皆将强吾政府承认其所指定之地域之主权。满政府既默认俄国满洲之主权，则又不得不公然捐弃英、法、德、美、日本所指定之地域之主权。满政府将吾国民生命、土地、财产、安全、幸福之主权，处处卖我而捐弃之，吾国民亦听满政府之相卖而捐弃之者，是自捐弃其生命、土地、财产、安全、幸福，以即于流离僵殍，以灭绝其种性也。吾国民不欲自捐弃其生命、土地、财产、安全、幸福之主权，以即于流离僵殍，以灭绝其种性，则断断不可公认他国承受满政府所盗卖之主权；断断不可公认他国承受满政府所盗卖之主权，则断断不可不与英、法、德、美、日本指定地域强索主权者宣战；不可不与英、法、德、美、日本之指定地域强索主权者宣战，则断断不可不先与俄宣战。满政府而禁制吾四万万人今日与俄宣战者，明日亦必禁制我与英、法、德、美、日本宣战。故今日禁制吾与俄宣战者，吾国民盗卖主权之公敌也。吾国民不可不与盗卖主权之公敌宣战，则今日不可不与满政府宣战。夫今日不能与满政府宣战，则万万不能与俄、英、法、德、美、日本宣战；不能与俄、英、法、德、美、日本宣战，则吾国民之前途，其谓之何？

黑暗！黑暗！！黑暗！！！谁使我国民沉沦于十八重地狱者，则必曰倾宗覆社、日事淫乐之宫中圣人，城狐穴鼠、贪叨富贵之王爷、大学士

---

① "毋"，原作"母"，误，据饶怀民编《杨毓麟集》校改。

也。苦痛！苦痛!!苦痛!!!谁使吾国民堕落于百万由旬苦海者？则必曰婉娈事人、绸缪旦夕之野鸡政府，全无心肝、不知死活之王八官场也。今日国民不摧灭此积秽之傀儡场，则为技师而舞蹈之者，环而相集也，利用傀儡场之威权以劫取吾国民之主权。故吾国民之主权可以旦夕间消灭，而傀儡场之威权，势不可以旦夕间消灭；消灭傀儡场之威权，则无以为垄断我国民主权之余地也。夫如是，则吾国民之主权与傀儡场之威权，两不相容者也。不消灭傀儡场之威权，则无以伸张吾国民之主权。且不急急消灭傀儡场之威权，待主权消灭之后，则傀儡场已同归于灰烬，而吾国民之主权万无可以复伸之一日。悲夫！傀儡场之威权与吾国民之主权，其相系联为如何之情态乎？吾国民不必尽知之也。苟其知之，则不可不亟亟取傀儡场而消灭之。不取傀儡场而消灭之，则其事必将如日本某报之所言：

满洲①之事，果安所决？清国欲与俄国，则断然明白与之；不欲与俄国，则毅然正色却之。既非与之又非不与，依违暧昧，二三其迹，以卖友邦诸国而图一己之安于其间者，是决非清国今日之得策也。

在今之世，而建国于列强环视之中者，惟实势实力得而左右之。举满洲而委之于俄人，在俄则得；在清国，今日姑息之计亦未必为失。而以我日本、英、美诸国，则是以数大国为二国蒙②无量之灾、陷不测之祸也。宋襄假仁而败，徐偃假义而亡，清国而欲举满洲与俄者，则断然明白与之。我日本、英、美诸国，亦各有求于清，而德意志、法兰西其余各国又各有所望。则二十二省四百余州分裂之祸，于是乎实见；五万万生灵陷于涂炭、流离颠沛，为亡国民者，于是乎实见；光岳气闭、腥膻满地，衣冠礼乐传自前古者，于是乎灰灭。然后，今清国政府始轩然大笑，为快于心乎？

悲夫！傀儡场之以全国之主权为儿戏也，固将有所快也。吾此傀儡场者，宁以之买欢笑于他人，决不以之造幸福于吾国民。以之买欢笑于他人，则吾可以偷得娱乐以穷吾目前之威福也；以之造幸福于国民，则恐国民妨害我傀儡场之娱乐，抑制我傀儡场之威福也。吾愿使汝为波兰人轹死于西伯利亚铁轨之上；吾愿使汝为埃及人行乞于亚力山大之市；吾愿汝为犹太人惨死于卑沙拿比亚之街头；吾终不使汝得发一言、得伸

---

① "洲"，原作"州"，误，据饶怀民编《杨毓麟集》校改。
② "蒙"，原作"豪"，误，据饶怀民编《杨毓麟集》校改。

一臂以索得汝所应有之权利；吾愿使我所得之权利，消灭于汝种族被外人侵蚀尽净之时；吾愿以我祖我宗所加于汝之轭辖贻汝，使汝再负之于俄、英、法、德、美之民种之下。吾不赦汝，吾不幸福汝。汝主权早消灭一日，而后吾之威权从而消灭，吾亦乐为之。呜呼！是政府之素心也，是吾国民前途之实历也。

悲夫！我民族毋以此事为外交上之问题也。外交上之问题，可以外交为中心点而解决之。夫此问题，固纯然脱离外交上之性质，而生政治上之关系者也。生政治上之关系，即为政治上之问题，当以政治上解决之。以政治上解决之问题，舍主权之存亡之第一义谛外，无所为解决。欲解决主权存亡之问题，则吾请仰天大呼曰：独立！独立!!独立!!!

国民，国民！谛听，谛听！今日所当知者，满洲问题，非满政府之问题，而吾国民之问题也。满洲人之满洲，彼已经数次之条约，割弃之于斯拉夫民族矣，彼已拱手将该地域之主权贻与他人矣。吾国人而念及他国主权宣言之首祸，而忿而怒，则满洲之主权，满洲人自可放弃之，吾国民自当存续之。所存续者，非满洲也，满洲之主权也，抑非满洲之主权也，二十二省①四百余州之主权之存亡绝续之绝大关键也。故今日论满洲问题，以吾国民主权之存亡为第一义谛。因第一义谛，则有第二义谛。

满洲之主权何以与吾民族有关系？得满洲之主权者，非吾民族也，牵连而生吾民族全体之利害也。吾民族之主权何以与满政府有关系？把持吾民族之主权者，非吾民族，故彼一举手一投足能左右吾民族全体之利害也。吾民族不自认其主权，使满政府把持之，而生主权外市绝大之叛逆罪案。吾民族不可不自认其主权，则不可承认政府，使得仍旧垄断吾民族之主权。不承认满政府使得仍旧垄断吾民族之主权，满政府所外市之主权，他国不得以享有之；夺满政府以夺他国，而后吾民族拥护主权之势力，无往而不伸也，此为第二义谛。

夺满政府以夺他国，而满政府之怙其强权而蔑吾主权也如故，他国利用满政府之强权以蔑吾主权也如故，则有第三义谛。吾民族拥护主权之思想不发达、财力不发达、组织不发达、精神不发达，则拥护主权也如不拥护。夫民族莫不有思想、有财力、有组织、有精神，而不切实履

---

① "二十二省"，原作"二十八省"，误，校改。二十二省盖指关内十八省和东北三省及新疆省。

行之于事业，则终不得发达。事业者，所以冶炼民族之炉锤也。事业不倡起、则拥护主权也如不拥护。独立者，国民一切事业之母。一隅独立，则足以号令一省；一省独立，则足以号令全国，此为第三义谛。

曰独立，曰独立，而依赖强援者，是独立之性质不完全也。菲律宾群岛倚赖美国，而为美国所夺；意大利萨替尼亚王倚赖法皇拿破仑，而为拿破仑所卖。一有依赖，则独立之根性不完全。不依赖满政府而倡独立，斯亦不依赖其他之何一国而倡独立。独立者，非独对于满政府，抑亦对于全世界，此为第四义谛。

不自由，毋宁死！死者，购独立之代价也。华盛顿、亚剌飞、古鲁家诸人为之，以四万万人之生购奴隶，毋宁以四万万人之死购独立。有个人对强权者之死，有团体对强权者之死。非热心任个人对强权者之死者，抑不能热心任团体对强权者之死。先炼精魄，次炼技业，而后个人可以死，团体可以死。今日不及炼习者，则先以死倡之，是为第五义谛。

吾今持此五义谛以贡献吾国民，曰死！死!! 死!!! 知死则蹈死，知死蹈死则可以独立，可以与满政府宣战而保存主权!!! 可以与俄、英、德、法、美、日本宣战而收回主权!!! 国民，国民！听者，听者！

续满洲问题 *

一 ^① 、旅顺会议

克罗巴特金之自日本归也，熟察日本国民之趋向，以决定极东之政略，因是而有旅顺会议之事。是时日本舆论盛倡主战之说，而政府为示威运动，举行大舰队编制于北海。英国亦增派东洋舰队。

克氏以闰五月初八日（阳历七月二日）着旅顺。雷萨自北京至，驻韩俄使巴伯洛夫自韩京至。关东总督亚力启塞夫，召合驻屯满洲各地之守备队长与上级参谋等悉集。驻在极东熟知军事之婀额克，乘急行汽车至。陆军省及参谋本部所派遣将校，自俄京至，而璞科第亦来。秘密会议遂定以七日间毕事，而满政府亦遣政务处某员衔特命参列。日英二使以会议之叵测也，遂对庆邸宣言，谓雷萨自旅顺归，如有新要求者，二国必当确执反对主意。

会议之既开也，亚力启塞夫主张强硬之论，而克罗巴特金、雷萨、璞科第皆极唱开战之不利，谓经营满洲，当以和平手段攘得之。规划日俄开衅以后之情形，相持甚力，皆各有所恃。然璞科第、雷萨二氏，知满政府之易与，固可不劳而获也。旷延时日，以待根据之牢固与舰队之充足，则攘取渤海为怀中之杯杓，而日本亦不能与之角也，故主平和侵略之一派终得胜势。遂以十四日决议，俟归国后，徐定与日本协商之草案。

---

* 此文录自《游学译编》第十一册、第十二册，癸卯八月十五日（1903 年 10 月 5 日）、癸卯九月十五日（1903 年 11 月 3 日）出版。未署名。以饶怀民编《杨毓麟集》为校本。

① "一"字原脱，据饶怀民编《杨毓麟集》校补。

传闻政务处某员奏陈俄人所决议，盖有四事：（1）与日本协商交换利益。（2）开放满洲之一部，以缓日英之反抗。（3）要求满政府缔结新约，含有东三省不割让他国，存置若干警察队于满洲境内，满洲电信归俄国专用，税关事务专任华俄银行诸事。（4）前条所决定之警察队，存置盛京、吉林两省者，当在一万内外，其他则撤退之。然此会议更以要件延期三日间，遂决定俟与满政府立约及与日本协商成立之后，当残留八千内外之铁道守备兵，其他则撤退之于西伯利亚方面云。

会议既终，克罗巴特金以二十日北去，更与诸将校开会议于辽阳。而雷萨则以是日还北京，使李莲英宣言于宫禁中，谓不急与俄人缔结盟约，则俄人永不撤兵，日英不足恃，事宜速决。而满政府则有允许三事之意：（1）俄兵撤退后，东三省决不割让他国。（2）东三省及蒙古之行政，决不变更。（3）今后三年间，营口税务归华俄银行管理云。

而是时，驻俄公使胡惟德电达满政府，谓俄政府当俟克罗巴特金至圣彼得堡时，而后解决满洲问题之方针与对日英二国之政策，乃得决定。以俄政府之内有平和论与强硬论二派，互相轧轹。而二三大臣有力者，主张平和侵略之说。克氏通牒既采平和①主义，俟其归着后，大局可以徐定云。至是而撤兵履行一事，遂付之滇濛隐约之浓雾中，而满政府之一举一动益益牵掣日、英、美之视线矣。

《中外商业新报》载：

会议时主张即时开战者二人，主张不得已而后开战者三名，主张非战论者二人，论旨如左：

开战论：（1）日本为远东新兴强国，不速殄灭之，则一切所经营，皆将受日人之反抗。（2）此次欧美列强皆已公认满洲之隶属于俄国，惟日本首先发难，现在以开放满洲强请于清政府者，惟英、美二国而已。非大挫日人，则俄国之利益，终难享独占之势。

非战论：（1）海军势力未充足。（2）日英同盟，非目前所能骤破，且英国亦将为日本之后援，避战斗以图安全，较为胜算。（3）西伯利〈亚〉农业尚未十分发达，有不能得粮秣之患，连兵不解，势难持久。

论不得已而开战者，则谓当进军西藏以牵制英国，集海军于对马海峡以阻止日舰之出洋面云。

---

① "和"字原脱，据饶怀民编《杨毓麟集》校补。

二、俄人统治东亚制度之革新及藏相之更迭

克罗巴特金负俄国内外之舆望，抱运筹帷幄决胜千里之玮材，当亚东风云紧急之时，而徘徊他国，优游无事，此岂人之所置信哉？其视察以后，必将有非常之措置，发现于圣彼得堡政府，而震动亚东海沙陆路之形势者，此固地球各国识时务者之所注目以视也。果尔克氏之入俄都也，不旬日间而俄皇遽下敕谕，以现黑龙江沿道总督府管内及俄国所谓关东州为一区域，设置俄领东亚细亚大总督府，公布于国中，而以现关东州总督亚力启塞夫为大总督，是盖克氏旅顺会议中内容之一部分。集驻在远东诸将校，熟思而审处之者，其陆续输送兵队于满洲，虽亦旅顺会议中之一事，然固会议以前之成算。而重要问题，劈头发现于事实上者，实在此统治绝东之大变革。

俄皇所下元老院敕谕全文如左：

近时统治绝东诸种问题，至为复杂，不可不暂行设置最高地方文武行政府。是以合并黑龙江沿道总督府管内及关东州，设特别之一大总督府，其权限如左方之所裁定：

（1）极东大总督，不受各省之管辖，于其管内诸地方及行政诸部，委任以最高之权力，得专管与东清铁道有关系诸地域内之安宁秩序，又与大总督府接壤之外领（Territories beyond the boundary①）中俄国住民之利益上有必要者，得直接该地域为临时之处置。

（2）统治极东诸州条例未定以前，大总督之权限及其责任，不论对于高级官及地方官，均据设置高加索大总督府时千八百四十五年一月三十日之敕令以为准则。隶属大总督府各官署与人员，非经由大总督府不许与其所属之本省本部直接交涉。

（3）极东诸州与邻国交涉之外交事务，一切归大总督府统治该诸州之事务中。

（4）太平洋海军及大总督府管内驻屯军队，大总督有指挥一切之全权。

（5）为使极东大总督所措置与中央政府各省所施设出于一致，故以元老院中所信任举用诸员组织一特别之委员会，朕亲为其议长。

---

① 原文字母印刷错误，已改。

（6）即日命亚力启塞夫大将为大总督，且令据此次敕谕，编成统治极东诸州条例，以俟朕临时裁决。

元老院即日当施行此敕谕。

千九百三年七月三十日（俄历）在彼得堡
尼哥拉（俄皇亲署）
（中历六月十七日，阳历八月九日）

大总督原文为那每司妥尼克。那每司妥尼克者，直接于皇帝之代理官，东文或称之为副王。观前文不受各省之制驭，可知其权力之非常。

又《朝日新闻》云：俄国近造一后黑龙之名词，总称满洲地方。其驻屯满洲军队称后黑龙军团，与黑龙军团相对。而敕谕合并黑龙沿道总督府与关东州，原文作黑龙及后黑龙地方，公然以满洲一带为大总督所管辖云。

俄人之为此变革也，一以去政略上之不统一，一以去委任上之不统一。夫所谓政略上之不统一者，何也？盖俄国之政界有二派者，互争权力：其一为武断的侵略主义之一派，其一为经济的膨胀主义之一派。迭出争胜以相颉颃①。俄人威司特尼克奴罗比论之云："满洲问题，吾国政策时时有互相矛盾之现象，而不能一致。他国人目吾政策为不诚。虽然，此实别有意外之理由。盖与此问题相关系者，有三种权力，各为不相统合之运动：一为外务省之权力。外务省者，常欲避外国之葛藤，苟至外交手段不能圆活时，则向列国声明爱重平和之意。第二为陆军省之权力。陆军省者，常欲以实力拥护国权，故决不欲撤退兵力，时与外务省所声明者为矛盾之行动。第三为大藏省之权力。大藏省者，最注意东清铁道，自财政上之利害，而决定攻守之大计，故最取慎重之态度，欲徐徐撤退兵力。"

又近日英国外务大臣对议会云："俄国虽为专制君政，而其内部有二派之潮流，其对于英国之处置，常自相矛盾。以何者为政府之本意，难以速断。实此二派潮流迸出而相撞着之故。"此言诚然，然此非自今日而始然也。前日俄皇以武备竞争，各国不堪其弊②，乃开万国弭兵会于海牙，集列国会议员协商各事。然此念未终，而俄国忽增战舰，且急下征兵令，为列国所痛诋，评俄皇为阴鸷狡险之政治家。然此盖非俄皇

---

① "颉"，原作"颃"，误，校改。
② "弊"，原作"敝"，误，据饶怀民编《杨毓麟集》校改。

之本心，其外观上，虽为独裁之君主，常以诸种之势力阻遏其意见而不得施诸事实。故平和会议之发端者，俄皇之本心也。战备之增加者，俄廷一派之夙志也。俄国于外交上操反复之丑态，受不信不义之贬斥，皆此不统一之结果也。

满洲方面之经营也，亦然。陆军省方下征兵之令，而外务省则示和战不定之态度，大藏省则指挥平和协约之经营。自他国视之，诈诡百出，不可端倪，其实则为政略之不统一。而实地当兵事之冲者，遂有不能确定方向之患。今以亚力启塞夫为独当一面之大经略，委文武全权于一人之掌握中，超然立于武断主义、平和主义竞争界线之外，免内阁与各省之牵掣，俨然以王者之权能，操纵万事。而俄廷诸大官百执事于东面之机宜，曾无所容喙焉。此其所以涤除政出多门之弊，而谋政策之统一者也。

夫所谓委任上之不统一者，何也？俄国绝东行政之事实，委任之于黑龙江沿道总督与关东总督。二总督者，立于平等之地位，利害得丧，既相均一，而以同一之权力，两分政治之局面，往往有互相扦格之虞。且黑龙江沿道总督，握陆军之指挥权，而关东总督亚力启塞夫仅有关东州地方行政及东洋舰队之司令权。关东总督，欲增加旅大附近之守备兵队，求派遣兵队于黑龙江沿道总督也。该总督以西伯利亚方面地方防备事宜为重，不肯应之，以是屡生冲突而有违误机宜之恐。夫事局之纠纷切迫如今日，事事必依中央政府之训令以为进止，则运转迟滞而不敏活。故综合二总督统治权与综合陆海军权，为绝东经营上之要著。此其所以涤除华离破碎之弊，而谋委任上之统一者也。

夫此敕谕上最足注目者，为第一、第三、第四项三项。而吾国人之尤当注视者，则所谓合并黑龙江沿道总督府管内与关东州为一区域也！！！所谓专管与东清铁道有关系诸地域内之安宁秩序也！！！所谓与大总督府接壤之外领，因俄国住民利益上之必要得直接为临时之处置也！！！夫俄国所谓沿黑龙江总督及关东州总督之责任，固总揽东清铁道及旅大要港诸事宜于其范围内者也。今曰合并为一区域而设立地方行政府，是明明攫取东清铁道旁近诸地域皆为俄领矣。东清铁路所关系诸地域，即中国东三省诸地域也。东清铁道诸地域之安宁秩序，即中国所有东三省地域内之安宁秩序也。维持诸地域内之安宁秩序者，此满政府所派遣满洲地方行政官之责任也。东三省为中国之地域，东三省行政为满洲地方行政官之责任，固无所容彼族之代庖而越俎也。然而曰专管与东清铁道有关系诸地域之安宁秩序，以"东清铁道关系地域"数字代东三省，以专管安宁秩序代地方行政权，是明明埋没中国东三省地域于语言文字之间，而显露俄国东三省地主权于语言文字之上矣。与大总督接壤之外领，果安在乎？东三省既已隐括于俄领之内，名为外领，其实不为外领无疑也。且所谓临时之处置者，在目前尚仅仅求外领于东三省之内，在此后且将求外领于东三省之外。南则有高丽之接壤，西则有内外蒙古，二者皆有俄国住民，而内外两蒙之广漠饶衍，又俄人之所伸手而欲得也。因此而为临时之处置，则以时宜而攫取蒙古，事在指顾间矣。且直隶亦接壤地也，因此而为临时之处置。又以时宜直逼直隶，横扫黄河以北，事在指顾间矣。

俄国《黑龙报》有云：

沿黑龙总督府管理及该管区殖民地之关东地方，介在我领土（指旅大及西伯利亚）之中间，现今俄国经营文明事业之立脚地也。且与我军占有之满洲关系最密，不能如从来之分划其统辖权，自黑龙江到直隶湾全地域，不可不要权力之统一及行政之统一！！！如千九百三年七月三十日之诏敕，乃对于满洲问题为平和之解决者，俄国投数亿万之金钱，经营国家之利益，由此而益坚固。使我国人沿满洲铁道经营事业之大资本家，得最高权力之行政长官为之保护，其发达当益迅速。

又《斯威特报》云：

大总督权力之重大，为俄领东亚所必要之处置，自不待言。就实地上得临机应变，解决重要之问题，已可挫折日本人敌忾之气，使俄国于满洲占得牢固之根据。无论何人，决知我国家于所已得之利益必无尺步退让也。

《罗司启里司特克报》云：

吾人一瞥今日之时机，则今日所发布之诏敕，于内治与外交上有绝大之价值，可断言也。我国极东领地一跃而化为远东政治上及文化上之中心，与大总督府辖地接壤之边外领土，亦此中心威命之所凌躒。所谓边外领土者，在我国政治之下，为我国军队之所占领，只于公式上尚属清国名义之下而已！！！

日本《国民新闻》亦论之曰："吾人读该敕令，不得不倾骇俄罗斯帝国大雄图之壮活，是直在欧罗巴俄罗斯帝国外崭①新建立亚细亚俄罗斯大帝国也。西欧之事，以欧罗巴俄罗斯帝国操纵之；极东之事，以亚细亚俄罗斯帝国操纵之。缓急并得其宜，则斯拉夫人种大飞跃之舞台，于此东半球为独占矣。"呜呼！是数语者，是诚俄人之所拊掌而称快也。俄人既建帝国之基础于满洲，则满洲必不复为中国有，支那北部亦必不复为支那人种有。故俄人极东统治之变置，为满洲死活之关键，即为支那人种死活之关键。

第三条之当注意，亦为最要者。夫关于国际之事务，既总揽于大总督之掌握中，则前日驻在东亚各国诸俄使，以本国政府之命令为进止者，今后必以大总督府为中心。而大总督府一切得为敏活之擒纵，如清俄密约事，直以大总督一人之意识，而得制清政府之死命。

俄国《威妥莫司取新闻》论之曰："极东大总督，握有国际交涉之权利，非独支那、朝鲜二国而已，即与日本交涉之权利，亦为政府所委托。夫为此直接之交涉者，以人种特异之国与吾国殖民地相接近，性质迥殊，利害相反，往往有不可避之冲突，不可不以英敏之手段，即时解决之，以整理国际上之关系，而排除后时失事之沮害！"

夫俄人既以外交之权付与极东大总督府矣，则与满政府之交涉，益得以施其离奇变幻不可捉摸之长技。中国驻俄公使仅能窥测俄廷举动之十一，而于东三省交涉事宜，隐然脱离俄政府国际交涉之范围者，无从捕捉其影响。而驻华俄使则又展转支离，借大总督府与俄外部之歧出，以为恫喝饰说之余地。交涉之途，且益穷窘。而在俄人，见利则掠夺不遑，见害则延搁不理，即以唇舌之间，可以枯竭满政府嚣顽聋聩之脑汁矣。

顾因此一事而又生有职权上之疑问。驻华诸使颇以职权一事质疑于俄使雷萨，且谓极东大总督，虽带有外交上何等职任，此为俄国本国之处置，非支那帝国政府之所关，清政府不必置极东大总督府于眼中。而驻俄英使，亦以此事质疑于俄外部。俄外部答言："此大总督府新职权，出于本国皇帝之诏敕，本部不与知。我国政体，无一事不待皇帝之亲裁，与贵国制度悬异。本部愚见，则据诏敕所言，各省事件必将以其职事之几分，付与极东大总督。"辞气之间，大为懊恼，于是英使窃疑俄外务大臣之或当至于辞职云。

---

① "暂"，原作"斩"，误，据饶怀民编《杨毓麟集》校改。

俄京某新闻云：

近日新设行政府敕谕上，第三项付与外交上之权能，各国政府有国际之关系者，必当生种种之推测。大总督既不受本国各大臣之牵制，但对于皇帝为负有责任，似得随意与邻邦修好，有协商缔约之权能者。邻国诸政府，于此权能当作如何之解释耶？夫直接与全权大总督商议，固为便利。如协议决定之后，为圣彼得堡中央政府所否认，则将如何？俄国政略最后之决定，必不得不在中央政府，则邻国政府要求俄国中央政府担保其议决条件之不否认，决非无理，求类似之例于英领印度，除邻国中承认英领印度总督无上权力者之外，非自英国政府立有委任权力之明文之协约者，决不肯与印度总督为何等之交涉。

《日本新闻》论俄国之二重交涉云：

俄国之内部，虽设立何等之制度，此归于彼国之自由行动，而于国际上代表俄国者，不可不以本国政府内所有外务省为主题。国家与国家之交涉，当存于两国相互之间，不得与一地方官为平等之交涉，此理之易明者也。我国与俄国，用敌体之交际，无论何时，必与俄国外务省相谈判。俄国外务省欲决定意见，其取裁于关东大总督之意见与否，乃彼国内部之事，我国之所不理。惟俄国内部之举动，将关东大总督离立于外务省外，既已见诸事实，则非通知关东总督之情愫，交涉必无圆活之望。故致我国之决心，于隶属关东大总督部下之驻日公使，使转达于总督，亦不可谓非外交方便之一法。然若将日俄协商事件与驻日公使直接在东京交涉（日俄协商，有移于东京之说，详后），则彼公使者，不以本国外务省之训令为进止，而以关东大总督之指挥为进止，如此则代表俄国之外务省，于此等有重要关系之交涉事件一无所与知。而我国毕竟与俄国一地方官为敌体，商议国际之重事。是不仅关于我国之体面而已，至其结果，与一权限不完全之全权大使商议事件者相同，不能直缔国家间正式之盟约，而必经本国政府之重行议决。故在俄国现制之下，于东京谈判国际要事，徒为无益，不过迁延时日而已。使关东总督立于本国官省之外，而指挥驻在东洋诸国之公使。此种制度，于根本上实有谬误。俄国发表该制度之际，我国政府不将满洲问题与总督交涉，而直与俄国政府交涉，固亦不承认该制度国际之价值也。俄国如改正外交机关，则不可知。若如现制，则所谓公使云者，其资格大可疑也。

又据八月初八日（阳历九月二十八日）《朝日新闻》特电云：

沿黑龙江州之军队，悉隶属于极东大总督①亚力启塞夫，直接受其指挥。而中、日、韩三国之俄国使馆所随带之武官，亦归极东大总督所管辖云。

亚力启塞夫之为人也，沉鸷枭桀，热心功名，常欲实行武断侵略主义，以突飞于亚洲大陆之上。而是时俄政府中最有权力之大藏大臣威子特氏所主张之政略，与武断侵略一派绝相反对，遂被转为大臣委员会议长（大臣委员会原文为 Committee of Ministers），而以布累司克继其后任。威氏之转任也，盖出于俄廷武断派之胜利，与亚力启塞夫之新任，相为影响云。夫威氏者，露国政略上之大人物也。当最近十年俄国财政奇绌之要冲，而挥纵横捭阖之手腕，欲以伸张俄国在欧亚二洲蹾突无前之势力，故努力官业之扩张、租税之增额，以巩固财政之基础，使岁计增进著见非常之速率，十年间至增加二倍以上。而在内地，则以强制的保护政策，图工商业之发达；在外领，则经略中央亚细亚及满洲诸事业，倾竭全力，开发形胜。而其进行之路，则不以狼吞而以蚕食，循财力伸张之度，以谋国民膨胀之幸福。此世人所颂为理财家之怪杰，而亦近日俄国外交界之所奉以为进止者也。然其财政之所策划，不能尽如所期；而所挟持之主义，又不足以满斯拉夫民族猛鸷骁果之欲望。于是立于政界之大敌，所谓武断派者，为国民所瞩目。而威氏之人望既一转而倾注于彼方，不得不弃其前日之位置，而倚闲散之议席。而俄国政略上重心点，一俯仰间而遂有低昂易位之观。

日本《中外商业新报》论之云：

俄国藏相之转任，为主战论者之胜利无疑。俄国外交家所倾注之主脑，非巴尔干问题，固依然为极东问题也。俄国虽旧无总理大臣之职制，各省大臣，各别奏请皇帝，直接决定和战之机宜。然至近日，各大臣联合同负责任之念，渐渐炽盛。俄皇亦有委任内阁之指挥统御于一总理大臣之倾向。而前此极东问题形势之危迫也，威子特氏在各大臣中，实有总理大臣之实权，斟酌财政之状况，而终始主张非战论，故战祸因之暂谧。今也威氏既被投置闲散之地，为大臣委员会长，而不能干预政府之枢机。武断派之新运方隆，而文治派之威荣顿戢，不可谓非经济政略家之一大顿挫也。夫俄国之大臣委员会者，自表面上观之，固亦为大臣会议，而其组织之者，在十大臣及有与大臣相等之权力之一二局长

---

① "总督"，原作"总府"，误，校改。

外，有总督，有教务院总监，其他宫廷内之部长、国务院各部长并主马寮长等，亦在其内。故议员之半数，为无足轻重之人物。在皇帝专制之团，集合如此杂沓之分子为一议会，其无势力，比之国务院尤有甚焉。威氏之就新任也，不过逍遥于别邸，以卒岁而已。

《外交时报》论之云：

俄国完成西伯利铁道及经营满洲，非常忙急，而行政上之编制，尚未确立，其于通商上及军事上必多不利。其所以不确立之原因，则以军人社会，欲以西伯利满洲铁道专供军事之用。威子特氏所持经济主义，则欲以此铁道为殖产之大机关，二者相冲突。于是俄皇先使威氏视察当地，奏陈意见；又使克罗巴特金视察当地，奏陈意见。威氏之权力不行于极东军人社会之间，故俄皇于极东经营，采取军人派之主义为根据云。

东京《日日新报》之论云：

俄国之发达，属最近十年之事，其富力及其武力，有不可遽测者，非席卷宇内，囊括四海，恐不足以穷其进步之所至。或谓当起大破绽而自致灭亡者，非深知俄国之情事者也。俄人近年经营满洲甚急，或谓出于彼国历代相传觊得不冻港之政略。然在俄国政治家，乃别有其理由。据前大藏大臣威子特氏所奏陈云：欧洲俄国人口，年年增加数越百五十万人，而内地适于农耕之土壤，甚为狭小，且饥馑洊臻，饿殍盈野，故不得不求殖民地于东方。然虽數设铁道，整理森林，奖励移住，稍稍徙得二十万人，顾非扩张此事业，移住六七倍之户口，则前途必有异常之困难。威氏之志，盖与德意志以户口滋殖急取殖民政略者相同，而所择者为东北沍寒之地，其事甚难，损失亦甚大，其得失乃别为一问题也。

挪威名士伯论孙氏近著一书，论俄国统一人民之难易云：

俄国公债百七十二亿五千万佛郎，其内八十六亿六千七百万佛郎在内地募集；四十二亿五千万佛郎，在外国募集。此外俄股铁道公司投票额四十三亿三千三百万佛郎，概属外国之资本。然政府赋课租税甚急，国民负担力既达其极度，不能复堪新债。而俄国欲延长铁道，即营业费亦不能得，况其利益耶？观威子特氏在御前会议所言，足知租税之不能再增。即欲扩张海军与警察，惟有募集外债之一途。非得法国人供给巨资，则俄国之土崩瓦解将在今日。然俄国与其坐而破产，毋宁一战以图万一之胜。

伯氏著论之当否，姑置弗论，如俄国公私债项之多，固欧人之所共危也。且其经营东方，所费虽不赀，而其成绩甚少，固昭然共见者。以此知俄国财政之胜败，不仅关于东方经划之胜败而已，直关于其本国之存亡。然俄国之岁计，多存于租税以外之收入。千九百三年预算，国家专占业收入五亿六千二百万卢布；土地、铁道、森林、矿山等收入五亿二千三百万卢布，以是等特别之岁入，支给公债费而有余。国民虽贫困，而土地广袤，多藏天然之富力，是皆威子特氏诸财政家振希世之手腕，以应国家无限之要求者。威氏既去，布氏继起，于东方经营，更有所厘革，必不致蹈悲观者之所云也。

夫威氏之经营东方也，其失败之主要者盖有数端：第一，为东清铁道工事费用不赀，而营业上有绝大之损失。第二，欲利用东清铁道以收中俄贸易之利，及增进俄国工商业之利益。然中俄贸易依然自恰克图线而转运。外国贸易则为日、英、美诸国所垄断，而俄国之利益甚微。第三，以青泥洼为自由港，适以速海参崴之衰灭；且于青泥洼使外国船舶得自由出入时，则旅顺之防备归于无效，故军人中反对者甚为急激。而威氏之揽政权也，常与武断派相为进退。当布林士罗巴诺甫为外相时，威氏能驭用之，故得以经济主义压武断主义；及姆拿①标甫为外相，则威氏之权力顿减。至姆拿标甫逝，而拿姆司德罗甫为外相，其精悍不及姆拿标甫，计略丰富亦不及姆拿标甫，故为威子特氏之所抑制。布兰荪之提出新条约案也，雷萨实受意于亚力启塞夫，且得拿姆德罗甫之许可，而威氏不与知。及遇列国之抗议，始与闻此事，仓皇诘问拿姆司德罗甫，斥其不可，而强令向列国声明此事之无根据。夫亚力启塞夫者，实与姆拿标甫合谋占领旅顺者也。姆拿标甫逝，而亚力启塞夫自命为其后继者，彼其不能默默于中央政府牵掣之下，岂一朝夕之故耶？且以经济之胜利，而谋东方之事业；驯致以东方之事业，而累经济之发达。其亟亟谋势力之巩固，而利用强硬之处置者，又与经济政策之失败，相累而并进。威氏之不安其位也固宜，而亚力启塞夫之雄锐，既足以左右政府之枢要，彼其眼中，于列强所谓开放门户、保全支那之阴狡险贼之语言，且不屑为之置重。驱数十万之貔貅，而随之以快枪巨炮，压长城以北，而吐鼻息于太行山南面之平地，尚不足以餍其贪叨之欲，鸠涣散蒙昧之支那民族，而驭之以疲癃老悖满政府之大官，使当健鹘盘空之爪距，是殆天之所以骄宠武人者耶？

---

① "拿"，原作"掌"，误，据饶怀民编《杨毓麟集》校改。

亚力启塞夫之受新命也，最初所当措置者，为统治极东之规划。于是以八月初三日（阳历九月二十三日）开第二次之旅顺会议，设文武两委员会，以审议编纂极东之行政法。亚力启塞夫大总督自为总委员长，关东省副总督乌俄罗诺甫为军务委员长，那答诺甫中将为行政部委员长。极东俄领内之高等官，各由乌苏里铁道及东清铁道驰赴旅顺，参议一切。即今尚在会议中，固无以知其实际。然大总督府俨然既为一独立政府，则内治上之行政机关固不可不备具；而海陆军政之机关，与外交上之机关，亦不得不设置。且据高加索大总督旧制，则大要当废黑龙沿道总督府，将旧黑龙沿道总督管内分数军区为近于事实云。至大总督府之位置，或云当在海参崴，或云当在旅顺、青泥洼，或云当在尼古利斯克，或云当在哈尔滨①。俄国某新闻则云：旅顺、青泥洼者，乃租借地；以租借地置此最高文武行政府，盖非理宜。宜以海参崴为得当。顾为此论者，亦所谓聊以解嘲云耳。夫俄人之所注意者，非在是非之上，而在利害之上。果以是非言之，安用此大总督府为耶？彼以大总督之职权，指挥外交上之事变，则取地形便利之处，不在旅顺，必在青泥洼。且知极其暴恶，则竟将置之于哈尔滨，驻东三省之中心，而扼东清铁道之脊干，以成常山率然首尾相应之势，亦将为所欲为。而亚细亚俄罗斯政治之中心，与太平洋西岸外交之重点，皆必随大总督府之位置以为移转。我支那民族者，仅值拥残余之面积，听命于此中心点之俯仰以为生杀。鸣呼！满政府诚已矣。吾国民其奈此何？

七月初一日《时事新报》云：

旅顺、青泥洼二地，于数日间有日俄开战之风说。华人陆续内徙，每便船至，引还者多则千人，少则二三百人。关东总督亚力启塞夫，因出告示以镇静民心，其文曰："大俄钦命总督关东事务、统辖陆军、督理太平洋海防军，为严杜谣言以安商民事。风闻关东商民辄有迁徙境外者，访其情由，类因市谣传，谓大俄、日本将有战争，致令惊恐之故耳。抑知此等无稽之谣，概系匪人捏造，煽惑乡愚，希图渔利。倘不出示晓谕，以杜流传，将贻害伊于胡底，为此示仰阖属商民人等一体通知。现值俄日笃交、两国太平之际，仰冀尔等处常安分，勿得妄信谣传，顿生疑惧。我大俄轸念商民，中外从无歧视。凡系隶俄之版、践俄之土，无论人分欧亚，罔不加意保护。自谕之后，倘再有捏造前言者，

---

① "滨"，原作"宾"，误，据饶怀民编《杨毓麟集》校改。

一经查出，定行严拿究办，决不姑容，切切特谕，其各遵照勿违。"为此示出而民心遂静，归者益少甚矣。

吾国民之劣弱也，旅顺、青泥洼者，固租界也。租界云者，固伊然中国之版图、中国之土地也，然彼族居然大言不惭曰隶俄之版、践俄之土矣。然而，吾国民者，则亦帖然就范曰：此诚隶俄之版、践俄之土矣。岂惟旅顺、青泥洼？凡沿江海各租界中称大英、大美、大法不绝口者，触目皆是也。此岂独治外法权不收回之故？吾国民中之脑质中，固无所谓独立自主之根性存也。如彼亚力启塞夫者，此后当遍施之于长城南北矣；如彼日、英、美、法、德无数之亚力启塞夫者，此后当遍施之于中原大陆矣。吾国民而自甘之，于人乎何尤！

三、新要求之黑幕

雷萨之自旅顺会议归也，其举动益益沉静，而庆邸与雷萨之会晤，亦颇疏阔。为揣测之辞者，谓俟俄京之训令也。然无端而七月初一日（阳历八月二十三），日本各新闻纸喧传有第三密约之事，其约稿云：

（第一条）　简放东三省将军、都统大臣及道府人员，当自军机处通知外务部，使与俄国公使协商。若两者无异议，则遵旨简用；有异议当请旨另简。

奏参东三省将军、都统大员时，亦宜随时照会俄国公使，协议妥当之后，始行奏参。而佐领以下诸人员，则由东三省大员会同驻京俄国公使斟酌用舍。

驻扎东三省之清国官兵，均归俄国公使节制委用之，不准与俄国人寻衅。俄国官兵亦各安其分，不与清国官兵寻衅。若两者有违抗之情形，各归本国惩处。

东三省地方，遇有教匪及马贼作乱时，先由清国官吏剿除之。若兵力不足时，可禀商俄国官兵会同剿灭。

（第二条）　与俄国通商之东三省诸口岸，但为中俄之通商地，不准与他国通商。若有别国前往同口岸通商时，俄国可问罪于清国政府。东三省开矿事，先由俄国照会清国大臣办理之，不准他国干预，亦不准他国在该省地域内经营矿业。

（第三条）　东三省税务，当由清国官员与俄国驻局官员协同办理。如有漏税情事，系未经照会者，由俄国公使订明罚款，按罪施行。铁道事宜，当归俄国，由俄国照会清国协同办理。自今二十年后，归还清国，由清国照会俄国办理。若在二十年以内，俄国不愿管理时，可使中国自主，但不许与他国会办。

（第四条） 东三省电信邮便，虽已归清国官员经理，尔后必与俄国官员会同办理。凡该件上重要事务，均归俄国驻局官员主管。若两国当事者有违误时，均归俄国公使订明罚款，按罪施行。

（第五条） 清俄定约后，或因此条约有与他国开战之情事时，清俄两国官兵当协同赴敌。若清国不肯应援时，俄国当以独力当之。惟战胜之后，清国宜将东三省全部归俄国之管辖。驻在东三省之清国文武官吏，当移之别省，另行委用。至该省居民，归俄国所抚绥，令悉仍旧业。（据东报译录）

右所有密约条件，为清俄两国合璧文字，起草于庆邸王文韶、李经方①之手，而王文韶修正之，张之洞则至约成时始知。当调印时，在西太后前强令画押。庆邸则于归邸后画押，瞿鸿机在外务部画押，李经方②、增祺、长顺则系庆邸代为画押。王文韶以闰五月二十八日午前十二时（阳历七月二十日）至俄使馆面晤雷萨为之画押。而李经方③之参与，则以前年李鸿章清俄密约之事，俄人赂之以亿万之金钱，故此次俄公使请于外务部促令上京，使成此约云。然日本驻京公使内田康哉质问张之洞，张之洞则力言密约之必不足信。

《国民新闻》论之曰：

吾人虽不能据信此传说之遂为事实，然观俄人不履行从前之约束，及其对于清国之行动，则缔结密约之谣传，不遽为无因也。夫两国之密约，与列国共通之政策全不相容。极东全局之平和，固当陷于异常之危急，无论其为虚与实，与支那利害关系最多之一国，固万万不能作袖手旁观之态度也。

夫此约之成立，固难据信。而其出于雷萨与璞科第之要索，则未必全无影响。盖其所传说者，非仅由窥探于满政府而得之者，在俄人亦尝漏言之。自此约暴露后，日使与英使益益对满政府为严切之警诫。庆邸因此大有所危惧，应对俄使稍稍用强硬之辞气。而七月二十日（阳历九月十一日）则又暴发有俄国要求之新条件，其大要如左：（据《朝日新闻》）

———————————

①②③ "方"，原作"义"，误，校改。

（1）变更昨年四月八日中俄协约之期限，以盛京省全部俄国占领军队之撤退期，为本年十月八日事（阳历十月八日即中历八月十八日）。吉林省全部之撤兵，更以此后六个月为期限；黑龙江省全部之撤兵，顺次以往后之六个月为期限。

（2）为计松花江航行船舶之便利，俄国当于其沿岸新设码头。又为保护船舶之航行及剿除不时之匪乱，当在新设码头驻屯若干军队。

（3）现在盛京、吉林、黑龙江三省内所架设之电线，当归俄国保有之，且今后有必要通信之地方，俄国得任意架设新电线。

（4）为期望中俄两国贸易之繁盛，在清国不准以厘金及他种名目对于陆路输入东三省之俄国商品课现在设定以外之新税，且不准加课现在施行课额以上之税率。

（5）设置东三省各处之华俄银行支店，虽在俄国实行本约撤兵之后，不得变更。又牛庄关税收入事宜及检疫事务，均照现行成例，不得变更。

（6）俄国撤兵后，东三省全部，清国一切不得让与他国，及与他国立租借之约。

而别报所言，则又与前文稍有异同者。其大要如左：

（1）满洲地域，不论用何等名义，除俄国外，不许割让他国及借与他国。

（2）松花江一带所设码头，当以俄兵驻守之。沿松花江电信，归俄国专有。自齐齐哈尔至布拉郭悦式厘司克之道路，俄国当置哨兵守护之。（按：布拉郭悦式厘斯①克，即阿穆尔省之会城。）

（3）满洲运输货物，当准陆路贸易章程，不得在现行税额上增加税额。

（4）满洲一带检疫医师，专归俄国官吏监理之。

（5）满洲内地，华俄银行所开设之支店，当以受过俄国训练之支那兵保护之。

以上为要求之大节目，如此约成立时，则当依下方之次序实行撤兵之事。

牛庄、凤凰城、安东县、辽阳四处，当即时撤退。

吉林、长春、伊通州、宽城子、铁岭五处，当在今后四个月内撤退。

---

① 据前文，"斯"当作"司"。

宁古塔、齐齐哈尔、阿什喀、海拉尔四处，当在今后一年以内撤退。

《时事新报》论之曰：

俄使去十五日（阳历九月六日）提出之新条件，比前日代理公使布兰苏所提出之条件，不仅无所违异而已，且更有进步之象。如满洲不许割让他国，其为包藏占领支那领土之祸心，自不待言，于吾辈所不关痛痒。至满洲到处有架设电信之特权，则比布兰苏案所要求范围更广。以前案仅指旅顺、牛庄、奉天之一部，此次则遍及满洲全部也。牛庄检疫事，亦为干涉支那行政权不法之问题，且妨碍其他外国人旅行、居住及货物输出入之自由。至铁道输入之货物，不准在四分七厘以上更增税率，为不可之甚者。现在增加海关税则一事，正在协商中，乃依据列国协同之议定书，承诺七分七厘之附加税者，各国与中国必将缔结同主义之条约。如俄国货物仅征四分七厘以内之税额，乃蔑视列国共通之利益。虽中俄陆路贸易有特殊之历史，然与他国税率相去太远，不可谓非专横之处置。至松花江码头置兵，及齐齐哈尔至阿穆尔沿途置兵，是为履行撤兵条件之故，更得驻屯军队之利益。此约果得成立，则与东清铁道相交叉延长及二百里内外之松花江领域，为满洲腹地最要之部分者，不得不归俄人所占领；自齐齐哈尔至阿穆尔城与松花江平行之驻兵线，则满洲地域，苟人迹所至，无不见俄兵之壁垒者。不独撤兵条件不履行而已，且扩张其驻守之区域，举满洲内地之利益为俄人独据。清国政府果承诺此约，则结局大可寒心。此要求条件之发踪指示者，出于亚力启塞夫氏颇多云。

《中央新闻》论之曰：

雷萨所提出之新条件，乃以盛京省撤兵为名，而将满洲要害吉、黑两省之撤兵，迁延时日。于实际上举满洲利权一切收入掌握中，以求达其最初之目的者，比前次提出之七条于形式上似较为退让，而其实则益益进步。且盛京撤兵，以十月八日为期，亦终归于不信。彼无餍之欲壑①，固未易填；而老狯之伎俩，亦殊为见惯也。

俄人所要求，始终持一贯之主义，其对满政府也，则以无名之金帛诱之于昏暮之间，而以循环之恫喝，劫之于砧俎之上，作使西太后之威力以劫廷臣，而又作使廷臣之奔走以媚西太后。盖密约之几于成立者数

————————

① "欲壑"，原作"谿壑"，误，校改。

矣，顾每每为日英二国所妨。雷萨之提出新案也，西太后命修正一二，小小更改，从速了结，遂有密谕令中俄外交事情不得漏泄于日英二公使之旨。

而日英侦探甚密，尽悉底蕴。于是英使直对庆邸谓：贵政府可早许俄约，中俄密约今日成立者，我英国国旗即当悬插于扬子江流域之重要都会中，事幸速定，毋濡滞。而日美二使亦大有所刺激，庆邸顽昏迟钝之头脑，骤然异常被一打击，知手段之凶狠，难以收拾也。乃决议拒绝俄使之要求，八月初三日送复书于俄使，其大略云：敝国常欲以信义保全两国之邦交，如今次所要求者，非贵国履行前日撤兵成约之后，则不能予以答复。

至是而满政府之态度，如稍有起色者，而外人之嘲之者，则谓公等碌碌，依人成事，非英美二使作其垂暮之气，则颓然面有死色，周章于西太后之阶闼，而次且嗫嚅于北京外交社会之间，左右做人难，诚不足为满政府诸达官颂也。雷萨受此复答之后，暂从搁置若无事者；而阳开阴合之妙手，不日又将别有所发动，波兴云诡，禾矫不测，骎骎入八月十八之第三撤兵期限中，而第二次期限内层出叠见之机牙，尚不知所归宿。自此以往，满政府一举手一摇足，固无一不冒羉于罝罦陷阱之中；而吾国民未醒清梦，酣嬉沉冥，鼾齁呓语，不知有大力者负之而趋，投入无量数不可思议之黑暗地狱中，永无转大法轮以为之脱离苦厄者矣。

四、华俄银行

亚尔夫雷得司特得氏曰："俄人之得信用于满洲也，非在其军队而在其银行之活动。彼以银行及铁道，代铁炮与弹药而征服满洲，俄国所支出者，仅五千万镑。若依兵力而取得此绝大之富源，至少须费二万万镑，然彼得安坐而享之，无恢复战后荒芜之用费，故满洲问题之可惧者，非哥萨克之军队，实东清铁道与华俄银行也。"

呜呼！银行之灭人国也，固胜于兵力。兵力者，如虎狼然，以距牙、钩爪噬人者，人亦将以毒弩、快炮制之。惟不为所制者，乃得尝一脔焉。银行者，如妖狐野魅，冶容艳服，以摄生人之魂魄，而监其心脑。鲜不暱就而乐于赴死者，以银行为之外蔽，而以兵力为之中心；以银行为之前导，而以兵力为之后劲，被妖狐野魅之面目，而作使距牙、钩爪之威仪，乃席卷千里，坐制他族之项背，而无与为敌矣。

夫银行政策者，非独所谓贿赂而已，固实有操纵殖民地财力之命脉者焉。借贿赂之势力，以行之于宫闱朝宇之间；借经济之势力，以行之于农工商矿之上。所欲取者，患其不盈；则所欲与者，患其不急。运同一之手段，于互相依附之二方面，左萦右拂，投之所向，无不如志。

读吾国之历史者，如嬴秦之所以亡六国，炎午之所以锄蜀汉，禄山之所以倾唐室，金人之所以窥赵宋，未有不用贿赂以行之者也。至于假经济之力，以神其开疆拓地之妙用者，固未之前闻焉。夫孰知国民经济之理论，昭昭揭日月，如今世界者，以区区阿堵物，经纬帝国主义之绝大事业，乃无不摧之壁垒，无不犁之巢穴哉！华俄银行之作用，以前一方面为表面上之大部分，以后一方面为里面之一大部分。吾国民之深知其情状者，盖不数数也，顾如外人之觇国者，则皆历历能言之。

东京《日日新闻》云：

俄人在清国有二名之公使，一活动于外面，一活动于里面。活动于外面者，俄公使雷萨也；活动于里面者，则华俄银行总理璞科第也。一则以格式与体面上与外务部衙门①交涉为列国公使之一人；一则为注视清国之实相，投达官贵人之嗜好，而暗夜来往雍和宫、白云观及出入内廷，为特置外交官之一人。自清国交涉事宜上言之，则设置明白正当之公使，反不如设置藏头露尾之密使，为适应于机宜，且往往奏非常之功效。俄国对清政策欲得成功者，终不可不依赖此藏头露尾之密使的腕力。

华俄②银行北京支店，一名贿赂供应局，谓为经营商业者，不如谓为政略上之事务。而此变相之银行，以北京为中心，为机敏而有胆略之枭杰所管理，遂能伸张其威力，而布散于满洲地方。俄人之侵略他国若怀柔他国也，常以政治的势力与经济的威力，相为表里，以图根叶之繁茂。在中央亚细亚地方，则以波斯亚银行；在东方亚细亚方面，则以华俄银行。恃此二者，为陆军省之参谋部，或经营铁道、矿山、航运，或买收官吏，以黄金之魔力，达将来之期望，此事实之至明白者也。经营满洲，而使用华俄银行之魔力，夫岂偶然也？

在满洲设置华俄银行支店若兑换处诸地方如左：

（一）支店所在地：营口、旅顺口、青泥洼、哈拉宾。

（二③）兑换处所在地：辽阳、奉天、铁岭、公主陵、开原、宽城

---

① "外务部衙门"，原作"外务衙部门"，误，校改。
② "俄"，原作"清"，误，据饶怀民编《杨毓麟集》校改。
③ "二"，原作"三"，误，据饶怀民编《杨毓麟集》校改。

子、吉林、齐齐哈尔、海拉尔、伊通州、珲春、伯都讷、宁古塔。

满洲枢要诸土地，到处无不有华俄银行支店。若兑换局之设置，其金融界之势力，全然为该行所占。有是等四支店十三兑换局，无一不仰鼻息于东方大总董璞科第氏，一面供给俄军，一面则放散资本于清国官吏及诸绅董。对于俄国之事务，则有若东清铁道，有若满洲驻屯军队，有若掘采矿山，有若采伐森林，有若扩张河海航路，有若建设都会，有若修筑港湾，有若兴造船渠，有若制造船舶，其他俄国经营东方若团体之事业、若个人之事业，无一不投给资本，以增进俄人之势力。而对于清国之事务，则以投资于党俄派诸宵小为目的，勿论其人为将军，为道台，为知府知县，皆觇此曹之所急，乘机买收之，渐次遂得握清国官吏之死活。如奉天将军增祺，一时以百五十万两之巨款，颇有进退维谷之势。据本年四月增将军奏折，则将巨额减少为二十五万两，而风闻传说，乃俄国乘增氏之穷迫，给以五十万之巨贿，因获得绝大之利权云。所谓赠贿者，非必现金，不过抵销前日贷借华俄银行之缺数。俄国以此种手段擒获各将军、道台等，而徐徐显其狠毒之态度，虽欲不收得权利而亦不可得也。原来清国官吏之收贿，乃公然授受而不相忌讳者，上自督抚，下至知县，无一人不以收贿为生活。俚谚有云："总督三年富百万，道台三年富十万"，足以察知其一斑。彼等生来天性上有收贿心，故不啻收本国国民之贿而已，虽敌国赠贿，亦不暇顾念收纳以后之结果如何，而即时纳入。近时在满洲各官吏，多成富室，固自朘削脂膏而得之，非必出于俄人之馈遗。然有多数确有收贿之证据者，如前营口道台李席珍、锦县知县阿厚琦，如承德县知县、通化县知县、金州知州等，为俄国势力之所驱使，死心塌地，后先奔走，固明白之事实。俄人买收是等官吏，其结果也，常以二倍三倍之债缺，而要索十倍百倍之报酬。一旦遭金钱之束缚，则俯首帖耳，缔结契约。而俄人受持契约，藏之怀抱中，徐徐窥北京政界之动静，而乘机飚发，蓦然将是等契约，施诸事实。昨年来俄国在满洲获得利权之手段，固无一不出于此术也。夫今日所谓对清政略者，固以金力及军力并用，为最良最上之手段。俄人之察勘清国人民，察勘清国官吏，察勘清国政府，确乎有超出列强之眼孔，固不可不亟为注意也。

大阪《朝日新闻》论外交机密费云：

对于欧美文明国，不可不以绝大之机密费，利用彼国有力诸新闻纸，平居则以之侦察国内政权之趋势及列国关系之内情。国际问题发生之时，则说明我国所主张之正义，唤起彼国之舆论，利用政党竞争之力，以箝制其政府。而对于最接近之清韩二国，虽无操纵新闻纸之必要，而此两国之大官，多为铜臭所熏沐。俄国外交上之成功，以此为一大原因。我国及英国外交官，徒恃议论，而忽于暗地之运动，此其所以输却俄人一筹也。俄国设华俄银行以为外交机关，其总董常出入北京之宫禁中，与李莲英及诸宦侍相结托，撒布黄金，以操纵政府之行动；挟无赖之术数，摄取老糊涂之魂魄，与我国相角逐于外交界。我国外交官，虽有如何灵敏之头脑，非利用黄白之力，到底不能操胜算，至明白也。且俄国外交上成功之原因，为能适合于从来之习惯耳。对于以黄金买官赎刑之清国，徒然主张条约上之权利，必不能得其要领，犹之对于以舆论左右政府之泰西诸国，独与政府相谈判而外视国民者，同为迂拙之至也。故吾人断言给与驻在外国之外交官以巨额之机密费，或更别立名义，设立与华俄银行相似之特别机关，为今日之急务。

《二六新报》论云：

英国政府东洋外交机密费，每年六十万圆。至今日以东亚多事，仅仅使用此数，不能应时势之理宜，因有增加定额之议。至于俄国，其需要之供给，绝无制限，每岁所出殆不下千余万。我日本之外交机密费，每岁仅仅二十万圆，亦何寒村之甚耶？且二十万圆之中，同文会实每岁取四万圆，而所营之事业，除同文书院教育一事外，别无所见。外务省之机密费，惟用之于教育耶？政府于此固不可不负其责任。

而最近两月中，《朝日新闻》往往发见无数之事实，某日自华俄银行与清国内廷为五百万金额之交涉，西太后所入四百万，李莲英百万。而本月初九日，又有授受百万两金额之情事。汇丰银行因之对于清政府倡一种之异议，此金额为借款与否，尚不明晰。据切实可据之调查，则该金额非贷借者，乃一种特别之运动费。而日本人论清政府诸贵官，其争论满洲问题，党俄、党日两派分歧，其实不外汲汲于营私欲而争权利。至其结果，徒使外交上及行政上一切政策，酿非常之纷扰。因收贿之不平均，而生感情之刺激；因感情之刺激，而用倾危之手段。如庆邸、肃邸、王文韶、鹿传霖、瞿鸿禨、崑冈等，专以此种情事，致生轧轹，自相诮构。清廷外交之秘密，遂多为是等诸大官所摘发。俄公使知仅仅买收一二权要，未足以箝制诸人之口舌，消灭无限之波澜也。乃一切以黄金政略餍其欲壑，而驱策李莲英恳愿西太后，镇抚群臣之诉讼。

彼等脂韦滑熟，但为黄白所左右。今日党俄，明日党日，蒲柳之姿，望风而靡，至如中原之大计，不知抛置何许。

呜呼！我政府之情态，如此之离奇变幻，无他故焉，有孔方兄目挑心招于外，而又有妒嫉神援旗击鼓于内，披猖俶扰，不可方物，诚四千年历史之所未闻，而五洲各国之所未见也。夫以国母之尊，受天下之养，直以区区好作家计之故，而甘心为异族之所愚弄者，诚天之所以夺满政府之魄矣。顾吾民族者，则亦颠倒迷乱于此丧心病狂之潮流中，与之为无心肝则亦为无心肝，与之为无头脑则亦为无头脑，是则可羞痛也。夫满政府之断送其命脉，可言也；不顾忌满政府之覆灭，而因不暇顾忌吾种族之覆灭，不可言也。满政府之放弃其主权，可言也；不顾念满政府主权之存在，而因不暇顾念吾种族主权之存在，不可言也。吾国民、吾民族，欲收回三百年前已失之主权，则万万不可任满政府之贻与于他国民、他民族之手，亦不可自吾国民、吾民族追随满政府之后，以贻与他国民、他民族之手。吾国民欲革命，则革满政府之命，不可俟满政府已隶属于他人之宇下而后为之；吾国民欲问罪，则问满政府之罪，不可附和满政府，使甘心饮鸩酒以止渴、食漏脯以救饥，而后从而殪之。然而吾国民，为满洲之官吏者，其言论、思想，足以增益满政府之病痛，其迷谬昏愚，足以传授满政府之衣钵。人格如此，适足以供彼国国民经济政策之所蹂躏而已，足以供彼国国民经济政策之所豢养而已。夫复何言！夫复何言！

五、日俄冲突之暗流及其战斗之实力

凡国土之消亡也，于其敌国之政治界、经济界增莫大之利益者，必直接于其主国之政治界、经济界蒙莫大之损失。是故在主国有绝对之苦痛，必有绝对之竞争，此固事理之当然。未有以主国之政府而立于不痛不痒之地位，以主国之国民而立于不慭不悚之地位，而坐视第三国之角逐，以与为起伏，与为啼笑者也。

夫俄人之踞满洲也，曰殖民；日本之争满洲问题也，亦曰殖民。以满洲土地之腴沃、物产之丰富，诚哉其宜于殖民，而当实施此殖民之政略，孰有如支那帝国者？当享有此殖民之权利，孰有如支那帝国者？然而，盗有支那帝国主权之满政府若不闻之、若不见之，岂其情哉？以满洲之丁稚坐食汉人之粮饷，以满洲之驻防坐制汉人之心腹，则固不暇以满洲人耕殖满洲。汉人之出关耕牧也，则以侵轶壤地为罪；汉人之出关采掘也，则以侵犯祖陵为罪；汉人之出关营业者，既为种种无理之制防所轭辖，旷二百年而不敢涉足矣。及至近世，稍稍从事垦辟，然而其官吏之残酷、禁防之苛细，使迁徙者无所自存活，悍然而自弃于盗贼。凡关外之所谓红胡子、所谓马贼者，皆汉人转徙沟壑之余生也。夫既不以满洲人耕殖满洲，又决不乐汉人之耕殖满洲，则固不得不禁锢天府之宝藏，以私之于枕函衣笥之间；既私之于枕函衣笥之间，则固不能禁大盗之挈箧担笥而趋，而更无颜面以诉同情于吾汉人之侧。而吾汉人者，若狂呼大叫，谓此为支那帝国之领土，则彼满政府者，固内度以为此吾家事，于奴隶何与？吾汉人既赧然世袭有奴隶之资格矣，亦自疑自愧曰，此渠家事，于奴隶何与？情态如此，历史如此，则宜乎惟第三国与敌国者，角逐于此殖民地，而各据一死力相持之势也。

尾崎义雄曰："日俄之冲突，必不可避，支那大分割为日俄战争之结果。如救火场中遇一盗贼，剥其衣，剔其肉，无与怜者。故日俄战争之苦痛，实极东之大变局也。曰支那，曰朝鲜，不过为过去历史上之名词，其实体则已消灭。支那者，非支那人之支那，而俄罗斯之支那、英吉利之支那、德意志之支那、法兰西之支那也。夫日俄战争者，帝国主义之冲突，而极东灭亡之导火线也。"果若斯言，贻吾汉种以灭种绝族之痛者，实彼满政府阴鸷危险之压制政策，使吾汉种者，但得坐观外盗之争哄，以定分赃之丰歉而已矣。尾崎义雄又曰："郁勃哉！支那之革命，及今革命始激昂，及今分割亦顺利。"诚然，诚然！革命已晚，不革命亦又安归？

法兰西某文豪之言曰："美人以锹，俄人以剑，拓殖东西两大陆。"鸣呼！孰知今日之俄人，固左手执锄右手按剑，以拓殖满洲之广野耶？孰知负红色之肩章则为兵士，易绿色之组纽则为农民，以充塞极东海岸之舞台耶？自东清铁道以入满洲之内地，芳原绣甸，几千百里。长流巨浸，几千百道，固俨然大农国之规模也。而吾汉种人之里居与土人之部落，则寥落无几家，卑陋须窭，不立生计。其巍然破风物之荒凉，而显见无限之威荣者，则俄人铁道守备队之炼瓦兵营也。每驿道间必有二三营，每营中必有二三十人，若四五十人，营哥萨克之家族生活，而习用斯拉夫人种之风态。说者谓为俄国殖民地之初步，他日满洲农业上享有独占之势力者，将在于是。

俄国策士常曰："易东清铁道守备兵以殖民事业者，俄国之急务也。

自清政府视之，均之铁道之守备队，为兵士与为殖民人，固无所为轩轾，而清政府又可征同一之租税。且以铁道沿路之土地贷与汉种与贷与斯拉夫人，并无差异。而贷与斯拉夫人为与俄人及东清铁道以安宁之保证，益以证明俄人之非包藏祸心也。"呜呼！何其立言之巧耶？

犬养毅之漫游吾国而归也，谓今日凡东清铁道之所达，其乘车之客位，无非军人之所充实；其运转之货物，无非军人器械、粮饷之所麇聚；浮海之大舰、巨舶，亦无非东洋军舰之旗帜与义勇舰队之帆樯。所有社会上之人民，除铁道技师之外，凡收票、验票及下等雇役，无非军人。以搬夫之善于驭马，询①其出身，则在预备，若后备之骑兵也。凡邮便执役之人，亦以军人充之，所见所闻，无非是物。夫俄国之殖民，何之而不用剑，抑亦何之而必用剑？阳言之曰撤兵则以锄，抗言之曰不撤兵则以剑，惟视其目的之所在，则不惮翻云覆雨以达之，要以确立其殖民政略之基础为主义而已。

英人之《近事评论》有云：

俄国在极东经济上之膨胀，与列国对清之动机大异。盖俄国占领满洲之目的，非为求商业上之市场，直欲移己国工商业之中心点，建设于彼处。彼国所执之政略，不仅在占商业上之胜利而已，实欲并有清国之商工业。故虽极力输入外资于满洲，而除俄人及清人外，不许他国人移住。

又有乌拉尔氏《现代评论》云：

英美抗议之事，惟自道理上非难俄人之掩有满洲而已，不过为无欲之争论。支那人之拒绝俄人，亦迫于二国而出于不得已，非有求胜之心也。世人所注目者，为占领满洲之军队，而未尝注目于其民政。要其最要者，在此而已。俄国已于千九百年，移农民八千人于哈尔滨，立俄人村落，使之波及于四方。其现在所措置，有俄国之行政，有俄国之警察，有俄国之学校，有收税吏与银行员合体之官吏，奄有之实，无所不举，列国乃起而使之撤兵，多见其不知量也。

俄人之割据满洲，大势既定，到底非可挽回者。如云支那与俄国当战争于满洲之野，尤为妄诞之梦想。一旦抗议俄国，强使撤退，国际破裂，则撤兵之事益不可行，徒增进俄人之势力。且纵令俄兵果肯撤退乎，满洲地方人民沉深于俄国之同化力，已为不可掩之事实。俄人以其

---

① "询"，原作"诉"，误，校改。

怀柔政策，勉使满洲人民甘心蜷伏于俄国帝政之下，随喜渴仰，与俄国相连锁相结合。彼根性薄弱、奴颜婢膝之支那人种，自支那官吏残酷手段之下奔逸而出，如雀之投林，鱼之得水。于是俄国之钞票，为满洲人民之国定货币；俄人之法庭，为满洲人民之国立裁判所。支那人之先天的奴隶性质，诚地球所未有之下贱人种。顾如彼斯拉夫人种之怀柔政策，谁不可惊耶？

满洲之为俄殖民地，其根据牢确，至于如此。能使支那人种亲和，能使支那人种昵就，能使盗有支那人种主权者，欢诺而相赠贻。吾支那人种之无根性，固为世界不思议之一动物；盗有支那人种主权者之无脑筋，亦为世界不思议之一动物。而以不思议之动物之舞台，演出斯拉夫人种不思议之政略，举手伸足，坐制东海，诚二十世纪劈头殖民史上之一大伟观，而亦二十世纪劈头人种哲学问题之一大惨剧也。

顾彼日本者，岂能塞耳闭目高拱揖让，以坐待切肤之痛哉？岂能蜷手曲足，跛躄不进以坐观事机之失哉？且为之妒，且为之羡，且为之食指动，且为之欲焰焚灼，于是蹶起，于是叫号。一则曰利害关系最切莫如我日本，再则曰满洲殖民权利之所当分享者莫如我日本。而"满洲"二字，在俄人心目中，则成为有主之幼稚的新领土之一名词；在日本人心目中，则成为无主之荒芜的新世界之一名词。与彼支那民族者，固无复有丝毫权利之牵挂；与彼盗有支那人种主权之满洲政府者，更无复有丝毫势力之牵挂。

英人之《近事①评论》云：

日本人之欲望，非独输出货物于满洲而已，必欲与俄人同时占有殖民之利益。故日本之开放满洲，直为其人口之膨胀，与欧洲列国单为货物者，情势悬绝。日本为达此目的，虽至于战争亦所不辞。

俄人《关东报》之《非撤兵论》云：

日本指满洲之经济的利害，为干涉之口实，夫此何独限于满洲而不曰台湾，不曰朝鲜，不曰菲律宾、澳大利亚，彼皆日本人所移住之地方，独于经济上之利害无所干系耶？台湾者，日本人殖民正当之驿路也。须移住于彼处，不可无资本，又不可不防备生蕃之蠢动，故彼等以趋赴于我国经营就绪之满洲为便利。

---

① "事"，原作"著"，误，校改。

《日本新闻》《日俄开战论》云：

日本面积仅二万七千方里，而人口四千五百万，一方里有千七百人，耕地殆尽，而科学之作用，又不足以增加无限之生产力。一年国民之所生殖，不过十八亿万圆，每人均分，不过四十圆，以此四十圆为一人一年之衣食、纳税及教育子弟之用，大有所不足。贫弱如此，非发展国力于海外，不足期国势之隆盛。而以有色人种为欧美人所排斥，美利加、布哇、澳大利亚到处受迫害；而满洲之富源，吉林之沃壤，又为俄人所闲置，则将踽踽岛国下首低眉以踯躅于蜗角之小天地，而坐枯立槁。

而《俄国新闻》之《日俄开战评》则云：

世人多以日本国土狭隘，不足容现在之人口，于事实则反是，日本之本岛中，适于耕作之地，过半未从拓殖。如北海道及千岛诸岛，面积九万五百平方启罗迈当，今犹空漠，现在之人口不过六十万人。察气候及土地之状况，足容一千万人而有余。而以日本①将来农业之方法，足容二千万人。然则日本国土非狭隘，唯人口达于现在二倍以上，尚足收容之。试开地图而观之，日本四十一万七千平方启罗迈当，四千六百五十万人，即一平方启罗迈当含百十一人，然和兰②一平方启罗迈当含百六十人，英国含二百十五人，比国含二百卅一人，萨克逊含二百八十人。而日本之农民较之欧洲，以少额之食物而可足。且比国与萨克逊，皆工商国，日本亦然，移住朝鲜之四万日本人，皆营商工而非农业；散在西伯利亚及满洲之日本人，从事于农业及牧畜者，所不常见。然则日本人所必要者，非在土地之扩张，而在商工业之发达。若使富于良港之朝鲜，一旦落于日本人之手，则不仅满洲、乌苏里江以北一带为日本之好市场而已，自北清地方至上海，亦无非日本人之好市场。

是故满洲问题之冲突，为日俄两国民生计之冲突；满洲问题之竞争，为日俄两国民死活之竞争。且非独日俄两国民生计之冲突、日俄两国民死活之竞争而已，实黄白两种人生计之冲突、黄白两种人死活之竞争。而以日本为亚细亚秋拿尼安人种之代表，以俄罗斯为亚利安人种之代表者焉。夫人种竞争者，视其国民之活泼与沉滞以为动机，视其国民之伸张与退缩以为趋势，视其国民之团结与涣散以为成形，视其国民之

---

① "本"，原作"来"，误，据饶怀民编《杨毓麟集》校改。
② "和兰"，今作"荷兰"。

坚强与梏窒以为实力。故以支那帝国国民当所负之责任，而日本国民得以取而代之；以支那帝国国民所当发之锋颖，而日本国民得以取而专之；支那帝国国民以聋以喑，以委顿于床蓐之间，而日本国民与俄罗斯国民者，以诅以诟，以鹰瞵①以虎视于枪机炮准之上。

是故②日本之主战论者曰：西欧文明之压力加于东方者，当无所底止，然国民之精神，非因外来之势力，而容易屈服者。苟国民与人种之精神不至消亡，则国家必不至于瓦解。今日在亚利安人种外有健全之国家者，非我日本莫属，宜鉴历史之趋向以统一国民之思想。俄罗斯之主战论者曰：以亚细亚为亚细亚人之亚细亚之日本主义，非吾人之所取。吾人虽至发现确然与支那人分画划境之地点，犹当经营亚细亚之文明事业。虽然，恐吾人不能发现如此确定之界线，虽至吾人之子孙尚不得在明白确当之条件下而划定之!!! 日本之主战论者曰：物质的文明者，野蛮之遗物也。进步者所以琢磨野蛮思想，而琢磨野蛮思想之吞弱暴寡之文明，实恶魔之化身。日俄战争者，国家势力之冲突，即帝国主义之冲突，我日本人不可不承认最高最大之使命，以宣布于世界，立人类权利之大本。故与俄人战争者，为人道战，为帝国主义之国家脱拉斯脱战。俄人之主战论者曰：俄国之经营亚洲大陆二百余年，非纸墨之所能罄。每年自国库支出绝大之金额，损数千万之生灵，以拓开此大陆，扶植文明与人道，其经费与生命所失岂可量计？夫由俄国之金、俄国之血、俄国之汗所建设之殖民之根底，无端而欲攘得之，与欲取俄人心膂之血液相等。即此以观二国社会之情态，因国民之生活而成无限之欲望，因无限之欲望而生绝对之争衡。故国民之欲望者，非人道之所能调和，即人种之竞争者，非人道之所能调和。而二国国民作战之计划，遂乘间抵隙，各据其情势之赢绌以为揣测，而军事上之动静亦常为有形之对峙。

俄人之亟亟增军额也，无日不有赴战之势。自八月中旬后至此月来，有若乌苏里铁道旅团之编制（八月十七《时事新报》云：从来乌苏里铁道，以一个大队为守备队，今以陆军大臣命令，更增一大队，编成旅团，两大队并依战时之编制），有若大连湾、青泥洼、旅顺各地军队之移动（八月廿三《读卖新闻》云：在吉林之东部，西伯利亚狙击步兵旅团司令部，及同第十四联队，以八月十四、十五日到着青泥洼）。在

---

① "瞵"，原作"睛"，误，校改。
② "故"，原作"政"，误，据饶怀民编《杨毓麟集》校改。

长春之同第十三联队，后拜噶尔炮兵大队之一中队，及东部西伯利亚炮兵第二旅团第一中队，到着于大连湾。在哈巴罗甫司科之东部西伯利亚工兵第二大队，到着于旅顺。而大连湾、旅顺兵力之新增者，别有步兵二联队，炮兵二中队，工兵二中队，渐次以满洲北部之驻屯军移之南方，而自西伯①利亚铁道输送二旅团以补充北部之要员。计驻屯旅顺者二师团，其他各地驻屯者，总计步兵约五十个大队，炮兵约三十个大队，骑兵、工兵亦有同数。又九月十六日，在哈尔滨之野战炮兵百五十名，率炮二十七门下旅顺；十七日，哈姆斯科军团之步兵二千名来辽阳，以无兵舍，造天幕为野营；十月九日。旅顺驻兵五百名出发于何地，智多驻兵七百驻辽阳，辽阳驻兵六百人驻旅顺。十月十五日，始为关东州驻兵大输送，铁道线路之兵士仅留少数，其余并移驻于青泥洼。十月廿六日东京《朝日新闻》云：驻屯满洲之俄兵，有铁道守备队及占领军之二种，其守备队预定为二万四千人，又有所谓国境兵者，以后备兵及预备兵组织之。据最近调查各地之兵数：旅顺步兵，东部西伯利亚狙击第三旅团全部，即两个联队八千人；骑兵，西伯利亚哥萨克旅团、后拜噶尔式廑斯科第一联队之中一个中队百五十人；炮兵，东部西伯利亚狙击炮兵大队千二百人；工兵，关东州工兵中队三百人。要塞部队步兵，二个大队二千人，及炮兵二个大队二千四百人。配置于旅顺之各炮台，计一万四千五百人。大连步兵，二个联队四千人；自满洲内地特别派遣骑兵，西伯利亚哥萨克旅团、后拜噶尔式廑斯克第一联队之中三个中队四百五十人，计四千四百五十人。凤皇城②哥萨克旅顺骑炮兵第一中队，步兵第十五联队之中第二、第三、第四中队之三个中队，合铁道守备队约二千七百人。奉天铁道守备队，约二十名，驻停车场；城内则有军务司令官之护卫骑兵三十名，领事事务官之护卫骑兵三十五名，邮电局之护卫兵三十五名，合计哥萨克兵百名，其他佣用马贼百五十名。吉林步兵，第十六联队二千人，东部西伯利亚炮兵第一旅团第七中队三百人；骑炮兵第二中队（炮二十门）及领事事务官护卫骑兵四十人。长春少数之骑兵在城内铁道守备队驻停车场附近。哈尔滨以炮、骑兵组织之混成旅团约八千人，其他有少数之步兵，现在更自本国输送兵队来着，据俄人言，当输送十五万来。公主陵第五十一中队，驻屯兵铁道守

---

① "伯"，原作"北"，误，校改。
② "凤皇城"，一般作"凤凰城"。

备队二十人。铁岭铁道守备队三百人，炮兵一个中队。齐齐哈尔步兵第二十联队二千人，东部西伯利亚炮兵第二旅团第二中队三百人。宁古塔黑龙江哥萨克骑兵联队，海拉尔第三预备步兵大队。营口东部西伯利亚炮兵第一旅团第三中队。而据驻屯军通译官某氏所言，则满洲最近俄兵数：步兵，九万五千；骑兵，一万九千；炮兵，一万二千；工兵，六千；炮，百六十八门。内旅顺守备步兵分一万，奉天守备步兵一万五千，骑兵五千，炮兵三千，工兵二千云。

十一月廿一日《国民新闻》云：俄人自本国启耶甫更输送大军团东下拜噶尔湖，以快空车放回，益频繁。而《泰晤士报》之俄铁萨通信员谓俄人满洲增兵，其陆军将帅，怂恿兵卒兵役满期，当永住于该地，兵士从命者不少。大约东洋方面，俄兵满期者，每年不下四万人乃至五万人，故假令永住该地者得十分之二分五，则俄国于四年后当得预备兵五万人。有若雷艇及兵营制造建筑之忙迫（十月廿日《时事新报》：旅顺口水雷艇制造忙迫，本日竣工者十余只，容五六万人之兵营亦新落成。而奉天、吉林、哈尔滨、辽阳诸地兵营之弘壮，落成又在此前），有若旅顺要塞炮台之建筑（《太阳杂志》：九月终，俄国自东清铁道输送口径六生的身长三珊之大炮十三门于旅顺要塞，以八门装置湾口馒头山之新炮台，以四门装置停车场北之鞍子山。椅子山炮台亦告成，鸦鸪嘴更筑新要塞，而扼鸠湾之两端之二洋头、三洋头，及双岛湾之直角之大洋岛，及老庙子之双对峰，凡筑炮台五所，并刻期明年三月告成），有若陆军大演习及陆军检阅之举行（九月廿八日后二礼拜间，极东总督举行陆军大演习，十月十一日，检阅诸兵），有若石炭及兵粮之买入（九月七日《出国新闻》：旅顺俄陆军入谷最巨仓库二十余栋，粮食充实，海军贮蓄亦富，而本月九日更预买入大麦五千三百吨，小麦八千二百吨，荞麦千九百五十吨；哈尔滨亦于二日买入荞麦一千二百吨，麦粉八千二百吨，马粮用大麦一万三千八百三十吨。十月卅日《二六新报》云：两三日前，俄人用诺威汽船积载石炭二十三万吨来，而牛庄、岫岩、辽阳地方一带粮食买收殆尽。俄士官调查清国兵营兵器、粮食、弹药每枪但留二十出，其余悉没收之于俄营），有若准备金之购藏（十月卅一日《中央新闻》译《伦敦新报》云：俄人为现金准备，借德意志人之手，买入金块极多，俄罗斯银行金额骤增，现今有九一、六八二、〇〇〇镑，而昨年本季仅有八三、一四七、〇〇〇镑，且俄罗斯银行存放外国市场之金额，约八百五十万镑容易收回）。其备战之步武实重足而待驾。

　　而舰队之动静又有大可注目者：九月中旬，俄战舰雷脱威撒等五只，装甲巡洋舰克仑波等二只，巡洋舰波额意等三只，涂换舰体，以二十日前后自海参崴①拔锚，游弋高丽海面，以旅顺为集中。十月三日，在海参崴之一等战舰雷脱威撒等以下十一只，舳舻相衔而入旅顺。是时俄国举行海陆军联合演习，为以攻击军袭旅顺而防守军抗御之之②方略，极东总督为统领。而自崴港来之十一只战舰，假定为侵入军，港内之俄舰与炮台相待，为防御之事。演习终，各军舰集于司令官斯塔尔克中将指挥③之下，以旅顺为集中。舰艇总数五十七只，内除洋航水雷舰十只、水雷驱逐舰十八只外，军舰凡二十九只。而自五月至八月，增遣战舰三只，一等巡洋舰一只，二等巡洋舰一只，装甲炮舰一只，水雷舰十一只，水雷驱逐艇七只，或已到着，或尚在航洋中。九月三日，又增遣水雷艇七只。十月八日，增遣战舰一只，一等巡洋舰二只，二等巡洋舰一只，是为俄国增遣太平洋舰队之全数。而此等舰队之外，又有从事航业之义勇舰队之一部卖入海军省者，亦已编入太平洋舰队（因西伯利亚铁路开通之后，太平洋西北岸航业渐衰，以其一部航行地中海及太平洋新航路，一部卖入海军省）。

　　俄舰既注全力于东洋，而日本常备舰队以九月二十二日分三十八只二部游弋黄海海面，二十八日朝日以下二十二舰游弋高丽海面。十月八日，各镇守府参谋长开会议于海军军司令部，常备舰队参谋长亦列席。亘四日罢议。而常备舰队，以佐世保为集中。十六日，吉野、敷岛等九舰为实弹射击出港，十九日归。再为舰队运动，游弋高丽海面，日俄两舰队，遂时时为角立之势。

　　战云惨淡，不可终日。然而狙伏却愿相持不发者，则亦有故焉。论海军之吨数，则俄略避于日；论陆军地形之利便，则日远不及俄。而二国之财力，皆有不能持久之势。日士论者谓中日交战时，和战终始，延期一年有十月。日本陆军、海军支出之费，其最盛时，一月实支出一九、三三九、八〇一圆，合计战局终始，支出总数实达二〇〇、四七五、五〇八圆（据日人前日临时军事费决算表）。假令日俄战争延期三年，以中日战争一日支出军费最多数六十八万圆为比例，现在海陆军愈扩张，战术愈复杂，军费支出益增进。一日军费平均为百万圆，一月为

---

①　"崴"，原作"岁"，误，校改。

②　"之"，原作"三"，误，校改。

③　"挥"，原作"为"，误，据饶怀民编《杨毓麟集》校改。

三千万圆，一年及三亿圆，三年相续约当达十亿圆。中日战争时，最初以三千万圆之剩余金及商人献纳金支办，其后竟募集一亿余万圆之公债，且至增税。则此次战费所出，亦不出于增税与公债之外。而外债则病国，内债至二亿三亿，则国民经济界亦生非常之扰乱。而倍加现今之税率，一年仅得一亿三千万圆。故如今日日本之穷困，十亿之战费，必非国民所能堪。而俄国国债①，亦及百二十亿佛郎以上，即一法国已及六十亿佛郎。俄国国力亦无增税之余地，势不得不续募外债。即法人为保护信用，肯应俄人之军事公债，其财政困难又当甚于日本。此二国之主战论所以炽而复潜之一原因也。

然而日本主战论者则又有说。博士金井延《论满洲问题经济上之观察》云：

我国财政虽薄弱，然鉴中央国家财政与地方财政之关系，改善租税制度之根本，而确立其系统，决非不能一战者。国民经济之状况，岁岁增进，普通银行之预金（存放之款），比年前殆四倍，贮蓄银行之预金达于七倍以上。一般银行之积立金（次第增进之实款）为十分五以上之增加，贮蓄银行之积立金为二十四倍之增加，是皆进步之明证。前日中日战役，一个师团支出之数，一月金二百二十万圆强。今日废人夫之制而易以辎重输卒，出征费用必减少，是北清事件所经验。而今日之作战，自运送里程、交通机关等之关系，更得减军费之一部（中日之战，运送佣给费五千二百万圆强，实占军事费全体三分之一）。故今回一个师团一月之出征费为二百万圆，必有余裕。今自前所假定之兵力而言之，一月军费合计一千六百万圆，即一年不过一亿九千二百万圆。战争期假定为一年，加以海军经费（假定为二十五万吨），合计不过二亿八千万圆。发挥大和民族之特性，节省物力，以为军人之后援，决非不得支办者。

《万朝报》论财源所以出及概算额云：

（一）非常准备基金，即补充军舰、水雷艇基金，准备灾害基金及教育基金。此三者为蓄存清国赔款以备非常之财用者，金额达五千万圆。而此五千万圆中，一部放存四分利之英货公债，一部放存五分利之本邦公债，实际现金迄二千万圆。（二）特别会计资金缲替（缲替者垫用之意）。此款系以各特别会计需用之资金，以非常之事借给使用者。

---

① "债"，原作"偿"，误，据饶怀民编《杨毓麟集》校改。

中日战役时，各特别会计种类不多，原资金仅得六千五百万圆。而以非常之变，垫用金额，前后达①二千八百万圆。今特别会计种类增加，三十五年度预算，通固定资本，达二亿一千万圆之金额，实较前日三倍以上。假定缲替止三倍，亦得八千万圆。（三）缲越金流用（缲越金者，因事业迁延逾岁而生之款。流用者，通融使用之）。因战后财政之变动，而继续事业及新营事业，有不能预定者，每年必生翌年度之缲越金。缲越额最多者，三十一年度，实出七千四百八十万圆之上。自三十四年缲越三十五年者，其总额犹不下四千三百万圆。此款虽不得为预定之财源，而因迁延扩张海军事业所生之缲越金，在三十四年度，实出二千五百万圆之上，实占缲越总额六分强，计其缓急而以一千五百万圆为战费，必非难事。（四）事业缲延（缲延者推下期限之意）。前项之缲越金，自前年度迁延而得之，本项乃将今后之事业推下期限而得之。事业费之总额，本年度实达五千九百万圆，明年度当不下四千二三百万圆。若更加第三期海军扩张各年比例之额，今年度当出六千一百万圆之上，明年度殆达五千万圆，通算两年度事业费，实达一亿一千万圆。除去政府所立整理财政缲延事业计划中今年、明年合计约一千万圆外，而今明两年度不可不支出之事业费，犹在九千万圆之上。假令缲延两年度总额三分之一，犹得流用三千万圆以上。（五）② 国债偿还一时停止。停止国债偿还，于公私经济虽有大损，然以决战赌存亡时，亦不得已之一策。英国与杜国战争时，犹决行增税及停止四百六十万镑（合日洋四千六百四十万圆）之国债偿还，况不及英国之丰富者耶。据我国国债偿还预定表，三十六年度偿还额，国债元金九百三十万圆，三十七年度九百七十万圆。停还两年度之国债，得流用一千九百万圆。（六）③ 一时借入金。前北清事变，供遣清军费，借入一千七百万圆，而第二次山县内阁补助各府县水害土木费，借入四百万圆。现内阁补足制铁所运转资本之缺损，借入二百万圆，皆经议院认可，况临时急用耶？现日本银行之现金准备，出一亿一千五百万元之上，发行钞票之余力，常在三四千万元之间，可举余款借入之以供战费。（七）④ 募集公债。当废止借金政略之时，而募集公债固为难事，然我国民殉外难，急公义，闻军事公债之名，应之者必急。中日战役时，初次募集三千万圆，应募总额出七千七

百万圆之上（二倍半以上）。不出三月，复募集五千万圆，应募总额为九千余万圆（将二倍）。而募集价格，率愿入当局者所指定之三分之一以上。现今经济界，非独日本银行现今达一亿一千五百万圆而已。如公债标准之一般银行预金四八八、五七〇、〇〇〇圆，贮蓄银行预金四四、〇二〇、〇〇〇圆，邮便贮金二七、九七〇、〇〇〇圆，一般银行积立金六三、九五〇、〇〇〇圆，贮蓄银行积立金三、〇六〇、〇〇〇圆、一般会社积立金一〇一、三八〇、〇〇〇圆，合计七二九、三五〇、〇〇〇圆。而中日战争时，日本银行现金不出八千万圆，公债标准各种金，总计不过一亿七千六百七十三万圆，咄嗟之间，而举八千万圆之公债。然则以今日而举二亿之公债，决非难事。（八）[①] 有期限特定增税。英杜战争，为其一例。我国适于定期增税之事：（1）地租。（2）酒税。（3）所得税。地租增十分之五，得二千万圆；酒税以三圆之增率，得一千二三百万圆；所得税倍增之，得六百万圆。三者并增，殆近四千万圆，但当短其期限而已。概括上所举各项，计非常准备资金得二〇、〇〇〇、〇〇〇圆，特别会计资金缲替得八〇、〇〇〇、〇〇〇圆，缲越金使用得一〇、〇〇〇、〇〇〇圆，事业缲延得三〇、〇〇〇、〇〇〇圆，国债偿还停止得一九、〇〇〇、〇〇〇圆，一时借入金得三〇、〇〇〇、〇〇〇圆，公债募集得二〇〇、〇〇〇、〇〇〇圆，期限特定增税得二〇、〇〇〇、〇〇〇圆，合计四〇九、〇〇〇、〇〇〇圆。我之财政，试大战于极东大陆而有余。

而《报知新闻》论俄国财政云：

威子特氏为经济界上大人物，而其政略则无非剜肉医疮之计。试举威氏聚敛之方，其始用间税主义，酒、烟草、石油、自来火皆课重税；以是为不足，则定政府卖酒之制，定铁道矿山、运输事业官营之制，定政府专卖茶及砂糖之制，且不仅中央政府通夺民业而已，而各地方自治体，凡民业之电气铁道、马车铁道、瓦斯、电灯、水道以及农具、种子、裁缝机械等，皆以之为公有事业。盖威氏之政策，在集全国费本于政府，而兴官营之各种事业。由是在农业则政府为地主而修耕作，以国民为使役之丁男；商业则以政府为股东，而以国民为使役之店客；工业则以政府为厂主，而以国民为使役之技师。取政府万能主义之极端，而国库得岁入二十亿卢布。在职十年，成七万里之铁道，增加制铁所、造

---

① 括号内原用阿拉伯数字，误，校改。

船所、军舰、商船、矿厂、工厂无数，国内民业之受补助金者，及外债之收重利者，仰威氏如明神。而俄国岁计，十年前威氏就任时，九亿六千五百万卢布，本年度预算十九亿四千七百万卢布，增加二倍以上。威氏又发行十七亿七千万卢布之新公债，以扩张事业。据千八百九十七年威氏奏言，俄国之生产额，一年度三十五亿卢布，今既以其中二十亿卢布为政费，约费全国生产力十分之六，国民精力疲敝。于是，失败之罅，寖寖发见于社会间：（1）生产减少。自昨年度溯五年前通算之，农民生产额减少十亿卢布（据大藏省报告）。平均一年减少二亿卢布。（2）直税负欠之增加。间税之烟酒，既课重率，则直税自减，日多逋负。据千九百年岁计，负员为预算之十分之一分有七。（3）食面包之数减少。比十年前，平均每农人每年减少面包数五十斤。（4）壮丁不合格。据征兵检查，不合格者比前七年间增加十分之一分有四五。（5）生殖停止。虽最殷盛之地方，人口亦不增殖。民力既已如此矣，而国力亦未见其充实。据本年一月，开财政阁议。威氏所报告，最有可惊者：（1）千九百三年度之预算虽岁入超过，是为一时之战争税及为北清事变增加关税之结果。若复旧时则岁入必生二千三百万卢布之不足。（2）国有铁道以前虽有多少之利息，而自千九百年度损失二百六十万卢布，千九百一年度损失三千二百九十万卢布，千九百二年损失四千五百万卢布，千九百三年损失六千万卢布。今后二年间，铁道全线尚当为损失八千四百五十万卢布之预算。（3）欲弥补以上之缺失，舍增税之外无他法。而民力已尽，万无增税之余地。其现象如此，试举千九百三年度预算现计之所示：经常部岁入额一、八九七、〇三二、六七八卢布，岁出额一、八八〇、四〇五、二二九卢布，岁入剩余一六、六二七、四四九卢布；临时部岁入额二、五〇〇、〇〇〇卢布，岁出额一九一、二六二、二四三卢布，岁入不足一八八、七六二、二四三卢布，经常临时累计，岁入总额一、八九九、五三二、六七八卢布，岁出总额二、〇七一、六六七、四七二卢布，岁入不足一七二、一三四、七九四卢布，仅仅仰公债以免破绽，而国债元金已达于六八四、五〇四、八六一镑之巨额。国债利息，年额三〇、二八八、九一七镑（一千九百二年实数）。而此外又有国库负担保证金额二、五八四、三四八、三八七卢布，合前国债元金约九十亿乃至万亿圆之债务。而俄国财力，俄国银行及国库存在金①

---

① "金"，原作"银"，误，校改。

货额九二七、五〇〇、〇〇〇卢布，金货流通额七三七、三〇〇、〇〇〇卢布。俄国银行及国库存在银货额六一、五〇〇、〇〇〇卢布，银货流通额一五三、二〇〇、〇〇〇卢布，俄国银行国库存在纸币额七一、〇〇〇、〇〇〇卢布，纸币流通额五五九、〇〇〇、〇〇〇卢布。一旦有事而兑换纸币紧急时，则九亿二千七百万之金货，直减为三亿六千八百万。国力、民力并见穷绌①。据威氏政策所收之结果，万一辽东开战局，则威氏所假定军费为十三亿圆。而论日俄兵力者，则亦有利钝异形之二种观察，殆无所出。

德意志某新闻论日俄兵力之比较云：

日本无论平时与战时，有近卫一师团及线列十二师团，各师团编制相同。自步兵二旅团（一旅团二联队，一联队自三大队而成，合计十二大队）、骑兵三中队、炮兵六中队、工兵二中队、辎重兵二中队而成。于战时，一师团之战斗员，约一万二千五百人。此外尚有骑兵二旅团与野战炮兵六联队，而骑兵二旅团于战时编制为独立骑兵师团。故日本之野战军，为步兵百六十六大队，骑兵五十一中队，炮兵百四十中队。其战员，自将校以下，为十六万人，而以技术部队、纵列辎重、卫生机关附属之。而预备兵有步兵五十二大队，骑兵十七中队，炮兵十九中队，其战员五万乃至五万五千人。后备队及国民军之员数，二倍于预备兵。其外尚有若干之守备队及补充队。由此视之，则中日战争时日本战员当在四十万内外，即可以测知现在日本之兵力。

日本兵勤于训练，勇悍而守军纪，富于爱国心，然其将校之员数，尚有乏人之患。其兵卒身干短小，膂力脆弱，不堪困苦。视北清战役，兵数不过一师团，佣夫八百人，以补其缺乏，可以视其状态。日兵体格弱于俄兵，而俄兵愿欲寡少亦胜于日。

日本海军力。战斗舰七只，装甲巡洋舰六只，海岸防舰九只，于东亚、欧洲列强之舰队中，可居第一，优于俄国极东舰队数等。以此之故，日本送兵大陆，俄舰当不克防止之。然俄舰亦非劣等，且富于航远之水雷艇。故日舰亦不容易追逐俄舰于尼哥拉乌司克、海参崴、旅顺、牛庄诸港湾内。日本海岸，亘数百里，难守而易攻，俄舰得不小试攻击耶？故日本势不能于本土毫无防御，而将劲旅悉送于大陆。而到着大陆，又必留守备队二万或三万，以守护兵站线路，以此加算于辎重纵列

---

① "绌"，原作"屈"，误，校改。

人夫之员数时，至少当上三十万口。而将无数运搬之器具与三四万头之马匹合计时，以日本现在船舶，悉数输送，尚须数次始毕。故动员完结至清韩一地点上陆战斗开始时，至少必须四礼拜或六礼拜之时日。

俄国于此时日间何为乎？彼必从事于集合部队。而目下驻屯东亚部队之大部分，无日不整战斗准备，已得大利益。千九百年来，俄国于东西伯利亚（脱兰斯拜噶尔、黑龙江沿岸地、满洲），常置二个军团。二军团之队数，步兵四十八联队，骑兵三十五中队，炮兵十七中队。无论何日，得整战备。而此外尚有无数之补充队。特别要塞守备兵，第二次及第三次哥萨克兵，其队数，步兵三十五大队，骑兵二十二中队，炮兵九中队，要塞炮兵四大队半及技术队三大队。而满洲铁道守备队，至少在五千人以上。故俄国在拜噶尔湖东，有十一万之战兵；而满洲及旅顺、海参崴，防备亦坚固。日本虽合团，而旷日持久，终难陷落。

俄国以此兵数，尚不足颉颃日本，必征集西伯利亚之驻在军。以千九百年之经验，五礼拜内得达满洲。而自欧洲输送八九万兵员时，自莫斯科至满洲，至少须费九礼拜或十礼拜。而日本军自韩京达奉天时，至少亦须六礼拜。而中途有小战斗，到达目的地时，损耗必大，且必迁延时日。而俄兵大部分当已达奉天，日本亦不能骤胜。而日军后援甚弱，终被俄军驱出满洲，则俄军必入朝鲜。故日本若无英美之强援，必难制胜。

而日本《中央新闻》论之云：

俄陆军虽精悍，到底不及德法。其在东方地形利便，组织简要，军源宏大，为他国所不及，而自欧洲输送兵员，贝加尔线路未竣工，送二十万之兵，须六个月；而我兵以对马海峡之炮台与佐世保舰队之拥护，自釜山上陆，其便利盖非可同日语。

俄兵于骑兵及骑炮兵，虽胜于日本，而日本兵食用省节胜于俄兵之非面包不吃，非肉不饱者。

俄国热心倾注全力，以伸张东洋海权。现在除海防舰、炮舰、水雷驱逐舰外，仅算战斗舰、装甲巡洋舰及巡洋舰，有十七只，十五万三千百三十六吨，加以近日增遣者，总计达于二十二只，二十二万二千二百五十七吨，汲汲与我舰队均势。然俄海军生产力之不充足，速力之迟缓，石炭库之缺乏，船渠之不完全，船舰操纵术之疏浅，视我军终当有逊色。假令彼陆续增加舰队，超过我海军势力时，我若据对马海峡，断海参崴与旅顺之联络，则彼海军立于孤悬之地位。若婴守旅顺，必被封锁于港中；退归本国，则被击沉于台湾海峡。

然东京《朝日新闻》日俄海军比较表云：

本年九月中比较

本年一月，瓦里雅克、柳里克、虽巴士特波罗、伯累士威特、伯妥罗巴乌罗斯克、波尔塔巴、俄罗斯、克仑渡，八只共八万七千吨；至三月增雅士可尔脱为九万三千吨；五月增德雅捈、巴尔拿达、累得威撒、挪威为十二万二千吨；六月增波雅陵、波额衣尔为十三万二千吨；七月增波俾耶达十四万五千吨，不及日本一万五千吨；八月增遣禾斯拿彼亚、巴雅们为十六万五千吨，劣于日本者仅五千吨；九月增姐咱累威取为十七万八千吨；来年二月，亚力山大三世及禾罗拿来，合十九万二千吨。

	日	俄①	比较差	
			日（多）	俄②（多）
吨数	一七〇、七五七	一九九、〇〇一		二八、二四四
十二尹炮	二四	二四		
十尹炮		一二		一二
八尹炮	三〇	一四	一六	
六尹炮	一七六	二二一		四五
四七尹炮	三八	一八	二〇	
十二斤炮	二二〇	二八四		六四
水雷发射管	八一	一〇五		二四
驱逐艇	一八	三二		四一
水雷艇	五八	一四	四四	

来年一月中比较　日本

舰种	舰名	排水吨数	长呎	幅呎	吃水	速力	炮数						水雷发射管
							十二尹	十尹	八尹	六尹	四七尹	十二斤	
战舰	朝日	一五四四三	四〇〇	七五1/4	二七1/4	一八	四				一四	二〇	四
同	初濑	一五二四〇	四〇〇	七六1/2	二七	一九	四				一四	二〇	四
同	三笠	一五三六二	四〇〇	七六	二七1/4	一八.六	四				一四	二〇③	四
同	敷岛	一五〇八八	四〇〇	七五1/2	二七1/4	一八.五	四				一四	二〇	五

———————

①② "俄"，原文作"露"。

③ "二〇"，原作"〇二"，误，校改。

舰种	舰名	排水吨数	长呎	幅呎	吃水	速力	炮数 十二尹	十尹	八尹	六尹	四、七尹	十二斤	水雷发射管
同	八岛	一二五一七	三七四	七三	二六1/2	一八.五	四			一〇		一六	五
同	富士	一二六四九	三七四	七三	二六1/2	一九.二	四			一〇		一六	五
装甲巡洋	出云	九九〇六	四〇〇	六八1/2	二四1/4	二一			四	一四		一二	四
同	磐手	九九〇六	四〇〇	六八1/2	二四1/4	二一			四	一四		一二	四
同	浅间	九八五五	四〇八	六七	二四1/4	一八			四	一四		一二	五
同	常磐	九八五五	四〇八	六七	二四1/4	二三			四	一四		一二	五
同	吾妻	九四五六	四四五3/4	五九1/2	二八	二〇			四	一二		一二	五
同	八云	九八〇〇	四〇七3/4	六七1/4	二三3/4	二〇			四	一二		一二	五
巡洋	笠置	四九七八	三九三1/2	四八3/4	一九	一三1/2			二		一〇	一二	四
同	千岁	四八三六	三九六	四九	一七1/2	二二1/2			二		一〇	一二	四
同	高砂	四二二七	三六〇	四六	一七1/2	二二1/2			二		一〇	一二	五
同	吉野	四二二五	三五〇	四六1/2	一七	二二1/2				四	八		五
同	浪速	三七〇七	三〇〇	四六	一八	一八1/2				八			四
同	高千穂	三七〇七	三〇〇	四六	一八	一八1/2				八			四

俄国①　▲印者未着

舰种	舰名	排水吨数	长呎	幅呎	吃水	速力	炮数 十二尹	十尹	八尹	六尹	四、七尹	十二斤	水雷发射管
战舰	伯累士威特	一二六七四	四二六1/2	七一1/2	二六	一八		四		一一		二〇	五
同	波俤即达	一二六七四	四二六1/2	七一1/2	二五	一八		四		一一		二〇	五
同	▲禾司拿彼亚	一二六七四	四〇一1/2	七一1/2	二六	一八		四		一一		二〇	五
同	伯妥罗巴乌罗司克	一〇九六〇	三六九	七〇	二六	一六.八	四			一二			六

---

① "俄国",原文作"露国"。

类型	舰名										
同	波尔塔巴	一〇九六〇	三六九	七〇	二六	一六.三	四		一二		六
同	虽巴士特波罗	一〇六〇	三六九	七〇	二六	一七.五	四		一二		六
同	累得威撒	一二九〇二	三八二 1/4	七二 1/4	二五	一八	四		一二	二〇	六
同	▲姐咱累威取	一二九一二	三三八 3/4	七六 1/4	二六	一八	四		一二	二〇	六
同	▲亚力山大三世	一三五一六	三六七 1/2	七六	二六	一八	四		一二	二〇	六
装甲巡洋	克仑波	一二三五九	四七三	六八 1/2	二六	二〇	四	一六		二四	四
同	俄罗斯	一二一九五	四七三	六八 1/2	二八	二〇	四	一六		一二	五
同	柳里克	一〇九三六	四二六	六七	二七	一八.八	四	一六	六		六
同	▲巴雅们	七七二六	四四二	五七.四	二二	二一	二	八		二〇	二
巡洋	巴尔拿达	六七三一	四〇六	五五	二二	二〇		八		二四	三
同	瓦里雅克	六五〇〇	四一九 1/2	五二	二〇	二三		一二		一二	六
同	▲禾罗拿	六七三一	四〇六	五五	二二	二〇		八		二四	三
同	波额衣尔	六六七五	四三四	五五	二一			一二		一二	六
同	德雅捺	六七三一	四〇六	五五	二二	二〇		八		二四	三
同	亚司可尔脱	五九〇五	四二七	四九		二三		一二		一二	六
同	挪威	三〇八〇	三六〇	四〇	六	二五				六	五
同	波雅陵	三二〇〇	三五五	四一	七	二二				六	五

夫俄日海军力之不相上下如此，而陆军之根据坚牢，又非日之所敢望。至财力之窘迫，则适相等。日政府固不敢轻于一战。而俄人益伸张在朝鲜之势力，以为恫喝，遂一转而有高丽森林、电线诸问题。满韩交换协约之声息，循环前却于西国之外交社会间。虽日本人士操持主战论，稍稍激昂，固终不能回其内阁软化之力。而在清政府则一时待日、英、美之嗾使而呻吟，一时得俄公使之推排而噤瘁，席剥肤之大戚，而为醉眼之惺忪，鹄首赐秦，牛从孽赵，积四万万人之血泪，不足以涤除历史之污。而爱新①觉罗之墓地与皇汉人种之家居，遂相将以俱尽。

---

① "新"，原作"亲"，误，据饶怀民编《杨毓麟集》校改。

六、日俄协约

日本公使以第一新要求之不可认许，警告于满政府也。满政府迁延复迁延，选软复选软。日人顾念东亚大局，不可与奄奄待毙者相提携也，遂取日俄直接交涉之方针，而使驻俄栗野公使与俄外部协商，其条件之大要：（1）承诺俄人在满洲之既得权，即敷设东清铁道及租借旅大等。（2）解除俄人现在占领满洲之事实，而开放都市为商埠。（3）改订日俄协商朝鲜旧约之一部，使俄人承认日本在朝鲜政治上之特权。而俄外部对日使谓：满洲撤兵事，当听清俄两政府之协约，不劳贵国过问。意虽颇坚决，然未断然拒绝也。

亚力启塞夫之开府于极东也，实把持中、日、韩交涉之要领；俄政府欲以日俄交涉移转于旅顺，则知日政府之不承认也。遽命移转于东京，使驻日公使罗笙与日外部直接交涉。于是，在圣彼得堡，则日使与俄外部相往复，在东京则俄使与日外部相往复，跨两地以图解决，而逡巡于口舌言论之间。而亚力启塞夫又开会议于旅顺，罗笙自东京赴之。议毕而归，续与日外部谈判，往返提议，会见愈数数。新闻纸所据议者百端，莫得而据信之也。而《二六新报》言之特详。

十月十六日《二六新报》云：

日俄协商，渐就端绪，暂定议定书之概要云：

（1）俄国政府图极东之平和，且尊重日俄亲密之邦交。遵据昨年四月与满政府调印之还附满洲条约，自本议定书有效之日为始，直还附满洲行政权于清政府，并撤退驻屯满洲之军队。

（2）俄国政府还附满洲之行政权及军事权于清国政府之后，因别种事变及其他之事情，清国政府不能以独力保护东清铁道及铁道之职员，与居留满洲之俄国臣民等，俄国有知照清国政府及得清国政府承诺而派遣警备队之优先权。但派遣警备队时，当知会日本政府。

（3）日本国政府因居留满洲之日本臣民逢事变生起，清国政府不能保护其生命财产时，得清国政府之承诺及知会俄国政府后，有派遣适当之护卫队之权利。

（4）满洲之行政组织，准据俄国占领以前之制度。无日俄两国之许诺，不得任意变更之，日俄两国当向清国政府声明此事。

（5）俄国政府与日本国政府，于俄国还附满洲行政权及军事权于清国政府之后，彼此两国不依现定有效之条约，而在满洲独占特别之权利者，彼此互相反对。

（6）俄国政府以开放奉天、大东沟及安东县供列国市场为目的，于清国政府开市之事并不反对。但开市之权利各国同等均沾。

（7）俄国政府于日本获得韩京、义洲间之铁道敷设权，不为反对。日本政府获得此铁道敷设权时，该京义铁道及现有之京釜铁道与铁道关系之职员，因别种事变及其他之事情，朝鲜政府不能独立保护之时，有知会朝鲜政府及得朝鲜政府承诺而派遣警备队之优先权。

（8）上所记诸原则，后日若因他种事项发生而当重新商议时，两国政府当相互协商。

其附则与调印期日若批准交换之地方，尚俟协定。

《二六新报》论之曰：

熟视新协商，不外一种满韩交换策。惟社会上所流行之满韩交换主义，乃以满洲付俄，以韩付日。而新协商之满韩交换主义，则稍缓其期日而已。前者可言积极的满韩交换，后者可言消极的满韩交换。所谓优先权者，不外于承认优势权。自优势一转而为占领，自占领一转而掩有。然政府既取满韩交换策，何故不取积极的主义，而明白了当领有韩境，使为我附庸，以早绝祸根耶？

而十一月十七《中央新闻》云：

营义案被撤回，俄政府提出修正要件三事：

（1）委朝鲜内政于日本，俄人不干涉之。

（2）京义铁道之敷设权，任日本获得之。

（3）训练朝鲜军队，一切用日本人，俄人不干涉之。

《外交时报》户水宽人之论云：

罗笙与我外部交涉，多人无知之者。而外间所传我驻俄栗野公使本年八月十二日向俄政府提议之书：（1）日本驻兵于韩国，俄国不为反对。（2）俄国履行撤兵条约。（3）俄国驻铁道守备队于满洲，日本亦不反对，但当限制兵数。

此外尚有一事：或云日本获得京义铁道敷设权，俄国不反对；或曰非也。而小村与罗笙协约，外间所传，大旨亦不外是。然在俄国，以日本驻兵于韩境，则满洲不得安枕，终当移满洲俄兵驻韩，以扶植其势力，则日本终必失韩。

而有贺长雄之论云：

日本在满洲之外交，彻头彻尾皆为失策。事至今日欲挽回之，虽有名之外交家，亦无能为役。当三国干涉时，我政府不提出将来无论何国不得占领满洲之条件，失策一；俄人租借旅大不抗议，而赞成英人租借威海，失策二；英俄协商，俄人承认英人在长江一带敷设铁道之优先权，英人承认俄人在长城以北有同一之权利，不思此事即为英政府承认俄人之经营满洲，而与英同盟，失策三；北清事件，赞同英、德提议保全支那之约束，而其后德意志宣言满洲在此约束外，熟视而无睹，失策四；开使臣会议于北京，不确定其基础，使俄国容易以满洲善后事宜归清俄协议，他国不能容喙，失策五。今俄人占领满洲之事业已成熟，而迫令撤兵，为无益之谈判。洞察事情者，知其难也。满韩交换，余辈不必谓非政策，但当确定在韩利益之基础而已。

视以上所言，则满韩交换，日俄两国公然为之，匪独日俄两国公然为之，欧美诸国，固亦必公认之。夫满洲者，谁氏之物？取他人之物之相交换，所谓主人翁者，固安在耶？为主人翁者，果谁氏之民族？取他民族之所有以相交换，则所谓民族者，果安在耶？夫满政府虽无保有满洲之资格，吾支那民族当自有保有满洲之资格；满政府虽无痛念满韩交换之感情，吾支那民族当自有痛念满韩交换之感情，吾支那民族而痛念吾大陆之前途。而痛念吾保有大陆之前途，则如满韩交换云云者，固即为饿虎之残骸，毒鳞之僵魄，虽欲不断发誓天、摽剑东指而不可得也。

七、俄兵再入奉天

俄使既得庆邸强硬之复答，则徐徐送警告书于清政府。其文云：

清俄两国为数百年来之友邦，国土相接，爱护平和。近时提议满洲事件，亦不外此旨。然则贵国承诺之，以成立两国间协定之盟约。然在满洲毫无权利之日本，不啻干涉两国间之协商而已，且妨害俄国自主之行动。事已至是，则俄国不得已，不可不取最后之手段。当此时如贵国蔑视友邦而有与日本联盟之形势，则俄国当以临机之处置对付贵国。（十月二十二日东京《日日新闻》）

词气强硬，不可向迩，而清政府之顽钝，固以为可迁延以就绪也。

不数日而遂有因缘马贼案件而再入奉天之事。俄人之招募马贼也，常利用之于种种方面，牺牲一支那人种之悍民，而得无上之利益。以防备马贼林七为名，而驻兵队于韩国之龙岩浦，又以惨戮马贼林七部卒为名，而驻兵队于奉天。出言如转圜，用兵如刺蜚，而得支那人种之丧尽种族思想、丧尽国家思想者，以为饿虎之伥，贪数十卢布之月俸，而为之断头绝领，以为彼兴师报怨之名，未有如吾种人之可羞可痛者也。

东京《日日新闻》云：

应俄人招募之马贼，概有四种：土匪、散勇、罪人、无赖是也。土匪者，漂子、红胡子等，或入山林，或居原野，出没无定，肆行残酷，尤为居民所疾恶；散勇谙习武技，故时时入匪党为头目，又与无赖汉为伍而为剽盗；罪人以旧恶为良民所不齿；而无赖汉赌博椎埋，乘世变而为暴横。其大头目如林七、林八、李金、田义本、杜立山等，自相联络。清国官吏，莫敢谁何。满洲人民组织一自卫团，勇丁数十若数千百，为连合队，颇为贼徒所惮。

俄人去年之计划招募马贼也，以陆军大佐马得略夫氏司其事。在吉林所招募约三千五百人，盛京约招募五千六百人，择其铳术精熟、骑马惯利而躯体壮健者，给与月饷，以充俄国军队之用。马得略夫之从事于此也，先着手于林七、田义本等大头目，赠遗丰厚，使呼款侪辈，引率部下，以受俄将之检查。营官（头目，五百人长）月给二百卢布，哨官（百人长）月给百卢布或百五十卢布，伍长（五十人长）月给五十卢布或七十卢布，兵士月给十卢布或三十卢布，长于武技而自有乘马者，优给二十卢布至三十卢布。既应募，则直以大俄国亲军马队为标识，意气扬扬，公然白昼临人民，睥睨清官若无物者。清国官吏稍强硬若铁岭知县赵臣翼、奉天东边兵备道袁大化，物色马贼头目在俄军中直捕斩之。又拒俄人募集亲军马队之通过凤皇城，与之交战，铳杀数十名。俄人遂迫奉天将军黜二氏。

俄人既招马贼，派遣于各地，或保护森林，或为矿山守备兵。通化、怀仁派遣马贼二千余，安东、宽甸一千余，以防护马贼之侵害。用毒攻毒，相寻于尽。支那人种之自相鱼肉，为人作嫁，未有若是之愚者也。

十月二十七日，辽阳俄兵四五百人，启行入奉天。奉天俄国军务委员大佐塔以秦司启氏得报，着礼服，乘马车，出大南门之官舍，直入奉天将军府中。先是，俄兵撤退时，仅留领事及孔米萨尔督铁道守备兵，驻屯停车场左近。自团匪以来，大小官吏畏俄军之压迫，四年于兹矣。今闻孔米萨尔之入府，上下扰攘不安。孔米萨尔睨增祺之出迎也，直坐上座通来意云：

本年六七月之顷，署东边统巡三品顶戴即补副参领之乌尔棍布，及总巡安东县巡捕队花翎都司王良臣，要击我大俄帝国佣人之统领、大俄国卫植中军马步队参将、用花翎尽先游击林七兵队于沙河子，惨杀二十一人，侮蔑我国实甚。前事虽已了结，而阁下不加处分于加害之乌统领、王总巡，何其处置之缓慢耶？（1）速刑乌而斩王。（2）将东边兵备道袁大化免任。（3）前日臣服我大俄帝国之马贼林七、李金等，近来顿背叛，不但扰乱鸭绿江及大孤山而已。近来盛京省内马贼出没频繁，阁下兵力不能镇压。我国为防卫铁道，当遣兵再入奉天，城外新筑兵舍尚未竣功，当暂借城内户部、礼部及他衙门为营舍。（4）盛京省内，到处都府村落，团练民兵，各自携带兵器，彼等于平时可护乡里。一旦有事，必结合马贼，扰乱安宁。故此际为维持治安之局，当全废团练队而没收其兵器。

将军答之曰：

乌统领、王总巡之罪，果当处刑者，不待贵国干涉，我国自当依律治罪。至袁道之免官，当待政府之命，非吾辈所得专擅。又近来虽有马贼横行之报，地方巡捕队足以镇压之，何借贵国之兵力耶？奉天省城，为发祥重地，贵国再遣兵入城，余所不能诺许。地方团练，商民所恃以自卫者，解队之事，断难如命。

孔米萨尔乃急语增祺曰：

阁下不能诺许，当急电北京政府，我兵已自辽阳启行，二三时后着城之停车场，而兵舍未成，寒夜无宿所，当暂于城内衙门取暖。

将军旁顾交涉局总办李品三曰：如何而可？李曰：事体重大，当电知政府待复。孔米萨尔乃厉声曰：俄国无他意，将军自处断之。将军不答。孔米萨尔乃拔佩剑击案，铿然有声，蹶起促驭者归馆。而自辽阳来之东部西伯利亚第十五联队司令官已到城外，与传令骑相面。

明二十八日，天清日朗，奉天旧殿阁巍然高耸，碧甍黄瓦，与日光相映射。将军府之黄龙旗，北风翩然。午前九时，小西门闻人马声，间三十分，大南门呼噪殷合，前夜自辽阳来着停车场之俄军，蓦然遂入城中。士女殆无人色，相携出走，而俄兵入户部、礼部各衙门，从事修缮，驱逐人夫，发官署为营舍。

是时，将军晓梦初觉，有令骑鞭白马入府报俄兵至者，大小官吏，惊愕失常度。而道台朱某，俄党也，独有喜色。将军乃遣语孔米萨尔曰：贵国兵入城，余昨日已言明不能相许，请速退出。孔米萨尔复书云：既入矣，不可奈何，且延期三日间。俄兵既入城，遂占领各城门而揭俄国之三色旗。以一部占领电报局，禁止局长以下之外出及发电通信。将军乃称病入寝室，俄人设守焉，不通问者。（据东京《朝日新闻》）

清政府既得警报，急开颐和园会议，遣侍郎联芳诘问俄使雷萨。雷萨曰：此皆亚力启塞夫之命令，本公使不与知。竟不得其要领。于是袁世凯、张之洞极力主战，满人王大臣中，亦有附和之者。不数日而又有奉天撤兵之报，朝臣颇相庆矣。

《日本周报》论之曰："董仲舒云：'天之为人性命，使行仁义而羞可耻，非若鸟兽然，苟为生、苟为利而已。是故春秋推天道而顺人理，以至尊为不可生于大羞大辱。'① 是故为清国者，与其长贻恶名，随以亡国，加至尊以大羞大辱，孰若速下明诏，举国灭君死之大正，布告天下，倾宗以殉之，岂不亦荣且义乎哉？"夫亡国败家，举种族以殉之者，在彼种人固当然。而彼种人者，安危利菑，以亡为乐。则为此论者，固亦不足以倾清政府之听矣。顾念吾种人者，席牛马奴隶之旧资格，以事新主人。于是乎大移转，于是乎大惨戚。彼种族者，怀大羞大辱以即于颠覆者，自今伊始；而吾种族者，累迭次之大羞大辱，以即于永毕者，遂无有穷期也。悲夫！我国民我民族及今而不悟也。

八、欧美列强国际上之活动及其对清经营

列强之言巴尔干问题也，曰维持平和；列强之言极东问题也，亦曰维持平和。夫近东问题之平和为突厥人种之平和乎？抑为罗马、日耳曼、斯拉夫诸种人之平和乎？极东问题之平和，为支那人种之平和乎？抑为罗马、日耳曼、斯拉夫诸人种之平和乎？夫果为突厥之平和，则又

---

① 董仲舒语出自《春秋繁露》卷第二《竹林》三，所引与原文略有出入。原文为："天之为人性命，使行仁义而羞可耻，非若鸟兽然，苟为生，苟为利而已。是故春秋推天施而顺人理，以至尊为不可以加于至辱大羞。"

乌赖他民族之措手者；果为支那人种之平和，则又乌赖诸种人之饶舌者。是故近东问题与极东问题实世界人种竞争之决斗也。满洲问题者，极东问题解决之下手处也。

欧美之论者曰：我辈今日以欧罗巴舞台移于亚东大陆，而登场奏伎者，则皆前日之旧乐师，即欧罗巴大国转为亚细亚大国是也。以今日情势言之，当以朝鲜为缓冲地，即支那亦为缓冲地。夫彼所谓缓冲地者，结局即为诸大国之领土。而拟议处置此缓冲地之方法，日益精悉，则协商处置此缓冲地之往复，日益亲密。故彼白人所谓平和者，固不过缓冲地之一代名词；所谓缓冲地者，不过未来新领土之一代名词。而欧罗巴政略之一步一趋，遂无一不与亚细亚之空气有冷暖涨缩之关系。

《日本周报》论欧洲之将来云：

世界大革命，在吾人之眼前，为地理的革命，为商业的革命，而亦为政治的革命。往昔数千年来，地中海在列国中，为财力与权力之中心点。及新世界发现，而移于大西洋。至二十世纪，而更移于太平洋。太平洋者，遂将永远为世界财力与权力之中心点，岂非世界最大之革命耶？且非独最大之革命而已，又为最后之革命。

文明之西进，既终其局，世界权力之王笏，移于幼稚之共和国，遂视望东洋而称霸。巴拿马运河开凿之后，实为世界最后之运河。苏伊士河之利益，又将自英之美，而太平洋遂为天下列国之竞争域。据太平洋霸权者，即能握天下之霸权。试视太平洋周围，而察其土地未发之富源，若南北亚美利加，若澳大利亚，若西伯利亚，若支那，无一不待大开发者。美洲大陆之耕地，足养三十五亿之人口。现世界之人口，尚不过十五亿，以美洲之富，足养世界人种。澳洲现止四百万人。而西伯利亚则富于金矿、森林、耕地、牧场，俄政府奖励移民，一家族以二百或三百耶格之土地，贷以三十年间无利息之六百卢布之资本，其开发固当不远。支那人口虽密，尚未及法兰西。江西、广西之石炭及铁山，殆为天下绝伦之矿城，延长五百启罗密达，广百启罗密达，足供世界二千年之需要。统计太平洋沿岸诸陆地，足收容四十亿之人口。故太平洋大壑，遂当为文明之大湖水。而争此宝藏者，实为俄美两国。俄人背欧洲而进，美人亦舍大西洋而进。美人之言曰：桑港与纽育相距三千哩，不出六十年，横过太平洋之二巨人，当对面而为奋斗。视此大革命之结果，则欧洲之繁盛，移于亚东。半世纪前巴伦哈姆波儿特云：太平洋商业，凌驾大西洋之日，当不远其后。耶取宾顿扬言宰制世界之帝国，落于印度之通衢，常握此衢之商业者，即为掌握世界之帝国。而美国国务卿威廉姆耶取削雅得千八百五十二年演说云：自今欧洲之经济、欧洲之政治、欧洲之思想、欧洲之活动，虽如何发达，欧洲之同盟，虽如何亲密，必渐次消灭，而攫取太平洋沿岸若岛屿若大陆以为舞台。

夫世界开发之机运既已如此矣。白人知之而急起以迎之，利黄人之昏昧而使用纵横捭阖之手段，以图插足此极东之天府也，则国际间之亲密益异于畴昔。自今岁六月以来，若英国皇帝之欧洲旅行，若法国大统领之英皇访问，若德奥①两帝之会见，若俄德两帝之会见，若俄意两帝会见之预期，玉帛樽俎，络绎道路。欧洲之天地，为帝国主义之窟穴。欧洲数月以来之日月，亦为主权者飞扬活跃之时代。彼其所以为此者，岂独帝王间握手为欢而已？各国国民之精神，固有相互交换之感情焉；彼其相互交换之感情日益接近者，所恃以疏通本民族之径路；彼其日益接近以疏通本民族之径路者，所以伸张本民族对于他民族之竞争。故欧洲平和之现象，实与亚东危迫之现象相为倚伏。

欧洲主权社会交际之频繁也，外交界与新闻界之拟议，纠纷杂错，不可方物。因英法二主权者之接近也，而生英俄亲善之风说（九月三日《二六新报》载路透社电报谓：英俄二皇帝会见于丁抹之首府，期以九月末），生英、俄、法三国同盟之风说（十一月十二日东京《朝日新闻》载德意志新闻所论：独奥②伊三国同盟不解颓，则英俄法新三国同盟亦不得成立，然果以英法接近而得调停英俄之冲突，则德国国民固当欢迎之），生俄法同盟将破坏之风说（十月二十八《中央新闻》载法国大统领罗卑大演习演说之望，因论法国外务政策，免避邻国之葛藤）。因俄法主权者之接近也，而生两国外部相依托、使法国干涉极东问题之风说（十一月七日《二六新报》译路果诺亚新闻所论）。其所以发生种种揣测之辞者，则实以人种异同之故为之根底，而以俄国《关东报》所鼓吹之议论为之波澜。

旅顺《关③东报》之《英俄亲善论》云：

东洋之将来，为泰西文明种族最当忧惧之事。亨理夫尔累安公所谓世界之运命决于亚细亚者是也。朝鲜一隅，为现在列强外交之中心点。

---

① "奥"，原作"墺"。
② "奥"，原作"澳"。
③ "关"，原作"开"，误，据饶怀民编《杨毓麟集》校改。

若使勤勉才智、勇敢精明之日本人，于此得展其骥足，即为日人移转于大陆之第一步。世界的政治，当开一新纪元。故东洋问题为政治家数十载不得安眠者也。吾人研究东洋问题，不得不与"黄祸"一语有忧惧之连锁焉，诚非无谓也。日英同盟，扶助黄色人种之霸权，独不与英国以危险耶？夫日本以改革支那为自己之天职，中日战争后，支那军事上之训练者，多用日本人。日本果实行支那改革之后，则当威压全欧，事至明了也。英俄两国之协力，比之俄法同盟更为自然，此耶儿金氏之所痛论也。英人对清经营，但有经济上之关系；俄人对清经营，则有国境上之关系。趣向既殊，万无冲突之理。英俄外交界之歧出，适为不幸。亚细亚大陆不可使日本人有立脚点，无可疑者。俄、英、日三国于东洋波士波拿士海峡问题（以朝鲜海峡比于土耳其之他大尼峡，故云然），不可不待有关系之诸国之协议。

顾为此论者，非独《关东报》极端之排日主义而已。法国之亲俄派有然，美国之亲俄派亦有然。日本于此颇有疑英国同盟效力之冷却者。然各国之对于满洲问题，各自有应付之手段。而此手段，实以对清经营之政策为根本，乘手段运转之圆活，以为进取之势。

盖英国之政策，在继续保全领土、开放门户之主义，以收取支那南部。而其对于满洲问题也，直根据英俄互认长城以北及扬子江权利之协约，故侧目而为旁视之呼噪（英下议院萨耶得华得格雷氏演说云：清国现局面，甚可危虑。泰晤士上海通信员云：极东与文明诸国之关系，无论何人，皆知保全清国领土，到底非人力所得为。然则英国政府察此情形，当持何种政策乎？第一点在维持保全领土政策；第二点在扩张境界而守御之；第三点在维持开放门户政策。万一清国不能保持领土时，英国及诸外国当计在亚细亚各个之利害以为收获。此列国政府之心中所洞察而默契也）。

法国之政策，在建设印度支那帝国，实行侵略云贵、广西政策，而其对于满洲问题也，颇欲避俄法攻守同盟之纷扰（十一月二十八《中央新闻》论法国外交之变化云：法国于俄法攻守同盟，有欧洲与亚洲之区别。在欧洲欲恢复亚尔萨士、罗伦二州，有俄法同盟之必要。于极东则利益不存，故取独立之行动，且输入巨资于俄国。日俄战争，则于经济界有不安之恐，故不与俄人为狂躁之运动）。

美国之政策，在扩张大陆商权，为飞跃之根据。而其对于满洲问题也，不问领土之存于何国，而亦不许一国独占分割之利（纽约某新闻纸论云：放任俄人之侵略，即以老大帝国付之欧洲分割者之手，使萌芽幼稚之日本停止其进步。而俄人握亚细亚之霸权，则美国伸张商工业于太平洋岸之希望自绝。目前分割清国，于我国有百害而无一利。占有优先权之各国，必为俄、英、德、法、日本。若诸国在支那主权确定时，必排斥他国而行保护税法，且训练支那人种，以扰世界之平和，其危险且出今日之上）。

德国之政策，在挫折英国亚东之势力。而其对于满洲问题也，则袖手以收最后之奇利（东京《日日新闻》论日、俄、英、德之干系云：德人在欧洲，自俾斯麦以来，有一大目的，在离间俄法同盟，而缔结俄德同盟，以杀法国欧洲之势力；在欧洲以外，则以之杀英国之势力。德国《半官报》频捏造圣彼得堡来电，谓日本对韩政略及美人抗议满洲二事，皆英国所嗾使，而乘苦罗巴特金之东游，则发扬俄日缔结密约，以为间疏日英同盟之计。又论日俄开战之奇利云：日俄战机未熟，而德意志百方诱导，使之开战，固无足怪。德国政治家知日俄若开战，则英法必牵涉于其中。故当开战之时，收奇利者，实惟德国，此冷静之视察家所同认也）。

是故视察殊异，争点殊异，进止殊异，而其啖取支那大陆之宝藏，欲囊括而席有之也则同。于是对于清政府外交易①演出种种之方面。在支那本部，则有铁路竞争、贸易竞争、矿产竞争、航业竞争；在支那别部，则有蒙古角逐、西藏角逐，而一切劫取之以兵力。

十月二十日《时事新报》列英国支那舰队之势力如左：

战斗舰

		吨	速力
果来亚士		一二九五〇	一八海哩
阿西安		同	同
亚儿彼温		同	同
格罗里		同	同
计	四只	五一八〇〇吨	

装甲巡洋舰

	吨	速力
累威亚撒	一二〇〇〇	二一海哩
克累削	一二〇〇〇	同

---

① "易"，原作"异"，误，校改。

计　　　　二只　　　二四〇〇〇吨

巡洋舰

	吨	速力
亚儿果诺脱	一一〇〇〇	二〇海哩
安非意特来特	一一〇〇〇	同
布累拿姆	九〇〇〇	二二
耶得额	七三五〇	二二
耶克里布士	五六〇〇	一九
塔儿波特	五六〇〇	一九
俾克	三六〇〇	一九
亚那克里取	一七〇〇	一七
腓雅累士	一五八〇	一六

计　　　　九只　　　五六四三〇吨

海防舰及炮舰

	吨	速力
威士俾格尔	一〇七〇	一三海哩
亚儿姐林	一〇五〇	同
夫野尼克	一〇五〇	同
罗咱里禾	九八〇	同
眇退痕	九八〇	同
威士塔儿	九八〇	同
里那儿得	九八〇	同
布兰布尔	七一〇	同
布里妥马尔脱	七一〇	同

计　　　　九只　　　八五一〇吨

驱逐舰

	吨	速力
火瓦以秦克	三六〇	三〇海哩
禾塔	三五〇	同
夫耶姆	三一〇	同
觜那士	二八〇	二七
亨德	二七五	同
哈妥	二七五	同
塔克	二五〇	二三

计　　　　七只　　　二一〇〇吨

通计　　　三十一只　　十三万八百四十吨

外小炮舰、河用炮舰十一只，仓库船一只，水雷艇九只。

而十月十二日，英国开东洋海军会议，召集支那、东印度、澳洲三舰队于星加坡，三舰队司令长官及参谋长皆列席。盖议定三舰队协同动作之性质及作战计划，选择根据地。若战时东洋通航路，外海石炭积贮处，且与旅顺会议为对峙之形势故也。美国海军会议，则决议以军舰四十九只游弋东洋，使亚细亚舰队司令长官威笨士提督直立海军作战计划。而马尼拉新闻所论：现今在亚细亚美军舰，以菲律宾为根据，而游弋芝罘者，有三十四只，以预防东亚搏战风涛之波及。而佛国舰队，亦更迭司令官，而更定翌千九百四年度绝东舰队之编制。

列强之蓄谋分割也，以铁路为一奇凶极险之手段，而矿产附属焉；以银行为一冲锋陷阵之锐卒，而商工业附属焉；其各水路之航业，则以为利益均沾之点。

东京《日日新闻》论清韩铁道曰：

前日列强见分割支那不可遽见诸事实也，则竞争大陆上之铁道敷设权。千八百九十九年英俄协商之成立也，避弃惯用之势力范围语，而特用铁道敷设范围之语。近日铁道竞争益耸动世人之耳目。盖分割支那大陆，无急于攫取交通机关之先占权者。敷设铁道费用虽巨，而以贸易上之便宜，拓张政治上之区域，以证明己国权利利益之范围，为国家外交上及国民抵抗上必要之手段。且支那大陆，人口稠密，富源充实，最易收施设交通机关之利息。故德、比、英、法诸国，各为捷足先得之计。俄国在长城以北、法人在支那南部诸省，皆延长其领土之铁道，而取进于支那大陆中心之方向，固当然之事也。英国之划扬子江流域为其势力范围也，不外于获得铁道敷设权。然扬子江流域，为大陆之宝库，经营商工贸易者，麇集于此，故实际上英国不能垄断此先占权。且他国经营铁道，必期达于扬子江流域，经营完毕之日，则扬子江流域势不得不为各国势力集会之地。近时英国势力消长之问题，盖为是故。

是故列强之铁道竞争，即实行分割之事业。而以实行分割之事业迫胁清政府，迫胁支那人种，则感情较逆；以实行铁道竞争要索清政府，以控取支那人种也，则感情较顺。于是，各国皆以划定铁道范围为唯一之目的。

近日英人之铁道竞争也，则有英使提议之四条（东京《日日新闻》：英国外务大臣蓝斯唐侯，令英人索取清国铁道。六月上旬，英代理公使提议于清政府：（1）清国政府对于北京公司所敷设自河南省渭水至山西省泽州之线路，当仿华俄银行正定太原铁道之例，自清国政府每年保证五厘利息——此铁道一部已经竣工。（2）清国政府既特许北京公司自山西诸矿山输送矿物于江岸，而法、比所营之芦汉铁道干线，南方已到延津——包含近日将着手之黄河铁桥——总当与以相当之利益。前日北京公司自黄河涉扬子江敷设铁道及铁桥，使联络山西矿山事，当今中止。（3）英国公司及北京公司敷设延津至扬子江南京对岸之铁道事，当即许可。（4）清国政府若欲自湖北至西安敷设铁道而需要外国资本时，最先当取之于英国。第三条自延津至南京对岸，有夺芦汉铁路利益之虞，为法、比所反对），有测量川汉铁道之运动（东京《朝日新闻》云：四川总督锡良建议敷设川汉铁路，一切不取外资，英使遣技师着手测量，锡良大反对之）。

德国之铁道竞争也，则有山东铁①道之建设（十一月二十一日《国民新闻》：山东铁道以千八百九十八年三月六日清德和约得之，为清、德二国共同事业，预定总资本五千四百万马克。最切经营，以青岛为起点，过胶州潍县而达于济南府。自胶州分歧，经诸城、莒州，达沂州为一路，更自济南府过泰安、新泰、蒙阴至沂州，与诸城线联络。其后更自淄川至博山为一线。自济南至德州为一线，自济南至兖州为一线，自兖州至峄县为一线，且获得自德州至正定、自兖州至开封之敷设权。现青岛济南线已达周村，明年中必达济南，沂州线亦日见进步）。

法国之铁道竞争也，则有云南铁道之协约（十一月五日东京《朝日新闻》云：法国以千八百九十五年六月驻清公使姐拿尔调印之条约，获得安南铁道延长达清国领土内之利益，是为经营云南铁道之始。千八百九十七年，得由红河上流东京境内之老街经蒙自达云南之铁道敷设权。同时又得谅山、龙州间之计划线得延长至广西南宁府之敷设权。据数日前西电，法外相德尔喀虽氏宣言云南、广西铁道新条约之调印，即议定自老街达云南及龙州、南宁线路之细目也）。

俄国之铁道竞争也，则有西清铁道之计划（东京《日日新闻》云：《关东报》有匿名投书，主张敷设西清铁道者，其论云：吾人欲使东清铁道得于直隶湾、辽河、白河、黄河诸流域占政治上之优势，不可不讲竞争之策。阿伦布尔格、塔西坑特间二千俄里之铁道，去年蒇事，中俄接境，缩少三千俄里以上。俄国有名旅行之探险家②云：自喀什噶尔至

---

① "铁"字原脱，校补。
② "家"字原脱，校补。

哈密尔间及罗布泊至支那东南部之苏州，敷设铁道，毫不见测量之困难，且地方尤殷盛；越天山而至喀什噶尔及哈密尔至罗布泊之间，茫茫旷野，虽所费甚巨，而自喀什噶尔至兰州，铁道通过地无大河峻岭，故西清铁道之敷设费，比之西伯利亚铁道当较少。越天山线路，费用虽巨，然凌跨天险，于军略上及文化、经济上利益无量。吾人所享有之利益，终必胜于所负担之劳苦。吾人由支那之中心与俄国中心作新联络线，为第二之两洋贯通路。俄国铁道占其西部，以黄河大水路为其东端，而以西清铁路为其中部。美人及加拿大作贯通西洋之铁路，固有前例也）。

美人之铁道竞争也，则有支那拓植事业会社之设立（十一月十七日《中外商业新报》云：美国企业家巴莜氏，先前得粤汉铁路敷设权于清政府，既组织美华启及铁道公司。近日纽约第一流之银行家并铁道业者，以投资于清国铁道及各种事业为目的，组织一大公司。十月十八日，以纽折尔西州之法律，得设立公司之特许，其名称为美国对清放资及土木公司，资本金暂定为百万佛①，使清国内地交通运输，加一大革新，兼营各种商工业。派遣巴莜与清政府交涉云）。

比人之铁道竞争也，则有开封西安线路之契约（十一月十五日《时事新报》云：自开封至西安铁道，比国公司已与盛宣怀立约，昨日午后调印）。

日本之铁道竞争也，则有营业铁道之计划（十月十八日《中央新闻》《韩国铁道论》云：京城、开城间之铁道敷设权，已为我有；开城、义州间线路，与韩廷交涉，闻已就绪，则联络韩国铁道、满洲铁道与清国铁道线之营口线，固为今日之急务，俄国占满洲铁道之敷设权，以千八百九十六年《喀希尼条约》。而其全占辽东半岛线，实以千八百九十八年《巴布罗福条约》。旅顺口为俄国经略东方之根据地，大连湾为西伯利亚铁道、满洲铁路之最终点。实在是时，俄人着手满洲铁道工事，不过五年，而第一自西境至哈尔滨六百五哩，第二自东境至哈尔滨三百三十五哩，自哈尔滨至旅顺六百十五哩，三区全长一千五百五十五哩，今已全部开通，其热心经营可知也。俄国以此为不足，更营三大线路，其一自黑龙江、上布拉郭悦式壐司克，经黑尔根，至齐齐哈尔本线；其

---

① "佛"，原作"弗"，误，校改。此处"佛"即佛郎（法郎的旧译）。

二自营①城子至吉林，更延长至阿穆苏；其三自辽阳若海城至凤皇城及韩境。第一线已着手，若全线开通，则满洲全部为俄人所垄断。吾京釜铁道，一何迟钝耶？夫京釜铁道，不与京义铁道连接，则失其为世界交通之极端停车场之资格。不与营义铁道连接，不能见世界经济要路之运用。而营义铁道不与满洲铁道及营榆铁道相连接，则亦无世界的铁道之价值。故京义铁道不可不连营义，营义铁道不可不连满洲及营榆。今试假定营义铁道与营榆铁道相连络，由关外连津榆达北京。在北京以南，则有德国之山东铁道，在海岸则有英公司之津镇铁道，在中央则有俄、法之芦汉铁道，迤西则有俄国之柳太铁道。由芦汉而联粤汉铁道则至香港，由津镇则连英人之淞沪铁道而至苏浙。由我势力圈之福建线亦走广东，广东香港达法国之东京线。然则今日占京义铁道之布设权，即于同时占营义铁道之布设权，图两线路之联络，非所以使京釜铁道为世界的铁道、为大陆的铁道之一部分者耶？夫取纵贯韩国半岛线路归我国经营，以釜山港为东西两洋交通之极端之停车场，平时则利用满洲铁道、西伯利铁道为经济界之竞争；战时则出兵捣满洲，断辽东与俄国之连络，于对韩、对清、对俄诸政策，并为绝要。欲实行世界的外交、世界的交通，岂可不加意耶）。

　　而吾国既成之铁道，与未成之铁道，遂几无一不在他民族之掌握中者。试撮举如左：

　　既成铁道：

东清铁道：

自西伯利经由哈尔滨至旅顺之本线	一、二四五、○哩
大石桥、营口间支线	一四、○
大房身、大连湾间支线	三、五
自哈尔滨经宁古塔而至贺枯拿尼且布与乌苏里连络线	三六○、○
	（以上既成一、六二二、五）
哈尔滨、吉林间	八一、○
	（未成）

　　此线路乃东清铁道公司所经营，在俄国政府保护之下，资本金一亿五千卢布。

---

① "营"，原作"管"，误，校改。

关内外铁道：

北京、通州间	一〇、〇
北京、天津间	八八、〇
天津、山海关间	一七四、〇
汤河、秦皇岛间	四、〇
山海关、营口间	一七八、五
高桥、杏村间（炭山线）	五、〇
	（以上既成四七四、五）
高帮子、新民厅间	六七、〇
锦州、义州间	三〇、〇
	（以上未成，工事中）

此线路，清政府以铁道作抵当，募集资本于英国，遂以铁道工事全部付之英人之手，资本金五百万镑。北京通州间线路，乃因义和拳扰乱后，英国为军事用布设之，其资本在上文所记之外。

京汉铁道：

经北京、保定、正定、开封、信阳等而至汉口之线路	八一〇、〇
	（既成四〇〇、〇）
	（未成彰①德、信阳间四一〇、〇）

此线路自两端起工：北京方面，则法人担当工事；汉口方面，则比利时人担当工事。北京、保定间之一部，自清政府支出银四百万两布设之；保定、汉口间资本金，一亿一千二百五十万佛郎，比国公司所出资，铁道财产一切抵当之，约二十年偿还本金。其表面虽为比公司，而事实上为俄法联合出资经营者。

粤汉铁道：

广东、武昌间本线	七一〇、〇
三水支线	三〇、〇
岳州支线	二五、〇
平沙、梅田支线	六六、〇
湖潭支线	七、〇
	（总计八四四、〇，未成）

资本金约八千四百万圆，内付五厘息公债八千四百万圆，六厘

---

① "彰"，原作"顺"，误，校改。

息公债四百万圆。应募者为美国美华启公司。铁道财产一切作抵当，偿还本金期限五十年，约三年成功。原来美华启公司总资本金一亿二千万佛郎，其中八百万佛郎为比利时人所有，故比人势力较大，其技师长为美国人，比、美之间，时有争论。

山东铁道：

青岛、济南间	三一〇、〇
胶州、沂州间	一一〇、〇
	（未成二二〇、〇）

此线路乃德意志以采掘石炭为目的而得布设之权利者，资本金五千四百万马克。

沪淞铁道：

上海、吴淞间	一三、〇
	（全线既成）

此线路为清国所自设。现今怡和、汇丰洋行以五十万两买得之，遂入英人之手。

大冶铁道：

自扬①子江岸石浙涯至大冶铁山之铁道	一八、〇
	（全线既成）

此线路，清国政府投资五十万两，以采掘铁矿之目的而布设者，工事成于德意志人之手。

泽怀铁道：

自泽州至怀庆之炭矿铁道	一五、〇
	（全线既成）

此线路英国北京公司出资布设之。

萍乡铁道：

自萍乡至醴陵之炭山铁道	六五、〇
	（既成三〇、〇，未成三五、〇）

此线路以采掘石炭为目的，在美人监督之下，清国政府自出资本。

以上在中国国内既了工事与未了工事，合计九铁道，哩数四千四百四十五哩（中里一万四千六百里有奇），内二千七百七十三哩（中里九

---

① "扬"，原作"杨"，误，据饶怀民编《杨毓麟集》校改。

千一百里有奇）既成，千六百七十二哩属未成者（以英哩计算，据《日本周报》所载）。

而计划中之线路，其权利之确有所属者如左：

计划中诸线路：

津保铁道：

属天津、保定间之线路。其布设权目下为比公司所要求，英国以京津线路有敷设津保支线之特权阻①止之，而比公司则谓有千八百九十八年李鸿章之口约，未决定——计百三十哩。

郾浦铁道：

自河南省郾城至南京对岸浦口之线路。英国北京公司现今所要求，原来该公司布设山西泽州至河南道口线，过半既敷设。而道口、郾城间，利用芦汉线路，欲自郾至浦，以扬子江为中心点，而比公司则以夺芦汉线路之利益，百方阻止之。

川汉铁路：

自四川成都至汉口之线路，前驻上海英总领事伯伦布累兰氏竭力运动，归于华英公司之手——计一千哩。

河南开封铁道：

此线布设权为比公司所得，计一百哩弱。津镇线路，自兖州至开封，自开封至河南，而自开封联络芦汉线，延长及潼关、达西安府者，皆比利时技师罗福马之力。

正定太原府铁道：

自正定府——芦汉线之停车场——至太原之线路，长计百三十四哩。华俄银行获得布设权，比利时技师罗福马已赴该地。目的在采矿，资本金二千五百万佛郎。

津镇铁路：

自天津经山东至镇江之线路，英德合同营设之，目下在商议中。此路延长六百三十四哩，资本金七百四十万镑，以五厘息募集公债。

沪宁铁路：

为上海、南京间铁路，合之淞沪铁道，归于华英公司。此线延长百八十哩，经苏州、镇江至宁。其归入英人也，满政府欲杀"苏

---

① "阻"，原作"沮"，误，据饶怀民编《杨毓麟集》校改。

报案"六士，借此以市恩焉。

上海宁波铁道：

自上海经杭州至宁波，延长二百六十哩，华英公司所计划者。

苏杭铁道：

亦华英公司所计划，延长百二十哩，欲自苏至杭。

南京襄阳铁道：

延长四百十哩，华英公司已得布设权。自南京对岸浦口，经信阳至襄阳，欲自上海联络芦汉铁路。

矿山铁道：

延长九百五十八哩，布设权属于英北京公司。欲为三线路：一自太原经平阳至西安，一自平阳经泽州、新安达襄阳，一自泽州经彰德联络芦汉铁道。

九龙铁道：

布设权属于英怡和洋行。延长一百哩，自广东至九龙，欲在广东联络粤汉。

缅甸曼德雷铁道延长线：

此线长三百二十三哩，自曼德雷经缅境至云南，布设权在英人之手。

云南铁道：

此线亦英人亦欲布设者，自缅甸姆尔眉因，延长经清国国境洪江及云南，达重庆，长六百八十二哩。

龙州铁道：

法人所布设，延长二百二十哩，自安南谅山，经龙州、南宁而至北海。

南宁三水铁道：

布设权属于法人。自南宁至三水，连络粤汉线，延长二百五十哩。

东京延长线：

长二百哩，自安南东京，经河南老街，至云南。法人所要求。

义州铁道：

长二百五十哩，自东清线辽阳附近，经大东沟，至朝鲜义州。俄人所经营。

合计①各线路，共延长五千九百五十一哩。

吾支那历史，未闻有以商工业亡人国者，亦未闻有以商工业让与他人以自亡其国者，有之，自今前六十年间始；吾支那历史，未闻有以商工业上之运输交通事亡人国者，亦未闻有以运输交通之权让与他人以自②亡其国者，有之，自今前三十年间始。夫商工业之关系民族也，为其把持生计界之枢要故；商工业上交通运输权之关系民族也，为其垄断地主之权利故。是故六十年来，上半期之受祸，不如下半期受祸之深。上半期之受祸，可以兴起吾民族商工业以抵制之；而下半期之受祸，虽欲兴起吾民族商工业以抵制之而卒不可得。是故列强前日日日言瓜分，而至今日则务避之，而言"铁道范围"四字，以为掩耳盗铃之计。因铁道敷设权而生铁道保护权，因铁道保护权而生地方政治权。夫至于发生地方政治权，则世袭此地域，民族尚得以此地域为所有物耶？不得以地域为所有物，尚得谓其非瓜分耶？然而列强则务避其名而阴受其实。然而吾民族则亦甘受其实，而暂乐其不受此惨黩之名。呜呼！名实之眩，四万万人耳目也，岂独天地异位、玄黄变色而已！与人言瓜分则不信，与人言铁道、矿产之丧尽主权，则几微间又若尚为吾民族之故物者。夫吾国岂必待俄国亚东总督之莅任而后为瓜分？岂必待英国扬子江一带总督之莅任而后为瓜分？岂必待德国山东江北总督之莅任而后为瓜分？岂必待法国支那西南部总督、日本福建总督之莅任而后为瓜分？然而俄国则已设立极东总督，然而英国扬子江总督、德国山东江北总督、法国支那西南部总督、日本福建总督，旦夕间固必设置。然而俄国固不言分得满洲，然而英国固不言分得扬子江一带，然而德国、法国固不言分得山东江北及支那西南部，然而日本固不言分得福建，曰以巩固铁路之范围而已，曰以保护铁道之安宁而已。铁道者，善用之则为兴国无二之利器，不善用之则为亡国无二之祸萌。然而吾国之眩于名实如故也，曰瓜分期已迫近，曰瓜分何时揭晓。夫孰知此晓之终古不揭，而入此期限来，已成为不治之痼疾耶？

铁路之外，则有矿产。若德之于山东，英之于开平、于泽州，其他附于铁道者，屈指不可胜数也。言铁路权，不待复言矿产权。故铁道竞争之热度，与矿产竞争之热度，自为表里，而新为单独之运动者，则有

---

① "计"，原作"许"，误，校改。

② "自"字原脱，校补。

日本之于直隶、四川、湖南、云贵，意大利之于安徽（九月四日《日出国新闻》载，清意近日新交换矿山试掘合同云：安徽商务总局总办代理布政使毓秀，奉到安徽巡抚聂移文，与伊太利公司之代表人锡尼都订立千九百〇三年七月三日即光绪二十九年闰五月九日关系办矿事宜之合同如左：

（1）订立本合同之后，意大利公司当使矿山技师试掘凤阳府下之寿州凤台县、定远县、庐州府下之巢县诸矿产。

（2）意大利公司派遣技师试掘上文所列诸处矿山时，先通报商务总局，自总局札饬该地方官，命划适当之保护法。

（3）意大利公司欲行开掘之地域，不问官有民有，按定例与地方官及所有主议定租借卖与之价格，为稳当之协商，不得使受亏损。

（4）本合同订立后，以十四个月为试掘之期限。若至满期不试掘，则此约为无效。但为地方军事迁延时，不在此限。

（5）期限既满，意大利公司可择定曾经试掘各县可掘者，申请商务总局。商务总局检定后，更与该公司订立详细之合同。

（6）在期限内，意大利公司愿着手之事业，申请商务总局时，总局与该公司订立详细之合同，申请安徽巡抚，巡抚与外务部矿路总局交涉，得许可状，乃得着手经营事业。其他一切事宜，以清国现行矿务章程办理。以上各条件。英文、汉文解释有不同时，当以英文为准①。

（7）本合同汉文二通、英文二通，商务局及意大利公司各持汉、英文一通。

矿产之外，则有航业。近日于沿海，则有牛庄英商布有西商会，劝诱加拿大太平洋汽船公司经营清国沿岸航路中香港、直隶间航路事（八月十八《报知新闻》）。于内河则有湖南航路竞争之事（九月十五日东京《朝日新闻》之《湖南航路》：气象益好，每回货物，必增加数量，怡和、太古竞运动购入码头地）。而日本政府与日商②湖南航路汽船公司以担保五厘利息之特计，十月十二日日本所载十月八日调印之《改正中日内河航行章程》：

（1）日本汽船公司，得于二十五年间以内，自清国人民借受河岸之仓库、埠头，可因彼此合意，满期限后，仍庸借受。若清国人民不肯贷与日本商人时，可由地方官与商务大臣商议，以相当之时价贷与日人，

---

① "为准"二字原脱，校补。
② "商"原作"商"，误，据饶怀民编《杨毓麟集》校改。

期限满后，仍得借受。

（2）碇系船舶之埠头，不可阻碍水路及阻碍船舶之通行，当受最近地海关之检查，无故不得拒绝之。

（3）日本商人所借受之仓库及小埠头，当与清国人民同课相等之租税。日本商人在汽船航行事务所内，不可不用清国代理人及事务员等。但日本商人虽得随时赴该地方检察贸易上之状况，必不得有灭损清国之主权及妨碍之事。

（4）汽船航行内河，有伤害堤防及其他之工事时，当调查其伤害及因伤害所生一切之损失，而使汽船公司负赔偿之责任。又若河水浅涸，为航行汽船，而伤害堤防及附近之田地，依清国政府禁止小汽船航行，当照会日本官吏，于实地检查之，有伤害之事实，当禁止航行。但此时清国汽船，亦当同样禁止。不问清、日两国汽船，于内河有水闸处，不得航通，以免①伤害水利。

（5）日本政府为清国内河航行汽船内外货物输送迅速，今后若内河航行汽船公司将汽船卖与清国公司，而揭清国国旗时，日本政府不得拒之。

（6）内河航行汽船及汽船拖船与民船同样，不许搭载禁制品。有违反者，照违反禁制品运送章程处罚，取消许可票而禁止航行。

（7）内河航行汽船，风气未开，内地居民不免骚动。凡从来不航行汽船之内港，为与商人之便利及船主所认为有利益者，当渐次航行。但从来汽船不航行之内港，为航行时，必先报告最近地之税务司，自税务司转禀商务大臣，会同该省督抚调查事情，便于迅速批准。

（8）此条约之汽船，惟准航行海港及自一开港地航行他国开港地，又自海港航行内地，又自该内地地方回航海港。其航行中经过之各埠头，并搭载之船客、货物，当报告海关，但不得地方官之许可，不得专自一不开港之内地往来他不开港场之内地间。日本汽船之航行中国内河者，当量与清国邮便局以利益，搭载书信若小包邮便，其章程俟船主与清国邮便局协议。清国现在邮政局书信之外，不得搭载人民若商店之书信，但日本领事馆之书信及关于汽船公司运送货物之书信，不在此限。

（9）不问客船、货物船，皆当为汽船拖船。拖船之水手、人夫，当用清国人。又不问船主之为何人，不揭旗号，不许航行内河。

（10）本条约乃以光绪二十四年七月订定之补续章程第九章之派委员

---

① "免"字原脱，据饶怀民编《杨毓麟集》校补。

代收税厘之件，有不尽之处，故清国通知各省，照章办理，于本条约所订定，当依本条约。尔后倘会必要改定之处，无论何时，可协商改订。

足见日人经营内河航业范围之广阔也，其长江上下游及自直隶湾至东京湾一岸海岸线航路，为前日所遗之利权，在今日为无可措手之恶疽毒疹者，又无论也。

商务之竞争也，日本、德意志为英人之后进，而在今日则已骎骎度骅骝前。而日本之注目大陆也尤切，其研究大陆商业之学校，若东京高等商业学校、大阪市立高等商业学校、神户高等商业学校、普通东京、长崎、京都之商业学校、对清贸易专门之商业学校——东亚商业学校、东亚同文书院、外国语学校之支那语科等皆是——无不注重于是。其著书言东洋贸易事情者，对清经营居其大半。而吾国之经济界，一斫于英，再斫于日，已无立足之余地。而英、美、德、法之输入伸涨，至今岁较前三年，实超过十分之五，是增进有绝可惊者。而外国银行，遍于各口岸，金融机关为他族所操纵，与国民生计上之影响及精神上之影响有绝大之关系之①外币之流入，而民族独立自存之特性，消蚀于暗昧之中者，固不知其比例也。夫东洋经济膨胀之时代，在二十世纪，而操纵经济膨胀之权利者，决不得为十九世纪前日之旧主人。损失经济界之主权，即所以损失经济界之人格；损失经济界之人格，即所以消失种性之大原因。况夫所谓地主权者，几一切无有耶！

蒙古之角逐也，为日俄；西藏之角逐也，为英俄。而日本在于长城以北之势力，决不敌俄。俄人在西藏之势力，则以印度关系切近之故，终必为英所挤逐。二者之间，遂划分英俄权利之范围，俄人营蒙古则以测量及守护电线驻兵（八月十六日大阪《每日新闻》云：俄国以测量土地为名，遣军队进入蒙古，近来益增其数。库伦则有后拜噶尔州、依尔枯茨克旅团所派遣之军队——计步兵三千，骑兵二千，工兵、炮兵各一千——建筑莫大之兵营，贮藏无数之衣服粮食。又乌里雅苏台驻步、骑、炮兵五千，噶顺三千，保护俄国商民）。俄国遂以兵力威压土②人，又给与衣食金钱等以怀柔之。其宣教师则集初等之儿童，予以宗教的感化。俄国前日与清政府协约中，有不许变更蒙古行政组织之条件，为是故也（八月十九日《朝日新闻》云：俄国自恰克图经库伦至迪化之电

---

① "之"字原脱，校补。
② "土"，原作"上"，误，据饶怀民编《杨毓麟集》校改。

线，架设竟毕。以保护电线为名，逐驿驻兵），而要求蒙古铁道之敷设
权（大阪《每日新闻》论蒙古铁道云：俄国蒙古铁道之计划，不出于事
实不已，或已就绪，亦未可知。夫张家口俄国专有租略之要求，固为其
先驱。然则自拜噶尔湖一线南下，出恰克图，破荒野，断沙漠，达长
城，经张家口入北京，以接芦汉线。其规模之大、交通之利，远非东清
之比。蒙古铁道，比东清铁道入北京之路减七百五十哩，又得出渤海
湾。俄人既实有满洲，自当再施蒙古政策。况于贸易上有张家口及汉
口，于政治上有北京耶）。日本与之角逐也，则亦在蒙古铁道（大阪
《每日新闻》论云：俄国之对蒙古有二策：（1）天津、张家口铁道之敷
设。（2）张家口之开放，当向清国迫令协诺）。而英俄协约既承认俄国
长城以北之势力，其他诸国利害不相涉。日本于长城以外，亦无直接之
利害，故蒙古终必为俄人所占领。俄人之于西藏也，自巴德麻耶夫谒见
达赖喇嘛，开藏、俄交涉之关系。以千九百年秋发特使谒俄皇，藏俄协
约成立，布设铁道、开掘矿山之利益，为俄所掠得。而英人有利害之感
觉，遂收得累巴尔、布丹两公国，直入西藏。至近日遂有英藏协约划定
境界之事（八月二十九日东京《日日新闻》云：据伦敦近电，英领印度
太守府占领西藏关门且俾流域至距拿萨百五十哩之哲姆耶，占领区域，
甚为广阔。英国军队当遣驻焉。目下印度太守府遣员与清国及西藏之委
员商议界划）。而俄国新闻纸非独不加弹射而已，且谓西藏为世界秘密
国，于国际政治与他国无关系，英人此等行动不侵蚀何国之利益，以微
示让步之意。盖英人之入藏也，欲与俄人入甘肃，相为对抗；而俄人亦
以西藏任英人之处置，以缓和亚东大局之感情云。

　　而环顾大陆腹心肢体，无一不在刳剔斩斫之中，茫茫禹甸，光岳暗
然，而英德法三国将遂设置与极东总督同性质之官吏。鸟鼠异物，巢穴
相容，于国家学上为无可位置之一种消极之人群，于国际法上为无可拟
议之一种变形之公法。吾哭则泪枯，吾坐则心死。

（未完）

《神州日报》发刊词[*]

自古哲士哀时，达人砺俗，曷尝不以微言闳议，激荡民心，转移国步者哉！是以文致大平，垂经世先王之志；眷怀小雅，偏主文谲谏之辞。纫馨洁于九歌，托悲怀于五噫，亦有发摅至论，劘切群愚，仇国成书，罪言属稿。垫角巾而瘝叹，揭留都而宵泣，邈然高躅，怆我先民。自欧俗中更，竞辟报纸，新闻之学，蔚为大宗，纂述之余，订为专律。十万毛瑟，惊法兰西霸主之心；七匝员舆，识美利坚文章之富。津逮吾华，条流粗具。于以挥政客之雄辩，陈志士之危言。澡雪国魂，昭苏群治，回易众听，纪纲民极。较之仰天独唱，众心不止者，厥用益宏焉。夫国闻间史，稗官杂事，抽毫而悉具，则陈一纸而汲众流，庄言谐论，良规俊辩，授简而并陈，则费寸阴而获拱璧。山川自古，方策犹存。顾瞻周道，鞠茂草以无时，惆怅新亭，庶横流之有托。此《神州日报》之所为作也。

且夫赤县起于昆仑，白坟达于瀛海。文化肇造，实首此方，猗欤铄哉。三朝七曜，建黄中之极，五币九棘，垂丹书之制。方牙雅契，已有司海司陆之命，桑邱当璧，乃受鞑靼旄人之烨，观象察法，开物成务，视彼嵯峨金塔，想像声明，轶荡铜门，留传制作者，后先相距，犹以稚子而拟成人矣。粤自三季蜕嬗以还，渐有今不若古之诮。图篆灰于巨烬，绵蕞工乎霸术。履武蹈踵，禾绢既无其才；因陋就简，群盲竟扣其篇。坐使狼脱歧舌之众，遂成积薪后来之势。昀昀禹甸，渺渺余怀。痛

---

* 此文录自冯自由：《革命逸史》，第二集，北京，中华书局，1981。原发表于1907年4月2日《神州日报》创刊号，署名"三函"，于右任在《新闻学季刊》1940年第五卷第2期上发表《如何写作社评》介绍说："有一篇署名'三函'的发刊词，由王无生、杨笃生两先生主稿，经我略加参订而成。"

何草之不黄，思古人而难见。矧以嫣黄惨慄，蛮触纷呶，觇国者既有其人，论世者因而夷我。遂令神明之宅，广漠之都，冠裳礼义所留遗，风雨阴阳所和会者。日损月蹙，患此沦胥。嗟乎，百王陵谢，小儒方索其珠，九州云雷，万马齐喑其口。文武之道，既坠于周原，龙蛇之灾，更延于大陆，岂不以民朴浇散，群德陵夷，朝廷有西园谐价之声，缙绅无北门终窭之守，处士鲜鲁连蹈海之志，细民缺周嫠恤纬之思。四维不张，一流将尽，用致此耶！而登墟墓者，必思德于九京；眷禾黍者，必兴悲于七庙。三宿之恋，未绝于枌榆；一姓之哀，尚崇于伏腊。况复出入皇王帝霸四千余载，绵历正统伪系二十余朝，服畎亩者，划苍梧、紫塞、雁门、瀚海以为町畦；食名氏者，综七略、九流、四部、百家以为藩匽。山崇岳峻，重瞳、聃耳、圩项、骈胁之所降神；河曲江平，绿书、赤字、金马、碧鸡之所流熠。教宗治理，萃儒侠魁祖、圣神谟略之光华；物曲官能，极睿知心肝、人工精英之创述。必有芬烈以康厄运，岂其天公易醉，而金策终沦，王气方收，而宝符不出。遂以秕糠前烈，弁髦惇史。伊川披髿，无所待于百年；宗国夷言，已先隳其五典。晋大夫之忘祖，徒袭衣冠，宋右师之卑祭，更无魂魄。将何以间馋慝存历谱垂三统持五运哉！

夫徐舒雍壅，厥生秀民，羲画农耕，聿开神龠。指南有作，启阁龙觅地之图；活版初传，让路德操戈之隙。四游干运，开地动之先河；三正授时，契日轮之恒晷。西陵纤手，贻大利于全球；上国华虫，饰蜚英于百代。是为神州人种智慧之特色。

搏搏大地，浑浑蒸民，群姓既昭，宗法斯建。然而溺神道者，淆之以祭师，诬帝谓者，渎之以天使。静言欧洲政教分离之始，实为百年凶残遘会之机。此州自上古以远，民事昭晰，绝地天之通，罔有降假，废云鸟之纪，以奠阴阳。魂舒魄惨，识类性通德之宜；日薄星回，验育物位天之则。是为神州宗教观念之特色。

封建既息，阶级遂平，卖浆织屦者，徒步而取公卿，揭竿斩木者，赤手而论大宝。故英伦贵族议院之改革，无所用其劻勷；日本藩阀政治之弛张，不足论其轻重。是为神州社会主义之特色。因仍宗法，以建国家，雷霆万钧，积重难返。然而立天顺人之微旨，磅礴乾坤；外夷内夏之大防，昭垂云汉。及其苍鹅已出，白马方来，则有握拳碎齿，激悲愤于倾辅，剖腹纳肝，担忠贞于末路。亦有岳岳贯虹之气，哀哀三户之谣，矢一暝于黄冠，望归来于朱鸟。沈井中之秘史，干城上之浮图。汉尼拔之崎岖道路，蔑以加兹，玛志尼之悴憔生平，讵能相尚。是为神州国家主义之特色。

建三世之神旨，恢大同之上德，圣心广大，仁智斯闳。乃若禹名所极，指大秦泰远而方遥，衍说所周，眇少海重瀛而毕具。建冠裳以会万国，崇封禅以召百灵。彼夫亚力山大之武功，该撒棚标之战略，沙力曼之盛业，拿破仑之野心。较厥岁年，瞠乎后矣。是为神州帝国主义之特色。

文明法系，约有四宗，震旦一隅，渊源最古。三代以降，枝叶弥繁，周官六典，实职官通则之推轮，王制一篇，具民刑诉讼之事略。治罪专律，邓析已定为竹刑，民法正文，萧何用悬于金布。刑名既黜，轨迹不闳。然而检罗马法之成文，远在千年以后，守大宪章之契约，实为五誓所苞，洞天人之消息，久贵民权，观中外之会通，自宏邦礼。是为神州法律统系之特色。

蹄远既瞩，文字以滋。主形主声，苍、佉实分其道；行右行左，中、西各适其宜。然而东极蜻蛉之州，南旋马来之族，谚文假字，谚语苗歌。虽形体之大殊，实本支之相嬗。若其黼黻文治，棣通民俗，甄录之富，赫于琅环，流别之繁，溢于江海。是为神州文学思想之特色。

环游瀛海，检探岛夷，披热带之荆棘，触寒门之冰雪，欧风所播，逸足相寻。然而张骞凿空，实在西历之前；甘英持节，远临咸海之外。近世以还，华佣所觊，辟澳大利不丰之土，蔚为上腴；相美利坚通运之宜，致之远道。蒙犯霜露，嘉惠人群，援爵论功，应居上赏。是为神州冒险性质之特色。

过此以往，更仆难终。实岳渎之骄子，天壤之俊民，非犹太、波兰、印度诸族所可同日语也。夫诵荷马神话之诗，希腊所由光复；读布氏英雄之传，意人遂以崛兴。斯拉夫民族，以一成一旅而蹴东邻，日尔曼森林，用再接再厉而摧强敌。况以开明凤擅，灵觊久甄，纵横二万余里，文轨方同，男女四百兆人，风霆易合。蕴秦孝之积耻，效勾践之卧薪。诉帝喾以敷诚，待皋陶而与直。何遽不可以负荷积薪，支持堂构者欤！

然则指陈得丧，穷极端委，鞭策顽懦，导启贞元。匪劳者之自歌，实邋人之可徇。且夫训方问俗，地官之洪轨也；陈诗观风，太史之常识也。弃我取人，师善之夷徒也；演术通艺，知今之宝筏也。旁求四国，不无郅书燕说之功；俯仰八埏，大昭鹗视鹰瞵之象。谅有裨于颓运，或无诮于卮言。顾以简牍方陈，质文易眩，综其流极，厥有四端：繁词既骋，神鉴不周。既论甘而忘辛，亦无敌而放矢。竹素之林，或涽于坚白；箴砭之术，无补于膏肓。此一弊也。鲁市有虎，传言者三人；洰渊斗龙，祷祈者万众。不疑盗嫂，曾①参杀人，采齐东之谩言，为中朝之故事。又一弊也。东邻生猫之事，奚裨于见闻；大官赐酺之仪，何关于惩劝。一则委巷谀闻之琐语，一则承平粉饰之虚文。录之者累累难终，闻之者昏昏欲睡。又一弊也。甘陵两部，迄成钩党之灾；蜀洛分崩，卒酿靖康之祸。当大厦将倾之日，昧同舟共济之箴。昵乡曲之宴私，涽品评于月旦。又一弊也。蓬心未化，症结弥多，是则宏达所深訾，亦惟吾党所不尚。

嗟乎！即因求果，弥怀履霜集霰之哀；振聩发聋，宁辞披发缨冠之诮。欢娱朝野，悼燕雀之焚如；大好河山，怅螟蛉兮盈耳。惕亭林匹夫之责，绎南雷待访之编。嗟我兄弟，孰非轩昊之神孙，请续阳秋，备纪中原之文献。空言可托，有痛哭流涕以陈辞；来日大难，冀瘖口晓舌之有补。矫矫风云之气，会扶白日再中；昭昭天祖之灵，眷我皇图亿禔。

---

① "曾"，原作"鲁"，误，据饶怀民编《杨毓麟集》校改。

论本报所处之地位并祝其前途[*]

报纸者，国民思想能力之见荣者也。地球文明各国国民之思想能力，常因其历史之变迁流衍而有泄宣、壅塞之不齐，故发行关系政治事情之报纸者，其实质具有高下。而其发韧之于报纸也，则又因国家事情、社会事情与报纸相关系之作用，其步武有径遂、委曲之不齐。其撰述者引起国民注意之方法亦具有难易，故其昌明、晦暗，活泼、消萎之气象亦具有高下。今世文明各国报纸实质之高下，以本社同人学识之谫劣，非所得而衡论之也。虽然，尝试述其所闻。

今世国民之程度，以英美为最高，英人用议院政治，其报馆所陈述之政见，大都为政党首领指扐进退国民之绝大主义；所记录之事情，大都为蜕生新世纪世界的国民主义之绝大经画，虎虎然以政党政治容纳万流而睥睨宇宙者也。美人以合众国体而用分权政治，其民笃于自治，故人人挟其自尊自重之性质，欲以当国家立法之冲；富于财力，故人人挟其进取敢为之希望，欲以当世界经济之冲，其载之于报纸，乃晌然以自治能力发扬经济政策而睥睨宇宙者也。其次之为德意志，为日本，德意志、日本国民之尊重民权不如英美，而明明然挟其剽锐之国家主义以问鼎于世界，其国内政治，观所述载，颇具有纵横捭阖之机权焉。其次则为俄罗斯，其政府由专制而入立宪，其人民由黑暗而企文明，其载之于报纸者，乃多进退失据，勉强应酬之事业。

更即其撰述者之态度言之，英美既因实质最高之故，其报纸之指导国民也，关系于根本政策者最多，而关系于质责行政者较少；其监督政府也，亦关系于根本政策者为多，而关系于行政行为者较少；其法律政

* 此文录自《神州日报》1907 年 4 月 3 日、4 日。署名寒灰。

治有以扶植报纸之势力，故其态度庄严俊伟，如释迦之说法。德意志、日本，政党发达不得完全，其实质犹在英美之后，故其报纸之指导国民，则以根本政策与质责行政，时时错出；其监督政府，则以根本政策与行政行为，时时对勘。其法律政治，检束报纸较为严密，故其态度修正端饬，如讲师之讲学。俄罗斯实质最劣，而其束缚报纸亦最严，其对于国民有所不能指导者焉，则微谕之；其对于政府，有所不能监督者焉，则阴掎之。当其哀也，则憔悴幽抑，如怨女之颦眉；当其激也，则慷慨凄厉，如壮夫之奋剑。

我国近十年来，所有日报始渐次有政治新闻之性质，而其所经历之程途，则犹在日本明治七八年以前、俄罗斯今皇即位以前发行报纸之时代，欲指导国民以质①责行政，而国民不之应，何论指导根本政策？欲监督政府之行政行为，而政府不之许，何论监督根本政策？而检束报纸之法律政治，则且有进行益励之情状。

然则欲取吾国之报纸与世界各国颉颃，其实质与其态度，意者将更待数十年以往而后可得为之耶？夫日本明治七八年以前、俄罗斯今皇即位以前之政治事情，不能不蜕入现在之政治事情；日本明治七八年以前、俄罗斯今皇即位以前报纸之程度，亦不得不蜕入于现在报纸之程度，或者在吾国亦不能遽有所异耶？

且报纸之为物也，非独以之将随时势，抑且以之制造时势。吾国辛丑以后之报纸，为时势所制造；丙午以后之时势，又将为报纸所制造。二三同志有鉴于此，因是有神州日报社之组织，自今以往，吾国之政治事情，不得不与世界各国相追逐，即吾国报纸之实质与其态度，亦不得不蕲与世界各国之程度渐次相接近；若是，则吾《神州日报》之责任与其希望有可言者焉。

吾国因日俄战争之结果，而蜕生考察政治之事情，因考察政治之结果，而蜕生去岁七月十三预备立宪之事情，若由是而复有所蜕生，其为日本明治二十二年之实行宪政欤？其为俄罗斯千九百零五年之解散议会欤？不可得而知。其并此而尚有所待，则为日本明治七八年以来之西南战争欤？为俄罗斯千八百八十年以还之虚无党大活动欤？不可得而知。其并此而尚有所不慊欤？亦不可得而知。然而，七月十三预备立宪一事，其在亚洲东部政治史上稍留一幻影，固自有不可不记忆者。其在下

---

① "质"，原作"责"，误，校改。

者，革命问题与立宪问题之激战，则既激战矣，种族革命与政治革命之抗争，则既抗争矣；其在上者，主张中央集权与主张地方自治之设施，则既设施矣，改设中央官制与改革地方官制之胡凑，则既胡凑矣。欲解释种种问题，诚未易以一部分人之见解而决定。然而，详悉研究者，盖吾国民之所当有事也，"一日三摩挲，剧于十五女"，愿与海内善知识之士，捕捉此种问题而日日摩挲之，是为本日报对于国民责任之一。

虽然，国内政治问题乃国民内部之问题也。以今日之世运既驱，吾国民于世界各国龙争虎斗之活剧中，方且以吾国人之苦痛供世界各国之欢娱；方且以吾国人之衣冠供世界各国之牛马。自日俄战争以后，所谓东三省者，为我与日、俄二国共有之东三省，而即为世界各国均利之东三省，因是黄河流域为谁某谁某势力之所奄及，而世界各国国民之脑电齐注集焉；长江流域为谁某谁某势力之所奄及，而世界各国国民之脑电齐注集焉；长城以北、玉门以西为谁某谁某势力之所奄及，而世界各国国民之脑电齐注集焉；闽浙一隅、两粤一隅、川滇一隅为谁某谁某势力之所奄及，而世界各国国民之脑电齐注集焉。由是而吾国人民之一颦一笑、一悟一叹、一举手一摇足，乃无一息而不与世界各国国民之心力相搏击。非解释国民内部问题，诚不足以应付世界各国种种问题，而不研究应付世界各国种种之问题之方法，则所为解释国民内部问题者尚无着落。而世界各国排山倒海之潮流，已将淹没吾大陆，愿与海内善知识之士，捕捉此种问题而日日摩挲之，是为本日报对于国民责任之二。

吾国庚子以前之政府为与外国相抵抗之时代，庚子以后之政府为与国民相抵抗之时代。然而，国民常败，政府常胜。自预备立宪之声一出，以宪政之浮文，蒙专制之实体。政府以预备立宪四字，颠倒部臣疆臣，而其昏庸泄沓、贪污淫酷也如故；部臣疆臣以预备立宪四字矜炫国民，而其昏庸泄沓、贪污淫酷也如故。然而，政府则岸然自以为立于不可败之地位，部臣疆吏亦岸然自以为立于不可败之地位。盖用立宪饵天下，而以一切新政涂民耳目，其威可以自卫，而其术可以不穷也。夫如是则政府立于不受监督之地位，部臣疆臣皆具有不受监督之性质，所谓根本政策、所谓行政行为，皆非吾党所能赞一辞。夫亭林有言，天下存亡一介之士与有责焉。不可疾言之，未始不可徐察之；不可庄语之，未始不可婉述之。然海内善知识之士对于政府无监督焉，则亦无倚赖焉耳矣；无倚赖焉，则亦无希望焉耳矣。夫如是，故所希望者独在国民。

虽然，国民，国民，其又果可以希望乎哉？庚子以前，政府之弱点已襮白于天下，而国民之弱点，未尽襮白也。庚子以后，倚赖益倚赖，跳荡益跳荡，国民之弱点亦已襮白于天下矣。蜷伏之党人，隳突之壮佼，其能进行于改革运动之程途者几何？萃愚暗涣散、脆薄狡诈之群盲，而相与为呼号焉，相与为倡导焉，其果可以希望乎哉？夫改造国家、革新政治者，恃人与人之相扶，又恃人与人之相续，又恃相扶者、相续者之相与连缀而接近，其为之缝合者则国民意力成之。吾国民随政治事情之经过，而翕集一极坚强之意力，或者殆将于此数年中发见焉！何则？国内国外种种问题皆诱导此种坚强意力之物品，而感情知识之陶变，又为铸成此种坚强意力之模型也。且夫失败者成功之母也，海内善知识之士不必遽希望吾国民有急趋成功之意力，而当相与希望吾国民有忍耐失败之意力。政府根本政策不与国民所抱持之根本政策进行于同一之轨线，则国民失败；政府行政行为不与国民所拟议之行政行为进行于同一之轨线，则国民失败。然而，国民于此则已确立一所抱持之根本政策焉，确立一所拟议之行政行为焉。以前日之所无为今日之所有，而此坚强意力者，其容积将日以扩大，其组织将益以缜密，是为本报对于国民之希望。

嗟夫！以如此之希望、如此之责任为本报之实质，其与日本明治二十二年以前、俄罗斯一千九百零五年以前报纸之程度，或尚有不克相近似者耶！且以如是之实质而加之以国家事情、社会事情，与本报相关系之作用，则撰述者之态度，其又安能大谈高睨以跌宕于坛坫之上耶？是故对于政府则有呼吁而已矣，有问难而已矣；对于国民则有陈诉而已矣，有贡献而已矣。日本新闻家纯乎其有所指导、有所监督者也；俄罗斯新闻家则有所不能指导而奋愿为之指导者也，有所不能监督而奋愿为之监督者也。本报所执之态度或者尚未足以语此，不其蒽耶？恫乎！恫乎！嗟我兄弟、邦人、诸友，莫肯念乱，谁无父母，沔水之思也。谓天盖高，不敢不局；谓地盖厚，不敢不蹐，繁霜之志也。夫是以用此为丙午七月十三预备立宪以后第一年之出版物，夫是以用此为日俄战争结局、东三省平和恢复以后第三年之纪念物。

抑又闻之，日本当扑资莫斯订立日俄和约时，东京大阪各新闻社之被停止、被惩罚者数十家；俄罗斯宣布立宪时，圣彼得堡、莫斯科新闻社之被封禁、被惩罚者数百家。我国近十年来，业报馆者寥落可数，而在丙午七月以前报馆之被封禁、主笔之被拿办者若干事；丙午七月预备立宪以后报馆之被封禁、主笔之被拿办者若干事，其得罪之由，盖有难言者焉。由兹以往，则此寥落晨星之报纸当一切受范围于数十条之报律，而日日相与优游羿彀有必然者。虽然，以吾国民方惕然处于孕愁之城，颓然息于恁忧之木，则本社同人亦又安敢以矜情盛气、睥睨万物者为海内善知识之士忧？然则由此而十年而百年而千万年，追逐吾国民政治事件之发达，而促成吾《神州日报》新闻事业之发达，可预期也。

爰为祝曰：报兮报兮，孕以丙午，生以丁未。言者无尤，闻者足愧，山河两戒，或蹼其田。与汝陟升赫戏，而叩彼钧天，宇宙一丸，实繁其族。与汝疏瀹种智，而奠其蛮触。岳岳黄冑，轩轩舞台，涤荡既往，导迎未来。鞭海水以西流，蹴醒狮使东立，不戁不竦，丈夫之必。

重为祝曰：报兮报兮，策政邮学，通情缮俗，豁乎其有容。与汝为破暗之烛，与汝为自由之钟。我国民其鼓吹以迎汝，盘敦以陈汝，教汝诲汝，寝汝馈汝！

未来之中国国家万岁！

未来之四万万同胞万岁！

未来之《神州日报》万岁！

论报律[*]

欲观社会之程度，观其欢迎报纸之感情；欲观国家之程度，观其约束报纸之律令。

报纸之为重于社会也，非报纸之为重也，以其为国民自由幸福之邮，而托于自由幸福以为重。社会之嗜自由幸福，有甚于饥渴，则其嗜报纸亦有甚于饥渴，嗜之则诚珍护之矣，珍护之则诚存立之矣。报纸之为重于国家也，又非仅国民自由幸福之为重也，乃时时为国家三要素之楯，而托于土地、人民、主权以为重。国家以三要素为生命，则亦以报纸为生命之饮食物，欲衾受之以为生活者，非独不可以拒绝之，乃亦不可以窄迫之。夫如是，故社会之以挫辱新闻事业为能事者，其自由幸福之多少可知；国家之以窄迫新闻事业为政策者，其土地、人民、主权之位置可知。

吾国之有报律也，其萌芽盖已久矣。一见于民政部乙巳之拟议报律而未颁行，再见于内外城警厅丙午之揭示报律而未实践。其间则又参之以楚督、粤督约束新闻事业之种种条教。迄今民政部又以议订报律见告，一若新政中重要事件，除振兴警务以外，无如约束报纸者然。然欲用此以为新闻事业之障碍，则吾未见其术之果售也。

今世新闻家为特别一阶级者，为文明各国所承认，其所以承认之者，非新闻纸所自有之势力也，乃社会心理所构造之势力，亦国家生活关系所养成之势力。今人欲破坏心理之公共建筑物者，非愚则狂；欲断绝生活关系之上等滋养物者，非死则病。狂与病不可以久也，然则报律之效力，其与堕毁解褰之机会，固时时相遇于咫尺之间而不可以终室也。

---

* 此文录自《神州日报》1907 年 6 月 11 日。署名寒灰。

危言脞录[*]

自日法、日俄协约相逼而来，高丽、越南覆辙相寻而见。吾国命运，已如拍浮漏舟于惊涛骇浪之中，稍淹晷刻，终就覆溺。然而观吾国民所以应付之者，则依然迟回前却，无所变易。虽以日本林董子爵非常可怪之辞传播朝野，而亦未闻有被发缨冠以为之呼救者。意者吾国民于国家事势之流极，尚有所不能预决者耶？庄生有言：父誉其子，不如邻人誉之之见谓诚也。然则吾人之所谓危者，抑亦不如外人所谓危之见谓真确也。东报论吾国前途者多矣。择译一二于下，庶以见事机之急切，而悚惕我国民。

大阪《朝日新闻》论支那民族独立云：

此次韩国事件，足使清国有识者自悟缺乏独立根性之可危。彼新闻之警告，大官之上奏，殆即韩国事件之副生产物耶？

夫人类之目的在增进其幸福。凡以一民族建国于地球上者，莫不皆然。处今日文明世界，执干戈，即戎事，以求增进幸福。为自卫计，于势固有不得不然者。

故为一民族者，不可不倾全力以谋本国之发达。若不幸他民族者以地势上及生计上与我有密切之关系，而无独立自营之能力，则当干涉而诱导之。我国对韩政策即由是而成立。韩国无政治能力，阻害文明之发达，剥夺人民之幸福，累及我国。百方扶植，不见成功，故不得已，而收取其政治上之独立权，以代为之谋。盖对于了无独立能力之国家，不可不出此手段也。

凡人类者，以自立不累及他人为义务，于个人有然，于国家有然，

---

* 此文录自《神州日报》1907 年 8 月 21、22 日。署名寒灰。

于民族有然。支那民族，苟不幸不能自治，致累及外国，则欧洲诸国与我国不得不起而干涉之。是虽有东亚骚动之虞、全世界混乱之祸，颇足为我日本民族之忧患；然以增进幸福为国是者，固不得不出于此。

呜呼！此论所言，即推演林董中国不自立，目前即为高丽之说耳。前数年，中国问题待决于铁血，然尚以连鸡俱栖之隔阂，而为祸尚缓。至于今日则欧亚外交皆以联合政策行其均衡主义，而其势益急。日法协约继日英攻守同盟而起，彼此共同尊重其势力范围，而首先划定南北瓜分之域（东报巴黎电，本约协定日本承允法国在南清各省之经略，法国亦尊敬日本在北清之展布），嗣以英俄、法俄日即和亲，绝东问题方针已定，吾国命运固已悬于群雄樽俎之间，更何为高丽之足讳耶？以今日政府所为沉溺而不反，将见君主废立，大臣捕缚，楚囚对泣，一切由人，国民虽欲起而议其后，而事已无及。

夫国家者，国民之大聚也；政府者，国民之公仆也。公仆之去取，当由国民自执其权衡。彼政府尊重民权与否、热心改革与否、损辱国权与否，国民当明目而视之，援鼓而攻之；否则我不自主，人将入而为之主。彼韩国之义民，或且谥之为暴徒矣。

呜呼！存亡之机，系于一发。日本人之所自言，吾国人或且恶其夸也，则请证之以俄人。前月十五日，俄国《诺威乌列米亚日报》论中国当蹈高丽之覆辙云：

日俄战争以前，日本宣言所以与俄开战者，在巩固高丽之独立及自由。然及今日，则所谓巩固高丽独立自由云者，已抛弃之于太平洋大海水中，而将高丽收为日本之一县。

中国，庞然大脔，难以独享。然日本并吞中国之准备，亦已切实进行。一千九百五年缔结《北京条约》时，约文明定外国人当在开埠地方居住，不得杂居内地，然日本则违约而强行之；约文明定鸭绿森林当由中日公司合办，然日本则宣言该公司当全依日本人之法律。此项事业，几若全在日本领土，而非在中国领土者。日本人对中国之态度，与对高丽之态度并无所异。

日本对于欧洲各国缔结条约，无一非除去欧洲各国对华侵略行动之窒碍，而为中国土崩瓦解之准备者。极东形势今也益益纠纷错乱，将起意外之大事件云云。

俄人此论，虽专对日本人言之，然欧洲各国与日本立约，其所为保全领土、尊重独立云者，固无一非日本对付高丽之故步也。内地杂居，森林独有，凡日本人所施之于奉天者，固欧洲各国人所欲施之于江河两流域者也。如上海电车越界设轨事件，越界置巡警事件，越界收捐事件，如湖南英商要求城内杂居事件，如铜官山矿约，山西、河南福公司矿约事件。以视彼①森林条约，奉天开埠，孰为先后，又易明也。且日俄协约成立，更公然取保全领土、尊重独立之文字，循例而搬演之矣。

呜呼！今日环吾国而处者，皆以高丽我中国之心，实施高丽我中国之事，搜俦索偶，互相奖劝。彼之遇我皆得以地势上、生计上关系密切一语施之，皆得以干涉诱导一种手段行之。是数国者固于我无所爱也。所不解者，我国民耳。我国民能知政府之罪恶，而不自知所以革除整顿之方；能知所以革除整顿之方，而不能一心并力以见之实事，岂其以屈伸俯仰坐受刲割为吾人之天职者欤？抑尚有蹶然急起直追之一日也？企予望之，予宁不悲！

---

① "彼"，原作"被"，误，据饶怀民编《杨毓麟集》校改。

论世界三大思想之流行*

西人有言：思想者，事实之母也。考察历史事情者，苟即其已然之成形，以求其进退消长之故。而穷其本始之所在，必见其有所谓时代思想者，错综隐见于其间。且夫前古之所谓神圣贤人者，岂有他哉？上焉者则为时代思想之产出者焉，次焉者则为时代思想之代表者焉，又次焉者则为时代思想之推波而助澜者焉。至其世宙迁易，思想颓敝，轨迹错谬，而不应其程，乃有破国绝种，降为僇民。微夫生人之所以自存活者，其程途则险隘幽晦，其端倪则沉邃芒勿，然徐而迹之，则亦略可寻也。

推原生人进化之急激，不过百余年事。此百余年中，其动机自欧洲发，非其民族之优胜也，地理、历史实使之然。即今列强物质文明之进步，发皇耳目，矜炫荒陋，可谓盛矣。苟铅察之，则实有三种思想者，更代迭进，以执权而乘化。别白而言之，则国家主义为其一流，国家社会主义为其一流，无政府社会主义为其一流。由此三流者而推演之，所谓立宪国民、军国民、实业国民，则拥护国家主义之壁垒者也；文明国民、世界国民，则藻饰国家社会主义之牖户者也。无政府社会主义最后出，其所凭借尚未光大，故其事业莫可指实。

自十八世纪后半期至十九世纪前半期，可约为欧洲国家主义发达之时代，亦为国家社会主义萌生之时代。自十九世纪后半期至今，可约为国家社会主义成长之时代，亦为无政府社会主义萌生之时代。是三大思想者，其波澜所由起伏，实由于政治上之激刺而成。国家主义所挟以行者，则有民族国家主义与帝国主义相反而相成；国家社会主义所挟以行

---

* 此文录自《神州日报》1908 年 2 月 21 日。署名卖痴生。

者，则有生计问题与政治问题相反而相成，惟无政府社会主义与国家主义，全然不能相入，于国家主义发达时代，颇疑为不适于用。然而生民既倦于烦恼毒害，恚怒而入于此，则亦大同之朕兆也。

以今吾国民所丁，与其精神智虑之所停驻，则思想与时代颇有不能相副之病。吾国民所遇，皆为国家主义发达之国民，亦为由国家主义蜕入国家社会主义之国民。国与国竞势，不得不以完全之国家御之。而吾人大多数，其思想卑劣者，则但知个人，而不知国家为何物，不知民族国家主义与帝国主义之相表里者为何事；其思想较开明者，则亦但假国家主义以文饰其个人主义，非真能洞见民族国家主义与帝国主义离合迎拒之故，而疾趋之者也。其最少数之思想高尚者，则又喜言社会，而不喜言国家，视国家为地狱、火坑，视政治法律为刀锯、缠索，意以社会离去国家而可以独立存在者。不知今世之竞争，为国家与国家之竞争，欲以无武器之社会抵抗有武器之国家，非其任也。前者之思想，过于后时；后者之思想，则又过于先时。拟之欧洲思想流行之辙迹，则彼方之中程疑实有稍胜于吾人者。

悲夫！生民之祸烈矣。昧昧我思之，有能以真理与事实相调和者乎？则于指导国民冲决网罗之径术，或稍稍得以减轻其危难，而即于平和。若夫超绝事实以追求真理，则真理已溢于世界之外，而吾人乃方窘苦囚拘于官器之内，抑何其不相应耶？虽然，吾谤真理，则有罪焉。若夫瞑眩于个人宫室、衣服、妻妾之俸而谤真理，则吾岂敢？

记白人暗杀事件列表[*]

记者得游欧友人书，历举欧美暗杀事件。自十一世纪起以迄于今岁，其以享有政治上之特权被刺死者四十八事。而自十七世纪以前，仅得十事；十八世纪，乃得二十二事；十九世纪开幕仅八年耳，而暗杀党人之活动，已得十有五事。其被发露未及成事者，尚不在此数，何其烈耶！嗟夫！白人之抵抗强权也，揆其行事，疑若出于个人愤怼之所为，然要其成功，则能使霸者变色却步而不敢以身命为孤注。此求吾国历史上固不多见。盖侠武陵替，固有自来，而以民俗风声习惯之殊，酿为富强贫弱之判，则其原因，固有可对镜而得者也。

列表如下：

（年）	（月日）	（被刺者）	（刺客）
纪元前	三月十五	该撒	高斯格及他人等
纪元后			
一一七〇	十月念九	英国康德堡大牧师彭柯	
一四三七	二月念一	苏格兰王奇莫时第一	
一五四六	五月念九	英国大僧正皮登	
一五八九	八月初二	法王亨利第三	高里蒙
一六一〇	五月十四	法王亨利第四	罗逢线
一六二八	八月念三	英国彭古恒公爵	佛尔登
一六三四	二月念五	奥国大将华而贞	白德伦及他人等
一六七九	五月三日	苏格兰大牧师谢浦	
一七六二	七月十七	俄王彼得第三	
一七九二	三月十六	瑞典王古时德第三	

* 此文录自《神州日报》1908 年 4 月 4 日。署名卖痴生。

一八〇〇	六月十四	法国大将高鲁本	
一八〇一	三月念四	俄王蒲尔第一	
一八〇八	未详	土耳其王西里门第三	
一八一二	五月十一	英国首相濮西文	波里恒
一八六五	四月十四	美国大统领林肯	蒲斯
一八六八	六月十日	塞尔维亚亲王明伦西	
一八七〇	十二月廿八	西班牙大将潘林	
一八七一	五月廿四	巴黎大牧师陶明	
一八七二	二月八日	英国印度总督梅义	
一八七六	六月四日	土耳其王亚德尔	
一八七八	八月十七	俄国大将南新志	史登尼
一八八一	三月十三	俄王亚力山大第二	苏非亚等
一八八一	七月二日	美国大统领高菲尔	柯登
一八八二	三月廿一	俄国大将史铁林	
一八八二	五月六日	英国爱尔兰事务大臣高查鼎	
一八八三	十二月廿九	俄大将苏定古	
一八九四	六月廿四	法国大统领葛尔诺	无政府党克丧友
一八九五	七月十五	坡加利首相史登坡	
一八九六	五月一日	波斯王南时	岁石
一八九七	八月八日	西班牙首相柯史登	无政府党某
一八九八	九月十日	奥大利王后伊利沙伯	无政府党卢勤力
一九〇〇	七月念八	意大利王安伯	无政府党革大恶
一九〇一	九月六日	美国大统领麦坚尼	无政府党查古斯
一九〇二	四月十五	俄内阁大臣徐屏动	濮蒙新
一九〇三	六月十一	塞尔维亚王亚历山大第一及其王后	
一九〇四	六月十七	荷兰总督蒲尔康	
一九〇四	七月念八	俄内务大臣杜本甫	
一九〇五	二月十七	俄大公爵沙琪	康鲁行
一九〇五	七月十一	俄莫斯科市长西佛鲁伯爵	
一九〇六	七月十六	俄大将亚里格	
一九〇六	八月廿六	俄大将明氏	女革命党顾乃屏
一九〇七	正月三日	俄京市长陆尼志	
一九〇七	正月九日	俄大将贝鲁佛	
一九〇七	二月廿七	俄内阁大臣彭古礼	
一九〇七	三月十一	波加利首相彭古甫	
一九〇七	八月卅一	波斯国首相亚明	

一九〇八　　二月一日·　　葡萄牙王及太子　　　　　　毕夏克斯德等

　　记者曰：据上表观之，暗杀事件出俄国为最多。除共和国若法、若美得数事以外，其他乃皆人民与专制政体君相之战争。然则专制国之幸福，固莫大于幸免仓猝之丰祸者耶？吾闻俄皇之保守专制政体也，固无所甚乐，即其贵族之拥护专制政体也，抑亦无所甚乐。然而祸变相仍，终已不悟。以此可见，怙权据势者之难于割舍，而欲藉卑辞侮口以移易国是者之疑于世效也。虽然，彼白人之为此，则又有进矣。仇专制政府者以暗杀，仇共和政府者亦以暗杀。彼俄皇之惕息不安，固将以厚飨其威福玉食之宠灵，若大统领则遽有是焉。然以无政府主义之波澜横溢而至于如是，则夫地球各国政府以粉饰专制政体为藏身之固者，其又可以久长耶？苟当局者而观于此，抑亦可以知所自择矣。

杨毓麟年谱简编

1872 年（同治十一年　壬申）

11 月 14 日，生于长沙县高桥乡农家，家境小康。父杨开棣，清太学生。兄杨德麟，清郡庠生，日本早稻田大学政治经济科毕业，民国初年曾任南京留守府秘书、湖南财政司长兼民政司长。弟杨殿麟，撰有《杨毓麟事略》。

杨毓麟，字笃生，号叔壬，后易名守仁，笔名有三函、椎印、寒灰、卖痴生、三户愤民、湖南之湖南人等。

1878 年（光绪四年　戊寅）

少年时代聪慧异常，好学深思。在本乡私塾读书，七岁即能写得一手好文章，使当地名宿惊叹不已。

1884 年（光绪十年　甲申）

十二三岁已遍读十三经、《史记》、《文选》及各大名家诗。

1887 年（光绪十三年　丁亥）

初次步入科举试场，补博士弟子员（即秀才），入邑庠。

其后在长沙岳麓、城南、校经三书院肄业。师从湘中大儒王闿运等，遍览清人经学、文学、历史典籍，尤留心经世之说，注重时事。与杨氏族人杨昌济同学，共同切磋，相互砥砺。称长其两辈的杨昌济为叔祖。

1894 年（光绪二十年　甲午）

在校经书院读书，喜读时事著作。时值中日甲午战争爆发，忧时感事，作《江防海防策》，惜不传于世。

1895 年（光绪二十一年　乙未）

《马关条约》签订后，知"非改革不足以图存"，于是，"倡维新之论"深得学政江标的赏识。

1897 年（光绪二十三年　丁酉）

乡试中举，又在拔贡考试中入选二等优贡生。

10 月，被聘为时务学堂教习，并积极为《湘学新报》（后改名《湘学报》）撰稿，所著《述长芦盐法》在《湘学新报》第二十册、《湘学报》第二十一册至第二十三册上连载。该文从食盐专卖制度的诸多弊端入手，揭露清朝官场腐败，提出改革盐法建议。

同年湖南学政江标编校之《沅湘通艺录》收录杨所撰《续龚定庵古史钩沉论》、《汉成帝使谒者陈农求遗书于天下赋》、《苏若兰璇玑图叙》、《国朝骈体诸家赞》四篇文章。江标在《沅湘通艺录·叙》中称："使者奉天子命，视学三年，岁、科两试。既毕，例有试牍之刻。乙酉秋冬之间，编校试者之作，不易一字，裒而刻之，得若干卷，名曰《沅湘通艺录》。"

1898 年（光绪二十四年　戊戌）

以优贡生获"候选知县"资格，但他绝意仕途，并未谋求实职。

春，参加湖南维新团体南学会，并参与发起"湖南不缠足会"。

百日维新失败后，受到牵连，几及于难，逃匿乡间数月乃免。

1899 年（光绪二十五年　己亥）

春，应乡人江苏学政瞿鸿禨之聘，入为幕僚，担任襄校，协助瞿鸿禨处理学政事务。

1900 年（光绪二十六年　庚子）

瞿鸿禨以学差任满，以病请开缺回籍就医，希图另谋高就，杨毓麟顺势离职。

杨毓麟与湘绅龙湛霖之子龙绂瑞关系友善，应邀进龙湛霖家教馆，并建议龙氏捐资兴学。后来胡元倓创办明德、经正两学堂，龙氏尝竭资以助。杨毓麟在龙家一面教书，一面阅读新书报，以求世界之知识。

8 月唐才常领导的自立军起事失败，20 余人被杀害，思想上对自立军起事持同情和支持立场的杨毓麟幸免于难。

1901 年（光绪二十七年　辛丑）

冬，辞龙氏教馆职，受龙绂瑞之托，拟偕龙毓峻、柳旸谷等赴日留学。

1902 年（光绪二十八年　壬寅）

春，从长沙至上海候船，作东渡日本准备。

4月2日，有信致龙绂瑞（黄溪）。

4月19日，有信致龙绂瑞（黄溪）。

4月，抵达日本东京，入华人设立之清华学校补习日语、数学。旋改入日人所办之宏文学院，继入早稻田大学，习法政。本年补官费生。其间，阅读各种西方社会学名著，思想更趋激进。

7月12日，上书时任军机大臣瞿鸿机，建议其向朝廷建言，选拔各级官吏赴日学习政治、法律与经济制度，并希望瞿与日本教育家合作，共同实施这一教育计划。

11月14日，与黄兴等湘籍留日学生在东京创办湖南编译社，编辑出版《游学译编》月刊，开各省留学生自办进步刊物之先河。杨毓麟为编译介绍域外新知，世界大势，并撰写《满洲问题》在该刊第九册刊出、《续满洲问题》在该刊第十一、十二册刊出。

冬写成《新湖南》一书，署名"湖南之湖南人"在东京出版。所论不仅涉及对20世纪的时代特征和帝国主义的认识，而且鼓吹湖南脱离清廷而独立，引起人们的普遍关注，很快"风行于世"。

1903年（光绪二十九年　癸卯）

5月，参加拒俄运动，拒俄义勇队改名为学生军后，被委在学生军本部办事。因驻日公使蔡钧干涉，学生军复更名为军国民教育会，以"养成尚武精神，实行民族主义"为宗旨，派遣"运动员"回国策动起义。杨毓麟自任运动员，拟回国在江南一带策动武装起事。回国前与黄兴、周来苏、苏鹏等人秘密组织暗杀团，研制炸药。因操作不当，被炸伤一只眼睛。后与周来苏、张继、何海樵等由日本携带炸药回北京，拟谋炸西太后及朝廷命臣，未果，南返上海。

8月，《国民日日报汇编》第一集出版，载有杨毓麟所撰《哭沈荩》、《杂兴》等诗，署名蹈海生。

12月，应邀回长沙，参与华兴会筹备工作。

1904年（光绪三十年　甲辰）

2月15日，华兴会正式成立，杨毓麟被派往上海，任华兴会外围组织爱国协会会长，章士钊任副会长。

10月黄兴等筹备长沙起义，爱国协会拟在上海响应。然起义事泄而流产，黄兴等人逃往上海。

11月7日，黄兴、刘揆一与杨毓麟、章士钊等召集华兴会、爱国学社成员40余人在上海新马路余庆里开会，议决发动学生和军队起义。

因受万福华谋刺王之春案牵连，余庆里机关被破坏，清吏搜出手枪、炸药、名册、会章等物，内有杨毓麟名片多张，黄兴等 13 人被捕，杨毓麟改名杨守仁，避走日本。

12 月 4 日，从上海启程，13 日抵达横滨。

经此失败，杨毓麟认为在沿海发动起义不如在京师举行"中央革命"收效快，遂再次从日本返回北京，图谋打入政界，伺机从事。

1905 年（光绪三十一年 乙巳）

春在长沙人管学大臣张百熙帮助下，出任译学馆教员。以此为掩护，他在直隶保定设立两江公学为革命机关，联络吴樾、马鸿亮、杨积厚、庄以临、侯景飞、金猷澍等人组织北方暗杀团，计划先谋刺铁良。

7 月 16 日，清廷宣布"预备立宪"，拟派载泽、戴鸿慈、徐世昌、端方等分赴东西各国考察，稍后又加派绍英参与其事，称出洋考察宪政五大臣。杨毓麟谋得载泽随员一职，以为吴樾谋炸五大臣的内应。

9 月 24 日，吴樾炸五大臣事件发生后，杨毓麟并未受到怀疑，仍得以同行。

12 月 11 日，杨作为载泽随员抵达东京。知同盟会已成立，亟待发展，在会见黄兴、宋教仁、陈天华等人后，积极从事革命活动。

1906 年（光绪三十二年 丙午）

6 月 25 日，在东京正式加入同盟会。旋随考察宪政大臣回国，在上海完成其所承担的编译各书任务，并设正利厚成肆为江海交通机关，发展组织。

秋，得知沪商魏蕃实与汪康年私将湘矿售于德人开采，订约数年，屡起纠葛，约不能废，即邀约留日学生和在沪湘人力争废约。受众人公推，前往魏处，设计获得草约，通过驻日公使杨枢转呈外务部出面阻止，使草约最终得以废除。

12 月 4 日，萍浏醴起义爆发，拟在上海谋响应，但因起义旋起旋败而未果。

1907 年（光绪三十三年 丁未）

年初，湖北日知会谋响应萍浏醴起义事泄，刘静庵、胡瑛、朱子龙、梁钟汉、季雨霖、李亚东、张难先、殷子衡、吴贡三九人被捕，是为日知会丙午之狱。柳继贞亦被困于长沙。杨毓麟四处活动，多方筹款，欲营救被捕诸人而未果。

刘道一牺牲后，杨毓麟撰写了《祭刘君道一文》。

4月2日，《神州日报》创刊，于右任为社长，杨毓麟任总主笔，王无生、范鸿仙、汪彭年、王允中任主笔。与于右任、王无生合撰《〈神州日报〉发刊词》，以三函笔名发表于创刊号上。宣称该报将"挥政客之雄辩，陈志士之危言，澡雪国魂，昭苏群治，回易众听，纪纲民极"。于右任1940年在《新闻学季刊》上发表《如何写作社评》称："有一篇署名'三函'的发刊词，由王无生、杨笃生两先生主稿，经我略加参订而成。"杨毓麟以寒灰、卖痴生等笔名撰写的社论和时评，揭露和鞭挞清政府的专制统治和帝国主义侵略中国的阴谋，文章生动活泼，抒发真情实感，时人誉之为"公之文欲天下哭则哭，欲天下歌则歌"。

4月3—4日，在《神州日报》上发表社论《论本报所处之地位并祝其前途》。

4月11日，以寒灰笔名在《神州日报》上发表时评《预备立宪之怪象》、《津镇铁路果能自办乎》（前半部分）。

4月12日，以寒灰笔名在《神州日报》上发表时评《津镇铁路果能自办乎》（后半部分）。

4月16日，以寒灰笔名在《神州日报》上发表社论《津镇铁路果归商办乎》。

4月17日，以寒灰笔名在《神州日报》上发表社论《主张国有财产之异闻》。

4月20日，以寒灰笔名在《神州日报》上发表社论《危哉输入外资之行政》。

4月23日，以寒灰笔名在《神州日报》上发表社论《学务时论》。

5月1—11日，所撰时评《论大闹公堂案交涉事宜》以寒灰笔名在《神州日报》连载。

5月4日，以寒灰笔名在《神州日报》上发表社论《论高景贤事件》。

5月5日，以寒灰笔名在《神州日报》上发表社论《黄勖伯诔词》。

5月6—12日，以寒灰笔名在《神州日报》上发表小说《叶哄》。

5月8日，邻居失火，殃及神州日报社，杨毓麟仓促间从三楼顺电杆而下，乃脱险。

5月9日，在《神州日报》上发表社论《本报三十七号纪念词》，一面告知读者三十七号报纸延迟二十四小时出版之原因，一面以火灾为除旧布新之征兆，宣言"今神州之黑暗将被扫除，新神州之光明将益发见"。

灾后，于右任因财力竭蹶，无力肩负重任，自请辞职，推举叶仲裕、汪彭年接任。此后一年多，全赖杨毓麟与叶仲裕、汪彭年等人共同主持，艰苦支撑。

5月18日，以寒灰笔名在《神州日报》上发表社论《论政界之滑稽》。

5月19日，以寒灰笔名在《神州日报》上发表社论《诮言官》。

5月24日，以寒灰笔名在《神州日报》上发表社论《誉杨翠喜》。

5月24日，以寒灰笔名在《神州日报》上发表社论《论大臣责任之根本治疗》。

5月26日，以寒灰笔名在《神州日报》上发表社论《社会慈善事业与国家救恤行政之比较》。

5月27日，以寒灰笔名在《神州日报》上发表社论《书赛珍会之所见》。

6月7日，以寒灰笔名在《神州日报》上发表社论《论秘密外债》。

6月11日，以寒灰笔名在《神州日报》上发表社论《论报律》。

6月12日，以寒灰笔名在《神州日报》上发表社论《论国民负担力之前途》。

6月18日，以寒灰笔名在《神州日报》上发表论说《禁烟善后》。

7月2日，以寒灰笔名在《神州日报》上发表时评《论国民联合运动之不活泼》。

7月6日，以寒灰笔名在《神州日报》上发表时评《再论国民联合运动之不活泼》。

7月10—11日，以寒灰笔名在《神州日报》上发表《录某君所著恩中丞事略》。

7月15日，以寒灰笔名在《神州日报》上发表时评《三论国民联合运动之不活泼》。

8月21—22日，以寒灰笔名在《神州日报》上发表论说《危言胜录》。

9月4—6日，以寒灰笔名在《神州日报》上发表小说《内阁会议》。

9月20日，以寒灰笔名在《神州日报》上发表小说《海若抡才》。

9 月 20—21 日，以寒灰笔名在《神州日报》上发表时评《〈报馆暂行条例〉之效力如何》。

9 月 25 日—10 月 6 日，所撰《论奉天发布巡警对待外人规则之损权辱国》以寒灰笔名在《神州日报》连载。

9 月 27 日，致函两江总督端方，请其在财政上支持《神州日报》。

9 月 29—30 日，以寒灰笔名在《神州日报》上发表时评《筹画八旗生计果为解决满汉问题唯一之条件乎》。

10 月 4 日，以寒灰笔名在《神州日报》上发表论说《论津镇苏杭甬路线强硬外债之不可承认》。

10 月 5 日，以寒灰笔名在《神州日报》上发表论说《论苏杭甬铁路援引津镇外债成议之失当》。

10 月 6 日，以寒灰笔名在《神州日报》时事小言栏发表《眼前消息》。

10 月 15 日，以寒灰笔名在《神州日报》上发表论说《疑似》。

10 月 19 日，以寒灰笔名在《神州日报》上发表论说《督责》。

10 月 24 日，以寒灰笔名在《神州日报》上发表论说《论苏杭甬外债问题事机之急迫》。

12 月 9—10 日，以寒灰笔名在《神州日报》上发表时评《苏浙代表人都赠言》。

12 月 19—25 日，所撰《论粤汉铁路之危机》以寒灰笔名在《神州日报》连载。

12 月 27 日，以寒灰笔名在《神州日报》上发表社论《政府与国民大战争之开幕》。

1908 年（光绪三十四年　戊申）

1 月 22 日，以寒灰笔名在《神州日报》上发表论说《论政府反对立宪之举动》。

2 月 5 日，以寒灰笔名在《神州日报》上发表小说《年关》。

2 月 11 日，以卖痴生笔名在《神州日报》上发表论说《敢问国民之研究政治事情者》。

2 月 18 日，以卖痴生笔名在《神州日报》上发表论说《政府之取舍如何》。

2 月 19 日，以卖痴生笔名在《神州日报》上发表论说《论国民参与外交之应急手段》。

2 月 20 日，以卖痴生笔名在《神州日报》上发表论说《异哉今日之为铁路交哄者》。

2 月 21 日，以卖痴生笔名在《神州日报》上发表论说《论世界三大思想之流行》。

3 月 1 日，以寒灰笔名在《神州日报》上发表《〈神州日报〉第一周年纪念辞》。

3 月 10 日，以寒灰笔名在《神州日报》上发表论说《论苏浙人士当纠问苏杭甬路事行政上之责任》。

3 月 11 日，以卖痴生笔名在《神州日报》上发表论说《殉路诸人其不瞑目乎》。

4 月 4 日，以卖痴生笔名在《神州日报》上发表论说《记白人暗杀事件列表》。

6 月 19 日，以寒灰笔名在《神州日报》上发表论说《时事小言》。

4 月 20 日，作为秘书随留欧学生监督蒯光典聘至英国。

8 月 12 日，有信致母亲。

1909 年（宣统元年　己酉）

6 月 20 日，有信分别致夫人俪鸿和女儿克恭。

6 月 21 日，有信致儿子克念。

7 月 9 日，有信致夫人俪鸿。

秋，与流亡伦敦的孙中山晤面，向孙中山建议设立欧洲通讯社，孙中山深表赞成，并致函当时在布鲁塞尔的同盟会员王子匡，嘱其与杨毓麟"共同担任之"。但因故计划未能实现。

担任同盟会驻英联络员，以欧洲特约通讯员名义为上海《民立报》、南洋《中兴日报》等撰稿。

10 月 24 日，有信致女儿克恭。

10 月？日 有信致夫人俪鸿。

11 月 4 日，有信分别致母亲、夫人俪鸿和女儿克恭、儿子克念。

12 月 14 日，有信分别致夫人俪鸿和十弟殿麟。

冬，蒯光典因故辞归，杨毓麟亦辞秘书职，转赴英国苏格兰爱伯汀大学学英文及生计学等科。

1910 年（宣统二年　庚戌）

春，在苏格兰购办炸药转送北京，助汪精卫、黄树中等谋炸摄政王载沣。事泄，炸弹经西人化验，始知炸药出自苏格兰。

夏，利用暑假在英国农村调查，并游览了多处风景名胜。

1911 年〔宣统三年 辛亥〕

1 月 26 日，以耐可笔名在《民立报》上发表《英国群俗撷余》。

6 月 14 日，本日起以耐可笔名所撰《记英国工党与社会党之关系》在《民立报》连载，至 7 月 8 日止。

秋在英听到黄花岗起义和暗杀活动屡遭失败，受到刺激，以致旧病复发，受脑病折磨，痛苦难忍，又感势单力孤，无法报国，决意蹈海自尽，遂留下遗书，托人将留英数年所积之 130 英镑中的 100 英镑转寄黄兴，作为运动革命之费，余 30 英镑转寄其老母，以报答养育之恩。

8 月 5 日，在利物浦海滨投水自尽。

8 月 6 日，旅居利物浦的华侨召开追悼杨毓麟大会，并厚葬于利物浦公共坟园。纪念碑上用中文写着"中国蹈海烈士杨先生守仁墓"。纪念碑上的一块用花岗岩制成的碑石上，用英文写着"中国烈士杨守仁，因政治思想而死。死时 40 岁。1911 年 8 月 5 日。"

10 月 11—12 日，《民立报》以《绝命书》为题发表杨毓麟分别致某某二君和叔祖杨昌济（怀中）决别信。

陈天华卷

敬告湖南人[＊]

某敬告于所至亲至爱至敬至慕之湖南人：呜呼！我湖南人岂非于十八省中最有价值之人格耶？何以当此灭亡之风潮而无所动作也？吾思之，吾重思之，而不能为诸君解也。谓将有所待乎？则台湾、胶州、旅顺、威海、广州之割，亦曰将有待也，何以惟闻日蹙百里，投袂而起者不闻有人也。人之断吾手足也，吾不之较，直待断吾首，然后起而与抗，不已晚乎？东三省、广西之失，不特手足也，直断吾首，而犹曰有待，不知如何而始无待也。试思东三省归俄、广西归法，英、日、美、德能甘心乎？瓜分实策，数月间事也。斯时诸君怅怅何之？欲图抵抗乎？抵抗死也。欲作顺民乎？杀顺民者亦有人也。死，一也。死于今日，或可侥幸于万一；死于异时，徒死无补。且为同种人而死，虽死犹荣；为异种人戕同种人而死，则万死不足以偿其罪。诸君纵生不过数十寒暑，此数十寒暑何事观^①极悲之惨剧也，印度、波兰、非洲之故事，将于我中国演之。台湾、胶州、旅顺、威海、广州之民，先睹一出，已有欲观不耐、欲罢不能之慨。诸君其何乐留此七尺之躯，以观此惨剧也。曷若轩轩昂昂排去此等惨剧，以奏我和平之曲，讵非大丈夫之所为乎！

诸君所畏者死也。然而死，人孰不畏，如某者，贪生之尤者也。避死之方，百思不得，始敢为此以卵击石之举。填海精卫，惟恃血忱，成败利钝，非所逆睹。诸君其有免死之良策乎？则某愿执鞭从之也。倘若是宁玉碎者碎，希瓦全者亦不全，则某愿诸君审所择也。元之得天下，

＊ 此文录自 1903 年 5 月 24 日《苏报》（第 2469 号），署"陈君天华来稿"。
① "观"，原作"则"，误，校改。

杀人一千八百万。苟此千八百万之人，预知其不免，悉起与敌，吾知死不及半，元已无种类矣。惟其人人畏死，而死者乃如是之多。元人不畏死，而始能以渺小之种族，奴隶我至大之汉种。我中国数千年来为外人所屠割如恒河沙，曾无一能报复之者，则何以故？以畏死故。中国人口号四万万，合欧洲各国之数也，苟千人之中有一不畏死者，则天下莫强焉。而奄奄有种绝之虞，则何以故？以畏死故。是故畏死者，中国灭亡一大原因也。诸君于此等关头尚未打破，则中国前途真无望也。

诸君勿以此日之灭亡为前日灭亡之比也。前此之灭中国者，其文明不如我，其蓄殖力不如我，故为我所化，而于种族界之膨胀无损焉。今则非其伦也，民族帝国主义渐推渐广，初以我为奴隶，继将以我为牛马，终则等诸草芥，观于澳、美之土人及中国之苗、瑶①，可以省也。人日加增而土不加辟，欧洲于百年之中，民陆增一倍之外，本国既不能容，殖民地又无间隙，其旧不去，其新何居？然此亦未必草剃兽狝也，于我之生计界上渐竭其源，久而久之，民之能婚娶者愈少，不期绝而自绝也。自通商以后，我民不日穷一日乎？近于矿、路二事，争相染指，此即实行灭绝中国种族之遗策也。故今日中国之亡，岂仅亡国，实亡种也。国亡诸君何托？种亡诸君何存？

诸君或犹以奴隶外族为习惯之举，无庸足怪，甚至谓前此野蛮之外族，尚可奴之，今日文明之外族，岂不可奴，而何必排之。不知今日欧美列强，对于内者文明，对于外者野蛮。如英人最言自由平等者也，而印人不能与英之齐民齿，英人之幸福，印人不与焉。英国尚然，况虎狼之俄、德、法哉！吾未见为人所制而能平等于人者也。慈父之视其奴，必不如其子，奴而甘之，他又何说。且为奴而即可无辜乎？列强瓜分中国之后，非能相归于好者也。异日者以疆场之故，俄、德则驱北人以攻南，英、法则驱南人以攻北，己则凭轼而观，彼此死者，中国人也。列强之争无已时，中国人之死亦无已时，当斯际也，吾中国人于列强，人人有当兵之义务，欲求安逸不可得也。诸君此际不为同种人排外族，他日必为异种人诛同族。诸君于排外族则辞焉，于诛同族则任焉，不知诸君何心也？诸君之灭丧天良者，必有谓文天祥、史可法等之死无救于宋、明之亡，徒多杀生灵为借口者，为斯言者，真吾中国之蟊贼也。谓恭顺即可以免杀戮乎！则革命之际宜所杀者，惟执戈执殳之徒耳。林林

---

① "瑶"，原文均作"猺"，校改。下同。

总总之侪，固不敢抗颜于强暴之前，何以此辈之死者百倍于战场之死者也？盖敌人之所欲者，子女玉帛，不杀则将焉取之！盗贼入门，岂可以揖让退之哉。彼外族之入中国也，不敢歼绝吾种者，正缘其初尚有抵拒力，操之过急则恐铤而走险，故汉种虽伏处外族政府之下，权力亦未至全失。是谁之赐？无数烈士捐身命以得之者也。使人尽若夫己氏，吾恐汉种之无久矣。

昔者法灭于英，全国皆靡，一呼而法国复者非一女子耶！今中国尚未至如法之地步也，诸君之位置又不仅一女子也。苟万众一心，舍死向前，吾恐外人食之不得下咽也。中国之存亡系于诸君，诸君而以为中国亡则中国亡矣，诸君而以为中国不亡则孰能亡之！

抑诸君湘人也，吾请与言湘军。湘军之起，都二十万，死者半焉，可谓惨矣。然湘军死十五万人，而获无穷之名誉，其余死于发、捻之乱者，无虑数千万，则皆烟消云灭，归于无何有之乡。诸君其欲赴先哲之后尘乎？则其功岂仅曾、左。盖曾、左所杀者同胞，而我所排者外族耳。

诸君乎！诸君乎！以湖南运动中国之言，不尝出诸诸君之口乎！何他省先为之，而我尚欲逡巡以避之也。诸君其欲勉践前言也，惟诸君；诸君其欲甘让人为善也，亦惟诸君。但使异日青史氏书曰，中国之亡，湖南与有力焉，则吾所万不忍受者也。

论《湖南官报》之腐败[*]

报馆者，发表舆论者也。舆论何自起？必起于民气之不平。民气之不平，官场有以激之也。是故舆论者与官场乃不相容者也。既不相容，必发生冲突，于是业报馆者，以为之监督，曰某事有碍于国民之公利，曰某官不能容于国民，然后官场有所忌惮，或能逐渐改良，以成就多数之幸福。此报馆之天职也。此天职者，即国民隐托之于报馆者也。

苟放弃此天职，即不得谓之良报馆。况以此国民敬谨崇奉、高尚完美、独一无二之特权，背而献之于反对国民、腐败顽劣、专制蝥毒之官场，受彼委托，丧我天良，反主为宾，认贼作子，腼然标之曰官报，颜之曰官报馆，则其弊岂止不良而已哉！太阿倒执，杀尽国民之权利，死尽国民之生气，使中国国亡，万劫不能复者，皆此报之罪也。

吾为此言，非谓官场人人与国民反对，事事与国民反对也。若以报馆而论，则官场视之当如神圣不可侵犯，而业报馆者之应付官场，当如严父之教训其劣子，丝毫不肯放过，则岂有官场与报馆合而为一者哉。以泰西宪法之精美，权限之确立，而□^①报馆犹视为绝大之政监。拿破仑曰：有一反对报馆，其势力之可畏，比四千枝毛瑟枪尤甚焉。此其尽报馆之天职者为何如？况以吾国之官吏腐败顽劣、专制蝥毒达于极点，而各报馆掊击而打消之者，毫无所闻，乃至有献其狐媚、忍其狼心、为虎作伥、视民如寇之《湖南官报》出现于报界。呜呼，此何为哉！此何为哉！

湖南之有日报也，自戊戌维新始也（时另有旬报，曰《湘学新报》，

＊ 此文录自 1903 年 5 月 26 日、27 日《苏报》（第 2471、2472 号），未署名。

① 原稿不清，存疑。

亦有宗旨，此专论日报），熊秉三为干事，为民流血之浏阳二杰为主笔，有南学会、时务学堂以为机关，一时议论风发，举国若狂。湖南之进步极猛，至驱数十辈志士于庚子国难中者，皆此报之力。王先谦、叶德辉、孔宪教种种顽绅之狐缩而不敢出听志士之若何改革者，皆此报之力。此报既风行湖南，全省之人皆震动，学堂、演说会、不缠足会等到处响应。西洋人至呼为湖南狮子吼，则其时《湘报》之势力可知也（至今犹有所谓《湘报文编》者，为戊戌维新之纪念碑）。后政变，有封禁各处报馆、严拿报馆主笔之诏，俞廉三在湘首实行之，湖南志士皆遁去。

《湘报》之发起也，乃由湖北人王莘田。莘田居湖南久，故与湘人交最善。莘田为人首鼠持两端，与熊、谭阳相亲而阴与王、叶二麻为莫逆。《湘报》之经费由莘田担任，一切皆莘田经理之。莘田故经商，交通官绅，理财最密。后《湘报》既经封禁，莘田痛其资本之折阅也，乃哀之于俞廉三，准以其旧有之铅字活版专印通行无聊之上谕奏折，名曰《谕折备览》。而湘人初经风潮，人心震荡，《谕折备览》虽经官许通售，而阅者寥寥，旋即停止。

王莘田自政变后，与二麻交益密，出入于花天酒地之中，不遑他顾。无何，庚子难作，俞廉三出其狼狈荼毒之手段，日杀志士数辈。此志士者，亦皆戊戌与莘田往来者也。莘田闻之，已战栗无人色。久之，俞廉三罗掘益毒，海外志士思所以营救之。龚超乃书长函与莘田，作为与闻国事状，请其主持东南，并牵引汤幼安之子雨苏、叶德辉之弟默安在内，径报长沙县署。县令者，即其乃兄王桐轩也。桐轩接此信，以其弟之谋逆控之于俞廉三。俞提莘田于堂，将陷以不测之罪，莘田抗辩与王先谦、孔宪教交莫逆，王、孔皆正谊明道，维持风会之魁桀，可质问。既而王、孔乘三人舆，昂然至抚辕辩护之，勒令释莘田出。俞无词，莘田得无祸（湖南顽绅之力实有如是），而党祸亦随止。莘田既经此创，益以《湘报》为受祸之原，亟思有人承售铅字活板，既无伤于财政，且以被除不祥。而适有逢迎俞廉三之意者，以从前《湘报》捏造谣言，实由不归官办之故，今何不创一官办之报，维系人心，且可以对锐意维新之宗旨？俞韪之，乃经手者贪得其些小之利，承售王莘田旧印《湘报》之活板，开一报，名曰《湖南官报》。□□①妖魔小丑常本璞、

---

① 原稿不清，存疑。

曾庆榜之徒，遂软宽其膝骨，倾注其凉血，呕吐其秽杂陈腐之心肝，而昂然为主笔。此湖南报界之源流，以及官报出现之历史也。

此官报之发刊也，无宗旨、无议论、无新闻，冠以电报局送来之上谕；次排折差递出无关紧要之折奏；次载官场无谓之应酬；次录某官禀到、某员禀办之辕门钞；次撮上海极朽极秽《申报》等类之报头论说，每日出一纸。出版之前数日，须将后数日应排之稿，交学务处检查；学务处再加笔削，然后呈稿于抚辕；抚辕或有他公事，则此报恒数日不经认可；既经认可，复发学务处；学务处乃交该报馆刊行。辗转纠纷，今日之报，乃言十数日前本省无聊无赖之事，污朽粪秽，阅之刺目。而湖南之官犹以为吾湖南之官有报，他省不能。及报不能销，勒令各州县派售之，曰以开风气也。而凉血动物之常本璞、曾庆榜以钞胥之本领，发奴隶之大愿，月博十余竿之薪钱，充当此杀人权利、死人生气之刽子手，犹腼然语于人曰：吾办报也，吾办官报也。咄咄妖孽，何以至此！

报也者，文明之现象也。报归官办，文明国之所绝无者也。文明国之所无，野蛮国或有之。今吾国既出此野蛮之报，然则报尚得谓之文明之现象耶？呜呼，此就广义言之也。若就狭义言之，则号称私办，如某某报，其在可诛之列者，已不可胜指，况堕落十八层地狱、极黑暗无一线光明之《湖南官报》乎？

吾今有一言奉告业报诸君：救中国之前途、唤醒世人之迷梦者，报之力最大，诸君如担任此力，则宜尽其天职，毫无失放，以监督扑责内外大小无数辈之官吏。如有混乱其界说，做报界之卖国贼，以灰堕我同业之价值而滞塞国民之耳目者，决不与之相容。故湖南之官，吾不之责，只问为湖南之官之伥之傀儡者何人。吾他日无杀人之权则已，若有杀人之权，不杀办此种官报之奴才，誓不立于社会。

湖南人者，最有魄力者也。凡事有果必有因。庚子之放出异常光彩，以《湘报》为原动力。然则近获之腐臭不堪之官报，挟其官力挨户而送之，挟人而阅之，浸灌既久，保无变换其性质，对于死刑之宣告而自愿署名者乎？呜呼！往日之英雄何在？吾知湘人之必不然也。湘人乎，湘人乎，□①读此论之感情果何如乎？

---

① 原稿不清，存疑。

论中国学生同盟会之发起*

呜呼！吾中国其真亡矣，吾中国其真亡矣！不亡于顽固政府，不亡于婪毒疆吏，不亡于列强之瓜分，不亡于各级社会之无知识，吾敢一言以断之曰：中国之亡，亡于学生。

何言乎学生亡中国也？盖凡事有为其主人者。孤军困于围城之中，主帅出降，何论士卒；倾卖祖宗之遗产，家长画诺，何言子弟！夫学生者，非被举世之推崇而目之为主人者乎！如其为主人也，则必尽其主人之天职，毫无失放。内而政府，外而疆吏，皆受佣于主人者也，而顽固而婪毒，主人得以扑责之，推倒之。列强者，对主人而立于客位者也，客欲喧宾夺主，主人得以排击之。各级社会，皆吾主人之兄弟、亲戚也，而知识缺乏，主人得以提携之，输贯之。由斯以谈，通国之人皆对于亡国之宣告不知所署，一惟主人之马首是瞻。主人曰亡，则吾国亡；主人不欲亡吾国，果谁得以亡吾国者！

今学生者，既主人矣，主人则有不得亡吾国之义务矣。而漫曰亡中国者学生也，学生也，何吾言之矛盾若是？呜呼！为中国学生者，其思之，其重思之。

中国之有学生也，自二十年以来也。近岁之顷，成就尤多。东京留学生之程度最高，而南、北洋及湖北、浙江各省大学堂之成材亦千余辈，而方兴未艾，方轨并进。如水陆军、师范、农工业、大学、中学、蒙学、女学、公学、私学等统计之，殆数万人。试问此数万人者，成立者何事？影响者何事？其中岂无志士魁杰，坚忍不拔，见义敢为，慨然

* 录自 1903 年 5 月 30 日、31 日《苏报》（第 2475、2476 号），未署名。据《复湖南同学诸君书》可知为陈天华所作。

以新中国自负者？乃出而任事，累起累蹶，以留学生之资格犹不能无憾，而内地无论焉。吾为此言，非谓留学生之性质有以优于内地也。以留居东京多生无穷之感情，多受外界之刺激，故苟非凉血类之动物，殆无不有"国家"二字浮于脑海者。而内地则毫无闻见，懵焉聩焉，故尔不如留学生之感觉灵而发达早也。

然则学生之所以不能成立者，何以故？曰：无一完全无缺、颠扑不破之大团体故。以学生之位置，学生之目的，学生之性质，无不相同，而仍不能结一团体，其他更何所望！近者东京学生有人类馆、台湾馆之争，政府公使所无可如何者，学生敢争执之。而东三省问题出现，义勇队之编，尤足以震动全国。内地如上海爱国学社之协应，北京大学堂之上书，湖北学生五百余人之演说堂（闻改两湖正学堂为演说堂，梁鼎芬无如何），安徽学生三百余人之爱国会，到处风发，气象特佳，不可谓学生之无势力也。然吾恐其不能持久，组织未终而目的消灭，则所谓完全无缺、颠扑不破之大团体者，终成画饼，而不可以见诸实行也。

蜀邹容者，东京退学生也，愤中国学生团体之不坚，毅然创一中国学生同盟会，海内外全体学生皆要求入会，各省各设总部，各府、县各设分部，权利、义务分条揭载（会章另登）。其目的在于学界成一绝大合法团体，以鏖战于中国前途竞争逼拶之中者也。呜呼！中国学生同盟会者，此何事而顾一邹容发起之？邹容不过学生中一分子耳。吾中国全体学生闻之，其感情何如？其对于同盟会之责任何如？

学生者，中国之学生也。亦既知之，则当求其合于中国之适用。是故中国学生者，非能如各国学生于国权巩固、人格完美之中而循序以求学者也。学之外，盖大有事在。所谓事者，亦求其毋致中国之亡已耳。政府之顽固也，而学生不顽固；疆吏之婪毒也，而学生不婪毒；列强之欲瓜分也，而学生不欲瓜分；各级社会之无知识也，而学生非无知识；然则中国存亡之关键，不属于学生而谁属？如学生终不求所以结团体之故，藉学堂为阶梯，为官场作傀儡，对本部自命为旁视，对外界不能受冲突，得一毕业证书，不啻得一奴才证书，逢迎唱诺，去社会惟恐不远者，则中国国亡无日。列强既实行其瓜分，而政府疆吏或侥幸隶属小朝廷之下，各级社会又任可为何国之顺民。斯时之学生自负其高尚之人格，新中国之学问将如之何？计惟有死而已。夫一死岂足以塞责，一死而中国亡，则吾国之亡，确亡于学生。吾诚不幸谈言之微中也。若夫学生能组织一理想团体，中国前途又如之何？是得下一转语曰：中国之兴，兴于学生。子不见奥大利之逐梅特涅乎？谁逐之？学生逐之也。意大利之退德军乎？谁退之？学生退之也。充学生之势力，无论内忧，无论外患，殆无不可摧陷而廓清之！俄罗斯学生之风潮披靡全国，以俄皇之专制至不能不降心以从之；则岂有生息于专制政体之下，而竟一无展布，无所求其施演之舞台者乎？呜呼！时势惟人所造，若必待时势而为之，吾恐波兰、印度之人今有求学而不可得者也。学生乎，学生乎！吾今谓国亡于学生，公等其承认之耶？其愤怒之耶？若愤怒之，则同盟会其成立矣，而中国兴矣。惟兴惟亡，是在汝！是在汝！

复湖南同学诸君书[*]

同学诸兄鉴：

接函具悉。华等以瓜分祸迫，拟以血肉之躯，亲御强俄，为国民倡。后以俄事渐缓，改为军国民教育会，至日本体育会学习体操，以备有事之秋，稍尽义务，自谓于意无恶。不谓内地当道，不谅其心，反加以多事为名。

不思学生军设立之初，报告监督，通电政府，名正言顺，别无他意。以此为罪，将谓俄不可拒乎？俄国于远东之义勇舰队，日本于对俄之社会，则奖励之，中国则严禁之，何其相反之甚也？至于体育会，日本几遍地皆是，留学生一入其会，则遂大惊小怪，屡索而不得其解。我政府之识见如此，我国民之程度如此，此诚可为痛哭流涕者也。

若以弟言为不可信，则请将学生军之章程，及弟所做之《敬告湖南人》观之，有一字违悖否？弟签名之时，已置死生于度外，徒以川资无出，故尔稽迟，实深抱歉。倘有机会，仍当归梓。设遇不测，亦只先诸君一步耳，乞勿代为过虑。此事发起者为江、浙，湖南人应之者甚少，新化除华一人外，别无他人，万勿惊疑。东京现在异常平靖，而内地如此谎〔慌〕张，风声鹤唳，几于草木皆兵，岂非怪事！乍闻之下，殊觉其可怜可笑。各国聚数十万之精兵图谋我，当道诸人熟视无睹，若不足介意者，独于区区数学生，全国戒严，如临大敌，其重视我留学生过于英、俄、法、德，留学生万万不配也。

然以留学生之举动，归之于康、梁之党，则失实已甚。夫康、梁何人也？则留学生所最轻最贱而日骂之人也。今以为是康、梁之党，则此

＊ 录自 1903 年 6 月 14 日《苏报》（第 2490 号），署名"新化陈天华"。

冤枉真真不能受也。国之亡也，必有党祸，吾非欲解免此名也，独奈何加我所不足之人乎？今使曰康、梁是留学生之党尚且不可，况曰是康、梁之党！康、梁何幸而得此名也？留学生何不幸而得此名也？

今政府于留学生之一举一动而疑忌之，夫留学生则何求？欲求富贵乎？举人、进士之上谕固已降矣，毕业之后数千百金之馆地固无忧也。岂有于至安至稳者不之求，而求之侥幸不可必得之数乎？恐虽下愚，亦不出此。其所以然者，保国急于一人之富贵也，国不保则一人之富贵将焉取之？故我等当以保国为第一义，一人之富贵为第□等义。政府诸公果能以保国为心，而不以吾侪割送与人，则吾等岂有不为其易者而为其难者？否则，吾等又安能甘作亡国之民也！彼亡国不恤，而惟一人之富贵是急者，亦不过于各国多一顺民也，于政府何益？此日之志士多杀一人，则他日捍国难者少一人，此无异自戕其手足也，于志士何损！盖志士迟早一死，不死于政府，必死于外敌。死，一也，又何择焉！华萎靡不振，深恐有所牵染而不果死，致贻口实；若真有死之一日，则弟之万幸也。可为弟贺，何悲之有？

海天万里，各自勉旃！诸君其幸留有用之身，以担任异日艰难，是为至盼。书不尽言，伏乞珍重。天华白。

猛回头 *

序①

俺也曾，洒了几点国民泪；俺也曾，受了几日文明气；俺也曾，拨了一段杀人机，代同胞愿把头颅碎。俺本是如来座下现身说法的金光游戏，为什么有这儿女妻奴迷？俺真三昧，到于今始悟通灵地。走遍天涯，哭遍天涯，愿寻着一个同声气。拿鼓板儿，弦索儿，在亚洲大陆清凉山下，唱几曲文明戏。

纪元二千四百五十五年　群学会主人书

黄帝肖像后题②

哭一声我的始祖公公！叫一声我的始祖公公！想当初大刀阔斧，奠定中原，好不威风。到如今，飘残了，好似那雨打梨花，风吹萍叶，莫定西东。受过了多少压制，做过了数朝奴隶，转瞬间又要为牛为马，断送躯躬。怕的是刀声霍霍，炮声隆隆，万马奔腾，齐到此中。磨牙吮血，横吞大嚼，你的子孙，就此告终。哭一声我的始祖公公！叫一声我的始祖公公！在天有灵，能不忧恫？望皇祖告诉苍穹，为汉种速降下

＊ 原文初刊1903年《湖南俗话报》，并出版单行本。署名"群学会主人"。此文录自1928年民智书局版《陈天华集》，并以曹亚伯《武昌革命真史》前编（中华书局1930年版）所引《猛回头》为校本。

① 《序》据曹亚伯《武昌革命真史》所引《猛回头》增补。

② 《黄帝肖像后题》据曹亚伯《武昌革命真史》所引《猛回头》增补。

英雄。

哭一声我的同胞弟兄！叫一声我的同胞弟兄！我和你都是一家骨肉，为什么不相认？忘着所生，替他人残同种，忍心害理，少不得自己们也要受烹。那异族非常凶狠，把汉族当做牺牲，任凭你顺从他，总是难免四万万共入了枉死城。俺同胞，到此地，尚不觉醒，把仇雠，认做父，好不分明！想始祖，在当日，何等威武。都只缘，这些不肖子孙，败倒名声。哭一声我的同胞弟兄！叫一声我的同胞弟兄！又是恨卿，又是想卿。弃邪归正，共结同盟，驱除外族，复我汉京。昆仑高高兮，江水清清，乃我始祖所建国兮，造作五兵。我饮我食兮，无非始祖之所经营，誓死以守之兮，决不令他族之我争。子子孙孙兮，同此血诚。

地理略述

普天之下，共分五个大洲。中国是亚细亚洲一个顶大的国，内地有十八省，称为中国本部。在本部东北方，有东三省，即从前宋朝那时候的金国，现在的满洲。那满洲乘着明末的乱，占了我们中国，改号大清国。直隶、山西、陕西之北有蒙古，即元鞑子，灭了宋朝，一统中华，明太祖把他赶归原处，后亦为满洲所灭。由甘肃过去，有新疆省，是一个回回国，乾隆年间被灭的。四川之西有西藏，是一个活佛做国主，亦归服清朝。除了十八省以外，从前都是外国，于今都是大清国。虽然中国也不过与那蒙古、新疆、西藏同做了满洲的奴隶。在中国东方的有日本国，是一个岛国，约有中国两省大，从前也是弱国，近来仿照西洋人的法子，不过三十年，遂做了世界第一等的强国。与山东省遥遥相对的是高丽国，近来改名朝鲜，从前也是中国的属国，自甲午年战败之后，遂不归中国管辖。在中国南方的有越南国、暹罗国、缅甸国，皆是进贡中国的。后来法国占了越南，英国占了缅甸，暹罗亦受英、法两国的挟制，不久也是要灭的。由西藏再西，有印度国，佛菩萨所出的地方，约有中国十二三省大，乾隆年间，为英国东印度公司所灭。以上皆是亚细亚。此外又有大小国数十，都被那西洋人灭了。

亚细亚洲之西，有欧罗巴洲。五大洲之中，惟此洲最小又最强。洲中大、小国亦数十：第一强国是俄罗斯。他的地方，小半在欧罗巴洲，大半在亚细亚。中国与他连界二万余里，国土有清国二倍之大，但人口只有中国三分之一。第二是英吉利。他的本国很小，属地比本国大七十六倍。又有法兰西、德意志、奥大利、意大利，皆是强国。其余的国大者如中国的一二府而已。

欧罗巴洲的南方有阿非利加洲，沙漠居多，天气很热，从前也有数十国，于今皆为西洋人所瓜分。

印度之南，有南洋群岛，约有数百，自明朝即为西洋人所占。南洋群岛之中，有最大的岛名叫澳大利加洲，亦称为五大洲中之一，土人很少，为英国所占领。

在以上四大洲之西者，叫做阿美利加洲，从前本是一块荒地，与这四洲东隔着太平洋，西隔着大西洋，自古与四洲不相通。自明朝中间，欧罗巴人名叫哥伦布者，始寻得是处。其后欧罗巴的人往者愈多，遂建了多少的国，尤以美利坚为最大。

五洲万国，除中国、日本数国之外，其余诸部，皆归服了欧罗巴。中国又危乎殆哉！我同胞乎！何可不一醒也？

人种略述

天下的人种，自大处言之，约分五种：亚细亚洲的人，大半是黄色种；欧罗巴洲的人是白色种；阿非利加洲的人是黑色种；南洋群岛的人是棕色种；阿美利加洲的土人是红色种。五种人中，只有白色种最强，黄色种次之；其余的三种，都为白色种所压制，不久就要灭种。此就色面而分出五大种也。专就黄色种而言之，则十八省的人皆系汉种，始祖黄帝于五千年之前，自西北方面来，战胜了苗族，一统中国。今虽为外种所征服，其人口共四万万有余，居世界人口四分之一（世界人口共十余万万，而汉种居其四分之一）。满洲是通古斯种，金朝亦是此种人，其人口共五百万。蒙古为蒙古种，其人口共二百万。新疆为回回种，其人口一百二十万。西藏为吐番种，其人口一百五十万。苗、瑶是从前中国的土人，其数比汉种较多，于今只深山之中留了些微。满洲、蒙古、西藏、新疆的人，从前都是汉种的对头，无一刻不提防他。其人皆是野蛮，凶如虎狼，不知礼义，中国称他们为犬羊，受他等之害不少。自满洲入主中国，号称中外一家，于是向之称他为犬羊者，俯首为犬羊奴隶矣。

猛回头

大地沉沦几百秋，烽烟滚滚血横流。
伤心细数当时事，同种何人雪耻仇？

我中华灭后二百余年一个亡国民是也。幼年也曾习得一点奴隶学问，想望做一个奴隶官儿，不料海禁大开，风云益急，来了什么英吉利、法兰西、俄罗斯、德意志，到我们中国通商，不上五十年，弄得中国民穷财尽。这还罢了，他们又时时的兴兵动马，来犯我邦。他们连战连胜，我国屡战屡败，日本占了台湾，俄国占了旅顺，英国占了威海卫，法国占了广州湾，德国占了胶州湾，把我们十八省都划①在那各国的势力圈内，丝毫也不准我们自由。中国的官府好像他的奴隶一般，中国的百姓，好像他的牛马一样。又有那一班传教的教士，如狼似虎，一点儿待他不好，便办起教案来，要怎么样，就怎么样。我中国虽说未曾瓜分，也就比瓜分差不多了。那时我们汉人中有一班志士，看见时势不好，热心的变法，只想把这国势救转来。哪里晓得这满洲政府，说出什么"汉人强，满人亡"的话儿，不要我们汉人自己变法，把轰轰烈烈为国流血的大豪杰谭嗣同六个人一齐斩了。其余杀的杀，走的走，弄得干干净净，只有那满人的势力。不上两年工夫，出了一个义和团。这义和团心思是很好的，却有几件大大的不好处，不操切实本领，靠着那邪术。这邪术乃是小说中一段假故事，哪里靠得住！所以撞着洋人，白白的送了性命。兼且不分别好丑，把各国一齐都得罪了。不知各国内，也有与我们有仇的，也有与我们无仇的，不分别出来，我们一国哪里敌得许多国住！我们虽然恨洋人得很，也只好做应敌的兵，断不能无故挑衅。说到那围攻公使馆，烧毁天主堂，尤为无识。自古道：两国相争，不斩来使。我无故杀他的使臣，这是使他有话说了。我们要杀洋人，当杀那千军万马的洋人，不要杀那一二无用的洋人。若他们的军马来，你就怕他，他们的商人教士，你就要杀害他，这是俗话所谓谋孤客，怎么算得威武呢！义和团不懂这个道理，所以弄出天大的祸来，把我们中国害得上不上下不下，义和团真真是我们中国的罪人了。当时那一班顽固的大臣，满怀私意，利用这义和团。等到八国兴兵问罪，束手无策，弃

---

① "划"，原作"尽"，误，校改。

了北京，逃往陕西，不顾百姓的死活。可怜北京一带，被八国杀得尸横遍野，血流成河，足足杀了数百万。俄国乘势占了东三省，无故的把六千人赶入黑龙江。列位，你道好惨不好惨！可惜我们这无耻无能的中国人，大家扯了八国顺民旗，接迎八国的兵马进城。还有那丧尽天良的，引着八国的人奸淫掳掠，无所不至。我家说到此处，喉咙说也说不出了。只恨我无权无力、不能将这等自残同种的混帐王八蛋千刀万段，这真真是我的恨事啊！

列位！你道各国占了北京，怎么不就把这中国实行瓜分了呢？原来各国相貌不同，言语不通，兼且离我中国很远，哪里有许多人镇服我们？不如留着这满洲的政府代他管领，他又管领这满洲的政府。汉人做满人的奴隶是做惯了的，自然安然无事。我们是奴隶的奴隶，各国是主人家的主人家，何等便当，岂不比这实行瓜分，要自己费力的好得多吗？果然这满洲的政府感激各国了不得，从前赔款数次，差不多上十万万了，此次赔各国的款连本带息，又是十万万。我们就是卖儿卖女也是出不起来的！又自己把沿海的炮台削了，本国的军营请各国来练；本国的矿产让各国来开；本国的铁路听各国来修。还有那生杀用人的权柄，都听各国指挥。列位，你看满洲的政府，只图苟全一己，不顾汉人永世翻不得身，件件依了洋人的，你道可恨不可恨！我们若不依他的，他就加以违旨的罪，兴兵剿洗，草芥也比不上。十八省中愁云黯黯，怨气腾霄，赛过十八层地狱。他又见从前守旧的惹出祸来，才敷衍行了一段新政，不过是掩饰人的耳目。他且莫讲，京城修一个大学堂，要费三十万银子，政府说费用大了，至今未修。皇太后复修颐和园数千万银子也办出来了。每年办陵差，动辄数百万，亦是有的。独有这三十万，难道寻不出么？我们百姓家里要一个钱买水吃也没有，去年荣禄嫁女，他的门房得门包三十二万。这银子是哪里来的？都是那贪官剥削我们的脂膏，献与荣禄的。荣禄之外，还有那太监李连英，皇太后最信用他，最相好的，他的家财比荣禄多了十倍。当今的官府，多半是他的门生、小门生。列位，你看这个情形，中国还保得住么！到了今年，俄国就要把东三省实归他有了，法国也要这广西省，中国若准了他两国，这英国少不得就要长江七省，德国少不得就要山东、河南，日本少不得就要福建、浙江，还有哪一块是我们的？我想这政府是送土地送熟了的，不久就是拱手奉纳。我们到了那个时节，上天无路，入地无门，还有什么好处呢？自家想到此际，把做官的念头丢了，只想把我们的同种救出苦海。

无奈我们的同胞沉迷不醒，依然歌舞太平，大家自私自利，全无一点团结力，真真是火烧到眉毛尖子上尚不知痛。好叹呀！闲下无事，编成了几句粗话，叫做《猛回头》。列位若不厌烦，听我家唱来，消消闲好么？

拿鼓板，坐长街，高声大唱，尊一声，众同胞，细听端详。
我中华，原是个，有名大邦，不比那，弹丸地，僻处偏方。
论方里，四千万，五洲无比，论人口，四万万，世界谁当。
论物产，真个是，取之不尽，论才智，也不让，东西各洋。
看起来，哪一件，比人不上，照常理，就应该，独称霸王。
为什么，到今日，奄奄将绝，割了地，赔了款，就要灭亡？
这原因，真真是，一言难尽，待我们，细细数，共做商量。
五千年，俺汉人，开基始祖，名黄帝，自西北，一统中央。
夏①商周，和秦汉，一姓传下，并没有，异种人，来做帝皇。
这是我，祖宗们，传留家法，俺子孙，自应该，永远不忘。
可惜的，骨肉间，自相残杀，惹进了，外邦人，雪上加霜。
到晋②朝，那五胡，异常猖獗，无非是，俺同种，引虎进狼。
自从此，分南北，神州扰乱，到唐朝，才平定，暂息刀枪。
到五季，又是个，外强中弱，俺同胞，遭杀戮，好不心伤！
宋太祖，坐中原，无才无德，复燕云，这小事，尚说不遑。
难怪他，子孙们，懦弱不振，称臣侄，纳贡品，习以为常。
那徽宗，和钦宗，为金捉去，只岳飞，打死仗，敌住虎狼。
朱仙镇，杀得他，片甲不返，可恨那，秦桧贼，暗地中伤。
自此后，俺汉种，别无健将，任凭他，屠割我，如豕如羊。
元鞑子，比金贼，更加凶悍，先灭金，后灭宋，锋不可当。
杀汉人，不计数，好比瓜果，有一件，俺说起，就要断肠！
攻常州，将人膏，燃做灯亮，这残忍，想一想，好不凄凉。
岂非是，异种人，原无恻隐，俺同胞，把仇雠，认做君王。
想当日，那金元，人数极少，合计算，数十万，有甚高强！
我汉人，百敌一，都还有剩，为什么，寡胜众，反易平常？
只缘我，不晓得，种族主义，为他人，杀同胞，尽丧天良。
他们来，全不要，自己费力，只要我，中国人，自相残伤。

---

① "夏"，原作"晋"，误，据曹亚伯《武昌革命真史》所引《猛回头》校改。
② "晋"，原作"夏"，误，据曹亚伯《武昌革命真史》所引《猛回头》校改。

这满洲，灭我国，就是此策，吴三桂，孔有德，为虎作伥。

那清初，所杀的，何止万万，哪一个，不是我，自倒门墙！

列位，你看中国数千年来，只有外国人杀中国人，断没有中国人杀外国人的；只有外国人到中国做皇帝，断没有中国人往外国做皇帝的。这是什么缘故？因中国地方大得很．人口多得很，大了就不相往来，多了就难于亲热。又不晓得是一个祖宗发出来的，把做别人相看。太平久了，没有祸患来逼迫他，自然是游手好闲，不想习武艺。外国地方既小，人口又少，所以最相亲爱，合数十万人为一个人。他们又没有别项出息，全靠着游猎掳掠为生，把武艺做性命，人人都操得好，一可敌十，以攻我这一人，是一个全无气力的中国人，怎么不有胜无败！况且又有我们那些忘着自己本族的人，替他尽死，怎么不就做了中国的皇帝呢？从前做中国皇帝的，虽然朝代屡易，总是我汉人，总是我始祖黄①帝的子孙，只可称之为换朝，算不得灭国。惟有元朝与这清朝一统中华，这中国就灭过二次了。而我们以多数的中国人，受制于少数的外国人，可算是我中国人一个大大的耻辱了！

俺汉人，想兴复，倒说造反，便有这，无耻的，替他勤王。

列位，你道这"造反"二字，怎么样讲的？他强占了我们的国，我们自己想恢复起来，是正正堂堂的道理，有什么造反！好比那人家有一份产业，被强盗霸去了，到后来这人家的子孙长大了，想要报这个仇，把从前的产业争转来，也可说他是不应该的吗？那人家的子孙，若是有一半倒要帮这个强盗，把自己的亲兄弟杀害了，到那强盗处讨功，这还算得一个人么？列位，你看这勤王党，岂不是与这个人杀害自己的亲兄弟，到那强盗处讨功的一样吗？列位，列位，这都忍得，还有哪一件忍不得！

还有那，读书人，动言忠孝，全不晓，"忠孝"字，真理大纲。

是圣贤，应忠国，怎忠外姓？分明是，残同种，灭丧纲常。

转瞬间，西洋人，来做皇帝，这班人，少不得，又喊"圣皇"。

想起来，好伤心，有泪莫洒，这奴种，到何日，始能尽亡？

还有那，假维新，主张立宪，略畛域，讲服从，胡汉一堂。

---

① "黄"，原作"皇"，误，据曹亚伯《武昌革命真史》所引《猛回头》校改。惟后者此句无"始祖"二字。

这议论，都是个，隔靴搔痒，当时事，全不懂，好像颠狂。
倘若是，现政府，励精图治，保得住，俺汉种，不遭凶殃。
俺汉人，就吞声，隶他宇下，纳血税，做奴仆，也是无妨。
怎奈他，把国事，全然不理，满朝中，除媚外，别无他长。
俺汉人，再靠他，真不得了！好像那，四万万，捆入法场。
俄罗斯，自北方，包我三面；英吉利，假通商，毒计中藏。
法兰西，占广州，窥伺黔桂；德意志，胶州领，虎视东方。
新日本，取台湾，再图福建；美利坚，也想要，割土分疆。
这中国，哪一点，我还有分？这朝廷，原是个，名存实亡。
替洋人，做一个，守土官长，压制我，众汉人，拱手降洋。

列位，你道现在的朝廷，仍是满洲的吗？多久是洋人的了。列位，若还不信，请看近来朝廷所做的事，哪一件不是奉洋人的号令？我们分明是拒洋人，他不说我们与洋人做对，反说与现在的朝廷做对，要把我们当做谋反叛逆的杀了。列位，我们尚不把这个道理想清，事事依朝廷的，恐怕口虽说不甘做洋人的百姓，多久做了尚不知道。朝廷固然是不可违拒，难道这洋人的朝廷，也不该违拒么？

俺汉人，自应该，想个计策，为什么，到死地，不慌不忙？
痛只痛，甲午年，打下败阵；痛只痛，庚子岁，惨遭死伤；
痛只痛，割去地，万古不返；痛只痛，所赔款，永世难偿；
痛只痛，东三省，又将割献；痛只痛，法国兵，又到南方；
痛只痛，因通商，民穷财尽；痛只痛，失矿权，莫保糟糠；
痛只痛，办教案，人命如草；痛只痛，修铁路，人扼我吭；
痛只痛，在租界，时遭凌践；痛只痛，出外洋，日苦探汤。

列位，你看洋人到了中国，任是什么下等人，我们官府都要把做上司相看。租界虽然租了，仍是我的地方，哪里晓得到了租界内，中国人比禽兽也比不上。一点儿不到，任是什么大官，都要送到工部局治罪。守街的巡捕，比那虎狼还凶些。中国人打死外国人，一个人要完十个人的命，还要革许多的官员，才能结案。外国人打死中国人，他就送往本国去了，中国的官府，半句话也讲不得。上海的西洋人，有一个花园上贴一张字："只有狗与支那人（外国称中国为支那），不准进入！"中国人当狗都当不得了！南洋群岛一带，以及美洲、澳洲，中国有二三百万人，在那里做苦工营生，那洋人异常妒忌，每人上岸就要抽五十元税的，每年还有种种的税，少不如他们的意，他就任意打死。有一个地方，号做檀香山，有中国万多人的街，病死一个妇人，也是常事，那洋人说是疫死的，怕传染他们外国人，就放火把这街全行烧了。这街的人不敢做声，大家都到那河边树下居住。列位，你道伤心不伤心？那洋人看见中国的人，仍来他国不止，又想一个法子，上岸的时候，不能写五十个洋字的，不准上岸；把五十元的身税，加至五百元。其余的辣手段都高涨了，差不多中国人不能有一个配出洋的。这一条苦生路都将没有，还有别项生路么？中国尚未为洋人所瓜分，已到这个情形，等到他们瓜分中国之后，他还准我们有一碗饭吃么？

怕只怕，做印度，广土不保；怕只怕，做安南，中兴无望。

列位，你道印度若〔偌〕大的地方，怎么灭的？说来真是好笑。三百年前，英国有几个商人，集个十二万的小小公司，到印度通商，不上百年，这公司的资本就大了。到乾隆年间，这公司的一个书记，叫做克雷飞的，生得有文武全才，他就招印度人为兵，就印度地方筹饷，把印度各国全行灭了，归他公司管辖。列位，你道希罕得很罢？这印度是出佛、菩萨的国，其地方比中国小不得几多，其人口也有中国四分之三，为什么被英国一公司所灭？不晓得是印度人自己灭的，全不要英国费力，怎么怪得英国！我们中国人，和这印度人，好像是一槽水冲出来的。英国在我国的势力，比当初在印度大得多。列位，试想一想，我们今日骂印度人，恐怕印度人就要骂我了。安南就是越南国，从前是进贡我中国的，和云南、广西连界，有中国三省地方之大，光绪十年为法国所灭。这安南国王仍有个皇帝的空号，只没有权柄，受气不过，悔恨而死。临死的时候叫道："欧洲人惹不得。"呜呼！晚了！

怕只怕，做波兰，飘零异域；怕只怕，做犹太，没有家乡！

列位，你道这波兰国是一个什么国呢？数百年前，也是欧洲一个最著名的大国，后来内政不修，贵族当权，上下隔绝，遂为那俄罗斯、德意志、奥大利三国瓜分了。俄罗斯所得的地方更大，那暴虐的政策真是笔不能述。波兰人民受虐不过，共起义兵，才有了点基础，那贪生怕死的贵族，甘心做外族的奴隶，替俄人杀戮同胞。正如我国太平王起义兵，偏偏有这湘军替满洲平定祸乱一样。那俄人得此势力，遂乘势把波兰人杀死大半，其余杀不尽的，不准用波兰的语言；波兰的文字，波兰的教门，一切都要用俄罗斯的。四处有俄罗斯的警察兵，波兰人一言一动，都不自由。又把这贵族富户以及读书人都用囚笼囚了，送往那常年有雪的西伯利亚，其数三万，每一队有兵一队押送。起程之际，各各舍不得自己的安乐家乡，抱头大哭，天昏地暗，就使石人听了也应掉下泪来。独有这如狼似虎的兵卒，不管你舍得不舍得，不行皆用鞭便抽。顷刻间，血肉横飞，死了无数。有一个妇人抱着孩子啼哭，那兵卒从怀中抢去孩子，掷出数丈之外，那孩子口含馒头，便跌死了。那妇人心如刀割，亦就抢毙在地。一路之上，风餐露宿，忍饥受打，足足行了数月，方到彼处，已只剩得三分之一。满目荒凉，凄惨万状。回想前日的繁华，真如隔世，都是梦也做不到的。那波兰人到此地步，思想早知如此，何不同那国民军共杀异族，纵然战死疆场，也落得个干干净净，何至如此受苦，真个悔之不及。列位，这岂非是波兰人自作自受吗？至若那犹太国，更与波兰不同，是数千年前一个名国，那耶稣即生在这个地方。其人最是聪明，文章技艺，件件俱精。尤善行商，只因行为卑鄙，没有政治思想，张三来也奉他做皇帝，李四来也奉他做君王。谁晓得各国只要土地，不要人，把犹太人逐出在外，不准在本地居留。可怜犹太人东奔西窜，无家可归，纵有万贯家财，也是别人的。即具绝顶才学，也无用处。各国都见他是一个无国的人，不把做个人相看，任意欺凌。今年俄罗斯有一个地方，住有数十犹太人，素安本分，近日俄人失掉了一个小孩子，讹传是犹太人杀了祭神，聚集多人，把犹太人的房屋放火烧了。犹太人也有自投河的，也有自吊梁的，其余的被俄人或砍其手，或断其足，或把身体支分节剖，又将小儿掷在空中，用刀承接，种种残虐，惨无天日。那俄国的官府，不但不禁，反赞道应该如此。俄国的绅士以及传教士都坐马车往观，以为笑乐。列位，试想一想，人到没有国的田地，就是这个模样，哪一国不是俄罗斯？哪一个不是犹太人？好险呀！好怕呀！

怕只怕，做非洲，永为牛马；怕只怕，做南洋，服事犬羊。

列位呵，莫道中国地是很大，人是很多，任从洋人怎么样狠，终不能瓜分中国。这非洲也就不小了，天下五大洲，亚细亚洲最大，第二就是非洲，人口也有二万万，只蠢如鹿豕，全不讲求学问。欧洲各国，遂渐渐把他的地方瓜分了。又将人口掳回，叫他做最粗的工，好比牛马一样。又有南洋群岛，其人也与这非洲的人差不多，自明朝以来，即为西洋人所占领。西洋人看待此处的人，如草芥一般，享福的是西洋人，受苦的是此处人。这是何故？都缘其人概不读书，愚蠢极了，所以受制于人。列位，你看中国的人，有本领有知识的有几个，就是号称读书的人，除了"且夫"、"尝谓"几个字外，还晓得什么？那欧美各国以及日本，每人到了六岁，无论男女都要进学堂，所学的无非是天文、地理、历史、舆地、伦理、化学、物理、算学、图画、音乐，一切有用的学问，习了十余年。还有那陆军、海军、文科、理科、法科、工科、农科、医科、师范各种专门学问。他们的极下等人，其学问胜过我国的翰林、进士，所以他造个轮船，我只能当他的水手；他立一个机器厂，我只能当他的粗工；他们安坐而得大利，我们劳动而难糊口。此时大家尚不教子弟讲求切实学问，等到洋人瓜分了中国，一定是不要我们学的，恐怕求为牛马都不可得了！

怕只怕，做澳洲，要把种灭；怕只怕，做苗瑶，日见消亡。

列位，你道于今灭国，仍是从前一样吗？从前灭国，不过是把那国的帝王换了坐位，于民间仍是无损。于今就大大的不相同了，灭国的名词叫做民族帝国主义。这民族帝国怎么讲的？因其国的人数太多，本地不能安插，撞着某国的人民本领抵当他不住的，他就乘势占了。久而久之，必将其人灭尽，他方可全得一块地方。并非归服于他，就可无事的，这一国人种不灭，他们总不放手。那灭种的法子，也是不一：或先假通商，把其国的财源一手揽住，这国的人渐渐穷了，不能娶妻生子，其种自然是要灭的；或先将利债借与那国，子息积多，其国永远不能完清，拱手归他们的掌握；或修铁路于其国中，全国死命皆制在他手里；或将其国的矿产尽行霸占，本国的人倒没有份。且西洋人凡灭一国，不准其国的人学习政治、法律、军事，只准学些极粗浅的工艺，初则以为牛马，终则草芥不如；其尤毒者，则使其国的人自相残杀。那澳洲的土人凶悍不过，英国虽占领此处，也无法可治，最后乃想出一个绝好的妙计，土人之中，有自将同类杀害来献者，每一头赏银五角。那土人为着五角银子，纷纷相杀，这人杀了此人，领了赏项，其头又被他人取去，不上几十年的工夫，其人遂没有种了，银子丝毫不走，仍归英人。列位，你看我中国人，为着每月一二两的饷银，便甘心为异族杀害同种，岂不与这澳洲的土人一样吗？那西洋人灭人国的法子，哪一条没有向中国用过？就使不瓜分我们中国，如此行去，不上百年，我们中国也没有种了。这是何故？你看自通商以来，我们中国的人，不是日穷一日么？每年因通商要送他四五千万银子，洋烟一项，又要送他三四千万，中国就是金山也要用尽。况且近来又添出五六千万两的赔款，哪里有这项大款呢？记得我前年在本省省城居住，市上生意尚为繁盛，新年度岁，热闹非常，到了去年因要出这项赔款，倒了多少钱号，及至今年新正，冷淡多了。仅只一二年，已是如此，再过二三十年后，还可想得吗？洋人在中国的轮船铁路，日多一日，那靠着驾船挑担为生者，再有路吗？洋人在中国的机器织布等局，愈推愈广，那靠着手艺纺织为生者，再用得着吗？这轮船、铁路、机器、织布，最能富国，无奈中国人自己不做，甘心送与洋人做，岂非自己寻死路吗？中国的矿产，随便一省，都足敌欧洲一国，亦都送与洋人，自己还有哪里可生活呢？洋人得了中国的钱，即把来制中国的命。英国施于澳洲的手段，又施之于中国。俄国在东三省，英国在威海卫，德国在胶州，法国在广州湾，即招中国人为兵，与中国开起战来，一定把此等兵当做先锋。将来各国瓜分中国之后，又不能相安无事，彼此仍要相争，此国驱这省的人，彼国驱那省的人，彼此死的都是中国的人，洋人不过在后做一个指挥官，胜了败了，都与他无涉。各国战争没有休止，中国人的死期，也没有休止。等到中国人杀完了，其实洋人终未动手，仍是中国人杀中国人。人数虽多，不过比澳洲多杀得几年，哪里还有种呢！列位不要错认蒙古、满洲灭了中国，中国人种虽当时杀了十分之九，不久又复了原；将来洋人分了中国，也不过是一例。须晓得蒙古、满洲，本国人数很少，中国人数很多，没有中国人，他得一块荒地，有何用处？兼且他是野蛮，我是文明，无一件不将就中国的人，这非他有爱于我，为势所迫，不得不然。那蒙古初得中国的时候，本意要将汉人杀尽，把其地做为牧场，以便畜养牛马。耶律楚材说，不如留之以出租税，是以得免。汉种之不灭，岂不侥幸得很吗？洋人的文明，比中国强得远，他得了中国，除充下等的奴隶，哪一项要你这个无用的东西？文明当他不住，他就不杀，也是要灭的。这中国先前的主人翁，岂不是那苗瑶吗？这十八省哪一处不是他的。我们汉族自西北方来到中国，也与这西洋人自泰西来的差不多。他们战败了，渐渐退出黄河一带，让与我们汉人。又被我们汉人由大江一带把他赶到那闽、广、云、贵等处居住，不久又被我们汉人占了。到了今日，除深山穷谷外，尚有些少苗瑶，其余的平原大地，还有苗瑶的影儿吗？当汉人未来之先，这苗瑶也是泱泱大族。他族内的事情，他也办得井井有条。只因撞着我们这文明的汉族，就如雪见太阳，全不要理他，自行消灭；我汉族对于蒙古、满洲、苗瑶，自然是文明的；对于欧美各国，又是野蛮。倘不力求进步，使文明与欧美并驾齐驱，还有不灭种的理吗？

左一思，右一想，真正危险，说起来，不由人，胆战心惶。

俺同胞，除非是，死中求活，再无有，好妙计，堪做保障。

第一要，除党见，同心同德。

列位！我们四万万人都是同胞，有什么党见呢？常言道得好："兄弟在家不和，对了外仇，一根喉咙出气。"我看近来也有守旧的，也有求新的，遂闹出多少的意见。其实真守旧是很好的，他的意思，总要守着那祖宗相传的习惯，恐怕讲习时务，就变了外国的模样，我实在佩服得很！但可惜没有到实事上用心去想，不晓得这时务是万要讲的。比如冬天有冬天的事情，夏天有夏天的事情，一点儿都要守那冬天的样子，可行得去吗？我们从前用弓箭交战，他于今变了洋枪，我还可拿弓箭与他交战吗？我们用手织布，他用机器织布，一人可抵得十人，我又不能禁人不穿洋布，还可不学他的机器吗？凡他种种强过我们的事件，我哪一件不要学他的呢？不把他们好处学到手，可抵得住他们吗？犹如邻家恃着他的读书人多，武艺高强，银钱广有，欺凌我到极步，我恨他是不消说得的。但任你如何恨他，也是奈他不得，少不得也要送子弟读书习武，将他发财的道理，一切学习，等到件件与他一样，才可报他的仇。这样看来，不想守旧则罢，要想守旧，断断不能不求新了。那真求新的，这守旧的念头也就很重，祖宗旧日的土地失了数百年，仍想争转来，一草一木，都不容外族占去，岂不较那徒守旧的胜得多吗？至若专习几句洋话，到那洋人处当个一个二毛子，遂自号求新党，这是汉种的败类，怎么说得是求新呢。那守着八股八韵，只想侥幸得一个功名，以外一概不管，这是全无人心的人，怎么说得是守旧！这两种人都可不讲，只要这真守旧、真求新的会合起来，这利益就很大了。从前只有守旧、求新二党，到了晚近，即求新一党，又分出许多党来。有主张革命的，有主张勤王的，有主张急进的，有主张和平的，有主张陆军的，有主张科学的，比那从前两大党的争竞还激烈一些。不晓得都没有平心去想，革命固是要紧，但那勤王的只是一时见不到，久后一定要变。除非是两军阵前，总不可挟持意气，只可将真理慢慢与他讲明。今日的时势，急进是万不可无，然没有和平一派，一败之后，遂没有人继起了。要把现在的江山，从那虎狼口中抢转来，怎么不要陆军呢？但江山抢转来了，没有科学，又怎么行得去呢？外国人的党派虽多，然大宗旨都是与他国、他族做对，全是为公，并没为私。撞着他国、他族的事件来了，他一国、一族的人同是一个心，并没有两个心。故我等但求莫失这与外族做对的大宗旨，其余下手的方法，也就听各人自便，毫不能相强的。此外又有私立的党会，算来不下数千百起，都不相连络，此处起事，彼处旁观，甚或彼此相仇，也是有的。列位呵！昔日有一个番王，他有十九个儿子，到了临死的时候，把十九个儿子都喊到面前，每人赐一枝箭，叫把一枝箭折断，就折断了，又叫把十九枝箭扎合①起来，就不能折断半毫。那番王言道："孩儿呵！你们须晓得分开易断，合聚难折。你们兄弟假若一人是一人，别人就不难把你们灭了；你们若是合聚起来，如一个人一般，哪一个能灭得你们！"这十九人听了他父亲的言语，果然国富兵强，没有一国敢小视他。今日无数的外族，都要灭我们这一族，我们四万万人就合做一个，尚恐怕敌他不住，怎么好一起是一起的，全不相关？等到各起都灭完了，难道你这一起保得住么？依了鄙人的愚见，不如大家合做一个大党，凡是我汉族的人，无论为士、为农、为工、为商，都不可丝毫扰害，都要极力保护，不使一个受外族的欺凌，方可对得祖宗住，岂不是大豪杰所做的事吗？

第二要，讲公德，有条有纲。

列位！我们中国到这个地步，岂非是大家都不讲公德，只图自利吗？你不管别人，别人也就不管你，你一个人怎么做得去呢！若是大家都讲公德，凡公共的事件，尽心去做，别人固然有益，你也是有益。比如当他人穷困的时候，我救了他；我到了穷困的时候，他又来救我。岂不是自救吗？有一个物件，因不是我的，不甚爱惜，顺便破坏；到我要用那物件的时候，又没有了，岂不是自害吗？我看外国的人，没有一个不讲公德的，所以强盛得很。即如商业一项，诚实无欺，人人信得他过，不比中国人做生意，奸盗诈伪齐生，没有人敢照顾。这商务怎么会不让他们占先呢？列位！为人即是为己，单为己是断不能有益于己的。若还不讲公德，只讲自私，不要他人来灭，恐怕自己就要灭掉自己了。

第三要，重武备，能战能守。

列位啊，今日的世界，什么世界？弱肉强食的世界。你看于今各

---

① "扎"，原作"札"，校改。

国，哪国不重武备？每人到了二十岁，就是王子也要当兵三年。不当兵的，任是什么贵族，也没有个出身。这兵的贵重，比中国人的举人、秀才还贵重一些；兵丁的礼信，中国的道学先生多当他不得。平日的操练如临战一般，到了两军阵前，有进无退。若是战死了，都到死者家里庆贺，这家也就不胜荣宠，全无哀戚的心思。假若临阵脱逃，父遂不以为子，妻遂不以为夫。所以极小的国，都有数十万精兵，任凭何等强国都是不怕。不比中国"好汉不当兵，好铁不打钉"，把兵看得极贱，平时一点操练没有，开差的时候妻啼子哭，惟恐怕不得生还。这些兵动辄奸淫掳掠，打起仗来闻风就跑。列位！外国的兵是那个样子，中国的兵是这个样子，两下打起来，怎么不有败无胜！若不仿照外国的法子，人人当兵，把积弊一切扫除，国家前途真真不可设想了！

第四要，务实业，可富可强。

列位！中国从前把工艺做下等人物看待，哪里晓得各国的富强都从工艺来的？于今中国穷弱极了，若没有人做枪炮，何能与外国开战；没有人做一切的机器，何能把通商所失的利权争转来？铁路、轮船、矿务都可以富国，若没有人学习此等专门，又何以办得？列位！你们有子弟的，何不赶紧送出外洋，将习实业。目前不过费一二千金，将来自己可以大富，并且有大利于国，何苦而不为呢？

第五要，兴学堂，教育普及。

列位！各国的教育，前已讲过了，中国此时尚不广兴学堂，真要无从挽救的了。

第六要，立演说，思想遍扬。

列位！演说是开风气第一要着。外国有了三四个人，就要演说一番。要想救国，这演说会是万不可不立的。

第七要，兴女学，培植根本。

列位！那女子无才便是德的谬说，真正害人得很。外国女子的学问与男子一样，所以能相夫教子。中国的女子一点知识没有，丈夫、儿子不但不能得他的益，且被他阻挠不少，往往有大志的人，竟消磨于爱妻、慈母。男子半生都在女子手里，女子无学，根本坏了，哪里有好枝叶呢？

第八要，禁缠足，敝俗矫匡。

缠足的害，已经多人说了，这里不消重述。但大难临头，尚不赶紧放足，岂不是甘心寻死么！

第九要，把洋烟，一点不吃。

洋人害中国的事，没有毒于洋烟的。然而洋人自己不吃，这个怪得洋人吗？吸烟明明有损无益，尚不能戒，别样也就没话说了。

第十要，凡社会，概为改良。

列位！我们若不把社会一切不好之处大加改变，无论敌不住外族，就是没有外族，又怎么自立呢？外国人好，非是几个人好，乃是全国的人都好。比如一家，只有一两个好人，其余都是无恶不做的，那家怎么能兴呢？列位！照现在的人心风俗，恐怕是万事俱休的景况，可痛呀！

这十要，无一件，不是切紧，劝同胞，再不可，互相观望。
还须要，把生死，十分看透，杀国仇，保同族，效命疆场。
杜兰斯，不及我，一府之大，与英国，战三年，未折锋芒。
何况我，四万万，齐心决死，任凭他，什么国，也不敢当。
看近来，怕洋人，到了极步，这是我，毫未曾，较短比长。
天下事，怕的是，不肯去做，断没有，做不到，有志莫偿。
这杜国，岂非是，确凭确证，难道我，不如他，甘做庸常。

列位啊！你看从前听得洋人二字，心中便焦，恨不将空拳打死他。全不晓得他人怎样强，只恃着我一肚血气。有什么用！俺家曾劝道，不要无理取闹，恐怕惹出祸来没有人担任。不意近来一变而为怕洋人的世界，见了洋人，就是洋大人、洋老爷，预先存一个顺民的意思。列位啊！从前的行为，虽然有一些野蛮，尚有一点勇敢之概。照现在的情形，是做了一次的奴隶不足，又要做第二次奴隶的，真个好苦呀！这也无非因打了几次败仗，遂把洋人看得极重。其实洋人也不过是一个人，非有三头六臂，怎么就说不能敌他？近年有一段故事，列位听了，就不要惧怕那洋人。南阿非利加洲，有一个小小的民主国，名叫杜兰斯。那国的地方，只有中国一府大。他的人口仅有四五十万，不及中国一县。这国的金矿很多，世界第一个强国英吉利，惯灭人国的，因而就起了贪心，要想把这国归他管辖。哪里晓得杜国人人都是顶天立地的大国民，不甘做他的奴隶，便与英国开战。这英国灭过多少的大国，哪里有杜国在眼，不意杜国越战越猛，锋不可当。英国大惊，调各属地的大兵三十万，浩浩荡荡，向杜国进发。可怜杜国通国可当兵的不过四五万人，尽数调集，分头迎敌，足足战了三年，丝毫都没退让。英国晓得万不能灭他，便与杜国讲和退兵。列位啊！那英国的属地，比本国大七十六倍，个个都是杜兰斯，英国能占得他人一寸地么？中国的地方比杜国多一千倍，英国欲灭我中国，照杜国的比例算起来，英国须调兵至三万万，相战至三千年，才可与他言和。杜国既然如此，难道我就当不得杜国吗？天下无难事，只怕有心人。这两句话，难道列位不曾听过吗？

要学那，法兰西，改革弊政。

列位！你看于今哪一个不称赞，法兰西的民享自由的幸福？谁晓得他当二百年以前，受那昏君贼官的压制，也与我们现在一样。法兰西通国只有中国一二省大，却有十三万家的贵族，都与那国王狼狈为奸，把百姓如泥似土，任意凌践。当明朝年间，法国出了一个大儒，名号卢骚，是天生下来救渡①普世界人民的，自幼就有扶弱抑强的志向。及长，著了一书，叫做《民约论》。说国的当初，是由人民集合而成，公请一个人做国王，替人民办事，这人民就是一国的主人，这国王就是人民的公奴隶。国王若有负人民的委任，这人民可任意改换。法国的人先前把国②认做是国王的，自己当做奴隶看待，任凭国王残虐也不敢怨。闻了卢骚这一番言语，如梦初醒，遂与国王争起政来。国王极力镇压，把民党杀了无数，谁知越杀越多，一连革了七八次命，前后数十年，终把那害民的国王、贵族，除得干干净净，建设共和政府，公举一人当大统领，七年一换。又把那立法的权归到众议院，议员都从民间公举，从前的种种虐民弊政，一点没有；利民的善策，件件做到。法兰西的人民，好不自由快乐！人人都追想卢骚的功劳，在法国京城巴黎为卢骚铸一个大大的铜像，万民瞻仰，真可羡呀！

要学那，德意志，报复凶狂。

列位啊！"有恩不报非君子，有仇不报枉为人。"这两句话也是我们

---

① "渡"，原作"度"，校改。
② "国"字原脱，据曹亚伯《武昌革命真史》所引《猛回头》校补。

常常讲的。试问我们的仇，报了一点儿没有？不特没报，有这个报仇的意思没有？那德意志就与我们不同。法国的皇帝名叫拿破仑第一的，恃着他的英雄，把德国残破到极点。那德国的皇帝威廉第一，与宰相俾士麦，想报法国的仇，用全国皆兵的制度，人民到了二十岁即当正兵三年，退为预备兵，到了五十岁，方可免役（于今各国皆用此制度）。不上几十年，人人都是精兵。到了咸丰年间，把法国打得大败，拿破仑第一的侄儿拿破仑第三皇帝，扯下白旗，向德国投降。又割了七城，及五千兆法兰格（法国银钱名，约合中银十万万两），与德国讲和息兵。德国便做了第一等强国，岂不真可佩服么？

要学那，美利坚，离英自立。

列位！五洲万国最平等、最自由、称为极乐世界者，岂不是美利坚么？列位！须晓得这个世界，也不是容易做到的。这美利坚原是北美洲一块荒土，自前明年间英国有数人前往开荒，自后越来越多。到乾隆时候，有了三百万人。时英国与法国连年开战，兵饷不足，把美利坚的地税加了又加，百姓实在出不起了，向那官府面前求减轻一些，不但不准，反治了多人的罪。人人愤怒，共约离英自立，公举华盛顿挂帅，与英国一连战了八年。英国奈何不得，只好听其自立，一国公举华盛顿为王。华盛顿坚不允从，说道："岂可以众人辛苦成立的国家，做一人的私产？"因定了民主国的制度，把全国分为十三邦，由十三邦公举一人做大统领，四年一任，退任后与平民一样。其人若好，再可留任四年，八年后任凭如何，不能留任。众人公举了华盛顿为大统领，后又连举一任，他即住家中为农，终身未尝言功。列位！这岂非是大豪杰、大圣贤的行径吗？美利坚至今仍守此制，人口有了七千余万，荒地尚有五分之四未开，全国铁道一十六万里，学堂费用每年八千余万，其国的人民好如在天堂一般。列位！这美利坚若不是八年苦战，怎么有今日呢！

要学那，意大利，独自称王。

列位！这意大利从前是一统大国，后来为奥大利占领，分做无数小邦，都受奥大利的节制。有多少志士思想恢复，终是不成。前数十年有一个志士，名叫玛志尼，因国为人所灭，终身穿着丧服，著书立说，鼓动全国的人民报仇复国，人人都为他所感动。又有了一个深明韬略的加波里，智胜天人的加富耳，辅着那撒尔丁王，一统意大利，脱了奥大利的羁绊。于今意大利有人口三千万，海陆精兵五十余万，在欧洲算一个头等国，岂不是那三杰的功劳么？

莫学那，张弘范，引元灭宋。

列位啊！你看好好一个中国，被那最丑最贱的鞑子所灭，岂不痛心切齿？哪晓得就是枭獍为心的张弘范，带领着元兵来灭中国的。这张弘范虽把他千刀万割，也不足以偿其罪。但恐怕于今要做张弘范的正是很多，何苦以一时的富贵，受万古的骂名，也很犯不着。即是要倾倒那满洲，只可由我为之，断不可借外洋的兵，那引虎拒狼的下策，劝列位万万莫做。

莫学那，洪承畴，狼心毒肠。

列位啊！奸淫的人见了美貌女子，未有不甘言哄诱。及到了手，又嫌他是不贞之妇，常存鄙薄的心。那强盗取人的国，即是这个情形。要他人投降，便以高官厚爵相哄，降了之后，又要说他不忠。比如洪承畴，是明朝一个大学士，督统天下的兵马，征讨满洲，战得大败，满洲把他捉去，其初也有不降之意，满洲苦苦相劝，他便变了初节，又做了满洲的阁老，捉拿残明的福王、唐王、桂王，都是他的头功。哪里晓得满洲的统帅，个个封王赐爵，独有洪承畴白白亡了明朝的江山，一爵俱无。到了乾隆年间，修纂《国史》，把他放在《贰臣传》第一。列位！那洪承畴死后有知，岂不懊悔当初么？

莫学那，曾国藩，为仇尽力。

列位啊！当道光、同治年间，我们汉人有绝好自立的机会，被那全无心肝的人，苦为满洲出力，以致功败垂成，岂不是那湘军大都督曾国藩么？俺想曾国藩为人也很诚实，只是为着数千年的腐败学说所误，不晓得有本族、异族之分，也怪他不得。但可怜曾国藩辛苦十余年，杀了数百万同胞，仅得一个侯爵；八旗的人，全没费力，不是亲王，就是郡王。而且大功才立，就把他兵权削了，终身未尝立朝，仅做个两江总督，处处受人挟制，晦气不晦气？若是他当日晓得满洲是我的世仇，万不可不灭的，顺便下手，那天下多久是我汉人的了。曾国藩的子孙，于今尚是皇帝；湘军的统领，个个都是元勋，岂不好得多吗？列位！你道可惜不可惜！

莫学那，叶志超，弃甲丢枪。

列位！对于自己不可为满洲杀同胞，对于他人又不可不为同种杀外种。那甲午岁，日本与我国在朝鲜国（即高丽国）开战，淮军统领叶志超，带领数十个营头，不战而逃，以致朝鲜尽失，又赔日本约款二万万两，把台湾也割送了。中国自此一败，便跌落到这个地步，岂不是叶志超的罪魁么？

或排外，或革命，舍死做去，父而子，子而孙，永远不忘。
这目的，总有时，自然达到，纵不成，也落得，万古流芳。
文天祥，史可法，为国死节，到于今，都个个，顶祝馨香。
越怕死，越要死，死终不免，舍得家，保得家，家国两昌。
那元朝，杀中国，千八百万，那清朝，杀戮我，四十星霜。
洗扬州，屠嘉定，天昏地暗，束着手，跪着膝，枉作夭殃。
阎典史，据江阴，当场鏖战，八十日，城乃破，清兵半伤。
苟当日，千余县，皆打死仗，这满洲，纵然狠，也不够亡。
无如人，都贪生，望风逃散，遇着敌，好像那，雪见太阳。
或悬梁，或投井，填街塞巷，妇女们，被掳去，拆散鸳鸯。
那丁壮，编旗下，充当苦役，任世世，不自由，赛过牛羊。
那田地，被圈出，八旗享受，那房屋，入了官，变做旗庄。
还要我，十八省，完纳粮饷，养给他，五百万，踊跃输将。
看起来，留得命，有何好处，倒不如，做雄鬼，为国之光。

列位啊！你看元朝入中国以来，前后共杀人一千八百万，这是有册可稽。其未入册的，又不知有好多。倘此千八百万人，预先晓得这一死是不能免的，皆起来与他做敌，这元朝总共只有数十万人，就是十个拼他一个，不过死数百万人，他已没有种了，又怎能灭中国呢？就是清朝自明万历以来，日在辽东一带，吵闹有数十年之久，所杀的人已不知多少了。自顺治元年到康熙二十二年，共四十年，无一时一刻不杀汉人。杀扬州一城，已是八十余万，天下千六百余城，照此算之，可以想了。现在人口四万万，明朝休养三百年，亦必有了此数。康熙查点天下人口，仅二千余万，是二十个只救一个，其余小半，是张、李二贼所杀，大半是满洲所杀。

列位！你道可惨不可惨。这被杀的人，都不是在阵前杀的，人人都想逃死，各人只顾各人，那满洲杀了此一方，又杀那一方，全没有抗拒。仅江阴县有一个阎典史，名叫应元，纠集民兵数百，死守县城。那满洲提大兵二十五万，日夜攻打，应元临机应变，满洲人死了无数，直攻打八十日，其城乃破。应元手执大刀，堵在巷口血战，所杀鞑子数百余个，始为满兵所捉。满洲的头目，苦劝其投降，许以王侯之贵。只是骂不绝口。仍不敢杀他，幽在一寺，半夜自行死了。一城男女，都皆战死，无投降者。满洲自犯中国以来，从未损兵折将，这回死了一王、二贝勒，及兵将十余万。

列位！若是人人都是应元，县县都是江阴，那满洲还能入中国么？可惜人皆怕死，这一死遂万不能免！杀不尽的妻女，为满洲掳去，任意奸淫，有钱可以赎回，没钱永不相见。丁壮赶往北方，交八旗人为奴，牛马都比不上。如有私逃，匿留一晚，即要全家诛戮，往往因一人株连了数千家。离北京横直五百里，都圈做八旗的地。从前业主，赶出本境，房屋一概入官，做为旗庄。此外又要十八省的人，公养他五百万。旗人至今不农不工，只是坐食汉人。列位！这岂不是可恨之极吗！

> 这些事，虽过了，难以深讲，恐将来，那惨酷，百倍凄凉。
> 怎奈人，把生死，仍看不透，说到死，就便要，魂魄失丧。
> 任同胞，都杀尽，只图独免，哪晓得，这一死，终不能攘。
> 也有道，是气数，不关人事，也有道，当积弱，不可轻尝。
> 这些话，好一比，犹如说梦，退一步，进一步，坐以待亡。
> 那满人，到今日，势消力小，全不要，惧怕他，失掉主张。
> 那列强，纵然是，富强无敌，他为客，我为主，也自无妨。
> 只要我，众同胞，认清种族，只要我，众同胞，发现天良。
> 只要我，众同胞，不帮别个，只要我，众同胞，不杀同乡。

列位啊！那满洲只有我们人口的百分之一，怎么能压制汉人？都因那些汉奸不知汉人是同祖的骨肉，满洲是异种的深仇，倒行逆施，替仇人残害同种，所以满人就能安然坐了二百余年的天下，岂是满人的才能，乃是我汉人愚蠢之极罢了。试问哪一处祸乱，不是汉人代他平息的；若是汉人都晓得种族，把天良拿出来，不帮他了，只要一声喊，那满人就坐不稳了。

列位！你们也晓得家有家帮，族有族帮，县有县帮，府有府帮，难道说对于外国异族，就没有帮了吗？有人叫列位把自己的兄弟杀了，虽有多少银钱，列位谅来是不愿的。怎么为着数两银子，就甘心替仇人杀同胞？列位！试问自己有良心没有？他要杀人的时，就叫列位来；他没有人杀，就不要列位了。列位有半点不是，他又叫人来杀列位。列位所吃的粮，虽说是满洲所出，其实他吃的，都是汉人的，哪里有粮与你吃？吃汉人的粮，仍杀汉人，列位想可忍心吗？列位！若是替同种人杀异种，难道不算你的功劳么？列位！列位！前此错了，于今可以转来了。至若替那数万里外的西洋人杀害同胞，不消说是不可的了。

哪怕他，枪如林，炮如雨下，哪怕他，将又广，兵又精强。
哪怕他，专制政，层层束缚，哪怕他，天罗网，处处高张。
猛睡狮，梦中醒，向天一吼，百兽惊，龙蛇走，魑魅逃藏。
改条约，复政权，完全独立，雪仇耻，驱外族，复我冠裳。
到那时，齐叫道，中华万岁，才是我，大国民，气吐眉扬。
俺小子，无好言，可以奉劝，这篇话，愿大家，细细思量。
瓜分豆剖迫人来，同种沉沦剧可哀！
太息神州今去矣，劝君猛省莫徘徊。
匈奴未灭，何以家为！

警世钟 *

长梦千年何日醒，睡乡谁遣警钟鸣？腥风血雨难为我，好个江山忍送人！

万丈风潮大逼人，腥膻满地血如糜；一腔无限同舟痛，献与同胞侧耳听。

嗳呀！嗳呀！来了！来了！什么来了？洋人来了！洋人来了！不好了！不好了！大家都不好了！老的、少的、男的、女的、贵的、贱的、富的、贫的、做官的、读书的、做买卖的、做手艺的各项人等，从今以后，都是那洋人畜圈里的牛羊，锅子里的鱼肉，由他要杀就杀，要煮就煮，不能走动半分。唉！这是我们大家的死日到了！

苦呀！苦呀！苦呀！我们同胞辛苦所积的银钱产业，一齐要被洋人夺去；我们同胞恩爱的妻儿老小，活活要被洋人拆散；男男女女们，父子兄弟们，夫妻儿女们，都要受那洋人的斩杀奸淫。我们同胞的生路，将从此停止；我们同胞的后代，将永远断绝。枪林炮雨，是我们同胞的送终场；黑牢暗狱，是我们同胞的安身所。大好江山，变做了犬羊的世界；神明贵种，沦落为最下的奴才。唉！好不伤心呀！

恨呀！恨呀！恨呀！恨的是满洲政府不早变法。你看洋人这么样强，这么样富，难道生来就是这么样吗？他们都是从近二百年来做出来的。莫讲欧美各国，于今单说那日本国，三十年前，没一事不和中国一样。自从明治初年变法以来，那国势就蒸蒸日上起来了；到了于今，不

---

* 《警世钟》于1903年初版，1904年再版有所增补。署名"神州痛哭人"。此文录自曹亚伯《武昌革命真史》（中华书局1930年版）前编第四章"陈天华投海"，并以1904年增补本为校本。据《陈天华集》（湖南人民出版社1958年版）编校者刘晴波、彭国兴考证，曹书所录为初版本。1904年增补资料则参考《陈天华集》。

但没有瓜分之祸，并且还要来瓜分我中国哩！论他的土地人口，不及中国十分之一，他因为能够变法，尚能如此强雄。倘若中国也和日本一样变起法来，莫说是小小日本不足道，就是那英、俄、美、德各大国恐怕也要推中国做盟主了。可恨满洲政府抱定一个"汉人强，满人亡"的宗旨，死死不肯变法。到了戊戌年，才有新机，又把新政推翻，把那些维新的志士杀的杀，逐的逐，只要保全他满人的势力，全不管汉人的死活。及到庚子年闹出了弥天的大祸，才晓得一味守旧万万不可，稍稍行了些皮毛新政。其实何曾行过，不过借此掩饰掩饰国民的耳目，讨讨洋人的喜欢罢了；不但没有放了一线光明的，那黑暗反倒加了几倍。到了今日，中国的病，遂成了不治之症。我汉人本有做世界主人翁的势力，活活被满洲残害，弄到这步田地，亡国灭种，就在眼前，你道可恨不可恨呢？恨的是曾国藩，只晓得替满人杀同胞，不晓得替中国争权利。当初曾国藩做翰林的时候，曾上过折子说，把诗赋小楷取士，不合道理，到了后来出将入相的时候，倒一句都不敢说了。若说他不知道这些事体，缘何却把他的儿子曾纪泽学习外国语言文字，却不敢把朝廷的弊政更改些儿呢。无非怕招满政府的忌讳，所以闭口不说，保全自己的禄位，却把那天下后世长治久安的政策，丢了不提，你道可恨不可恨呢？恨的是前次公使随员、出洋学生，不把外洋学说输进祖国。内地的人为从前的学说所误，八股以外没有事业，五经以外没有文章，这一种可鄙可厌的情态，极顽极固的说话，也不用怪。我怪那公使随员、出洋学生，亲到外洋，见那外洋富强的原由，卢骚的《民约论》，美国的《独立史》，也曾看过，也曾读过，回国后应当大声疾呼，喊醒祖国同胞的迷梦。那知这些人空染了一股洋派，发了一些洋财，外洋的文明一点全没带进来。纵有几个人著了几部书，都是些不关痛痒的话，那外洋立国的根本，富强的原因，没有说及一句。这是什么缘故哩？恐怕言语不慎，招了不测之祸，所以情愿瞒着良心，做一个混沌汉。同时日本国的出洋人员回了国后，就把国政大变的变起来，西洋大儒的学说大倡的倡起来，朝廷若不依他们，他们就倡起革命来，所以能把日本国弄到这个地步。若是中国出洋的人，回国后也和日本一样，逼朝廷变法，不变法就大家革起命来，那时各国的势力范围尚没有如今的广大，中国早已组织了一个完完全全的政府了，何至有今日万事都措手不及哩？唉！这些出洋的人，只怕自己招罪，遂不怕同胞永堕苦海，你道可恨不可恨呢？恨的是顽固党遇事阻挠，以私害公，我不晓得顽固党是何居心？明明足以利国利民的政事，他偏偏要出来阻挠。我以为他不讲洋务一定是很恨洋人的，哪里晓得他见了洋人，犹如鼠见了猫一般，骨都软了，洋人说一句，他就依一句。平日口口声声说制造不要设，轮船铁路不要修，洋人所造的洋货，他倒喜欢用，洋人所修的轮船火车，他倒偏要坐。到了于今，他宁可把理财权、练兵权、教育权拱手让把洋人，开办学堂、派遣留学生，他倒断断不可。这个道理，哪一个能猜得透哩！呵呵！我知道了。他以为变了旧政，他们的衣食饭碗就不稳了，高官厚爵也做不成了；所以无论什么与国家有益的事，只要与他不便，总要出来做反对，保他目前的利权。灭国灭种的话全然不知，就有几个知道，也如大风过耳，置之不理。现在已到了灭亡时候，他还要想出多少法儿，束缚学生的言论思想行为自由，好像恐怕中国有翻身一日，你道可恨不可恨呢？这四种人到今日恨也枉然了。但是使我们四万万人做牛做马，永世不得翻身，以后还有灭种的日子，都是被这四种人害了。唉！我们死也不能和他甘休的！

真呀！真呀！真呀！中国要瓜分了！瓜分的话，不从今日才有的。康熙年间，俄罗斯已侵入黑龙江的边界；道光十八年，英吉利领兵三千六百人侵犯沿海七省，破了许多城池，到了道光二十二年才讲和，准他在沿海五口通商，割去香港岛（属广东省），又前后赔他银子二千一百万元①。从此那传教的禁条也解了，鸦片烟也任他卖了。照万国公法，外国人在此国，必依此国的法律。那时中国和英国所订的条约，英国人在中国犯了罪，中国官员不能惩办他；就是中国人在租界，也不归中国管束，名为租界，其实是英国的地方了。又各国于外国进口的货物，抽税极重，极少值百抽二十，极多值百抽二百，抽多抽少，只由本国做主，外国不能阻他。独有英国在中国通商，值百抽五，订明在条约上面，如要加改，不由英国允许了不可。并且条约中还有利益各国均沾的话，所以源源而来的共有十六国，都照英国的办法。从此中国交涉的事，日难一日，一切利权都任洋人夺去。亡国灭种的祸根，早已埋伏在这个条约里了，可怜中国人好像死人一般，分毫不知。到了咸丰六年，英、法两国破了广东省城，把两广总督叶名琛活活捉去，后来死在印度。咸丰十年，英、美、俄、法四国联兵，把北京打破，咸丰帝逃往热河，叫恭亲王和四国讲和，赔银八百万两，五口之外，又加了长江三

---

① "元"，原作"两"，误，校改。

口。以后到了光绪十年，法国占了越南国，后一年英国又占了缅甸国，那中国的势力，越发弱下去了。光绪二十年，日本国想占高丽，中国发兵往救，连打败仗，牛庄、威海卫接连失守；遂命李鸿章做全权大臣，在日本马关和日本宰相伊藤博文订立和约，赔日本银二万万两，另割辽东（即盛京省）七城，台湾一省。后来俄国出来说日本不应得辽东，叫中国再加银三千万两赎还七城，日本勉强听从。俄国因此向中国索讨谢敬，满洲遂把盛京的旅顺、大连湾奉送俄国。各国执了利益各国均沾那句话，所以英国就乘势占了威海卫，德国在先占了胶州湾，法国照样占了广州湾（旅顺在盛京省，威海、胶州俱属山东省；以上三处，俱是北洋第一重门户。广州湾属广东省）。那时已大倡瓜分之说，把一个瓜分图送到总理衙门（就是于今的外务部），当时也有信的，也有不信的，但不信的人多得很。到了庚子年义和团起事，八国联兵打破北京，这时大家以为各国必要实行瓜分中国了。不料各国按兵不动，仍许中国讲和，但要中国出赔款四百五十兆（每兆一百万）两，把沿海沿江的炮台拆毁，京师驻扎洋兵。各国得了以上各项利益，遂把兵退了。于是人人都说瓜分是一句假话，乃是维新党捏造出来的，大家不要信他的胡说。不知各国不是不瓜分中国，因为国数多了，一时难得均分，并且中国地方宽得很，各国势力也有不及的地方，不如留住这满洲政府代他管领，他再管领满洲政府，岂不比瓜分便宜得多么？瓜分慢一年，各国的势子越稳一年，等到要实行瓜分的时候，只要把满洲政府去了，全不要费丝毫之力。中国有些人，瓜分的利害全然不知，一丝儿不怕；有些人知道瓜分的利害，天天怕各国瓜分中国。我只怕各国不实行瓜分，倘若实行瓜分了，中国或者倒能有望。这暗行瓜分的利害，真真了不得。果然俄国到今年四月东三省第二期撤兵的时候，也不肯照约撤兵（庚子年俄国用兵把东三省尽行占了，各国定约叫俄国把东三省退回中国，分做三期撤兵。吉林、黑龙江、盛京叫做东三省，又叫做满洲，是清朝的老家），提出新要求七款，老老实实，把东三省就算做自己的了。那时中国的学生、志士，奔走叫号，以为瓜分的时候又到了。后来英、美、日本三国的公使，不准中国答应俄国七款的要求，俄国藉口中国不答应他的要求，就不肯退兵，彼此拖了许多日子。那中国的人见俄国按兵不动，又歌舞太平起来，越发说瓜分的话是假的了。哪知俄国暗地里增兵，并且还放一个极东大总督驻扎在东三省，他的权柄几乎同俄皇一样大小。俄皇又亲到德国，与德皇联盟，法国也和俄国联盟，彼此相约瓜分中国。英、美两国看见德、法都从了俄国，也就不和日本联盟，都想学俄国的样儿。日本势孤无助，不得不与俄国协商，满洲归俄国，高丽归日本，各行各事，两不相管。俄国到此没有别国掣他的肘了，就大摇大摆起来。到了八月二十八第一撤兵的期，又违约不退。兵丁从俄国调来的，前后共有十余万，在九月中旬，派兵一千名把盛京省城奉天府占了，把盛京将军增祺囚了，各项衙门及电报局尽派俄兵驻守，东三省大小官员限一月内出境，每人只给洋银一百元，逐家挨户都要挂俄国的旗，各处的团练都要把军器缴出，大车装运的俄兵每日有数千。于是俄国第一个倡瓜分中国，各国都画了押，只有美国没画押。近来美国也画了押，只有各国的皇帝、大统领尚没盖印，极迟不过数月的事了。这个消息，日本报章也不肯载，是从日本外务省的官吏、政党的大员、学堂的教习，私自探听得的，极真极确，并不是诳话。留学生也有不信的，私向日本某舆地学家问他瓜分的事真不真，他答道："你但问俄国占东三省的事真不真，不要问瓜分的事真不真。俄国占东三省的事倘若不虚，这瓜分的事也一定是实了。你看德国占了胶州海口，俄国、英国、法国也就照德国的样儿，各占了一个海口。于今俄国占了东三省，请问中国有几块与东三省一样宽的地方？将来分的时候，恐怕还不够分哩！于今还来问真问假，真真不知时务了！"列位，他所说的不是正当不移的道理吗？近来各报章载道，俄国把全国的海军四份之三调到东方，英国照会两江总督魏光焘说，伊国也要照俄国派一个极东大总督驻扎江宁，长江七省重要的地方，都要修筑炮台，驻扎重兵，限四日内回信。又称英国已派兵到西藏，由西藏取四川，做首尾并举之计。德国在胶州的工厂，昼夜加工，预备开战。日本把兵尽调到台湾，法国把在越南的兵尽调到广西边界。于今好比火线相连，只要一处放火，就四处响应，遍中国二十二行省，都如天崩地坼一般，没有一块干净土了。好险呀！好怕呀！火烧到眉毛边了，还不知痛，真真是无知觉的蠢东西，连禽兽还不如哩！

痛呀！痛呀！痛呀！你看中国地方这么样大，人口这么样多，可算是世界有一无二的国度了，哪里晓得自古至今，只有外国人杀中国人的，断没有中国人杀外国人的，这是什么缘故呢？因为中国人不晓得有本国的分别，外国人来了，只有稍为比我强些，遂拱手投降，倒帮着外国人杀本国人，全不要外国人费力。当初金鞑子、元鞑子在中国横行直走，没有一个敢挡住他。若问他国实在的人数，总计不及中国一县的人，百个捉他一个，也就捉完他了。即如清朝在满洲的时候，那八旗兵总共止有六万，若没有那吴三桂、孔有德、洪承畴一班狗奴才，带领数百万汉军，替他平定中国，那六万人中国把他当饭吃，恐怕连一餐都少哩！到后来太平天国有天下三分之二，将要成功，又有湘军三十万人，替满洲死死把太平天国打灭，双手仍把江山送还满洲，真个好蠢的东西呀！可恨外洋各国，也学那满洲以中国人杀中国人的奸计，屡次犯中国，都有中国人当他的兵，替他死战。庚子年八国联兵，我以为这次洋兵没有百万，也应该有几十万，谁知统共只有二万，其余的都是中国人。打起仗来，把中国人排在前头，各国洋兵奸淫掳掠，中国人替他引导。和局定了，各国在中国占领的地方，所练的兵丁，大半是中国人，只有将领是洋人。东三省的马贼很多，俄国尽数招抚，已有一万二三千人。这些马贼杀人比俄兵还要凶悍些。俄国又在东三省、北京一带，招那中国读书人做他的顾问官，不要通洋文，只要汉文做得好，已有许多无耻的人去了，巴望做洪承畴一流的人物。将来英国在长江，德国在山东，日本在福建，法国在两广，一定要照俄国的样儿来办。各省的会党兵勇尽是各国的兵丁，各省的假志士、假民尽是各国的顾问官；其余的狗奴才，如庚子北直的人，一齐插顺民旗，更不消说了。各国不要调一兵，折一矢，中国人可以自己杀尽。天呀！地呀！同胞呀！世间万国，都没有这样的贱种！有了这样的贱种，这种怎么会不灭呢！不知我中国人的心肝五脏是什么做成的，为何这样残忍？唉！真好痛心呀！

耻！耻！耻！你看堂堂中国，岂不是自古到今，四夷小国所称为天朝大国吗？为什么到于今，由头等国降为第四等国呀？外洋人不骂为东方病夫，就骂为野蛮贱种，中国人到了外洋，连牛马也比不上。美国多年禁止华工上岸，今年有一个谭随员，无故被美国差役打死，无处伸冤。又梁钦差的兄弟，也被美国的巡捕凌辱一番，不敢作声。中国学生到美国，客店不肯收留。有一个姓孙的留学生，和美国一个学生相好，一日美国学生对孙某说道："我和你虽然相好，但是到了外面，你不可招呼我。"孙某惊问道："这话怎讲？"美国学生道："你们汉人是满洲的奴隶，满洲又是我们的奴隶，倘是我国的人知道我和做两层奴隶的人结交，我国的人一定不以人齿我了。"孙某听了这话，遂活活气死了。美国是外洋极讲公理的国，尚且如此，其余的国更可想了。欧美各国，与我不同洲的国，也不怪他。那日本不是我的同洲的国吗？甲午年以前，他待中国人和待西洋人一样。甲午年以后，就隔得远了，中国人在日本的，受他的欺侮，一言难尽哩！单讲今年日本秋季大操，各国派来看操的，就是极小的官员也有坐位，日本将官十分恭敬。中国派来看操的，就是极大的官员也没有坐位，日本将官全不理会。有某总兵受气不过，还转客栈，放声大哭。唉！列位！你看日本还把中国当个国吗？外国人待中国人，虽是如此无礼，中国的官府仍旧丝毫不恨他，撞着外国人，倒反恭恭敬敬，犹如属员见了上司一般，唯唯听命，这不是奇事么？租界虽是租了，仍是中国的地方，哪知一入租界，犹如入了地狱一般，没有一点儿自由。站街的印度巡捕，好比阎罗殿前的夜叉，洋行的通事西仔，好比判官手下的小鬼，叫人通身不冷也要毛发直竖。上海有一个外国公园，门首贴一张字道："狗和华人不准入内。"中国人比狗还要次一等哩！中国如今尚有一个国号，他们待中国已是这样；等到他瓜分中国之后，还可想得吗？各国的人也是一个人，中国的人也是一个人，为何中国人要受各国人这样欺侮呢？若说各国的人聪明些，中国的人愚蠢些，现在中国的留学生在各国留学的，他们本国人要学十余年学得成的，中国学生三四年就够了，各国的学者莫不拜服中国留学生的能干。若说各国的人多些，中国的人少些，各国的人极多的不过中国三分之一，少的没有中国十分之一。若说各国的地方大些，中国的地方小些，除了俄罗斯以外，大的不过如中国的二三省，小的不过如中国一省。若说各国富些，中国穷些，各国地面地内的物件，差不多就要用尽了，中国的五金各矿，不计其数，大半没开，并且地方很肥，出产很多。这样讲来，就应该中国居上，各国居下，只有各国怕中国的，断没有中国怕各国的。哪知把中国比各国，倒相差百余级，做了他们的奴隶还不算，还要做他们的牛马；做了他们的牛马还不算，还要灭种，连牛马都做不着。世间可耻可羞的事，哪有比这个还重些的吗？我们于这等事还不知耻，也就无可耻的事了。唉！伤心呀！

杀呀！杀呀！杀呀！于今的人，都说中国此时贫弱极了，枪炮也少得很，怎么能和外国开战呢？这话我也晓得，但是各国不来瓜分我们中国，断不能无故自己挑衅，学那义和团的举动。于今各国不由我分说，硬要瓜分我了，横也是瓜分，竖也是瓜分，与其不知不觉被他瓜分了，不如杀他几个，就是瓜分了也值得些儿。俗语说的，"赶狗逼到墙，总要回转头来咬他几口。"难道四万万人，连狗都不如吗？洋兵不来便罢，洋兵若来，奉劝各人把胆子放大，全不要怕他。读书的放了笔，耕田的放了犁耙，做生意的放了职事，做手艺的放了器具，齐把刀子磨快，子药上足，同饮一杯血酒，呼的呼，喊的喊，万众直前，杀那洋鬼子，杀投降那洋鬼子的二毛子。满人若是帮助洋人杀我们，便先把满人杀尽。那些贼官若是帮着洋人杀我们，便先把贼官杀尽。"手执钢刀九十九，杀尽仇人方罢手！"我所最亲爱的同胞，我所最亲爱的同胞，向前去，杀！向前去，杀！向前去，杀！杀！杀！杀我累世的国仇，杀我新来的大敌，杀我媚外的汉奸。杀！杀！杀！

奋呀！奋呀！奋呀！于今的中国人怕洋人怕到了极步，其实洋人也是一个人，我也是一个人，我怎么要怕他？有人说洋人在中国的势力大得很，无处不有洋兵，我一起事，他便制住我了。不知我是主，他是客，他虽然来得多，总难得及我。在他以为深入我的腹地，我说他深入死地亦可以的。只要我全国皆兵，他就四面受敌，即有枪炮，也是寡不敌众。古昔夏朝有一个少康皇帝，他的天下都失了，只剩得五百人，终把天下恢复转来。又战国的时候，燕国把齐国破了，齐国的七十余城都已降了燕国，只有田单守住即墨一城，到后来终把燕国打退，七十余城又被齐国夺回。何况于今十八省完完全全，怎么就说不能敌洋人呢？就是只剩得几府几县，也是能够独立的。阿非利加洲有一个杜兰斯哇国，他的国度只有中国一府的大，他的人口只有中国一县的多，和世界第一个大国英吉利连战三年，英国调了大兵三十万，死了一半，终不能把杜国做个怎么样。这是眼前的事，人人晓得的，难道我连杜国都不能做得吗？〈日本与俄国开战，哪一个不说日本不是俄国之敌手，然而日本倒不怕俄国，妇人孺子都想从军。起先政府尚有些惧怕，人民则没有一个怕的，和俄国打起仗来，和在教场操演一般，从容得很，杀得俄国望风而逃，这就是现在的事呢。杜国和日本的人，〉① 敢把这么样小的国和这么样大的国打仗，这是何故呢？因为杜国的人，人人都存个百折不回的气概，人人都愿战死疆场，不愿做别人的奴隶，所以能打三年的死仗〈、无前的大战〉。中国的人没有坚忍的志气，一处败了，各处就如鸟兽散了。须知各国在中国已经数十年了，中国从前一点预备都没有，枪炮又不完全，这起头几阵，一定是要败的。但败得多，阅历也多，对付各国的手段也就精了。汉高祖和楚霸王连战七十二阵，阵阵皆败，最后一胜就得天下。湘军打长毛，当初也是连打败仗，后来才转败为胜。大家都要晓得这个道理，都把精神提起，勇气鼓足，任他前头打了千百个败

---

① 括号内文字原本无，今据《警世钟》1904 年增补本补。下同。

仗，总要再接再厉。那美国独立，也是苦战了八年才能够独立的。我如今就是要苦战八十年，也应该要支持下去。怎么要胆小，怎么要害怕，这个道理，我实在想他不透。俗语说的"一人舍得死，万夫不敢挡"，一十八省，四万万人，都舍得死，各国纵有精兵百万，也不足畏了。各国的兵很贵重的，倘若死了几十万，他就要怕中国，不敢来了。就是他再要来，汉人多得很，死去几百万几千万也是无妨的。若是把国救住了，不上几十年，这人口又圆满了。只要我人心不死，这中国万无可亡的理。诸君！诸君！听者！听者！舍死向前去，莫愁敌不住，千斤担子肩上担，打救同胞出水火，这方算大英雄、大豪杰，怎么同胞不想做呢？

快呀！快呀！快呀！我这人人笑骂个个欺凌将要亡的中国，一朝把国势弄得蒸蒸日上起来，使他一班势利鬼，不敢轻视，倒要恭维起来，见了中国的国旗，莫不肃然起敬，中国讲一句话，各国就奉为金科玉律。无论什么国，都要赞叹我中国，畏服我中国，岂非可快到极处吗？我这全无知识全无气力要死不死的人，一朝把体操操得好好儿的，身子活活泼泼，路也跑得，马也骑得，枪也打得，同着无数万相亲相爱的同胞，到了两军阵前，一字儿排开，炮声隆隆，角声呜呜，旌旗飘扬，鼓声雷动，一声喊起，如山崩潮涌一般，冲入敌阵，把敌人乱杀乱砍，割了头颅，回转营来，沽酒痛饮，岂非可快到极处吗？就是不幸受伤身死，众口交传，全国哀痛，还要铸几个铜像，立几个石碑，万古流芳，永垂不朽，岂非可快到极处吗？世间万事，惟有从军最好，我劝有血性的男儿，不可错过这个时代。照以上所说的，列位一定疑我是疯了，又一定疑我是义和团一流人物了。不是！不是！我生平是最恨①义和团的。洋人也见过好多，洋国也走过几国，平日极要人学习洋务，洋人的学问，我常常称道的。但是我见那洋人心肠狠毒，中国若是被洋人瓜分了，我汉人一定不得了，所以敢说这些激烈的话，提醒大家，救我中国。但是要达到这个目的，又有十个须知。

第一，须知这瓜分之祸，不但是亡国罢了，一定还要灭种。中国从前的亡国，算不得亡国，只算得换朝（夏、商、周、秦、唐、宋、明都是朝号，不是国号，因为是中国的人），自己争斗。只有元朝由蒙古（就是古时的匈奴国），清朝由满洲（就是宋朝时候的金国）打进中国，这中国就算亡过二次。但是蒙古、满洲的人数少得很，只有武力，胜过

---

① "最恨"，《警世钟》1904年增补本作"不满于"。

汉人，其余一概当不得汉人，过了几代，连武力都没有了，没有一事不将就汉人，名为他做国主，其实已被汉人所化了。所以中国国虽亡了，中国人种的澎涨力，仍旧大得很。近来洋人因为人数太多，无地安插，四处找寻地方，得了一国，不把敌国的人杀尽死尽，他总不肯停手。前①日本人某，考察东三省的事情，回来向我说道："那处的汉人，受俄人的残虐，惨不可言。一日在火车上，看见车站旁边立着个中国人，一个俄国人用鞭抽他，他又不敢哭，只用两手擦泪。再一鞭，就倒在铁路上了。却巧有一火车过来，把这个截为两段，火车上的人，毫不在意。我问道：'这是什么缘故呢？'一个中国人在旁答道：'没有什么缘故，因为俄国人醉了。'到后来也没人根究这事，这中国人就算白死了。一路上中国的人被俄人打的半死半生的，不计其数。虽是疼痛，也不敢哭，倘若哭了，不但俄国人要打他，傍边立的中国人，也都替俄国人代打。倘若打死了，死者家里也不敢哭，倘若哭了，地方官员就要当最重的罪办他，讨俄人的好。路上不许中国人两人相连而行，若有两个人连行，俄国的警察兵必先行打死一个，恐怕一个俄国人撞着两个中国人，要遭中国人的报复，所以预先提防。俄兵到一处，就把那处的房屋烧了，奸淫掳掠，更不消讲。界外头的汉人，不准进界，界里的汉人，不准出界。不出三年，东三省的汉人（东三省的人口共有一千六百万，有汉人十分之七），一定是没有了。将来中国瓜分之后，你们中国人真不堪设想了。"〈照日本人所说如此。到今年日、俄二国开起战来，俄人把东三省的车马、粮食尽行抢去做他的军饷，不论男女都赶去替他修筑炮台、铁路，马贼仍叛了俄国，把俄国的铁路拆毁，俄国奈何马贼不得，多出些银钱与马贼讲和，此银钱仍从东三省的人取出。这几个月内，日、俄帝国及马贼通共死不上几千人，惟有这怕死畏事的东三省人，不为俄国所杀，就要为日本、马贼所杀，总计饿死的、杀死的、奸淫死的，已有了数百万人，比他们在战场死的多一千倍。这样讲起来，岂不可怕到极处吗？试看英、美、德、法，哪一个不是俄罗斯！即是日本，现在以保全中国为名，当海军得胜之后，日本议院遂把以后的结局如何施行来商议。有一个法学博士名叫冈田朝太郎的献议："东三省若归了日本，各国也不答应的，最好将东三省退还中国，开作万国公地，由中国赔日本的兵费，理民小事，中国掌理，一切兵权、财权，日本掌理。

---

① "前"，《警世钟》1904 年增补本作"去年"。

东三省地方宽得很，处处设兵，饷项太多，得不偿失，太犯不着，不如仅据守一二险要，如旅顺口、牛庄等处，里内责成中国兵替日本驻扎，用日本人做监督。如此既不取各国之忌，又可得实利，便宜极了。又中国的人，一定不可以平等相待。前回日本在台湾杀人不多，那台湾人不晓得惧怕，时时起事。此回到东三省要大杀一场，使他畏服我日本帝国，然后能把我日本帝国的人民移到东三省。"当时议院的人皆赞成此说。言保全的如此，不言保全的更不知做到什么样了。〉照他所说，这等境遇，不是可怕到极处吗？试看英、法、德、美、日本各国，哪一国不像俄罗斯，各国瓜分中国之后，又不能相安无事，彼此又要相争，都要中国人做他的兵了。各国的竞争没有了时，中国的死期也没有了时。或者各国用那温和手段，假仁假义，不学俄国的残暴，那就更毒了！这是何故呢？因为各国若和俄国一样，杀人如麻，人人恐怕，互相团结，拼命死战起来，也就不怕了。只有外面和平，内里暗杀，使人不知不觉甘心做他的顺民，这灭种就一定不免了。他不要杀你，只要把各人的生路绝了，使人不能婚娶，不能读书，由半文半野的种族，变为极野蛮的种族，再由野蛮种族，变为最下的动物。日本周报所说的中国十年灭国，百年灭种的话，不要十年，国已灭了，不要百年，这种一定要灭。列位若还不信，睁眼看看从通商以来，只有五十年，已弄得一个民穷财尽。若是各国瓜分了中国，一切矿山、铁路、轮船、电线以及种种制造，都是洋人的，中国人的家财，中国人的职业，一齐失了，还可想得吗？最上的做一个买办、通事，极下的连那粗重的工程都当不得。一年辛苦所得的工资，纳各国的税还不够，哪里还养身家？中国的人日少一日，各国的人日多一日，中国人口全灭了，中国的地方他全得了。不在这时拼命舍死保住几块地方，世界虽然广大，只怕没有中国人住的地方了。不但中国人没有地方可以往，恐怕到后来，世界上连中国人种的影子都没有了。

第二，须知各国就是瓜分了中国之后，必定仍旧留着满洲政府，压制汉人。列位，你道今日中国还是满洲政府的吗？早已是各国的了。那些财政权、铁道权、用人权，一概拱手送与洋人。洋人全不要费力，要怎么样，只要下一个号令，满洲政府就立刻奉行。中国虽说未曾瓜分，其实已经瓜分数十年了。从前不过是暗中瓜分，于今却是实行瓜分。不过在满洲政府的上，建设各国的政府，在各省督抚的上，建设各国的督抚。到那时，我们要想一举一动，各国政府就要下一个令把满洲政府，满洲政府下一道电谕把各省督抚，各省督抚下一道公文把各府州县，立刻就代各国剿除得干干净净了。"尔等食毛践土，具有天良，当此时势艰难，轻举妄动，上贻君父之忧，殊堪痛恨"的话，又要说了。我们汉人死到尽头，那满洲政府对于汉人的势力，依然还在；汉人死完了，满洲政府也就没有了。故我们要想拒洋人，只有讲革命独立，不能讲勤王。因他不要你勤王，你从何处勤哩？有人说道："中国于今不可自生内乱，使洋人得间。"这话我亦深以为然。倘若满洲政府从此励精求治，维新变法，破除满汉的意见，一切奸臣尽行革去，一切忠贤尽行登用，决意和各国舍死一战，我也很愿把从前的意见丢了，身家性命都不要了，同政府抵抗那各国。怎奈他拿定"宁以天下送之朋友，不以天下送之奴隶"的主见，任你口说出血来，他总是不理。自从俄国复占了东三省之后，瓜分的话，日甚一日，外国的人，都替中国害怕，人人都说中国灭种的日子到了；哪里晓得自皇太后以至大小官员，日日在颐和园看戏作乐，全不动心。今年谒西陵，用银三百万，皇太后的生日，各官的贡献，比上年还要多十倍。明年皇太后七旬万寿，预备一千五百万银子做庆典。北京不破，断不肯停的。马玉崑在某洋行买洋枪三千杆，要银数万两，户部不肯出；皇太后修某宫殿，八十万银子又有了。你看这等情形，还可扶助吗？〈今年正月，驻扎各国的钦差连名电奏，说日俄开战，中国尽好于此时变法自强，等到他二国的战事终了，那就不得了，没有法可变了。皇太后见了此折大怒，丢折于地。他们钦差的话都说不准，我们还有话可说吗？〉中国自古以来，被那君臣大义的邪说所误。任凭什么昏君，把百姓害到尽头，做百姓的总不能出来说句话。不知孟夫子说道："民为贵，社稷次之，君为轻。"君若是不好，百姓尽可另立一个。何况满洲原是外国的鞑子，盗占中国，杀去中国的人民无数，是我祖宗的大仇。于今他又将我四万万汉人尽数送入枉死城中，永做无头之鬼，尚不想个法子，脱了他的罗网，还要依他的言语，做他的死奴隶，岂是情愿绝子绝孙绝后代么？印度亡了，印度王的王位还在；越南亡了，越南王的王位还在；只可怜印度、越南的百姓，于今好似牛马一般。那满洲政府，明知天下不是他自己的，把四万万个人，做四万万只羊，每日送几千，也做得数十年的人情。人情是满洲得了，只可怜宰杀烹割的苦楚，都是汉人受了。那些迂腐小儒，至今还说，忠君忠君，遵旨遵旨，不知和他有什么冤孽，总要把汉人害得没有种子方休！天！天！天！哪项得罪了他，为何忍下这般毒手呀？

第三，须知事到今日，断不能再讲预备救中国了。只有死死苦战，才能救得中国。中国的毛病，平时没有说预备，到了临危方说预备，及事过了又忘记了。自道光以来，每次讲和，都因从前毫没预备，措手不及，不如暂时受些委屈，等到后来预备好了，再和各国打仗。哪知到了后来，另是一样的话。所以受的委屈，一次重过一次。等到今日各国要实行瓜分了，那预备仍是一点儿没有。于今还说后来再预备，不但是说说谎话罢了；就是想要预备，也无从预备了。试看俄人在东三省，把中国兵勇的枪炮尽行追缴，不许民间设立团练，两人并行都要治罪，还有预备可说吗？要瓜分中国，岂容你预备？你预备一分，他的势子增进一丈，我的国势堕落十丈。比如一炉火，千个人添柴添炭，一个人慢慢运水，那火能打灭吗？兵临境上，你方才讲学问，讲教育，讲开通风气，犹如得了急症，打发人往千万里之外，买滋补的药，直等到病人的尸首都烂了，买药的人，还没有回来，怎么能救急呢？为今之计，唯有不顾成败，节节打去，得寸是寸，得尺是尺，等到有了基础，再讲立国的道理。此时不把中国救住，以后莫想恢复了。满洲以五百万的野蛮种族，尚能占中国二百六十年，各国以七八万万的文明种族分占中国，怎么能恢复呢？我听多少人说，国已亡了，惟有预备瓜分以后的事。我不知他说预备何事，大约是预备做奴隶罢！此时中国虽说危急，洋兵还没深入，还没实行瓜分，等到四处有了洋兵，和俄国在东三省一般，一言一语，都不能自由，纵你有天大的本领，怎么用得出呢？那就不到灭种不休了。所以要保皇的，这时候可以保了，过这时没有皇了。要革命的，这时可以革了，过了这时没有命了。一刻千金，时乎时乎不再来，我亲爱的同胞，快醒！快醒！不要再睡了！

第四，须知这时多死几人，以后方能多救几人。于今的人，多说国势已不可救了，徒然多害生灵，也犯不着，不如大家就降了各国为兵。唉！照这样办法，各国一定把中国人看得极轻，以为这等贱种，任凭我如何残暴，他总不敢出来做声，一切无情无理的毒手段，都要做了出来，中国人种那就亡得成了。此时大家都死得轰轰烈烈，各国人都知道中国人不可轻视，也就不敢十分野蛮待中国人了。凡事易得到手的，决不爱惜，难得到手的，方能爱惜，这是的确的道理。你看金国把宋朝徽宗、钦宗两个皇帝捉去，宋朝的百姓，不战自降。后来元世祖灭了宋朝，看见中国人容易做别人的奴隶，从没报过金国的仇，遂想把中国的人杀尽，把中国做为牧牛马的草场。耶律楚材说道："不如留了他们，以纳粮饷"，后来才免。虽因此中国人侥幸得生，但是待汉人残酷的了不得。明末的时候，各处起义兵拒满洲的，不计其数，那殉节录所载拒满的忠臣，共有三千六百个，所以清朝待汉人，比元朝好得多了。到了乾隆年间，修纂国史，把投降他的官员，如洪承畴等，尽列在贰臣传中，不放在人数上算账；明朝死难的人，都加谥号，建立祠堂，录用他的后裔。譬如强盗强奸人的妇女，一个是宁死不从，被他杀了，一个是甘心从他，到了后日，那强盗一定称奖那不从他的是贞节，骂那从他的是淫妇。那淫妇虽忍辱想从强盗终身，这强盗一定不答应，所受的磨折比那贞节女当日被强盗一刀两段的，其苦更加万倍。那贪生怕死的人，他的下场一定和这淫妇一样。故我劝列位撞着可死的机会，这死一定不要怕，我虽死了，我的子孙还有些利益，比那受尽无穷的耻辱，到头终不能免一死，死了更无后望的，不好得多吗？泰西的大儒，有两句格言："牺牲个人（指把一个人的利益不要），以为社会（指为公众谋利益）；牺牲现在（指把现在的眷恋丢了），以为将来（指替后人造福）。"这两句话，我愿大家常常讽诵。

　　第五，须知种族二字，最要认得明白，分得清楚。世界有五个大洲：一个名叫亚细亚洲（又称亚洲，中国、日本、高丽、印度都在这洲），一个名叫欧罗巴洲（又称欧洲，俄、英、德、法等国都在这洲），一个名叫阿非利加洲（又称非洲，从前有数十国，现在都被欧洲各国灭了），一个名叫澳非利加洲（又称澳洲，被英国占领），以上四洲，共在东半球（地形如球，在东的称东半球，在西的称西半球）。一个名阿美利加洲（又称美洲，美利坚、墨西哥都在这洲），独在西半球。住在五洲的人，也有五种：一黄色种（又称黄种），亚洲的国，除了五印度的人（印度人也是欧洲的白色种，但年数好久了，所以面上变为黑色），皆是黄种人；二白色种（又称白种，欧洲各国的人，及现在美洲各国人，都是这种）；三红色种（美洲的土人）；四黑色种（非洲的人）；五棕色种（南洋群岛的人）。单就黄种而论，又分汉种（始祖黄帝于四千三百余年前，自中国的西北来，战胜了蚩尤，把从前在中国的老族苗族赶走，在黄河两岸，建立国家。现在中国内部十八省的四万万人，皆是黄帝公公的子孙，号称汉种）。二苗种（从前遍中国皆是这种人，于今只有云、贵、两广稍为有些）。三东胡种（就是从前的金，现在的满洲，人口有五百万）。四蒙古种（就是从前的元朝，现在内外蒙古，人口有二百万）。其余的种族，不必细讲。合黄种、白种、黑种、红种、棕色种的人口算起来，有一十六万万，黄种五万万余（百年前有八万万，现在减了三万万），白种八万万（百年前只五万万，现在多三万万），黑种不足二万万（百年前多一倍），红种数百万（百年前多十倍），棕色种二千余万（百年前多两倍）。五种人中，只有白种年年加多，其余四种，都年年减少。这是何故呢？因为世界万国，都被白种人灭了（亚洲百余国，美洲数十国，非洲数十国，澳洲南洋群岛各国，都是那白色种的俄罗斯、英吉利、德意志、法兰西、奥大利、意大利、西班牙、葡萄牙、荷兰、美利坚、墨西哥、巴西、秘鲁各国的属国。只有中国和日本等数国没灭，中国若亡了，日本等国也不可保了）。这四种人不晓得把自己祖传的地方守住，甘心让与外种人，那种怎能不少呢！这种族的感情，是从胎里带来的，对于自己种族的人，一定是相亲相爱；对于以外种族的人，一定是相残相杀。自己没有父，认别人做父，一定没有像亲父的恩爱。自己没有兄弟，认别人做兄弟，一定没有像亲兄弟的和睦。譬如一份家产，自己不要，送把别人，倒向别人求衣食，这可靠得住吗？这四种人，不晓得这个道理，以为别人占了我国，也是无妨的，谁知后来就要灭种哩！所以文明各国，如有外种人要占他的国度，他宁可全种战死，决不做外种的奴隶（西洋各国，没有一国不是这样，所以极小的国，不及中国一县，各大国都不敢灭他。日本的国民，现在力逼政府和俄国开战，那国民说道，就是战了不胜，日本人都死了，也留得一个大日本的国魂在世；不然，这时候不战，中国亡了，日本也要亡的。早迟总是一死，不如在今日死了。〈政府又说没有军饷，和俄国开不得战。日本人民皆愿身自当兵，不领粮饷。战书既下，全国开了一个大会，说国是一定要亡的，但要做如何亡法方好；人人战死，不留一个，那就是一个好法子了。所以日本预存这个心，极危险的事毫不在意。俄人把守旅顺口、九连城一带如铁桶一般，都被日本打破。一只运送船装载日本兵丁二百余人，撞着俄国的兵船要他扯白旗投降，日本兵丁皆不愿意，在甲板上放枪，俄船放一炮来，船将沉下之际，二百余人皆唱"帝国万岁"而没。通国的儿童皆穿军衣，上书"决死队"。无老无少都有必死的气概。这是何故呢？无非为着保种、保国起见，所以奋不顾身。〉日本是一个很强的国，他的人民顾及后来，还如此激昂，怎么我中国人身当灭亡地步的，倒一毫不动哩？唉，可叹）。只有中国人从来不知有种族的分别，蒙古、满洲来了，照例当兵纳粮，西洋人来了，也照样当兵纳粮，不要外种人动手，自己可以杀尽。禽兽也知各顾自己的同种，中国人真是连禽兽都不如了。俗话说得好，人不亲外姓，两姓相争，一定是帮同姓，断没有帮外姓的。但是平常的姓，都是从一姓分出来的，汉种是一个大姓，黄帝是一个大始祖，凡不同汉种，不是黄帝的子孙的，统统都是外姓，断不可帮他的，若帮了他，是不要祖宗了。你不要祖宗的人，就是畜生。

第六，须知国家是人人有份的，万不可丝毫不管，随他怎样的。中国的人，最可耻的，是不晓得国家与身家有密接的关系，以为国是国，我是我，国家有难，与我何干？只要我的身家可保，管什么国家好不好。不知身家都在国家之内，国家不保，身家怎么能保呢？国家譬如一只船，皇帝是一个舵工，官府是船上的水手，百姓是出资本的东家，船若不好了，不但是舵工、水手要着急，东家越加要着急。倘若舵工、水手不能办事，东家一定要把这些舵工、水手换了，另用一班人，才是道理，断没有袖手旁观，不管那船的好坏，任那舵工、水手胡乱行驶的道理。既我是这个国的国民，怎么可以不管国家的好歹，任那皇帝、官府胡行乱为呢？皇帝、官府尽心为国，我一定要帮他的忙，皇帝、官府败坏国家，我一定不答应他，这方算做东家的职分。古来的陋儒，不说忠国，只说忠君，那做皇帝的，也就把国度据为他一人的私产，逼那人民忠他一人。倘若国家当真是他一家的，我自可不必管他，但是只因为这国家，断断是公共的产业，断断不是他做皇帝的一家的产业。有人侵占我的国家，即是侵占我的产业，有人盗卖我的国家，即是盗卖我的产业。人来侵占我的国家①，盗卖我的产业，都不大家出来拼命，这也不算是一个人了。

第七，须知要拒外人，须要先学外人的长处。于今的人，都说西洋各国富强得很，却不知道他怎么样富强的，所以虽是恨他，他的长处，倒不可以不去学他。譬如与我有仇的人家，他办的事体很好，却因为有仇，不肯学他，这仇怎么能报呢？他若是好，我要比他更好，然后才可以报得仇呢。日本国从前很恨西洋人，见了西洋人，就要杀他，有藏一部洋书的，就把他全家杀尽。到了明治初年，晓得空恨洋人不行，就变了从前的主意，一切都学西洋，连那衣服、头发，都学了洋人的装束（日本从前用中国古时的装束）。从外面看起来，好像是变了洋人了，却不知他恨洋人的心，比从前还要增长几倍。所有用洋人的地方，一概改用日本人，洋人从前所得日本人的权利，一概争回来，洋人到了日本国，一点不能无礼乱为，不比在中国，可以任意胡行。这是何故呢？因为洋人的长处，日本都学到了手，国势也和洋人一样，所以不怕洋人，

---

① "国家"，原作"产业"，误，校改。

洋人也奈何他不得。中国和日本，正是反比例，洋人的长处一点不肯学，有说洋人学问好的，便骂他想做洋鬼子；洋人的洋烟（日本一切洋人的东西都有，只有洋烟没有）及一切没有用的东西，倒是没有不喜欢的。更有一稀奇的事，各国都只用本国的银圆、钞票，不用外国的银圆、钞票。就是用他的，亦只做得七折八折，只有中国倒要用外国的银圆、钞票（日本一圆的银圆，本国不用，通行中国），自己的银圆、钞票，倒难通行，这也可算保守国粹吗？平日所吃所穿所用的东西，无一不是从洋人来的，只不肯学他的制造，这等思想，真真不可思议了。有人口口说打洋人，却不讲洋人怎么打法，只想拿空拳打他，一经事到临危，空拳也要打他几下，平时却不可预存这个心。即如他的枪能打三四里，一分时能发十余响，鸟枪只能打十余丈，数分时只能发一响，不学他的枪炮，能打得他倒吗？其余洋人的长处，数不胜数。他们最大的长处，大约是人人有学问（把没有学问的不当人），有公德（待同种却有公德，待外种却全无公德），知爱国（爱自己的国，决不爱他人的国），一切陆军、海军（各国的将官，都在学堂读书二三十年，天文、地理、兵法、武艺无一不精，军人亦很有学问）、政治、工艺，无不美益求美，精益求精。这些事体，中国哪一项不应该学呢？俗语道："天下无难事，只怕有心人。"若有心肯学，也很容易的。越恨他，越要学他；越学他，越能报他，不学断不能报。就是这时不能学得完备，粗浅也要学他几分，形式或者可以慢些，精神一定要学（精神指爱国，有公德，不做外种的奴隶）。要想学他，一定要开学堂，派送留学生。于今的人，多有仇恨留学生的，以为留学生多半染了洋派，喜欢说排满革命，一定是要扶助洋人的。不知外面的洋派，不甚要紧，且看他心内如何（于日本可知）。他说排满革命，也有不得已之苦衷（前已说过，不是故意要说这些奇话），想得利益（留学生若是贪图利益，明明翰林、进士的出身不要，倒要做断头的事，没有这样蠢了。至于忍耻含羞，就学仇人的国，原想习点本领，返救祖国，岂有为洋人用的理？即有此等人，也只有待他败露，任凭同胞将他捉来，千刀万剐，比常人加十倍治罪，此时却难一笔抹杀）。同胞！同胞！现在固然不是为学的时候，但这等顽固心思，到了这个时候，尚不化去，也就不好说了。

第八，须知要想自强，当先去掉自己的短处。中国的人，常常自夸为文明种族，礼义之邦。从前我祖宗的时候，原是不错。但到了今日，奸盗诈伪，无所不为，一点古风也没有了。做官的只晓得贪财爱宝，带兵的只晓得贪生怕死。读书的只晓得想科名，其余一切的事都不管。上中下三等的人，天良丧尽，廉耻全无，一点知识没开，一点学问没有，迂腐固陋，信鬼信怪，男吸洋烟，女缠双足，游民成群，盗贼遍野，居处好似畜圈，行为犹如蛮人，言语无信，爱钱如命。所到的国，都骂为野蛮贱种，不准上岸，不许停留。国家被外国欺凌到极处，还是不知不觉，不知耻辱，只知自私自利。瓜分到了目前，依然欢喜歌舞。做农做工做商的，只死守着那古法，不知自出新奇，与外国竞争。无耻的人，倒要借外国人的势力，欺压本国，随便什么国来，都可做他的奴隶。一国的人，都把武艺看得极轻（俗话"好铁不打钉，好汉不当兵"），全不以兵事为意，外兵来了，只有束手待毙。其余各项的丑处，一言难尽，丑不可言。大家若不从此另换心肠，痛加改悔，恐怕不要洋人来灭，也要自己灭种了。

第九，须知必定用文明排外，不可用野蛮排外。文明排外的办法，平日待各国的人，外面极其平和，所有教堂、教士、商人，尽要保护，内里却刻刻提防他。如他要占我的权利，一丝儿不能（如他要在我的地方修铁路、买矿山，及驻扎洋兵，设立洋官等事，要侵我的利权的，都不可许）。与他开起战来，他用千万黄金请我，我决不去。他要买我粮饷食物，我决不卖（俄国在东三省出重价向日本商民买煤，日本商民硬不卖与他）。他要我探消息，我决不肯。在两军阵前，有进无退，巴不得把他杀尽。洋兵以外的洋人，一概不伤他。洋兵若是降了擒了，也不杀害（万国公法都是这样，所以使敌人离心，不至死战。若一概杀了，他必定死战起来，没有人降了）。这是文明排外的办法（现在排外，只能自己保住本国足了，不能灭洋人的国，日后仍旧要和，故必定要用文明排外）。野蛮排外的办法，全没有规矩宗旨，忽然聚集数千百人，焚毁几座教堂，杀几个教士、教民以及游历的洋员、通商的洋商，就算能事尽了。洋兵一到，一哄走了，割地赔款，一概不管。这是野蛮排外的办法。这两种办法，哪桩好，哪桩歹，不用讲了。列位若是单逞着意气，野蛮排外，也可使得。若是有爱国的心肠，这野蛮排外，断断不可行的。

第十，须知这排外事业，无有了时。各国若想瓜分我国，二十岁以上的人不死尽，断不任他瓜分。万一被他瓜分了，以后的人，满了二十岁，即当起来驱逐各国。一代不能，接及十代，十代不能，接及百代，百代不能，接及千代。汉人若不建设国家，把中国全国恢复转来，这排外的事永没有了期。有甘心做各国的奴隶，不替祖宗报仇的，生不准进祖祠，死不准进祖山，族中有权力的，可以随便将他处死。海石可枯，此心不枯，天地有尽，此恨不尽。我后辈千万不可忘了这二句话。

十个须知讲完了，又有十条奉劝。

第一，奉劝做官的人要尽忠报国。我这报国二字，不是要诸君替满洲杀害同胞，乃是要诸君替汉人保守疆土。因为国家是汉人的国家，满洲不过偶然替汉人代理。诸君所吃的俸禄，都是汉人的，自应当替汉人办事。有利于汉人的，必要尽心去办。汉人强了，满洲也无忧了（满洲宁以天下送之外国，只恐怕汉人得势，实在糊涂极了。因为各国与满洲有什么恩爱，各国断不肯保全满洲）。汉人不存，满洲一定要先灭。为汉人就是为满洲，专为满洲，就害了满洲（张之洞所以是满洲的罪人）。至于爱财利己，害国伤民的事，一概做不得，更不消说。我看近日做官的，又把趋奉满洲的心肠趋奉洋人，应承洋人的意旨比圣旨还要重些。洋人没来，已先预备做洋人的顺官，不以为耻，反以为荣。我以为诸君的计太左了。诸君的主意，不过想做官罢了，不知各国哪里有官来把你们做，他得了中国，一定先从诸君杀起。诸君不信，你看奉天将军增祺，从前诚心归服俄人，俄人讲一句，他就依一句，哪知俄人今年①再占奉天，遂把他因了，如今生死还不能定。东三省的官员，平日趋奉俄人，无所不至，都被俄人赶逐出境，利益一点没得，徒遭千人的唾骂，有什么益处呢？我劝诸君切不可学，官大的倡独立，官小的与城共存亡，宁为种族死，不做无义生，这方算诸君的天职。

第二，奉劝当兵的人要舍生取义。列位！这当兵二字，是人生第一要尽的义务。国家既是人人有份，自应该人人保守国家的权利；要想保守国家的权利，自应该人人皆兵。所以各国都把当兵看得极重，王子也②要当兵三年，其余的人更可想了。平日纪律极严，操练极勤，和外国开起战来，有进无退；就是战死了，那家也不悲伤，以为享了国家的利益，就应当担任国家的义务。至于卖国投降的人，实在少得很。不比中国把兵看得极轻，一点操练没有，替满洲杀同胞，倒能杀得几个，替同胞杀洋兵，就没有用了。听说洋人口粮多些，那心中跃跃欲动，就想吃洋人的粮，甘心为国捐躯的，很少很少。于今中国的兵都是这样，怎么不亡呢？汉种的存亡，都在诸君身上，诸君死一个，汉人就得救千

---

① "今年"，《警世钟》1904 年增补本作"去年"。

② "也"，原作"他"，误，校改。

个，诸君怎么惜一人的命，置千个同胞不救呢？人生终有一死，只要死得磊落光明，救同胞而死，何等磊落！何等光明！千古莫不敬重大宋的岳爷，无非因他能替同胞杀鞑子。诸君若能替同胞杀鬼子，就是死了，后人也是一样敬重，怎的不好呢？

第三，奉劝世家贵族毁家纾难。世家贵族，受国家的利益，较常人多些，国家亡了，所受的惨，也要较常人重些。明朝李闯王将到北京的时候，崇祯皇帝叫那世家贵族各拿家财出来助饷，各人都吝啬不肯。及李闯王破了北京，世家贵族都受了炮烙之刑，活活拷死，家财抄没。当时若肯把少半家财拿出来助饷，北京又怎么能破？北京没有破之前，武昌有一个楚王，家资百万，张献忠、李闯王兵马将到，大学士贺逢圣告老在家，亲见楚王道："人马尽有，只要大王拿出家财充饷。"楚王一金不出。张献忠到了，先把楚王一家放在一个大竹篮内，投到江心，张两面长围，尽把武汉的人骗入大江。打入楚王府中，金银堆积如山，献忠叹道："有如此的财，不把来招兵，朱胡子真庸人了！"又有一个福王，富堪敌国，也不肯把家财助饷，被贼捉去，杀一只鹿和福王的肉（福王极肥胖）一同吃了，名叫福禄酒。后来满洲到了南京，各世爵都投降了，只想爵位依然尚在，哪知满洲把各人的家财一概查抄充公。有一个徐青山，系魏国公徐达的后代，后来流落讨饭，当了一个打板的板子手，辱没祖宗到了极处了。明末最难的是饷，倘若各世家贵族都肯把家财拿出来，莫说一个流寇，十个流寇也不足平哩！先前以为国家坏了，家财仍旧可以保得住，谁知家财与国一齐去了，性命都是难保。虽要懊悔，也懊悔不及，真真好蠢呀！波兰国被俄、奥、德三国瓜分，俄国把波兰的贵族尽数送至常年有雪的西伯利亚，老少共三万余口，在路死了一半。既到那处，满目荒凉，比死去的更惨万倍。庚子年联军进京，王爷、尚书被洋人捉去当奴隶拉车子，受苦不过的，往往自尽。瓜分之后，那惨酷更要再加百倍了！我看现在的世家贵族实在快活得很，不知别人或者还有生路，只这世家贵族，一定是有死无生。外国人即或不杀，本国的兵民断难饶恕你，况且外国人也是不放手的。近看庚子年，远看波兰，就可晓得了。只有把架子放下来，每年要用一万的，止用一千，所余的九千，来办公事。降心下气，和那平民党、维新党，同心合德，不分畛域，共图抵制外国，一切大祸可免，还有保国的功劳，人人还要爱戴，没有比这计更上的了。如若不然，我也不能替诸君设想了。

第四，奉劝读书士子，明是会说，必要会行。我看近来的言论，发达到了极处，民权革命，平等自由，几成了口头禅。又有什么民族主义、保皇主义、立宪主义，无不各抒伟议，都有理信可执，但总没有人实行过。自瓜分的信确了之后，连那议论都没有人发了，所谓爱国党，留学生，影子都不见了。从偏僻之处寻出一二个，问他何不奔赴内地，实行平日所抱的主义，答道："我现在没有学问，没有资格，回去不能办一点事。"问他这学问资格何时有呢，答道："最迟十年，早则五六年。"问这瓜分之期何日到，答道："远则一年，近则一月。"呵呵！当他高谈阔论的时候，怎么不计及没有学问，没有资格？到了要实行的时节，就说没有学问，没有资格。等到你有了学问、资格的时候，中国早已亡了。难道要你回去开追悼会不成？这学问、资格非是生来就有的，历练得多，也可长进。试看日本当年倾幕的志士，有什么学问、资格，只凭热心去做，若没有这等热心，中国从前也曾有有学问、有资格的人，可曾办出什么事来？所谓瓜分之后，也要讲学问，是为瓜分以后的人说话，不是为现在的人说话。若现在的人不多流些血，力救中国不瓜分，只空口说说白话，要使后来的人在数百年之后，讲民族，讲恢复，哪个肯信。只有现在舍死做几次，实在无可如何了，那后辈或者体谅前辈的心事，接踵继起，断没有自己不肯死能使人死的。那诸葛武侯《出师表》上，所谓"汉贼不两立，王业不偏安"，"汉不伐贼，王业亦亡；与其坐以待亡，不如伐之"，又谓"鞠躬尽瘁，死而后已。至于成败利钝，非所逆睹"的话，我们应该常常讽诵。有人谓大家都死了，这国一亡之后，遂没有人布文明种子了。这话我也以为然。但总要有一半开通人先死，倘若大家都想布文明种子，一个不肯死，这便不是文明种子，乃是奴隶种子！布文明种子的人，自有人做，人所不为的，我便当先做，这方算是真读书人。

第五，劝富的舍钱。世间之上，最能做事业，最能得名誉的，莫过于家富的人。盖没有资本的人，随便做什么事，都是力不从心。譬如现在要拒洋人，枪炮少得很，如能独捐巨款买枪炮千枝万枝；或因军饷不足，助军饷捐，那功劳比什么人都大几倍。其余开办学堂，印送新书，以及演说会、体育会、禁缠足会、戒洋烟会、警察、团练等事，都是没钱不办，有能出钱办的，其功德大得很。更有不要助捐，于自己有重息，于国家有大利的一桩事，如果集资设立公司，修设轮船、铁路、电线及各种机器局、制造局、采炼各矿，这些事体，多有大利可得，为何不办呢？把银钱坐收在家，真是可惜。把这些钱会用了，就能取名得誉；不会用了，就能招灾惹祸。你看自古换朝的时候，受尽苦楚的，不是那富户吗？《扬州十日记》上所载，满兵将到扬州，那些富户一文钱不肯出，及城破了，争出钱买命。一队去了，一队又来，有出过万金终不免于死的。我乡父老，相传明末的富户，被满兵捉去，把竹丝所做的大篮盘，中穿一心，戴在颈上，周围点火，要他说出金银埋在何处。尽行说出，仍旧以为不止有此数，就活活烧死。又某小说书所载：有一富翁，积金百万，不肯乱用一文，恐怕人偷去金银，四布铁菱角，因此人喊他叫做铁菱角。满兵一到，把骡马装运金银，不上半天，就干干净净。那人见一世辛苦所积，一朝去了，遂立时气死。满洲入关的时候有什么饷？偏偏有人替他积着，早若是拿出来打满洲，满洲哪里还有今日呢？犹太人会积财，只因没有国，所有的都被别人得去。英国占印度，所有富户的田租，一概充公。于今印度每年有赋税二①万八千万两（中国只有赋税八千万两），三分之一是从前富户的田租。日本占台湾，有一个姓林的绅士，有数千万的家资，用他一家，也可敌住日本。私地向日本投降，献银数百万，日本一入台湾，他在台湾的产业，日本一概查抄。现在台湾的富户尽变了穷民，新出的财主皆是日本人了。诸君当知国保了，家财自在，国若不保，家财断不能保住的。列位此刻尚见不透，没有日子了。

第六，劝穷的舍命。中国的穷民，最占多数，于是他们常常想天下乱，以为天下乱了，这些富户，与他一样的受苦。更有不肖之辈，存一个乘浊水捉鱼的心事。不知天下乱了，富户固然吃亏，穷民也没有便宜可占。平时尚能用人力挣几个钱，刀兵四起，哪一个请你来做工？况且洋人占了天下，愈加了不得，他最重的是富户，最贱的是穷民。他本国的穷民，不把在人内算数，何况于所征服的敌国，一定见富者穷，穷者变牛马。我听见多少人说，洋人也要人抬轿、担担，哪怕没有工做，要担什么心？不争主权，只要有奴隶做，我也没有话和他说了。但是洋人一切都用机器，人工一定不要，一般穷民怎么得了。他因为本国人多，无地安插，所以远远抢占别人的土地。中国的人住得无处安针，最多的又是穷民，不把你们害尽，叫他到哪里去住？我晓得洋人初到，一定用巧言哄诱，还要施一点小恩惠，但是到了后来，方晓得他狠②。试问他

---

① "二"，《警世钟》1904 年增补本作 "三"。

② "他狠"，《警世钟》1904 年增补本作 "他的厉害"。

费了许多的金银，用了许多的心力，不是谋害你们，他为别的什么呢？他有恩惠怎么不施在本国，来施你们？把饵钓鱼，不是把饵给鱼吃，乃是要鱼上钩；你吃了他的饵，他一定要吃你的肉。今日没有别法，洋兵若来，只有大家拼命死打。洋人打退了，再迫官府把各人的生计想一个好法子，必定要人人足衣足食，这方是列位的道理。

第七，劝新旧两党各除意见。于今的时候，有什么新旧？新的也要爱国，旧的也要爱国，同是爱国，就没有不同之处。至于应用的方法，总以合时宜为主，万不能执拗。即有不合，彼此都要和平相商，不可挟持私见。《诗经》上说得好："兄弟阋于墙，外御其侮。"现在什么时候，还可做那阋墙之事么？我有新旧之分，在洋人看起来，就没有新旧，只要是汉人，一样的下毒手。故我剖心泣血，劝列位总要把从前的意见捐除，才是好哩。

第八，劝江湖朋友改变方针。那些走江湖的，种类很多。就中哥老会、三合会、各省游勇，最占多数。想做大事，也有不少。没有志气，只想寻几个钱度日的，也有好多。这等人就是起事，也没有什么思想，不过图"奸淫掳掠"四字。或者借个名目，说是"复明灭清"，或者说是"扶清灭洋"。一点团体没有，上的上山，下的下水，一切事做不出来。穷而无计的时候，丧灭天良的，也就降了洋人，替洋人杀起同胞来，和东三省的马贼一样。我不怕洋人，就怕这等不知祖国只图一己的人，我实在要吃他的肉。但江湖的豪杰，一定是爱国的男儿，平生愤恨外族侵凌中国，所以结集党羽，无非是想为汉种出力，打救同胞；决不是为一人的富贵，做洋人的内应。须知做事以得人心为主，若是纪律不严，人人怨恨，这怎么能行得去呢？我起初恨各处乡团，不应该违拒太平王，后来晓得也难怪他。太平王的部下不免骚扰民间，人心都不顺他，因此生出反对来。若太平王当日秋毫不犯，这乡团也就不阻抗他了。所以我劝列位起事，这人民一定不可得罪的。又现在各种会党彼此都不通。不知蚊子虽小，因为多了，那声音如雷一般。狮子最大，单独一个，也显不出威风来。各做各的，怎么行呢？一定要互相联络，此发彼应才行。我更有一句话奉劝，我们内里的事情没有办好，轻举妄动，或烧教堂，或闹租界，好像请洋人来干涉，这也是犯不着。暗地组织，等到洋人实在想侵夺中国了，大家一齐俱起，照着文明排外的办法，使他无理可讲，我有理可说，不使他占半点便宜。生为汉种人，死为汉种鬼，弄到水尽山穷，终不拜那洋人的下风，这方算是大豪杰、大国民。

我所望于列位的，如此如此。不知列位都以为是否？

第九，劝教民当以爱国为主。教与国不同，教可以自由奉教，国是断断不能容别人侵夺的。欧洲各国，一国之中有数教，毫不禁制。无论何教的人，都爱自己生长的国。譬如天主教皇在罗马，倘若罗马人要侵夺各国，这各国的天主教人，一定要替本国抵拒罗马人。就是教皇亲来，也是不答应的。日本国从前信奉儒教，有一个道学先生，门徒很多，一日有个门徒问先生道："我们最尊敬孔子，倘若孔子现在没死，中国把他做为大将，征讨我国，我们怎么做法呢？"先生答道："孔子是主张爱国的，我们若降了孔子，便是孔子的罪人了。只有齐心死拒，把孔子擒来，这方算得行了孔子的道。"各国的人不阻止外国的教，所以别人的好处能够取得到手，没有自尊自大的弊习。但是只容他行教，却不容他占本国的土地，所以国国都强盛得很。中国人有些拼命要与洋教为仇，有些一入了教就好象变了外国人，忘记自己是中国人，反要仗着教的势力欺侮我们中国人。不知这中国是自从祖宗以来生长在此的，丢了祖宗怎么可以算人呢！一入了教，还有些人平素相爱的朋友亲戚都不要了，只认得洋人。洋人要他的国，他也允许，洋人要杀他的朋友亲戚，他也允许。唉！世间之上，哪有这样的教呢？各教的书我也读过看过，无一不说国当爱的。倘若信耶稣的道，人不要爱本国的，这真是耶稣的罪人了。我也晓得各位有因为被官府欺侮不过所以如此的。但是中国人极多，少数人得罪了你，未必中国全数人都得罪了你，祖宗也没有亏负你，怎么受了小气，遂连祖宗都不要了。好人家请先生，不论何国都可请得的，这先生一定要敬重他。但是我这父母兄弟也是不可丢的，先生若是谋害我的家起来，我也可答应他吗？教士好比是一个先生，中国好比是我的家，教士灭我的国，怎么可应允他呢？况并不是教士，不过教士国的人呢（各国教士①不管国政）？我劝列位信教是可以信的，这国是一定要爱的。

第十，劝妇女必定也要想救国。中国人四万万，妇女居了一半，亡国的惨祸，女子和男子一样，一齐都要受的。那救国的责任也应和男子一样，一定要担任的。中国素来重男卑女，妇女都缠了双足，死处闺中，一点学问没有，哪里晓得救国？但是现在是扩张女权的时候，女学堂也开了，不缠足会也立了，凡我的女同胞急急应该把脚放了，入了女学堂，

---

① "士"，原作"师"，误，校改。

讲些学问，把救国的担子也担在身上，替数千年的妇女吐气。你看法兰西革命，不有那位罗兰夫人吗？俄罗斯虚无党的女杰，不是那位苏菲尼亚吗？就是中国从前，也有那木兰从军，秦良玉杀贼，都是女人所干的事业，为何今日女子就不能这样呢？我看妇女们的势力比男子还要大些，男子一举一动大半都受女子的牵制，女子若是想救国，只要日夜耸动男子去做，男子没有不从命的。况且演坛演说，军中看病，更要女子方好。妇女救国的责任这样儿大，我女同胞们怎么都抛弃了责任不问呢？

我的讲话到这里也讲完了，我愿我同胞呀，醒来！醒来！快快醒来！快快醒来！不要睡的像死人一般。同胞！同胞！我知道我所最亲最爱的同胞，不过从前深处黑暗，没有闻过这等道理。一经闻过，这爱国的心一定要发达了，这救国的事一定就要勇任了。前死后继，百折不回，我汉种一定能够建立个极完全的国家，横绝五大洲，我敢为同胞祝曰：汉种万岁！中国万岁！

附一：印送《警世钟》缘起①

中国，一大死海也。其深千寻，非有排山倒海之风推飚排荡，则不足以变其永静性。自甲午以来，创深痛巨，二三志士奔走号呼，亦已口瘅心瘁矣。而上中社会之因而开通者，百难一二，况下等社会乎！

夫今日之世局，国民与国民相竞争之日也。非使人人有国民思想，则必不能立于优胜劣败之场。而欲使人人有国民思想，舍教育不为功。顾教育之为效也，远之百年，近亦十年。患已切肤，其何能待？欲等救急之方，其必自多刻通俗之书始也。坊间所刻，有《猛回头》、《警世钟》、《黑龙江》等小册子；通俗之报章，则有《中国白话报》（上海棋

---

① 附一、附二均为《警世钟》1904 年增补本卷首附录，悉据刘晴波、彭国兴编校《陈天华集》补入。

盘街镜今书局发行，每月二册，每册一角五分），《绣像小说报》（上海商务印书馆发行），皆最有价值之书也。本社同人初拟将《猛回头》等书各印送数十万册，而于《中国白话报》、《小说报》则购送数百份。以资绌仅印送《警世钟》一万部，购送《中国白话报》一百份，其余有俟。乃付印未竟，接内地各处来函，称此书已翻刻数十板，册数以百万计，可见人有同情也。尚望有启世牖民之责者，于此等书多著多送，其功德较之以血写藏经者，其远当不可以道里计[①]，又岂寻常阴骘文之可比乎？

印既终，书其缘起于此，以告于送善书之诸君子，俾其舍彼就此，于前途或不为无益也。又此书原本出于日俄未战之前，今仍请神州痛哭人将近日情节补入，故与原本有出入，读者谅之。

黄帝纪元四千三百九十六年四月黄必强谨识

附二：题辞

孔子铸颜之，冶黄帝首山之铜，以锻以熔，造警世钟，坚其外洪其中，有大放夏声之效力，而使汝哀鸣于二十世纪荒荒大陆之东。呜呼！警世钟，吾铭汝功。云浓浓，天梦梦，扬州春梦何年终？刀霍霍以加颈兮，欹枕从容。无可奈何春去了，杜鹃泣血唤空空。呜呼！警世钟，吾悲汝穷。小叩小鸣，人谁启聪；大叩大鸣，人斥汝凶；不叩不鸣，人益以聋。故园西望，双袖龙钟。呜呼！警世钟，将谁适从？炮声隆隆，剑声铿铿，帝国主义何其雄，欧风美雨驰而东，哀我黄种，黑甜朦朦，苟迷楼之撞破，悔九死其无庸。呜呼！警世钟，吾慕汝忠。有心哉主人题词。

---

① "计"，原作"言"，误，校改。

　　保种为孝，保国为忠，一家顺子，无补覆宗，一姓家奴，卖汝取佣，台湾辽沈，血海扬红，愿我同胞看《警世钟》。人人畏死，人不我容；人人舍死，人避我锋。扬州嘉定，罗此残凶，前鉴不远，种祸重逢。与为奴死，宁为鬼雄，愿我同胞，看《警世钟》。

狄必攘拜读

要求救亡意见书 *

近日以来，警电纷至，危迫情形，视前尤急。同人等焦心灼虑，苦无良策，乃于无可如何①之中，作一死中求生之想，则惟有以救亡要求政府也。

夫各国国民之要求政府，则立宪问题也，自由平等问题也，均财问题也。吾等今日之要求，尚不能及是。第②求其勿致吾于死亡而已。救亡者政府之责任，岂待吾等之要求而后许？则以今日之政府，所蹈无一非可亡之道，而不惜国之亡者也。主人有屋，托人管理，不慎于火，管理者以非其屋也，将任其延烧，为主人者岂能不以屋如焚焰，必责其赔偿而急促之使救火乎？政府，管屋者也，国民，主人也。吾等之要求亦类是也。

要求者，有目的有条件。目的惟何？但使朝廷誓死殉国，勿存一为印度王之思想，卖吾侪以求活。为大臣者实事求是，勿抱一为小朝廷大臣之主义，以吾侪之权利，为彼等富贵之媒。则吾侪必捧吾之身命财产，呈献于③政府之下，万死不避。不尔者，亦必求对付之手段，断不能任其今日割五城，明日割十城，不动声色而断送吾侪于永世沉沦之内。此吾等要求之目的也。

---

* 陈天华原文藏日本外务省外交史料馆，档案名为《关于清国留学生行动》甲密字第 13 号，明治 38 年 2 月 2 日。写作时间约在 1905 年 1 月。此文录自孔祥吉、村田雄二郎：《陈天华若干重要史实补充订正——以日本外务省档案为中心》（载《福建论坛》［人文社会科学版］，2005 ［4］）。原文部分错字孔祥吉、村田雄二郎文章已做校正者照录。

① "何"字原脱，据杨天石《陈天华的〈要求救亡意见书〉及其被否定经过》（载《近代史研究》，1988 ［1］）校补。

② "第"，原作"弟"，误，校改。

③ "于"，原作"之"，误，校改。

条件惟何？一曰勿以土地割让于外人也，而矿山、铁路、航权，必竭死力以保之。二曰勿以人民委弃于外人也，而人民之生命、产业、利权，丝毫不可容外人之侵犯。三曰勿以主权倒授于外人也，而外人之驻兵于内地，以及用人行政之权，尤必力杜其渐。此三者，要求政府对外之条件也。四曰当实行变法。五曰当早定国是。六曰当予地方以自治之权。七曰当许人民以自由著述、言论、集会之权。此四者，要求政府对内之条件也。凡皆吾侪所以要求于政府者也。

吾侪对于政府，独可以不负义务乎？吾侪之义务惟何？一曰人人有当兵之义务，二曰人人有纳租税之义务，三曰有为政府募公债之义务，四曰有为政府任奔走开导之义务。吾侪之义务有一未尽者，不待政府诛之，吾侪必自诛之。吾侪对于政府尽义务矣，而政府之于吾侪所求者，或不之许，或许而阳奉阴违，行之不力，或竟显违吾侪所订之条件，则吾侪必尽吾力之所能以对付于政府，诛一人而十人往，诛十人而百人往，吾侪不死尽，政府不得高枕而卧也。彼欲置吾侪于死亡，而希图保全，吾必使之与吾侪同尽。是则吾侪之所以自处、处政府也。

难者曰：今瓜分之谈，尚属影响，而行如是之举动，不几类于无事张皇乎？应之曰：瓜分者，岂必待改图易色，而始谓之瓜分哉？土地、人民、主权，有一不完全，则不可谓之国。今土地则已去者无论，指名坐索者又纷纷矣。如俄之要求厦门等地，及要求蒙古、新疆之矿山，其余各国不胜枚举。人民则非洲、美洲之工人。东三省之难民，惨无天日。而上海则俄国水兵公然杀人于市，而惟定以四年之监禁。嗟！我同胞曾草芥之不啻也。主权则无一不受外人之指使。近奉天府尹，被拘禁于俄，山东巡抚必待德之许可，尚得谓有主权之存乎？若是者即不瓜分，而已早等于瓜分，且甚于瓜分。况东报谓各国承认俄国长城以北之占领。俄国占领长城以北，各国岂无所取？则瓜分也明矣，特因日俄战争而有所需待，不然早已揭晓，岂能至今日耶？揭晓云者，亦不过执工商政略而握实际之主权，非必易大清之年号，而为一千九百几年之年号也。诸君欲为堂堂正正之死节，断无如此机会。且救死者必于将死未死之时，不可待已死；救亡者亦必于将亡未亡之时，不可待于已亡。救死于已死，救亡于已亡，则救与不救等。吾侪之有一线之希望者，正以尚有可以图存之时间，而不欲复蹉跎以逝也。非然者则吾侪之哓哓何为者耶？以吾侪之眼视各国之国民，如登春台，欣羡无已。而各国之国民，为生存竞争之故，要求于政府者无已时，则以吾侪今日之要求，岂能目为多事乎？无病而呻，不可也。安卧于覆屋之下，尤非智者之所出也。

难者又曰：君等之志，诚嘉也。倘或政府不见谅，而以待义勇队者待诸君，则如之何？应之曰：吾侪非为政府者也，为国家者也。国家①将危于政府之手，吾侪不忍其危，而向政府争之，岂慑于政府之威力者乎？上不避嫌疑，下不辞谤讟，行吾心之所安，有非人之所能阻者，政府之见谅不见谅非所问也。

难者又曰：政府而能有作为也，不待要求也。否则，要求何益，只自荒功课，而骚动学界耳。应之曰：政府之惧外也，非必其本心也。外人对于政府有要求，国民对于政府无要求，则政府乃以国民所应得者，举以畀②之外人，以暂纾目前之急，使国民亦有以持其后，则必不能无所顾忌。人孰不畏难，道在使欲畏难而不可得。吾侪之要求，所以使政府应付外人之要求外，而亦留一二以应吾侪之要求也。盖使彼惟虞外人之一方面，而不虞国民之方面，则不至举吾侪尽售之于外人，以保固其印度王、小朝廷大臣之名位不止。今吾侪乃预先警告之，吾侪虽被售，而必不使安固其印度王、小朝廷大臣之名位，是亦侥幸望其勿售也，岂可以其无益而已之乎？至于警告而不听，则吾侪自必有继续之行为，决非仅如公车上书之故事也。

各国民党之对于政府也，必先提出要求之条件，要求而不纳，然后有示威之举动，无不如此者。吾侪躐等以为之，则政府不知吾等意向所在，而国民亦不知吾等之宗旨为何，纵掷数人之头颅，亦不过等诸无意识之作为。而吾侪之主义，终难暴白于天下。惟先将主义标出，能可平和则平和，当激烈则激烈，一出于公，而不杂以一毫之私，使政府有所择取，使国民有所依，然于将来或不至全无影响。此吾侪今日之苦心也。政府之无可望，则久已知之矣。谓因此恐荒功课，骚动学界，则吾侪岂于今日而欲全数之辍学哉？亦先以意见书，公举数人送之政府，其余则仍可日夜并学，以待政府之任使。倘政府必举立国之三要素，甘心委让于人，而国民是仇，则公等虽有学问，又安所归，将抱是以为作贰臣之赆献乎？则非吾侪之所及知也。

难者又曰：外人因将甘心于我，吾侪又不自韬晦而标帜焉，是予人以口实，而自③速其亡也。应之曰：吾侪非欲学义和团者也。固吾边

---

① "国家"二字原脱，校补。

② "畀"，原作"卑"，误，校改。

③ "自"后原有衍文"自"，今删。

围，守吾应享之权利，对于政府而有所要求，皆吾所应为之职分也。如是而欲干涉焉，是不以国民①待我，而以无主权之奴隶待我也。吾子亦或安之？则无不可安之也。夫无主权之国，尚于正当之防卫，上国不得而干涉之，况吾未至于是者乎？人将割烹我，即抵拒而亦以为不当，必束手以待毙，竖尽古今，无此学理。畏事而至于如斯，非吾之所敢闻也。

难者又曰：君之言至矣，无以难矣也。虽然，无实力以副之，恐终难免虎头蛇尾之诮，子虽至诚，能必人之从乎？应之曰：吾侪之能力薄弱，诚如子之所言也。虽然，岂可以是自馁乎？虎头蛇尾，吾必求所以不至于蛇尾者，万不可恐其将至于蛇尾，而先隐其头也。吾侪但视事之当为与否，岂以人之从违为定。况人之欲善，谁不如我。各国之政党，俱以一二人之原动力，久之而推行全国，未见有无人从之者。吾子但自问真心从事否，于他人可无须问也。言至此，客无辞而退。

更有昂然而进者曰：吾侪平日之所主张，非革命乎，今仍欲倚赖于政府，何其进退失据也？则应之曰：政府之将以土地、人民、主权三者与外人，一弹指间也。而吾子之革命，且夕可举乎？吾恐议论未定而条约上之效力发生，已尽中华之所有权移转于他人手矣。则何如要求政府，与之更始以图存乎？若其不能报复而止也，无所谓革命也，故吾侪必先以条件商之政府，政府而果如所请也，夫又何求。不然岂特吾子，吾侪独能默认政府之卖我以求利者乎？若于此时徒为高阔之论，而不见有实行之期，则非所敢附和也。

答问既竟，悉书之于右，以待他人之执前词以相诘难者，乃更为同志告曰：数年以来之学生，非所谓将来世界之主人翁者乎？当此灭亡之大风潮，而竟寂无所动，试一翻平日之议论，其于心有少许之滋愧否耶？吾侪之欲以救亡要求政府也，非谓如是即可以救亡也，乃欲以求吾致死之所也。政府能与吾侪共致死于外人，则外人乃吾侪致死之所也。政府必欲以吾侪送之于外人，则政府乃吾侪致死之所也。吾侪固有九死而无一生者也。然吾侪即不欲死，而外人必欲死吾，政府必欲死吾，死仍无可避也。死有重于泰山，有轻于鸿毛者，道在诸君自择之也。吾侪意绪已乱，罔知大计之所出，揭其见之所及者如此，匡正而指摘之，幸甚。

右书：订二周内北上实行，拟用留学生全体名字，有志偕行者请至神田西小川町フ一东新社商订出发，反对者即请函告，否则作为默认。

---

① "民"字原脱，校补。

纪东京留学生欢迎孙君逸仙事[*]

　　有失败之英雄，有成功之英雄。英雄而成功也，人讴歌之，英雄而失败也，人哀吟之。若夫屡失败而将来有成功可望之英雄，则世界之视线集焉。是故欧美之于英雄也，于其未至，则通书以相讯问，于其戾止，则开会以盛欢迎。贵绅、淑女、黄叟、稚童争握其手，有接其馨欬者，则以为希世之荣，甚至如加里波的之至英，英人欲留其所着之衣以为纪念，顷刻而其衣片片撕尽。迄今思之，其狂愚诚不可及，亦足以窥见白人崇拜英雄之一斑①。夫于异国之英雄犹有其然也，况为本族之英雄乎？况为本族屡失败而将来有望之英雄乎？人之想望其风采，愿接其颜色也，何怪其然。

　　孙君逸仙者，非成功之英雄，而失败之英雄也。非异国之英雄，而本族之英雄也。虽屡失败，而于将来有大望。虽为本族之英雄，而其为英雄也，决不可以本族限之，实为世界之大人物。彼之理想，彼之抱负，非徒注眼于本族止也。欲于全球之政界上，社会上开一新纪元，放一大异彩。后世吾不知也，各国吾不知也，以现在之中国论，则吾敢下一断辞曰：是吾四万万人之代表也，是中国英雄中之英雄也。斯言也，微独吾信之，国民所公认也。

　　先是，孙君由亚而美，由美而欧。所至之处，旅外华民及学生开会欢迎，公请孙君演说。各国之政党亦皆倒屣以迎孙君，孙君既获闻各国大政治家之绪论，益以参观所得，学识愈富，热度愈涨，亟欲贡献祖国，乃于乙已孟秋由欧洲返日本横滨，旅东同人闻之，派代表百余人，

---

　　* 此文录自《民报》第 1 号（1905 年 10 月 20 日），署名过庭。
　　① "斑"，原作"班"，误，校改。

恭迓于埠，于阳历八月十三日开欢迎会于东京麴町区之富士见楼。

富士见楼者，居于骏河台之麓。后临一小河，游艇如织。隔岸为炮兵工厂，烟突林立，黑云蔽天，声隆隆不绝，雄壮殆不可名状，为日本一名区。有嘉客则宴于是。结构虽不大宏厂，颇为精巧，盖素为日本集会之所也。是日至者千三百余人，已告满员，后至者皆不得入，然犹不忍去，伫立于街侧，以仰望楼上者复数百人。有女学生十余人结队而来，至则门闭，警察守焉，女学生大愤，恨恨而返。然室内则已无隙地，阶上下，厅内外皆满，暑气如蒸，汗臭不可向①迩，余乃偷出户外吸空气。有小假山屹立池中，四周喷水，红色鱼游泳其间。楼外则葡萄披离下垂，缘阴覆焉。从此而下，有小门，门侧系一游艇，风景绝佳，神气为之清爽。未几，而厅内拍掌声起，余急入，则来宾日人某某等先孙君而至。约过二十分许，孙君着鲜白之衣，数人导之拾级而上，满场拍掌迎之。立在后者，为前者所蔽，跂足以望，拥挤更甚，然皆肃静无哗。东京自有留学生以来，开会之人数未有如是日之多而且整齐者也。无何，孙君以霭然可亲之色，飒爽不群之姿，从人丛中出现于演台上，拍掌声又起。孙君先谢欢迎之盛意，继缕述环游全球所历，众人拍掌不绝，终乃就时下之问题而为一源源本本之大演说。今节录其精要于下。

鄙人往年提倡民族主义，应而和之者特会党耳，至于中流社会以上之人实为寥寥。乃曾几何时，思想进步，民族主义大有一日千里之势，充布于各种社会之中，殆无不认革命为必要者。虽以鄙人之愚，以其曾从事于民族主义为诸君所欢迎，此诚足为我国贺也。顾诸君之来日本也，在吸取其文明也。然而日本之文明，非其所固有者，前则取之于中国，后则师资于泰西。若中国以其固有之文明转而用之，突驾日本，无可疑也。（拍手）

中国不仅足以突驾日本也。鄙人此次由美而英，而德、法，古时所谓文明之中心点，如埃及、希腊、罗马等，皆已不可复睹。近日阿利安民族之文明，特发达于数百年前耳，而中国之文明已著于五千年前，此为西人所不及，但中间倾于保守，故让西人独步。然近今十年思想之变迁有异常之速度，以此速度推之，十年、二十年之后，不难举西人之文明而尽有之，即或胜之焉，亦非不可能之事也。盖各国无不由旧而新，英国伦敦先无电车，惟用马车，日本亦然。鄙人去日本未二年耳，再来

---

① "向"，原作"响"，误，校改。

而迥如隔世，前之马车今已悉改为电车矣。谓数年后之中国，而仍如今日之中国，有是理乎？（拍手）

中国土地人口为各国所不及，吾侪生在中国实为幸福，各国贤豪欲得如中国之舞台者利用之而不可得。吾侪既据此大舞台，而反谓无所藉手，蹉跎岁月，寸功不展，使此绝好山河仍为异族所据，至今无有能光复之，而建一大共和国，以表白于世界者，岂非可羞之极者乎？（拍手）

西人知我不能利用此土地也，乃始狡焉思逞。中国见情事日迫，不胜危惧。然苟我发愤自雄，西人将见好于我不暇，遑敢图我？不思自立，惟以惧人为事，岂计之得者耶？（拍手）

所以鄙人无他，惟愿诸君将振兴中国之责任置之于自身之肩上。昔日本维新之初，亦不过数志士为之原动力耳，仅三十余年，而跻六大强国之一。以吾侪今日为之，独不能事半功倍乎？（拍手）

有谓中国今日无一不在幼稚时代，殊难望其速效。此甚不然。各国发明机器者，皆积数十百年始能成一物，仿而造之者，岁月之功已足。中国之情况亦犹是耳。（拍手）

又有谓各国皆由野蛮而专制，由专制而君主立宪，由君主立宪而始共和，次序井然，断难躐等。中国今日亦只可为君主立宪，不能躐等而为共和。此说亦谬，于修筑铁路可以知之矣。铁路之汽车，始极粗恶，继渐改良，中国而修铁路也，将用其最初粗恶之汽车乎？抑用其最近改良之汽车乎？于此取譬，是非较然矣。（拍手）

且夫非律宾之人土番也，而能拒西班牙、美利坚二大国以谋独立而建共和。北美之黑人前此皆蠢如鹿豕，今皆得为自由民。言中国不可共和，是诬中国人曾非律宾人、北美黑奴之不若也，乌乎可？（拍手）

所以吾侪不可谓中国不能共和。如谓不能，是反夫进化之公理也，是不知文明之真价也。且世界立宪亦必以流血得之，方能称为真立宪。同一流血，何不为直截了当之共和，而为此不完不备之立宪乎？语曰"取法于上，仅得其中"，择其中而取法之，是岂智者所为耶？鄙人愿诸君于是等谬想淘汰洁尽，从最上之改革着手，则同胞幸甚，中国幸甚。（拍手，下略）

孙君演说已，继之演说者，则有安徽某君，大抵谓法国不仅有一拿坡仑，美国不仅有一华盛顿，先有无数之拿坡仑、华盛顿，而此有名之拿坡仑、华盛顿乃始能奏其功，故吾国今日不可专倚赖孙君一人，人人志孙君之志，为孙君之为，中国庶克有济。更端而起者，复有数人。最后为来宾演说。某君谓："昔年孙君来此，表同情者，仅余等数辈耳，中国人士则避之如恐不速。今见诸君寄同情于孙君如此，实堪为中国庆慰。"某君则曰："诸君自表面而观，谓敝国今日之强，由于取西法之效，而不知为汉学之功。当年尊王倾幕之士，皆阳明学绝深之人，而于西法未必尽知，使无此百折不回之诸前辈以倾倒幕府，立定国是，则日本之存亡未可知，其能有今日之盛耶。故诸君亦惟先发挥其国学，丕定国基，再以西法辅之，则敝国之富强不难致，驾而过之亦不可知。否则，先其所后，后其所先，摹仿敝国今日之皮毛，而遗本国固有之精髓，必无效可见，此可断言也。抑鄙人更有一言，敝国之国体与贵国异，敝国为万世一系，而贵国今日之政府为异族所有。故敝国可以君主立宪，而贵国必须共和。倘亦以敝国为标准，则其害诚有不可胜言者。敝国之德川氏不去，则万事棘手；贵国不先去满洲政府，而欲有一事之克就绪，难为贵国信也。诸君勉旃，建三色之旗，击自由之钟，端于孙君与诸君是望，异日者亚东大联盟其起点于今日之会乎！"言至此，拍掌声如雷。已而经理人告散会，来宾先去，孙君次之，众亦纷纷而散。时已为午后三时矣。

记者曰：余每见日本人之欢迎其陆海军帅也，殆举国如狂。私心揣度曰：使其人而在中国也，中国人视之当何如？迄今观留学生之欢迎孙君，而知我中国人爱国之忱，崇拜英雄之性，视日本有加无已也。夫孙君者，非内地之僭主、伪吏、迂师、曲儒所诋为大逆不道者乎？而留学生殆举全数以欢迎之。孟子曰："二老者，天下之大老也。天下之大老归之，是天下之父归之也。天下之父归之，其子焉往？"[①] 吾今亦曰：留学生者中国之代表也。代表归之，被代表者焉往？其有疑吾言者乎？盍俟之于异日。

抑吾闻孙君所抱持之主义，实兼民族、平民二主义者也。是日之演说，仅及民族主义，于平民主义则未曾提及。盖人数过多，则程度不一，故有难言之者。且中国所宜急于行者，亦以民族主义为先，此所以特缓平民主义而急其所先焉，着手之次第尔也。至于孙君所言，骤听似为人人能言者，特人言之而不行，孙君则行之而后言，此其所以异也。况孙君于十余年之前，民智蒙昧之世，已能见及此而实行之，得不

---

① 语出《孟子·离娄上》，原文为："二老者，天下之大老也，而归之，是天下之父归之也。天下之父归之，其子焉往？"

谓为间世之豪杰乎？夫豪杰之见地，亦惟先于常人一着耳，据事后而曰我亦能之，则凡今日之摇电铃而过市者，皆可以称神圣，而当日之发明电汽者，为无功矣。有是事乎？今后有人，其能力、其理想俱驾于孙君之上，吾不敢保其必无也。然而孙君为一造时势之英雄，则吾所敢必也。

或有谓余者曰：人不可失自尊心也。孙君英雄，吾独非英雄乎？若之何其崇拜之也。答之曰：唯唯否否。诚①然，人固不可失自尊心，然吾崇拜民族主义者也，以崇拜民族主义之故，因而崇拜实行民族主义之孙君，吾岂崇拜孙君哉？乃②崇拜吾民族主义也。敬重军队者，因而敬重军旗。夫军旗有何知识而亦须敬重之耶？亦以军队泛而无着，寄其敬重之心于军旗耳。军旗尚然，况于实行民族主义之孙君乎？是日之欢迎孙君者，余敢断言，其非失自尊心，而出于爱国之热忱。识者当不以余言为谬。

---

① "诚"，原作"不"，误，校改。
② "乃"，原作"仍"，误，校改。

论中国宜改创民主政体*

法人孟德斯鸠恫法政之不如英善也，为《万法精理》一书，演三权分立之理，而归宿于共和。美利坚采之以立国。故近世言政治比较者，自非有国拘、流梏之见存，则莫不曰共和善，共和善。

中国①沉沦奴伏于异种之下者二百数十年，迩来民族主义日昌，苟革彼膻秽残恶旧政府之命，而求乎最美最宜之政体，亦宜莫共和若。何也？朱明为汉驱元，一家天下，满洲从而攘之，以民族之公，而行其私。君主专制政敝，而不能久存也，而况虎视鹰瞵环于四邻者，其为优胜百倍满蒙，奈何为之敝耶？且以一大民族形成国家，其间至平等耳，而欲以一人擅神圣不犯之号，以一姓专国家统治之权，以势以情，殆皆不顺。

然则言中国变革，而盛诵夫君主立宪之美者，为彼少数异种方握政权者计，而非为我汉族光复于将来者计也。顾其间反对共和之说者，要以就程度立言者为最坚，貌为持重，善于附会，而怠乎方张锐进之人心，其最不可不辨也。

持程度之见者曰："国之治化，其进在群，群之为道，其进以渐，躐等而求之，则反蹶而仆，或且失其最初之位置。法兰西之革命流血至多，而卒不若英国民权之固，由程度之不逮也。"中国经二十余朝之独夫民贼，闭塞其聪明，箝制其言论，灵根尽去，锢疾久成。是虽块然七尺之躯乎，而其能力之弱，则与未成年者相差无几，遽欲与他人之成年者同享自由之福，其可得乎？其不可得乎？此殆为当今切要之问题也。

---

* 此文录自《民报》第 1 号（1905 年 10 月 20 日），署名思黄。以刘晴波、彭国兴编校《陈天华集》为校本。

① "国"，原作"共"，误，据刘晴波、彭国兴编校《陈天华集》校改。

欲解决此问题，当有三前提。第一，能力果绝对不可回复乎？抑尚可以回复乎？第二，回复之时期，能以至短之期限回复之乎？抑必须长久之岁月乎？第三，回复之后即能复有完全之权利乎？

吾侪以为此问题至易解决也。第一前提，吾侪直断其可以回复①而不待费辞也。天下事惟无者不易使之有，有者断难使之消灭。如水然，无水源，斯已也，苟有源流，虽如何防遏之、压塞之，以至伏行于地中至数千年之久，一旦有决之者，则滔滔然出矣。无目者不能使之有明，本明而蔽之，去其蔽，斯明矣。无耳者不能使之聪，本聪而塞之，拔其塞，斯聪矣。吾民之聪与明，天所赋与也，于各族民中，不见其多逊。且当鸿昧初起，文明未开之际，吾民族已能崭然见头角，能力之伟大，不亦可想。特被压制于历来之暴君污吏，稍稍失其本来，然其潜势力固在也，此亦如水之伏行地中也。遽从外观之而即下断语曰："中国之民族，贱民族也，只能受压制，不能与以自由。"外人为是言，民贼为是言，浸假而号称志士，以大政治家、大文豪自负者，亦相率为是言，一夫唱之，百夫和之，并为一谈，牢不可破。一若吾民族万古不能有能力，惟宜永世为牛为马为奴为隶者。何其厚诬吾民族也！吾民族有四千余年之历史，有各民族不及之特质，姑不论。即以目近而言，民族主义提倡以来，起而应之者，如风之起，如水之涌，不可遏抑，是岂绝对无能力者所能之耶？地方自治，西人所艳称者也，而吾民族处野蛮政府之下，其自治团体之组织有可惊者，朝廷既无市町村制之颁，而国民亦不克读政法之学，徒师心创造，已能默合如是，使再加以政治思想、国家思想，其能力岂可限制耶？盛京、吉林之间，有韩姓其人者，于其地有完全之自治权，举日、俄、清不能干涉之，其实际无异一小独立国。而韩亦一乡氓也，未尝读书识字，其部下亦不闻有受文明教育者，而竟能为国民所不能为，谓非天然之美质，曷克臻是？己②身不肖，斯已也，勿辱蔑祖先，勿抹杀一切，而故作悲观之语，以阴我国民之志气也。吾侪之所以敢于断言国民能力，必可回复者，此也。

第二前提，吾侪以为，可以至短之期限回复之也。观之于教育未成年者与成年者，得以知之矣。天机之发育未达，则必历若干岁而始能言，历若干岁而始有知识，历若干岁而始能行动。盖有天然之步骤，有

① "复"，原作"享"，误，据刘晴波、彭国兴编校《陈天华集》校改。
② "己"，原作"已"，误，据刘晴波、彭国兴编校《陈天华集》校改。

非人力所能为者。若夫年限已至，因人为而迷其良知者，则固可以特别之速成法教之。近来采速成教法者，缩短十余年之学程，而为二三年之学课，其程度亦略相等。曾谓已经开化之国民，其进步之速度，与未曾开化者，同其濡滞乎？南山可移，吾腕可断，此言吾决不信。质而言之，吾民族之进步，实具长足之进步也。西人未脱于榛狉之时，吾族之文明实达于极点。特因四旁皆蛮夷，无相竞争之族，侈然自大，流于安逸，渐致腐败。幸与欧美接触，其沉睡亦稍醒悟矣。醒悟之后，发奋自雄，五年小成，七年大成，孰能限制之。不观之日本乎，四十年之前与我等也。以四十年之经营，一跃而为宇内一等强国。矧以土地人民十倍之者，不能驾轶之耶。夫创始者难为功，因就者易为力。以欧美积数百年，始克致之者，日本以四十年追及之。日本以四十年致之者，我辈独不能以同比例求之乎？故合中西为一炉而共锤之，其收效必有出于意料之外者。譬如肴然，使必待求种莳之，则诚非立谈之间可以得之也。若珍羞已罗列于几案之前，惟待吾之取择烹调，则何不可以咄嗟立办？世人有倡言中国之教育难于普及，民主制度终不行于中国者，盍不取此譬而三思之也。吾侪谓中国国民之能力，可以至短之期限回复之者，此也。

第三前提，吾侪以为中国国民可享完全之权利也。语有之不能尽义务者，不能享权利。吾国民之能尽义务，置之各国，未见其不如也。而今若于国事甚冷淡者，则政府不得其人，而民不知国家为何物也。苟一日者皆明国家原理，知公权之可宝，而义务之不可不尽，群以义务要求公权，悬崖坠石，不底所止不已。倘非达于共和，国民之意欲难厌，霸者弥缝掩饰之策，决其不能奏效也。今人争称条顿民族与大和民族，条顿民族以能殖民闻，大和民族以武勇闻，而吾民族实兼有此二长也。外人之殖民也，政府为之后援。吾民族之殖民于海外也，政府不特不与以援助，且视之若仇雠，等之于盗贼，挫折无所不至，而吾民以不挠不屈之气概，与外族战，与土番战，与寒暑战，卒能斩荆披棘，蕃育其子孙至数百万，输大财源于母国。是条顿民族之所长，吾民族有之也。日本之与俄战也，所攻必克，所战必胜。南山之取，旅顺之拔，惊动全球，无不以"敢死男儿"[①] 之徽号，上之于日本国民。顾吾汉族之宣扬于塞外者，遽岂乏人？勒铭燕然之山，饮马乌孙之水，姑以湮远置之。湘楚

---

① "敢死男儿"，原作"敢男死儿"，误，据刘晴波、彭国兴编校《陈天华集》校改。

各军，徒步以平定二万里之回疆，转战于沙漠雪窟之中，其壮烈岂让日俄之战争乎？中国行军以扎①硬寨②，打死仗为要义，肉搏攻城、冲锋陷阵之举，殆已视同习惯，不见其可畏。所缺者，无新战术耳。使与日本有同等之教育，有相当之将官，则中日之兵，正不易分优劣也。夫日本视军士为无上之荣誉，国家之所以鼓舞之者，殆不遗余力。而中国则至贱者兵也。其出征也，非如日本之有军人援助会也；其死也，非如日本之有勋号年金也；其伤也，非如日本之有廪给终身也。至于社会上之待遇，则不特不能与日本兵士同科，且适成反比例。而一有召募，则争先恐后，一临战阵，则骈首不辞。以视日本维新之初，革除武士，改行征兵，而应之者寥寥，卒至用大强力而始就绪，孰谓日本之武勇，非因政策而养成者乎？中国之不武勇，非因政策而消失者乎？改易其政策，而中国之武勇不日本若，吾决不信之也。中国民族既具条顿民族、大和民族之所长，则其能享二族所有之权利无疑也。顾吾谓吾民族不仅能享有条顿民族、大和民族所有之权利已也。拿坡仑曰："将来世界或为支那民族所支配，亦不可知。"夫以能支配世界之民族，而不能享有世界最上之权利，有是理乎？吾侪以为中国国民，能享有完全之权利者，此也。

夫以中国国民之能力可以回复，并可以至短之期限回复，能享有完全权利之证据，又确凿如是，而犹曰"欧美可以言民权，中国不可以言民权；欧美可以行民主，中国不可以行民主"，为是言者，无论何人，皆知其失。然而庸俗之见，以为列强环伺，群志未孚，专制行之犹恐不济，况启纷议之端，来解散之象，不与救时之旨相悖乎？是殆误认吾侪之所主持为无政府主义，而以民主政治为取放任者也。不知吾侪原不欲为过高之论，不切时宜之谈，以误我国民之视听，固按时切势，求其可行者言之也。彼无政府之主义，宁吾侪今日之所主持乎？至于以民主政治为取放任，则曷不取法、美、清、俄四国现时之行政而比较之？教育之强迫，内政之整饬，秩序之维持，孰能实行，孰不能实行，当不待智者而辨也。使中国而改共和也，当兴立兴，当革立革，雷厉风行，毫无假借，岂若今政府之泄泄乎？吾侪求总体之自由者也，非求个人之自由者也，以个体之自由解共和，毫厘而千里也。共和者亦为多数人计，而

---

① "扎"，原作"札"，误，据刘晴波、彭国兴编校《陈天华集》校改。
② "寨"，原作"塞"，误，据刘晴波、彭国兴编校《陈天华集》校改。

不得不限制少数人之自由，且当利未见，害未形之时，自非一般人所能分晓，于是公举程度较高于一般人者为之代表，以兴利于未见，除害于未形。当其始也，似若甚拂众人之欲者，及其既也，乃皆众人之所欲兴欲除者也。政府之制治同，而其所以制治者异也。不问政府之内容，而一概排斥之，是不得谓为真爱自由者也。惟欲求总体之自由故，不能无对于个人之干涉，然而以望之现政府不可也。现政府之所为，无一不为个人专制强横专制者。其干涉也，非以为总体之自由，而但以为私人之自利。今以政府为不可少，干涉为不可无也，彼乃变易面目，阴济其私，是无异教猱升木，助桀为虐也。

现政府之不足与有为也，殆已成铁据。其一，由于历史。中国未有于一朝之内，自能扫其积弊者也，必有代之者起，予①以除旧布新，然后积秽尽去，民困克苏。不革命而能行改革，乌头可白，马角可生，此事断无有也。

第二，由于种族。今之政府非汉族之政府，而异族之政府也。利害既相反，则其所操之方针，不得不互异。吾方日日望其融和，彼乃日日深其猜忌，外示以亲善，而牢笼欺诈，毒计愈深，党狱之起，未央之诛，指顾间之事。诸君不信，请读康、雍、乾三朝之史，观光绪戊戌、庚子之事，可以知往而则来矣。传曰"非我族类，其心必异"，又曰"戎②狄豺狼，不可亲也"。诸君欲认贼为父，窃恐徒足以取辱，而无秋毫之补也。

日本之奏维新之功也，由于尊王倾幕。而吾之王室既亡于二百余年之前，现之政府则正德川氏之类也。幕不倾，则日本不能有今日；满不去，则中国不能以复兴。此吾侪之所以不欲如日本之君主立宪，而必主张民主立宪者，实中国之势宜尔也。中国舍改为民主之外，其亦更有良策以自立乎？谅诸君亦无以对也。无已，则惟有苟且偷安，任满政府转售之于人耳，是则非吾侪之所欲闻也。吾侪既认定此主义，以为欲救中国，惟有兴民权、改民主。而入手之方，则先之以开明专制，以为兴民权、改民主之预备。最初之手段，则革命也。宁举吾侪尽牺牲之，此目的不可不达。呜呼！吾欲彼志行薄弱者，姑缄其口，拭目以俟吾人之效果也，而何有程度之足云哉！何有程度之足云哉！

---

① "予"，原作"于"，误，据刘晴波、彭国兴编校《陈天华集》校改。
② "戎"，原作"戌"，误，据刘晴波、彭国兴编校《陈天华集》校改。

怪哉，上海各学堂各报馆之
慰问出洋五大臣[*]

学堂者，汉族之学堂也。报馆者，汉族之报馆也。其于满奴之受惊，宜拍案大叫曰：惜乎其不死也。其于烈士之以身殉者，宜大表哀敬之辞，率全国之学堂、报馆而开一大追悼会。今于烈士之死则目为病狂丧心，于满奴之幸免则慰之幸之。何其颠倒如是其甚也。

烈士虽不知为谁何，要亦不失为轻生仗义之侪，此无论所抱持之主义与吾党同，或与吾党立于正反对之地位，其敢死有足多者。中国暗杀之举甚为①幼稚，前此虽有行之者，而其人皆有畏死之心，逡巡不决，事机坐失，以视烈士之预牺牲其身，毫无踌躇不前之情态者，求之中国历史上，真不可多觏也。此宜如何表扬，以为后者劝，况贬斥而辱骂之耶？

至于所谓五大臣者，满人居其三，其二则亦完全之满奴也。假考察政治之名，以掩天下之耳目②。于其归也，粉饰一二新政，以愚弄我汉人。我汉人为其所愚，忘其前日之大仇，而真心怙之。彼乃一面以保其私产，一面扶长满人之势力，收汉人之政权。袁世凯也，张之洞也，岑春煊也，五大臣回国之时，即为其投闲置散之日，不及十年，汉人之民气尽消，政权尽夺，满人尽据津要，然后宁以天下赠之朋友，不以与之家奴之实可见矣。我汉人死活之问题，系于五大臣之出洋。

盖鬼可畏者也，鬼而变易面目，使人不知其为鬼而亲近之，则可畏愈甚。五大臣之出洋也，将变易其面目，掩其前日之鬼脸，以蛊惑士

＊ 此文录自《民报》第 1 号（1905 年 11 月 26 日），该刊目录中署名思黄。以刘晴波、彭国兴编校《陈天华集》为校本。

① "之举甚为"，原作"之甚为举"，误，据刘晴波、彭国兴编校《陈天华集》校改。

② "目"，原作"日"，误，据刘晴波、彭国兴编校《陈天华集》校改。

女，因以食人者也。烈士击之，是犹于狞鬼执粉笔以涂人皮之际，乘其尚可辨认也，一举而掊仆之，以绝祸根。不幸而为魔鬼所毙，此正吾人之不幸也。吾人于烈士而痛恶之，于满奴而慰问之，是犹快击魔鬼者之死而庆魔鬼之得生，谓非病狂丧心，其能至是耶？以文明之代表，如学堂、报馆者而犹若此，中国其无望矣乎！吾汉人其永为魔鬼所食乎！

丑哉，金邦平 *

满洲政府用其牢笼人心手段，于是有殿试留学生之举。其哀然为之举首者，金邦平也。吾意邦平处此，天良未泯，必当惭愧无地，羞辱不堪，不敢复见天下士。而邦平则何如？

满酋之诞日，满奴袁世凯于天津张盛筵，邀请各国领事以祝满酋之寿，并召集天津之学生以庆贺之。是日，到者数千人，世凯亲勉励以奴隶语。会将散矣，突有一人上演台，向众而发声曰："诸君知兄弟乎？兄弟自日本留学毕业，蒙恩赏受翰林院检讨者是也。兄弟本不足数，而圣恩隆重若此，足征朝廷重视学生。诸君勉旃，不患不如兄弟也。"众人视之，即邦平也。未几会散，各满奴或肩舆、或马车纷纷而去，邦平亦乘四人舆，旁列衔牌二：一为赐进士出身，一为钦点翰林院检讨，招摇过市。人皆侧目，窃相语曰，此外国状元也。有羡者，有叹者。

夫邦平何人也？意亦尝受文明教育，粗解民族主义者也。当其抵掌而谈，意气慷慨，国民度亦有以未来之主人翁目之者，而今若是，吾人更何所望于留学生也。

虽然，邦平者，留学生中之败类也。留学生必无有欲效之者，满廷欲更求多数之邦平，或难如其愿以偿乎。

然而自邦平十四人授官后，而留学生遽增其数，其果受直接之影响于邦平等否，吾不得而知。但有此一番考试，湖北即汇送毕业生四十余人，以步邦平等之后尘，而西洋毕业生羡慕无已，遂为毛遂之自荐，上书学务处，以求预殿试之荣。咄！留学生之结果，如是如是。

---

* 此文录自《民报》第 1 号（1905 年 11 月 26 日），该刊目录中署名过庭。

孟子曰："养其天爵，而人爵从之。"① 诸君但患无天爵也，人爵安足贵？况虏廷之伪职，受之徒足以增辱乎。彼虏廷者，伏天诛之日不远，诸君何必于他日贰臣传中增一席。诸君即怀才欲试，不甘寂寞，何不投入本族之革命军，以共建汉人之政府，其荣耀不较受伪职多乎？何舍何从，谅为有识者所能辨也。

"笑骂由他笑骂，好官自我作之"，奴隶之代表语也。若邦平者，即演此现象者也。宁复知人世间有羞耻事，又何诛？特吾黄帝而有是子孙也，留学界而有是败类也，不能不重悲不幸也。呜呼！十年以来，东邦留学者既日益众，其间一二不肖亦或污我留学生之历史，然多在私德之范围，以比邦平之无耻贱行，剥丧天良，相去犹远。吾传语留学生界，自兹毋攻人之恶以削公权、除学生籍为惩罚也，有自去留学生籍而入于奴籍者，公等尚对之无异言，放饭流啜而问无齿决，何不知务也。

此次殿试者多人，邦平与粤人唐某独得翰林，由其诡得某校之学士证书也。事后唐某作书与某同学曰："吾今此所得，莫非运动之力。吾本无文凭，故运动难，然卒出全力以举之，非为一人，为我同学将来计也。君既有好文凭，若加以运动，我更助以君运动，夫又何难达好官之目的耶？"见其书者，莫不作恶欲吐，然唐某固以谋保举当翻译来东京，原不必以留学生目之，故吾不丑唐某而丑邦平。至同试某某在东亦高谈革命者，今皆随邦平、唐某之后，吾不暇一一诛击，但觉邦平已足为彼辈代表矣。噫！

---

① 语出《孟子·告子上》，原文为："修其天爵，而人爵从之。"

今日岂分省界之日耶*

近日各省满奴举办新政，尚往往以外省之人办本省之事，学堂、军政其尤者也。初不见有所谓省界，无何，安徽、浙江等省学界严限外省人之学额，而福建、湖北、湖南继起，大有排挤外省人之风，其最强固者为江苏，且近设立江苏学会，开宗明义，即严正省界也。

自权利之说出，而畛域之心起，于是向之漠然视之者，今乃视为莫大之问题，群起而争之，争之不已，而意气，而攻击。肇端于一二人，而牵及全社会，其势力之澎薄，大有一日千里之势，不可谓非民气之进步也。然其中必有所谓省界之分焉，则大不可。

夫省界何物也？谓非同一种族之人，同一区宇，但因满政府政治上之区域而划分者乎？且其分合亦至不一也，今日为同一省分，明日而成异省矣；今日所视为仇雠之异省人，后日而忽为一省之人矣。时亲时仇，乍离乍合，曷尝有一定哉。且分省不已而分府，分府不已而分县，势非至于四万万人则分为四万万国不止，其何以联合大群，以御外侮乎？今日者，国权未伸，外人势力之侵入有加无已，满洲未去，汉人权力消亡，此皆不顾，而先从事于省界焉。不外御其侮，而但阋于墙，甚矣，其愚也。

军事也，教育也，理财也，此诚一省之切要问题，断未有专委于外省人之理。然他省之才者，亦何妨收为指臂之用，外省有材而我用之，我省有材而人用之，不亦互收其益乎？使必鸿沟自划，严正本省人办本省事之说，人亦从而效之，我省人之在外省者，亦被同等之摈斥，得失

* 此文录自《民报》第 1 号（1905 年 11 月 26 日），署名思黄。以刘晴波、彭国兴编校《陈天华集》为校本。

相消，而徒惹恶感情，印一大分离之影象于脑中，其影响于中国前途不小。谁生厉阶，至今为梗，奈何其以此造将来之恶因也。

吾侪持博爱平等主义，同时又持民族主义，二者正相为用也。今满洲之加诸我者，至不平等也，满人与汉人之比例，犹百与一之比例，而权利不特不同等，且驾汉人之上，以少数之满人握有主权，多数之汉人为其奴隶，则又谁能忍之？今彼省于此省，非有主奴之施也，而皆兄弟也。权利于一方似见为其所夺者，于他方收还之，相互主义，而非阶级主义也，岂满洲之比乎？吾侪所主持者，岂徒在人己之分，使吾侪理想之国家而克达也，实行内外平等主义，外国人之居留吾国者，其权利一切皆同，四海一气之言，万国平和之议，其必为吾侪所提倡无疑。故夫民族之说特限于今日用之，中国大强之后，即非所宜，奈何于一民族之内而先自分之。反正无期，分崩先兆，甚非吾侪始愿所及也。

虽然各省之争也，亦非无理由，官场通弊，好用私人，一局所为某省人之总办，则所用皆某省人；一学堂为某省人所管理，则学生皆某省人，反客为主，何能默视，故专归咎于排斥外省人者不可也。欲使彼此融洽，惟愿以异省人而办事于他省者，必出之以公平，切勿为安插私人之计，而各省之遇有此等事者，亦甚望其攻击止其一身，范围止于一事，勿因之而谓某省人可恶，某省人当排，更望勿波及他省人，举各省人之在其省者必尽去之而后快，则分省之祸，或可以稍减也。

抑吾湘人也。湘人于咸同之间为满洲政府杀戮同胞，因此而大展势力于各省，湘人不自知其为大恶所在，反视为分所应有。今也情形大异，上既见疑于满洲，日事削夺；下复被憎于各省，排斥时听。湘人如不知返躬自愧，徒欲怨人，则危险有不可言者，况亦从之而排斥外省人，作报复之举乎？吾湘人有大戾于中国，即执吾湘人而寸磔之，亦为罪所应得，欲于四面楚歌之中，获立一足，以未来之功，洗前日之污，则不可不力负义务，而以权利让人。他省人之于湘人，亦希勿记其前愆，而予以自新之路。不然者，以湘人之坚忍剽悍，操之过激，铤①而走险，异族仍利而用之，此则湘人之大不幸，而亦中国之大不幸也。丧乱孔多，忧心如捣，伯叔兄弟，其或予顾。

---

① "铤"，原作"挺"，误，据刘晴波、彭国兴编校《陈天华集》校改。

中国革命史论 *

第一章 绪论

中国之革命，以今日之眼孔观之，其足以挽入近日泰西革命史者，殊不易觏。虽然，岂惟革命，中国凡百事业，其足与今日之泰西媲美者有几？而究不得谓中国可无史也。准是以谈，中国革命史之作，乌容已哉。

近人有作中国历史上革命之研究者，以中国革命史与泰西革命史比较，举其不如者七端。一曰有私人革命，而无团体革命。二曰有野心的革命，而无自卫的革命。三曰有上等下等社会革命，而无中等社会革命。四曰革命之地段较泰西为复杂。五曰革命之时日较泰西为长久。六曰革命家与革命家之自相残杀。七曰因革命而外族之势力因之侵入。其所列之事实，不一而足。

是不知今日万事皆当开一新纪元，不得援旧闻以相难。阻变法者，以熙宁为藉口。阻开矿者，以明季为藉口。不能谓熙宁、明季所为皆尽善也。而法之当变，矿之当开，讵可以熙宁、明季惩艾乎？世固有名称同而实际异，其收效自殊，稍有识者所同认也，奈何于革命而有所疑心乎？且中国革命之无价值固也，泰西革命之有价值亦自近世纪始然也。希腊、罗马之革命，德意志、法兰西、英吉利诸国之革命，亦尝乱亡相寻，杀戮不已。惟中国为私人革命，而泰西为团体革命，此较胜于中国

---

* 此文录自《民报》第 1 号、第 2 号（1905 年 10 月 20 日、11 月 26 日），署名思黄。以刘晴波、彭国兴编校《陈天华集》为校本。

者。然法①之革命主动为市民，非普及于最大多数，而前乎此所谓平民团体者，其范围极狭（希腊之市民，罗马之公民，其数极少。其极多数为奴隶），亦一次等之贵族团体也。谓泰西于中古以前已有平民革命，不过表面之名词。实际尚不如中国，自秦以降，革命者多崛起民间，于平民革命较近之。革命以后，虽无自由之享受，而亦无特别奴制。彼泰西因革命而得自由者，次等之贵族团体也，于多数之奴隶何与？以泰西近世之革命例吾以往之革命，而曰中国不如泰西，泰西可革命，中国不可革命，为是言者，殆不明泰西之历史者也。

宇内各国，无不准进化之理，其所以雄飞突步，得有今日者，进化为之也，非自古而然，革命亦其一端也。当其更新之际，恐怖革命者，度亦如今世之人，惴惴焉谓将蹈历史上覆辙，二三之仁人志士，苦心组织，卒奏澄清之功，一扫从来之污点，其惊喜乃出于意外，从而讴歌之，笔载之，乃放大光明于历史。后虽有欲非革命者，不敢复开其口。故革命者，惟问于当世宜不宜，不必复问历史，自我作始可也。苟无创始者，则历史又何从有乎？

从来历史之要义，法戒各居其半。历史而良也，固当详述之，以为后人之规则；历史而即不良也，亦当细叙之，以垂后昆之②鉴。中国之革命固可戒者多，而亦未尝无一二足法者也。即使果无一可足法者，而愈不可不指示症结所在，促后起者之改良，此余所以有中国革命史之作也。

泰西革命之所以成功者，在有中等社会主持其事。中国革命之所以不成功者，在无中等社会主持其事。泰西之中等社会，何以主持革命？则以作历史者以革命为救民之要务，从而鼓舞之，吹唱之，能使百世之下，闻风而起。历史上之影响，决非寻常。中国则反是，稍束身自爱者，不敢逸于常轨，以蒙青史之诛。唯一二之枭雄，冲决藩篱，悍然不顾，甘冒天下之大不韪，以求济其私心之所欲。一般之细民，则因迫于饥寒，铤而走险，其举动毫无意识。此所以革命同而收果异也。前人既造此恶因，而以此不良之结果贻吾侪，吾侪不可不急于改造良因，以冀有良结果之发生。不此之务，惟取消极主义，从事于革命之镇压，拔本塞③源，非徒无益而又害之深，愿当世之秉史笔者，于斯三致其意也。

---

① "法"，即"法兰西"，原作"佛"，旧译"佛兰西"之省称，今改。
② "之"字后有衍文"之"，今删。
③ "塞"，原作"寒"，误，据刘晴波、彭国兴编校《陈天华集》校改。

质而言之，革命者，救人世之圣药也。终古无革命，则终古成长夜矣。彼暴君污吏，不敢以犬马土芥视其民，而时懔覆舟之惧者，正缘有革命者以持其后也。不然者，彼无所恐怖，其淫威宁有涯耶。中国虽无文明之革命，而既革命矣，必鉴前王之所以失，而深思所以保持其民，抚绥之策出矣。虽出于假托，吾民亦得以息肩，较之前此处于深汤烈火之下，有霄壤之殊。夫革命非文明者，其主动非直接由于国民者，尚能造福于吾民若是。矧主动由于国民，而出之以文明，其食福尚有量乎？吾因爱平和而愈爱革命。何也？革命、平和两相对待，无革命则亦无平和，腐败而已，苦痛而已，尚忍言哉？

余于是叙述中国古今之革命，自秦末以至近世。纪三代之革命，多由贵族，不论。东汉之七国，西晋之八王，明世之燕王棣、宸濠①，君主之家事，无关国民之消长，亦不论。其他权臣篡国，夷狄乱华，暨揭竿者之旋起旋灭，当别有史，不得混入于革命，兹亦不叙。惟因于时君之失政，草泽啸聚，英雄崛起，颠覆旧政府者，乃撮录之。一篇之中，必详叙其致乱之原，当时革命之实绩，及革命后之影响。务录其实，不敢诬罔。终以近世之文明革命，两相比照，为正当之批评，俾使世人知法戒之所在，区区之用意，其亦转移时势之一道乎。

第二章　秦末之革命

第一节　革命前之秦国

三代之政治，一贵族之政治也。君主之专制，实不能完全发达，受多少之限制，民在其间，颇有左右足以②为重轻之势，而臣之欲篡其国者，辄预见好于民，如公子鲍之于宋，陈氏之于齐，其明征也。而晋灵公之不君，则③赵盾因得以弑之，当时民气之隆，虽不能如今日之欧洲，亦非后世所能望。

其所以致此者，一由于有言论自由权。工执艺事以谏，遒人以木铎徇④于路上之求言，固如不及。他若郑人游于乡校，以诋毁时政，时制

① "濠"，原作"壕"，误，据刘晴波、彭国兴编校《陈天华集》校改。
② "以"，原作"则"，校改。
③ "则"字前原有衍文"其"，今删。
④ "徇"，原作"狗"，误，据刘晴波、彭国兴编校《陈天华集》校改。

毫不禁之。其有一度禁止之者，如周厉王设卫巫以监谤者，而召公以为"防民之口甚于防川"，卒之流王于彘，后无敢再为之者，故曰有言论自由权也。二由于有著述自由权。当时史官振笔直书，无所徇隐，固也。如老子等诸书，非薄礼义，纯取自然，自当时观之，亦可谓非圣无法矣，而不遭当世之文网，故曰有著述自由权也。三由于有集会自由权。孔子以文会友，而至有弟子三千，率之以周游列国，实为当时一大学会、一大政党，而列国君长争欢迎之，不闻有议其非者，以视后世，以讲学获罪，而毁及书院，谴及门徒，相去何止天壤，故曰有言论自由权也。四由于人民有参政权。洪范谋及庶人，周礼每岁召万民而询之，晋文听舆人之诵以卜军之进退，其他经传所举若此类，不胜枚数，要非尽虚拟文词。当时之人民，虽无议院，亦获与闻时政矣。五由于君权不甚重。天子一位，公一位，侯一位，伯一位，子、男同一位。天子特高于公一等耳，而当时之公、侯、伯、子、男所领之地，不过百数十里，犹今之州县巡检司耳，而皆直接于天子。公、侯、伯、子、男之下有卿①、大夫、士，则犹今之乡绅耳，而皆有其职守。天子之权受限制于诸侯，诸侯之权受限制于卿、大夫、士，而操纵之者，国民也。故天子欲与诸侯争权，诸侯欲与卿、大夫、士争权者，以民之从违为胜负，而民之权乃昌大无比也。六由于教育普及。"不识不知，顺帝之则"，此君主之所以贵有愚民也。至三代而庠序之制渐已完备，不学者少，如丈人荷蓧者流，虽处下贱，而皆有超世之识，不满于君主政治，则君主之威严，不得不因之而损，民之不易侮，殆由是也。七由于兵民不分也。三代兵农合一，失其民者，失其兵也，其何所恃以加于民耶？民之所以能御上，上之所以不得不俯首以听命于民，胥以此也。若后世兵与农分，民即怨之，其若之何？此君权、民权隆替之大原因也。八由于均地权也。井田之制，人皆受田百亩，民无甚富，而亦无甚贫，以其余假，致力于学，无所须于人，而自尊自立之风，由之养成，欧美视之，犹有愧色也。

有此八因，虽未进于升平而为据乱也，得保民权之一部分，其于自由犹庶几也。不幸而至于战国，井田之制先废，而兼并之风起，兵农又渐分离，教育亦多不振，七雄相争，版图日大，而君主之尊严甚矣，集

---

① "卿"，原作"乡"，据下文"诸侯之权受制于卿、大夫、士"，"诸侯欲与卿、大夫、士争权者"校改。

权中央，政主独断，而人民之参政权无矣。然而处士横议之风亦浸炽，贫贱骄人之辈，往往气折王侯，而言论著述集会之自由，尚获保存，中国学术之昌明，实于斯时，达其极点。物质上之自由虽感多少之损失，精神上之自由则转见其有所增加，犹十八世纪之欧洲。不意学界之声光不足当政界之凶焰，有秦政其人者，出以枭悍雄杰之资，乘六世之余烈，执长鞭以御宇内，吞噬六国，大揉大搏，震天撼地，举前圣之精意，屡代之典章，扫荡无余，犹悬河以泻火，犹倒东海以倾大地，虽山川如故，而景物全非，迥如隔世。自羲黄以来，二三千年之旧制，至此结一大局，为一大顿挫，而另开一大生面，为后此二千余年政界之新纪元。亚历山大欤，大彼得欤，雄猛则有之，暴犹不及也。噫嘻！以欧洲之十八世纪，而产出十九世纪之自由；以中国之战国，而产出秦之专制，始皇之能力为之乎？抑由于当时无卢骚、孟德斯鸠其人乎？殆皆非也。当时国民之能力不如今世之欧洲，而始皇之威权更甚于路易十四，李斯之徒复无异于梅特涅，此专制之所以达于极点也。不特此也，欧洲各国，势力平均，不能由一国一统，国际之争甚，则务智其民，而国内之专制有难行者；惟六国皆非秦敌，见并于秦，莫予敢侮，所患者民智而思抵抗耳，举其心目之所营，皆用之于所以愚弱其民者，他更无足以劳其心者也。夫无外界竞争者，以共和行之，则愈趋于共和，以专制行之，则愈趋于专制。事有必至，理有固然。故始皇之政策，首在剥夺人民言论、著述、集会三大自由（始皇置酒咸阳宫，仆射周青臣进颂曰："陛下平定海内，以诸侯为郡县，上古所不及。"始皇悦。博士淳于越曰："殷周之王千余岁，封子弟功臣，自为枝辅。今陛下有四海，而子弟为匹夫，卒有田恒六卿之臣，何以相救？事不师古，而能长久，非所闻也。"始皇下其议，丞相李斯言："五帝不相复，三王不相袭，越言乃三代之事，何足法也。异时诸侯并争，厚招游学，今天下已定，法令出一，诸生不师今而学古，闻令下则各以学议之，入则心非，出则巷议，夸主以为名，异趣以为高，率群下以造谤，如此弗禁，则主势降乎上，党与成乎下。臣请史官非秦纪皆烧之，非博士官所职，天下有藏诗书百家语者，皆诣守尉杂烧之；偶语诗书者弃市；以古非今者族；吏见知不举与同罪；令下三十日不烧黥为城旦。所不去者，医药、卜筮、种树之书。欲学法令者，以吏为师。"制曰可），然后可以予智自雄，人莫能非之，为专制一进步。改封建为郡县，削地方自治之权；销兵器，徙豪富于咸阳，为强干弱枝之计（丞相绾等言："诸侯初破，不置王无以镇之，

请立诸子。"始皇下其议。李斯议："置诸侯不便。"始皇曰："天下共苦
战斗不休，以有侯王，赖宗庙，天下初定，又复立国，是树兵也，而求
其宁息，岂不难哉。廷尉议是。"分天下为三十六郡，郡置守尉。收天
下兵器，聚咸阳，销以为钟镰、金人；一法度、衡石、丈尺①；徙天下
豪富于咸阳十二万户），为专制一进步若此者，皆非一统之后不能也。
彼自以为功兼三皇，德并五帝，改号皇帝，示古今无与为侔。路易十四
"朕即国家"之言，殆为彼之代表。国民为其所束缚，驰骤实无异于牛
马之受羁绁，史称其修阿房、筑长城，民疲于奔命，而不知不自由之苦
更有远甚于此者，语曰："不自由，毋宁死"，为秦之民者，不自由甚
矣。始皇虽神圣，国民即微小，准诸"足寒伤心，民怨伤国"之理，能
无有群蚁溃堤之日耶？故博浪之锥，见于始皇当世。身死无几，所惨淡
经营之天下，欲留为子孙万世之业者，已土崩瓦解矣。

第二节　革命中之秦

　　法兰西专制之主路易十四，而非路易十六也。然而布奔氏王朝之
亡，不亡于路易十四，而亡于路易十六，论者多谓布奔氏之颠覆也，路
易十六懦弱所致，非专制之咎也。使路易十四而在，则法民虽愤，若彼
何哉。论者既如此，于是移以论秦末之革命者曰："始皇之暴戾恣睢②，
虽人皆侧目，而卒无敢发难者，必待其死而后反侧四起。倘胡亥之才武
能始皇若，吾知革命军之不能起也，即起亦易于扑灭。始皇年方鼎盛而
殂，胡亥复不肖，天之所以厌秦也。是故亡秦者胡亥，非革命军也。公
子扶苏若立，急谋所以救亡之道，革命乌能为者？"呜呼！为是言者，
何其昧于因果也。

　　夫世无无因之果，始皇、路易十四造其因者，既非一日，而胡亥、
路易十六适食其果，其幸而不及身遇之者，缘于当日果未熟耳，倘其寿
命延长而至胡亥、路易十六之世，则被望夷之弑者，非胡亥而始皇，上
断头之台者，非路易十六而路易十四也。曾谓一人之智勇足以敌万民之
愤怒耶。至若扶苏之为人正路易十六之流亚也，徒见革命军之初起，假
其名号而人争相附集，以为人心所归，其立必足以副民之望，可以消祸

---

① "尺"，原作"石"，误，据刘晴波、彭国兴编校《陈天华集》校改。
② "恣睢"，原作"睢吁"，误，据刘晴波、彭国兴编校《陈天华集》校改。

于未形者，则不思之甚也。推原其实，则由于苦秦已久，见有反抗者，则惊喜出于望外，皆走而从之，不暇辩主名之为何人，此正足以见怨毒之深，讵可为扶苏幸乎？扶苏而立也，度亦不能行大改革以收已失之人心，即能，而为时已晚，终亦无济。彼路易十六不亦尝与路易十四异其趣者乎？而何解夫民怨也？况秦之大臣、贵族俱不利于政体之改变，其能任扶苏之所行乎？既无始皇奋发踔厉之才，而当众叛亲离之日，谓足以全首领而保宗庙，无论谁人，俱不能为扶苏信也。吾于是而知专制之为祸烈矣。始以杀人，终以自杀，始皇务尊君权以抑民权。民之视君，如虎狼之不可近，积威之渐，命令所至，无敢抗违，真假是非，不暇分辨，此赵高、李斯所以利用之而杀其子扶苏也（初始皇使公子扶苏监蒙恬军于上郡。三十七年，始皇东巡至平原津而病，令中车府令行符玺事，赵高为书赐扶苏曰："与丧，会咸阳而葬。"未付使者。七月，始皇崩于沙丘，丞相斯恐诸公子及天下有变，秘不发丧，独胡亥、赵高及所幸宦者五六人知之。赵高与蒙恬弟毅有隙，与胡亥谋，诈以始皇命诛扶苏而立胡亥，更说丞相斯，相与矫诏立胡亥为太子，更为书赐扶苏，数以不能立功，数上书怨谤，而恬不矫正，皆赐死。扶苏发书泣，欲自杀。恬曰："陛下使臣将三十万众，而长子为监，此天下重任也。今一使者来，安知其非诈？复请而死未暮也。"扶苏曰："父赐子死，尚安复请？"即自杀。恬不肯死，使者属吏系诸阳周，更置李斯舍人为护军，还报胡亥。至咸阳发丧，胡亥袭位，赵高用事，日夜毁恶蒙氏，胡亥遂杀恬兄弟）。刻薄寡恩，果于诛戮，私图所便，不别亲疏，此胡亥所以师之，而尽杀诸公子、公主也（二世谓赵高曰："人生居世间，犹骋六骥过决隙也。吾欲悉耳目之所好，穷心志之所乐，以终吾年寿，可乎？"赵高曰："此贤主之所能行，而昏乱主之所禁也。然沙丘之谋，诸公子及大臣皆疑焉。今陛下初立，此其意怏怏皆不服，恐为变，陛下安得为此乐乎？"二世曰："为之奈何？"高曰："严法刻刑，诛灭大臣、宗室，尽除故臣，更置亲信，陛下则可高枕，肆志宠乐矣。"二世然之。乃更为法律，益务刻深，大臣、诸公子有罪，辄下高鞫治。公子十二人戮死于咸阳，十公主矺死于杜，相连逮者不可胜数）。若是者，即微革命诸人，而始皇之血胤已将尽矣，乃竭亿兆之血泪，欲刲刃其所爱而不可得者，不动声色，而其子若女骈死于市，非专制之效曷至此？

盖立宪国三权鼎立，君主有行政之权而无司法之权。杀一平民，必其显犯法典，经司法者合议其刑，复审无误，然后付之司狱。否则，虽以君主之诏敕，不能加人以罪也，况于皇子、公主之尊乎？使秦而如今之立宪国也，君主之命亦必以法典限制之，越法典者无效，又何至以一宦官得假其命令以歼其嗣哉。是故，始若为民，终以自全者，立宪国也。初若有利，继以自祸者，专制国也。始皇恐民权盛而君位不克世守也，其所以保持其君权者无不至，而不知人即以其君权杀其子女，作法自毙，其始皇之谓乎。

始皇以一秦而灭六国，胡亥以天下而不能敌渔阳之戍卒，兵甲之坚，将帅之武，举不始皇时若耶？陈胜、吴广、刘邦、项羽之俦，其智识力量皆超于六国之君若臣耶？殆皆不然也。当日六国之所以虐其民者，亦如秦民未习闻国民之主义，以为特君主之奴隶耳，相率而服从强者，及见秦之虐，更甚于六国，萃所以怨六国之君者，而钟于一秦，故一夫发难，四隅响应。如爆发物然，始皇满实其药，而特以导火之线授胜广，岂胜广之力哉，始皇使之也。吾观于赵高之所以朦蔽二世者，而叹专制君主为臣下所愚，古今一辙也。盖专制之君主，不欲分权于民，而己身又欲行乐，惮执国事，于是暗以其权与之近幸，迨至大权已去，则身命随之，二世未伏国民之诛，而先死于赵高之手（赵高欲专秦权，恐群臣不听，乃持鹿献于二世曰："马也。"二世笑曰："丞相误耶，谓鹿为马。"问左右，或默，或言鹿，高因阴中诸言鹿者以法。后群臣皆畏之，莫敢言其过。高前数言关东盗无能为，及沛公已破武关，二世使责让高，高惧，使其婿咸阳令阎乐弑二世于望夷宫），此之故也。岂必待子婴之素车白马，而始知秦之不祀哉？嗟乎！嗟乎！始皇欲遗其业于万世，不三世而亡。世之欲以专制保其君统者，可以返矣。

第三节 革命后之影响

有国民之革命，有英雄之革命。革命而出于国民也，革命之后宣布自由，设立共和，其幸福较之未革命之前，增进万倍，如近日泰西诸国之革命是也。革命而出于英雄也，一专制去，而一专制来，虽或有去旧更新之实，究之出于权术者多，出于真自由者少，或则群雄角逐，战争无已，相持至数十百年而后始底于一，幸福之得不足以偿其痛苦，中国历来之革命是也。

秦末之革命为国民革命乎？抑为英雄革命乎？其始也，殆为国民革命，教育未普及，程度不相等，野心家利用之，而其结果遂至为英雄革命。何以谓始为国民革命也？革命而出于少数人之意见者，可谓之非国民之革命，革命而出于多数人之意见者，可谓之国民之革命。胜、广发难未数月而遍及天下，孔鲋以先圣之裔，抱器相从，义军所指，曾无抵拒，则非出于少数人之意见明矣，即非出于少数人之意见，则亡秦之功不得以归之陈胜、吴广、刘邦、项羽，而必以之归于多数之共亡秦者，吾故曰其始也，殆为国民之革命。顾一变而为英雄之革命，复见六国之纷争，重来楚汉之剧战，使丁壮苦于征役，老弱疲于转输，必数载而后已者，又何也？其原因诚有非数言可了者，语其大端，则由于当时未闻共和之说，但存君主之制。夫既同时并起，势均力敌，孰甘为之下者，势必互相角逐，非群雄尽灭，一雄独存，生民之祸不得已也。故陈胜之起，即自立为陈王，未几，而武臣自立为赵王，田儋自立为齐王，秦未灭而皆有帝制自为之心矣，甚至张耳、陈余以刎颈之交而相攻，沛公入关即遣兵守函谷，为刘、项交恶之始，卒蹶项而殪之，朝同盟而夕仇雠，是岂非利害不相容耶，以数私人之竞争而流无数国民之血。

　　吾于是而知革命不可出于功名心，惟当出于责任心也。胜之陇上辍耕而叹息于富贵，邦、羽之纵观始皇，或欲取而代之，或以为大丈夫固当如是，故知非出于责任心，而出于功名心也。夫出于责任心者，功不必自己出，利不必自己居，目的苟达，则奉身而退，无所私焉。出于功名心者反是。使邦、羽而出于责任心也，择一人而君之，皆为之臣可也。不然，以天下为公，听民之所选择，亦可也。项、刘相协以奖中国，惠元元，则斯民之康乐安强，可立而俟也。元气已复，民力已充，更用之以向于外，以刘居守，以项为将，奉扬声威，广宣王化，则辟疆万里，垂庥亿载不难也。顾计不出此，拔山盖世之气概不施之于犬羊，而施之于同胞，致使生灵涂炭，匈奴坐大，始皇所辛苦经营之地而仍失之（始皇收河南地为县，匈奴远徙。至楚汉之际，仍为匈奴所得），匈奴乘中国之敝而入，数千余载常受其患，是故以人道论，则吾不能不恕刘、项而恶始皇，以民族论则吾宁予始皇而斥刘、项也。幸匈奴当日未如今之列国也，非然者，两雄相逐于中原，匈奴乘隙而收渔人之利，其堪设想乎？故中国今日而革命也，万不可蹈刘、项之覆辙，而革命之范围，必力求其小，革命之期日必力促其短，否则，亡中国者，革命之人也，而岂能遂其家天下之私心耶。夫人群进化者也，吾诚不能以今日之文明革命苛责古人，而亦不愿今日仍有私人之革命，而无国民之革命，故不惜断断致辩也。

第四节　国民之小康与汉祖之政策

诗曰："民亦劳止，汔①可小康。"中国古来君之所以绥其民，下之所以要其上，皆不外消极之方法，从未有持积极之方法者，况于暴秦之后而有人焉，轻其负担，减其束缚有不感激涕零者乎？

史称汉高宽仁大度，除秦苛法，天下归心，大业以立，树四百年有道之长基者，端于此是赖。抑知汉高果为宽仁大度之人，而能除秦苛法者耶？他勿论，挟书之律，诽谤之诛，夷族之法，终汉高之世未尝去也。民之所获自由者有几？胡亦饥者易为食，渴者易为饮之类耳。夫以始皇、二世之横征苛役，淫刑以逞，以汉高较之，仁暴自相天壤，譬如炎暑行沙碛之中，苟有荫庇，皆走就之，虽为恶林不暇顾也。汉高之得宽仁大度之名者，亦犹恶林之在沙碛中也。使遇今日之国民，则必起第二次之革命也。吾观汉高之用心，一始皇之用心也。其所施之政策阴师之而阳反之，特异其术耳。始皇以严核而败，故易之以柔缓。始皇以苛碎而亡，故易之以宽大矫其失，而非出于性也。不然者，彼于勋戚故旧，诛戮无所假，猜忌无不至，而独能有爱于民乎？始皇恐启纷争，改封建为郡县，子弟功臣无尺寸之土。汉高惩秦孤立，大封同姓为诸侯王，自其表面上观之，立于正反对之地位也，自其居心论之，则若合符节也。何也？皆欲以保其一家之私产也。故政策苟不关系于国民者，无劣优之可分，无得失之可论。世人每于封建郡县，详论其优劣得失，其亦不思之甚也。

始皇、汉高相异之大点，在于始皇烧诗书，而汉高求诗书，吾以为此汉高之大作用也。夫礼非仅朝仪也，汉高于他之仪制，阙焉不讲，而首命叔孙通创朝仪，以定皇帝之贵，严堂陛之辨，其求诗书也，度亦犹是耳，有利于君权者存之，其不利于君权者仍禁之。始皇之烧诗书，以极迂阔之手段愚民，故不三十年而消灭。汉高之求诗书，利用诗书以愚民，二千年尚保其薪传。始皇之政策在一时，汉高之流毒在千古矣。

综而论之，始皇之恶在刚，汉高之恶在柔，心术之光明度，有不始皇若者。始皇有征匈奴辟疆土之功，而汉高贻和亲之辱。据此而论，汉高之罪浮于始皇矣。至于论专制之宗法，则吾宁袐始皇而祖汉高。世之识者，或不以予言为谬乎。（未完）

---

①　"汔"，原作"迄"，误，据《诗经·大雅·民劳》校改。

国民必读[*]
——奉劝一般国民要争权利义务

　　请了请了，做兄弟的，今日有几句粗话要向列位讲讲。列位切不可把来做闲话看待，须知道兄弟这一篇话一不新奇，二不荒唐，三不狂悖，句句都是今日要紧的条件，一刻都慢不得，大家就要实行起来。见了兄弟这一篇话的，务当一人传十，十人传百，互相抄写，互相印送，把做阴骘文看待，天天研究，那就是咱们中国绝好的机会了。

　　兄弟所讲的没有别项，就是要凡当国民的都要晓得争权利、义务，不可坐待人家来鱼肉我们，这是兄弟对于列位一片的苦心了。但这"国民"二字，和那"权利、义务"四字，中国通常话少有讲过，列位谅也有好多不懂的，兄弟先将这六个字的义例略为解明。

　　何谓国民？没有国之时，一定必先有人民，由人民聚集起来，才成了一个国家。国以民为重，故称国民。国民的讲法，是言民为国的主人，非是言民为国的奴隶。所以国民对于国家，必完全享有国家的权利，也必要担任国家的义务。国民的解释如此。

　　何谓权利？人民在此一国之内，那一国的权柄必能参与，一国的利益必能享受，人家不能侵夺，也不可任人家侵夺，但各有界限。比如做皇帝的，做官长的，有特别的权利，那正当的人民不可侵他；不正当的人民不可许他。各依权限做事，求于彼此有权，彼此有利，两不侵犯。权利的解释如此。

　　何谓义务？义务的话，犹言各人本分内所当做的事，所当负的责，通皇帝、官长、国民都是有的。盖国家既是国民公共的，那皇帝、官长

---

　　* 原本藏中共中央书记处研究室图书馆，据李松年考证为陈天华所作（《陈天华的〈国民必读〉》，载《光明日报》，1963-12-18）。据该篇内容考，为1905年10月日俄战后不久作品。此文录自刘晴波、彭国兴编校《陈天华集》。原文部分错字《陈天华集》已做校正者照录。

也不过国民中一个人。国民举他出来，替公上办事，不过他们的义务略重一些，非是国民遂全没有义务了，皇帝、官长没有办得好，做国民的理当监督他们。国民本分内的各种义务，没有一件不当尽的。当以义务向皇帝、官长要求权利，不可抛弃权利因就不尽义务。义务的解释如此。

国民、权利、义务的义理，既经明白了，列位对于这六个字，就要切实讲求，不可仍如从前的混过了事。一要拿出国民的身分，二要力争国民的权利，三要勉尽国民的义务。

何以要拿出国民的身分呢？三代以上都是民重君轻。《书经》说："民为邦本。"孟子说："民为贵，社稷次之，君为轻。"这国民的身分何等尊严！自秦以下，才把天下做为皇帝的私产，把国民做为皇帝的奴才，任意践踏。君可以虐民，民不可以抗君，君的权无限，民没有丝毫之权，比如牛羊任人宰割，有时要转卖于他人，也只有听从二字而已。不特一国的权参与不得，即自己一身的自主权都没有了。强盗来了，服从强盗；外国来了，服从外国；连国民的称呼都失掉了，不是小民，即是蚁民，卑贱无比。唉！世间哪有这个道理。明明的主人家，降做奴隶，明明的公奴仆（世界各国都把国民做一国的主人，皇帝、官长乃国民公共的奴仆），变做主人，岂不是强奴叛主的事吗？所以兄弟奉劝列位，把国民的称呼要恢复转来，把国民的身分要拿了出来。对着这一班公奴仆，要尽力监察他、惩创他、命令他、禁止他，软弱一点不得，退让一点不得，畏惧一点不得，用泰山岩岩的气象，施千钧雷霆的威力，这方算是国民的身分了。

何以要力争国民的权利呢？国民的权利，于今一点都没有了。小的莫讲，单就几项很大的说：

（一）**政治参与权**。如今文明各国，不是民主立宪（不立皇帝，由国民中间选一个人当总统，数年一任，叫做民主国，现在的法国、美国即是如此），即是君主立宪，由国民选举议员，把国民所想要的，向皇帝、总统面前要求。一切法律都要议院承认，议院没有承认的，即算不得法律。皇帝、总统不能脱离法律下什么命令，做什么事情，这叫做立宪政体，又叫做国民参与政治政体。立宪政体之外，有专制政体，国民全不能参与政治，全凭皇帝、官长几个人独断行为，红就红了，黑就黑了，国事任凭他们弄坏到怎么样，国民说不得一句话。即把国民暴虐到什么田地，甚至或斩或杀，全不以人类看待国民，也违抗不得，违抗他，即是叛逆一方，都要血洗。这样的专制政体，世界各国，惟有俄国、中国。这两国的国民好如在九重地狱，永远不见天日。现俄国的国民不服这专制政体，近几十年间，大家起来反抗俄国皇帝，起了几十次。现在俄皇尼古拉士的祖父名叫亚历山大的，被俄国的国民用炸药炸死，其余大臣被刺死的不计其数。自去年来，愈加闹得很，数万做工的人，围着俄皇的宫，各处蜂起水涌，四处响应。俄皇没奈何，允准俄国国民改为立宪政体，差不多就要实行了。单剩得中国尚守着专制政体，政治的腐败，千倍俄国，立刻就要灭亡。不比俄国虽然是专制，各项政治办得井井有条，国富兵强，四远无敌。况且俄国是自己一国人做皇帝，纵受些专制，尚可说得去。中国现在的皇帝不是本国人做，乃是满洲的人。这满洲是中国一个大大的仇敌，强要我们认他做皇帝。即是他自己改为立宪政体，事事以公道待我们国民，都不可忘了他的仇，何况专制到了极步，还要送我们全种于死亡境地。唉，这都忍得，也就没有忍不得的了。俄国的国民，受同族的专制，都受不得；中国的国民，受异族的专制，到死都受得，相差那里有这样的远！世界的大儒都说人若没有政治思想，不晓得争权利的，即算不得一个人，虽然没有死，也和死差不多。所以兄弟奉劝列位，把政治思想切实发达起来，拼死拼命，争这政治参与权，不要再任做皇帝、官长的胡做乱为，把中国弄得稀糟，这是争权利的第一项。

（二）租税承诺权。这租税承诺权，是立宪政体中顶一桩要紧的事。没有这一项，立宪政体成了一句虚话。这是何故呢？皇帝、官长威权大得很，他要侵害国民的权利，做国民的也无法对付他们。只有这租税总要从国民手中拿出，他才有得。大家不出租税，遂要饿死他了。各国的国民有一句常话，不出代议士（即议员）不纳租税。他们的皇帝、总统，没有一事不怕国民，国民要一件就依一件的，即因这个缘故。皇帝、总统皆有一定俸禄，俸禄之外，一钱不准妄取。要做一事，必先禀命议院，议院不答应，即不敢做。倘若执强妄做，国民即一齐不纳租税。要增抽租税之时，也必将增抽租税之故告知议院，议院皆以为可，然后答应，没有答应的，即不能增抽半毫。所以他们各国的租税虽极重得很，比中国要重几十倍，却都拿来开学堂、立医院、修道路、扩张工艺，整顿海军、陆军，点点滴滴都用在国民事业上，没有一文乱用的。国民也信得过，没有一个不肯出的。中国的事情就不同得很。国民只有纳租税的义务，既纳之后，他们如何用法，一句都不能问。今日要加抽厘金，明日要加抽百税，不说明为什么事要加抽，也不管国民答应不答应，用蛮力行之就是了。兼之专制政体，事前不和国民商量，及事做拐了，又把闯出来的祸移到国民身上，他们反逍遥法外，或且于中取利。比如庚子年义和团滋事，全是满洲的王公大臣和皇太后所主张，我们东南各省，既没有打过公使馆（各国各放一个钦差驻扎中国北京，叫做公使，其所住之馆叫做公使馆。庚子年，皇太后使官兵和义和团攻打各国的公使馆，打了三四个月都没打破），又没有杀过洋人（北京的官兵在路上杀了德国的公使，两国相争不斩来使，因此犯了万国公法，八国联兵问罪，打进北京，皇太后同光绪帝逃往陕西，出赔款四万万五千万两，分作三十九年摊还，连本息共九万万八千万两），分摊赔款，都在东南各省，他的老家东三省（盛京、吉林、黑龙江称东三省，又称满洲），一文都不出。又如湖北每年摊还赔款一百二十万两，湖北的官场借此向民间加抽各税五六百万两。一百二十万两之外，所余的四百余万，都入了他们的荷包。各省一例。列位想想，有这样的情理吗？练陆军无钱，复海军无钱（现各国注重海军，没有海军立不得国。甲午以前，中国的海军和日本差不多。自甲午中日战争那一回，中国的海军全行覆灭，日本则加了四倍，每年海军经费三千六百余万元。中国虽有言要复立海军者，都以无钱而止），开学堂无钱（北京要修一个大学堂，须银三十万两，说没有钱，至今没修。日本比中国小三十倍，每年学堂经费四千余万，中国不及百分之一），买枪炮无钱（马玉昆防守山海关外，买洋枪三千杆，户部不肯发钱），兴工艺无钱（中国没有一项不将就洋人的，从不肯由官场提倡，都说经费无出），办新政无钱，皇太后每年修颐和园数百万，寿陵数百万，佛照楼五百万，正阳门楼八十万，其余随举一件，动要几十万、几百万，又有钱了。每年在颐和园请酒唱戏，一切赏赐，一切开销，总共要七八百万，又有钱了。逃往陕西时候，一碗粥都难得到手；及回銮之时，从陕西到北京，费用一千三百万两。去年日本和俄国在东三省开战，一切海防、边防都置之不理，一点预备不讲；却使铁良（满洲人，户部侍郎）到南方，借练兵办防堵为名，搜刮南方各省的钱财，把来做皇太后七旬万寿，共用去一千二百万两。各省做皇会所花费的也有一千余万两。文、武各官所进的贡品，多的要值几十万，少的也要值几万两。合计算起，大约也有几千万。艰难到极品时候，尚这样的恢阔，比[①]以前承平时节不知要多用几十倍。他

---

① "比"字原脱，校补。

一个人一年要花费许多的银钱，以外有数千的王爷、公爷，数万的官员，数百万的吏胥，五百万的满洲人（光绪帝的老家又叫做八旗人，共有五百万。一半住在北京，一半驻防各省，都不农、不工、不商、不士，坐吃汉人的），合算起来，恐怕就算不清了。哪一点不是咱们身上的血，哪一项是咱们该当纳贡他们的！讲到国事上，咱们插一句嘴都插不得。独至于纳租税一层，他们讲了的就是，慢都慢不得半刻，问都问不得半句，强盗打劫人家也没有这样。他若用到正经地方去，莫说是这点子，就再要加好多，也是应当的。他们这样的用法，就是减少几倍，也一文都不当出，何况是有加无已呢？所以兄弟奉劝列位，当仿照各国的办法，不出代议士，不纳租税。不先说明用法，及用到哪里去，决不能应允。总之，无论哪项税，必要先经我们的承诺；没有承诺的，作为无效，这叫做租税承诺权，即包含于政治参与权内。没有那个办法，就没有这个办法了。以下所讲的，都是从政治参与权内，分出的条件。

（三）**预算、决算权**。怎么叫做预算呢？现在文明各国，将来年所要出款，哪项要好多，桩桩件件，开载出来，先送到议院。议院核准哪一项当缓，哪一项浮报，都除出来，实实在在要多少，照实数征税，不能浮冒中饱半毫。不比中国笼统乾坤，任他浮收虚耗，每年实收若干，用去若干，在先既没有向国民报明，在后也没有一句报告。咱们出一两，正用了的不过十之一二，浮冒中饱十之七八。所以每年国家所收的总共不满八千万两，实则咱们出的不下六七万万两。即如漕粮一石，每石不过二两，解到京时，要开销一十八两，各项都可做个比例。外国的税虽是很重，然没有浮冒的，故民间不大吃亏，且因之而做出许多事业，为国富兵强的一个原由。中国的税，名虽轻，其实重，且没有限定；当用的不用，不当用的乱用，即使税轻到什么样，于民间没有什么益处。况于没有门目的税，有加无已，不知他用到什么地方去了，连一个数目都没有得。即如国债（向外国借钱叫做国债）一项，中国自甲午年以来（以前也欠过外国的，但已完清了），欠外国的债，本息共有二十万万两。此外又有昭信股票（光绪二十二年，发昭信股票向民间借钱，后一概不还，作为报效）的银三千万两。除赔日本兵费二万万三千万两（甲午中日之战，中国赔日本兵费二万万三千万两，又割去台湾一省），庚子年赔八国的兵费本息九万万八千万两外，其余的四五万万两，不知他们做为什么用处了。这是要我们累世子孙变牛马还于外国的，他们都忍于干没，也还有一点子人心吗！咱们至今尚没有看见他们一笔实在数，只见今年加饷，明年加税，横硬要咱们出就是了。世间有要人出钱不告知人家用钱的出向的理吗？出了钱文，毫不问一问，任他乱丢，也算得一个人吗？所以兄弟奉劝列位，大家逼迫政府把一年之中所要用的，照实先向国民呈一张预算表；国民将每年应收若干，应出若干，细细查清，又当派人四处调查收税实数，总不准有一项多征，一毫中饱，这是顶不可缓的。

（四）**外交参议权**。如今的皇帝、官长，因得中国不是他们自己的，不甚爱惜，把土地主权顺便送与外国，只图他们偷一日之安，全不顾及咱们同胞四万万人（中国人口四万万），永远要为牛为马绝子灭孙了。列位不要说土地主权是他们做皇帝、官长的，与咱们无涉。这土地是咱们的土地，主权是咱们的主权。中国比如一个公司，咱们是公司的股东，皇帝、官长不过是从外前请来的当家先生。当家先生把公司私自卖与人家，公司中的事权，私自使人家干预，做股东的也可不要说话吗？中国近几十年的外交，哪一项不失策！土地一块一块的割（俄国自咸丰以来，所侵占东三省的地方共有数千里，光绪二十四年又占领旅顺、大连湾，因庚子年之乱遂全占东三省，致有今回日俄交战之事。英国则于道光二十二年占领广东的香港，光绪二十四年占领山东的威海卫，去年遂占领西藏。法国则于光绪二十四年占领广东的广州湾。德国则于光绪二十三年占领山东的胶州湾。日本则于光绪二十一年占领台湾、澎湖。内只有香港、台湾、澎湖因战败割让，其余未交一兵，都是一班卖国贼拱手送与人家的。又俄国指定长城以北，英国指定长江一带，法国指定云、贵、两广，德国指定山东、河南，日本指定福建、浙江为他们的势力范围。凡在各国势力范围里内的，不准中国将其内的地方矿山、铁路让送人家，分明各认为己之所有了。那一班卖国贼也含糊认诺，是明明已把中国全数分送与别国了，特留着那一班卖国贼替各国弹压国民而已），主权一宗一宗的送（中国的海关，永远用外国人做税务司。近今的邮政局也是由税务司兼理。各省的机器局都是外国人。若说中国人不会，自应当设学堂派人学习，岂有永远用外国人的理？况且练兵权、教育权也渐渐落于外国人的手。近几年来用人行政的权，也要问过外国。如俄国之在东三省，德国之在山东，官员有不合他的意的，遂要另换一个，虽是督抚大员也不敢不听命。至于外国在租界内有审案权柄，不特外国人住在中国地不受中国官场管辖，并且中国人在本国倒要受外国官员管辖，大不合理的事。这是自外国人到中国来已是如此，更不消说了。大抵一个国家，必有一定的土地，一定的主权。土地、主权有一项不完全，哪里能成一个国家？列位尚恐怕中国瓜分，不知这样的办下去，比瓜分还利害得很呢）。断送中国命脉的，尤在于把各省的矿山、铁路送与各国（各国在中国所得的铁路，合已成的、没成的、计划中的，延长将近五六万里。中国自己修的不满一百里。矿山被外国买去的不计其数）。各国得了铁路，得了矿山，遂借保护铁路、矿山为名，驻兵防守，铁路、矿山占到哪里，兵也扎到那里。铁路、矿山占满中国，中国的地遂算占尽了。俄国在东三省，德国在山东，就用这个手段（俄国在东三省以保护铁路为名，驻兵十余万。日本要他退兵，俄国不肯，遂致开战。现日本得胜，旅顺、大连湾已归了日本，东三省又将自俄国手中送与日本。中国置之不问，宣布中立。现德国在山东也以这个手段，沿铁路旁边驻兵二十余处，每处三四百人，又为第二个东三省。将来各省都将为第三个东三省了）。列位尚不想个法儿，收回这铁路、矿山，自己去修，自己去开，那就是咱们一宗灭门大祸，别想子孙烧香了。是何故呢？矿山比如咱们的宝库，铁路比如咱们的脉筋。宝库被人家取去了，脉筋被人家抽去了，怎样能活呢？所以兄弟奉劝列位要向政府争这外交参议权，不准他们任意把中国的土地、主权、矿山、铁路赠送各国，保守他们的私利益，预为后日做印度王（印度各王私自把国卖与英国，每年向英国领取俸禄，存一个空王号，印度的国民受英国的百般压制，置之不顾）、贰臣（投降别国，再做别国的官叫做贰臣）地步。如再敢照从前的行为，咱们大家就独立（不要政府，自己做主，叫做独立）起来，各守各地。他们所订的条约，全然不认。现在各国的皇帝、总统，倘若私把自己土地、主权、矿山、铁路送与别国，各国的国民恐怕要闹得天翻地覆。各国革命（从民间起义军，扫除暴君贪官，叫做革命）不过因得政治有一二宗不好，大家容不得，遂把这不好的政府倾倒，另立一个顶好的政府。何况把国家公共的土地、主权、矿山、铁路私送别国，安有可以容忍的理！各国的国民，也是一个人，列位也是一个人，怎么就这样的懦弱？不过是以前没有人告知列位，兄弟这一番告知了，列位谅是一刻都容不得的。

　　（五）**身命、财产权**。中国的野蛮官场，把国民的身命如草芥一般，任意残杀虐待；把国民的财产如泥土一样，任意勒取索诈。列位都是习见惯闻的，不用兄弟多说。甚至外国的人到中国，也可以乱杀横骗，中国官场不特不管，且帮着外国人欺压国民。如去年俄国的水兵，在上海杀死周生有一案，俄国领事官不容中国官员会审，私自擅定四年监禁之罪，中国官场不特不反对俄国领事，且以中国国民之动公愤为多事。又某洋行欠汉口商人十余万金，湖北官场不敢代为追讨，含糊了事。这样看起来，中国国民的生命财产全没有保险的地方了。外国人所养的鸟兽侵害一毫不得，中国的国民连鸟兽都当不得了。以前中国人到了外国，被他们不把做人看待（美国所属的檀香山有一万余人的中国街，死了一妇人，洋人谓是疫症死的，放火把全街都烧了。在美国做工的共有数十万人，美国屡议禁止上岸，非常的虐待。近南非洲开矿的工人，也是英国从中国招去的，受苦更甚，一日要死数人。总之，外国人到中国如天仙一般，中国人到外国牛马都比不上）。现在外国人到了中国，反不把中国人当人。这都是做官员的一心媚外，不尽保护国民之职所致；做国民的，不晓得自己争权利，也要分任其咎。这人权是从天赋来的，不容人家来侵夺，也不容自己放弃。所以兄弟奉劝列位，要以死力争这身命、财产权，即是以死力争这天赋的人权，有一毫没有争还，大家都不可放手，不可仅保着一人一家，遂不管他人的是非了。盖这身命、财产权，要通中国的人合力来争，才可争得转的，断不能以少数人的力能保得住的。只要是中国人，不论在本国在外国，都不可有一个被人侵侮。有侵侮了的，大家至死不与他罢休。如此行之，咱们的身命、财产权，才可保得住了。

（六）**地方自治权。**地方自治权是立宪的先声；纵不能立宪，这地方自治权不可不先去要求的。日本没有立宪之前（日本自明治初年变法到明治二十三年才立宪），也先颁布地方自治，市町村各有一个完全的自治机关，好像一个小国家，合无数的小国家，遂成了一个日本国。中国正宜仿照办理。怎奈中国的官场平日于地方的情形毫不讲求，任什么大奸大恶在地方混闹也不一问。只有地方讲求自治，为保卫闾阎、维持秩序的事，他倒要说是侵了官权，大行干涉，不推翻一切，他总不甘休。兄弟平日说如今的政府，说他专制也说不得，说他不专制也说不得，当专制的他倒不专制，不当专制的他倒要专制。如现在的留学生，有好多不用功读书，做出多少坏事的，他毫不管；中间有爱国的，想替中国内办几分事业，不肯玩耍了事，他倒干涉得很。如想自己出钱学陆军的，他也不准；学政法的，他也不准。俄国占了东三省，留学生结集一个义勇队，想往东三省和俄国打仗，也要拿办。著书出报，把现今的大势报告国民，也遂犯了他们的忌讳。推之内地，做官府的一事不管，害国殃民的贼，全没有处分；略想振作的，即不稳当得很。总而言之，是专制不作事，非是专制作事；以专制保守弊政，非是以专制改变制度。比如人家要向前进的，死死扯住；人家如不向前走，和他同在一块弄鬼，他就心愿了。所以兄弟奉劝列位，不要怕做官府的干涉。遂要地方自治起来，关乎地方一切事情，和官府划清权限。何者归官，何者自理，参照各国的地方自治章程（在下当另编一书），切实施行起来。更有以前所已有的，如团练、保甲、乡约、蒙养学堂各种善举等事，只要参仿时事，略为改变，实力行之，也就可以了。这是今日所易行、所必要的条件，大家不可把来做等闲看待的。

（七）**言论自由权**。世界进步，由于思想进步。言论不能自由，一切事都不能发达。所以专制国的政体全凭几个人的意见，抹杀一切人的言论；他们所行的所言的无一项不是，句句件件都要人家奉行。国民所言的如狗屁一般，全没有效验；有违反他们所行的所言的言论，遂目为大逆不道，本人治罪，还要株连好多人（清朝二百余年，文字之狱数千余案，往因一句诗、一句话附会出来，诛灭全家，还要牵连亲戚朋友多人）。犹恐怕国民通知古今，熟悉掌故，窥破他们的伎俩，不准人读本朝之书、引用本朝人名（科场有引用本朝人名事迹者降黜），不准人上书言事、议论朝政（卧碑载：士子上书论军国大事者，科以大罪），无非闭塞人的聪明，箝制人的言语。现在虽大势所趋，稍稍有议论时事的，他必用百般的手段，禁止国民演说、著书。比如一个房屋，管守的人不尽其责，渐渐要倾倒了，做房东的警戒他们要尽责任，告示他们补救房屋的方法，即或说要改易管守的人，重新起造一个房屋，也是房东所应当说的。那管守的人倒要说房东不该说，定要依从他们所为才是。现在的政府，其意思不和这个一样吗？他们要保守他们的私利，自然是不准咱们谈论他们的短长。咱们岂可因为他们一禁即止吗？各国的政府起先也不准国民言论自由的，经国民屡次鏖战，政府终是没可如何，遂公布言论自由之法律，载在宪法内，何曾是轻易得来的？所以兄弟奉劝列位，不要怕这野蛮政府的禁令，各各扩张言论自由权，用来改变风气，监督政府，这是很要紧的。

（八）**结会自由权**。各国所以强盛的，每一宗事集多人的才力来讲究。政治有政党，学问有学会，没有一事不有一会。国家不特不禁止，反极力保护。独有中国不准国民集会。彼此不相亲爱，不相团聚，凡事各由各人的意做之，全没有合群研究的办法，国家安得不弱？事业哪里能做？况且所禁的，不过于政治上、学问上、社会上的事情，禁得极严；如结党营私，以及聚众赛会、迎神、唱戏、聚赌，凡有害于人心风俗的事，他到不禁了，即禁也不过贴一张告示，全没有实行。至于做官的，有年谊、世谊、乡谊，又有官官相与之说，明目张胆为之，没有一点顾忌。且国民要结会，正正堂堂的，他可以干涉；秘密的会党，如哥老会、三合会、大刀会，没有一处不有，他又无可如何了。各国的政府奖励会社，国势陡强，内乱全泯。中国的政府严禁立会，其结果君子没有会，小人有会；正事没有会，歪事有会。在这糊涂的政府，原是难和他说清的。在我们国民，要认清结会的事，为富强中国的根原，无论如何禁制得严，都要冒禁结立的。但要仿照文明各国结会的办法（在下后日当另有一书详言之），注眼政治上、学问上、事业上，不要仍如从前的结党营私及为不正之事结会，这是顶当记着的。

以上八项，都是国民所当力争的权利，没有争到，死都不可放手的。

何以说国民当勉尽义务呢？世界上不负义务的，便不能享权利。只知责人，不知责己的事做不出的。这一个国非是几个人所能担任得起的，要大家共来担任。不可因皇帝、官长不好，遂大家都不管国家的闲事了。皇帝、官长不好，咱们要设法监督他们，岂可把来当借口，遂丢了自家的责任？所以兄弟奉劝列位，这一个义务总要尽呢。国民的义务千般万状，从哪一项说起？也先把几项顶大的说说：

一、人人有纳租税的义务。 从前中国的老话，说普天之下莫非王土，人民践土食毛，即应当报效皇家，这是一句顶混帐的话。我这一个地方，是从祖父以来已经有的，自耕自食，与他皇家哪样相干！况且自有中国以来，不知换了好多朝代，当初没做皇帝之时，也不过是一个国民，及侥幸做了皇帝，遂说天下是他一家的私产，哪有这等道理！至于清朝，本是从满洲进来的，人都不是中国人，怎能说中国是他家的。若说降伏了他，即把中国归他一家所有，这样说起来，清朝是我们一个不共戴天的大仇，我们应当报复他，怎能报效他呢？不知这些话都是说错了。做皇帝的，不过替国民经理国家，国家一定不是皇帝一家的私产（其说详前）。国民纳租税是纳与国家，不是纳与皇家（以前的是纳与皇家，所以国民急宜革命，把政体改变）。纳于皇家的一定要有限制，以少为主；纳于国家的限制不得，过少不得，只能看那宗事当办不当办，当办的就不能计及多少了。盖纳于皇家的是纳贡他，没有报酬的，一去不复返，少数都不应该，何况多要。纳于国家，非是一个私人得了，仍为我们办公共的事业。比如自己所做的事，每年虽用去一千、一万都不嫌多，因为这些事都是当做的，省无可省。且不仅用去，要把用去的少数，保全现在及增进将来的多数，所以虽多用些，也是心愿的。这国家所做的事，也是自己所应当做的事，不过是有人代替我们做，由我们出资本就是了。资本不肯出，叫做事的人怎样做法呢？虽说如今做事的人有名无实，租税出了，国家的事仍是没办，这当依兄弟上面的话，做国民的，大家干涉他们，不许他们胡闹，或就另换一班人来办国家的事。但是这国家一日不亡（改易皇帝，不是亡国。亡国者，是为外国所灭，所瓜分。若能由国民而改易皇帝，这是光复，不是灭亡），就一日不能不办事。办事就要经费，现在国家的经费，不比从前可以因陋就简，至少要加多十倍才能够用（外国的经费，都比中国多百余倍。日本只有中国三十分之一，今年经费九万万，比中国现在经费多十倍）。这是何故呢？现在弱肉强食，没有海军、陆军（日本经费用于海军、陆军的三分之二），这国家一定保不住（现在只有七八强国，将来稍弱一点的决不能存）。自机器发明，军火改制，比从前海军、陆军的费用加多百倍不止（大战舰一只——全身是钢，要一千五六百万两。大炮一个，要四五万两。大炮打去一次的子药，要四五百两。日俄交战两点钟，只子药一项，要二千五百万元，兵丁一人每月要费三百元）。咱们若是顾惜经费，不大大的扩张海军、陆军（俄国有陆军四百万，其余各国二三百万不等。中国虽说有兵勇三四十万，能战者不满三万人，海军仅有日本五分之一），国家一定为人家所瓜分，各人的身命、财产，一概没有了（家与国相连，无国即不能有家）。我们此时都出些钱文，扩张海军、陆军，即保全了国；保全了国，即保全了身家。此时虽出得重，所保全的也大了。又国家所当重的不是仅仅海军、陆军，如开办学堂，比海军、陆军还要在先咧。各国所做的事业哪一项不是从学问来的？没有学问一件事都做不来了（造枪炮、造火药、造战舰、造种种机器，都要一二十年的学问。海军、陆军的极小将官，也要读十多年书，通几国语言文字。无论男女没有不读书认字的。不读书认字，即当极下贱的职役也没有人请。将来世界断没有不读书的人可以存种）。中国从前虽是有人读过书，但到了如今不能适用（外国的学问分普通学、专门学。普通学是伦理、历史、地理、算学、物理、图画①、音乐、体操，这是人人都要兼学，

---

① "画"，原作"书"，误，校改。

共一十三年。进了高等学堂、大学堂，才分专门。各国大同小异。日本是分文科、理科、法科、工科、农科、医科，每科又分子目，听人专习一科。此外有师范、海军、陆军、商业各专门学堂，没有一件不是有用。不比中国以前做八股，现在做策论，毫没有一点实用）。要想中国站得脚住，比得人家上，这学堂是一定不可不开了。要开学堂，必要先筹经费。日本只有中国一省之大，每年学堂经费四千余万，中国即当十倍之了。又国家如或要自己修铁路、开矿、建工厂，以挽回利权，保全种族（各国的政策，不仅用兵力征服，尤在用工商吸取中国的钱财。钱财尽了，中国的人民自然要饿死，极狠是先把铁路、矿山抢到手里，即制中国的死命。现闻英、俄、美、德、法五国，打算集款五十万万元，包揽中国的铁路，一枝一节都不准中国自修。此议若成，中国无一点生望了。所以大家当一面严告政府，不可把铁路许与人家；一面要多开工厂，多开矿山，莫使人家来占顶，不可惜费用的），我们也要极力帮忙，吝惜一点不得。总之，我们在这一个国家内，就要担任这一个国家的经费。只有查问经理人的权，并没有不问好歹，不肯纳租税于国家的理（即或不认旧日的政府，马上要立一个新政府，对着新政府不可不纳租税）。这是人人有纳租税的义务了。

二、人人有当兵之义务。 中国古时，寓兵于农。现在各国都用征兵的制度，人到了二十岁，即要当常备兵三年，以后当预备兵、后备兵，直当到四十岁，就是王子也不能免。这是何故呢？国家是公共的，即应大家任保卫之责，不可把一国的人分出界限来，哪一个该当保卫国家，哪一个就不该当，又不可请外国的人当兵（各国宪法内都有不准用外国人当兵一条），所以要人人当兵了。各国都把兵看得极重（犯了罪的人不准当兵），不比中国的兵从招募来的，看得极轻贱，不是极无赖的人，万不肯当兵（中国有"好铁不打钉，好汉不当兵"之谣）。这样的人，怎么能敌得人家住（以前是以乌合之众对敌，乌合之众尚可以得。如今各国都是国民军，怎样能敌呢）？况且各国都有兵数百万，中国这点子的兵，怎么能够保守疆土？所以一定要仿着人人皆兵的制度。无论何项人等，都要当这义务兵，集心合力，保卫土地、主权，但不可帮着现在的野蛮政府伤害同胞（李鸿章到德国的时节，拜会德国宰相俾士麻克，夸张他在中国杀长毛的功劳。俾道："我们的兵，只把来和外国打仗，不把来杀害同胞，你替异族的满洲杀害自己同族的长毛，这是你莫大之罪，哪里算得功呢？"李听了羞愧得很。现俄国大大的革命，俄皇调兵平乱，俄国的国民都对兵丁言道："你们不是俄国的人吗，为何要杀害同胞呢？"兵丁一闻此言，立刻丢枪散去。各国的陆军和外国开起战来，都是奋不顾身，从没有在本国替政府杀害同胞的）。这是顶当记着的。

三、人人有借钱于国家的义务。 国家有时为公众上的利益及不得已的事，要向国民借钱。只要实是当用的，无论好多，我们国民都是当借与他的。何故呢？国家既是公共的，国民不借钱于国家，自然是要向外国去借。民间有盘算人家的手段，各国也然。利息既重，越积越多，国家终是没有钱的，少不得仍是要国民摊还（中国所借各国的钱，按年由各省摊还）。等到摊还不起，所借各国的钱，都是有抵挡的，各国照契管业，那就亡得成了（埃及国之亡就因借项一端）。所以我们当于他们借钱的时，要实实在在盘问。万不可少之数，即由大家承借，免使受他国的盘算，贻后日的重累。这是一句顶要紧之话。

以上三项，都是要争得权利之后，才是有的。但权利是要去争，不是可以坐得，又不是可以哀求，并不是空空不尽义务，可制得他住。盖你若不把租税，要求参政权，这是租税也是要你出的（现在的租税，哪项是人民心愿，又哪项能免）。你虽不当兵，这养兵的费用，也是要你出。况且他征了你们的钱，招兵压制你们，生死之权操在他手，怎若国民自己当兵，可以监制他们的暴政呢（当兵不尽是义务，又是权利）？至于不借钱于他们，仍是国民受累，前已说明了。所以咱们要想对付他们做皇帝、官长的，一定要先拿出主义和手段来。

这主义、手段怎么样？把咱们对他的义务，求一个相当的权利，这是主义。每县各公举几个人，齐到北京，要求他们把以上八项交给我们，如有一项不依从的，我们大家齐到北京去，把这不好的政府去了，另立一个好政府；或各把本地的租税截留，专办本地的事，公举人来经理。不要以前的官府；他们和各国所订的条约，所借的款项，一概不认，这是手段。但是要达这个主义、手段，先要有四个条件：

第一，要学问。 各国的国民，所以能享权利的，由于人人都有学问，政府不能欺瞒他。若毫没有知识的人，怎样能有权利呢？中国以前的读书人，虽是没有用，官府总当另眼看待，比没有读书的人好多了，这是列位亲眼看见的，所以大家要讲求学问。即年纪大了，不能进学堂，也当把新出的白话书（《猛回头》、《黑龙江》、《中国白话报》等书都好），买几部看看。或并字都认不得的，也当请人把古今的大势讲讲，总要明白一些。事理明白，那权利是不期有而有的。

第二，要武力。如今的世，稍弱一点的，便不能保存。各国文学固然是重，武力越发重得很。各学堂都有体操一门，此外遍处有体育会。无论男女，武艺都操得很好。有武艺的人，人人尊敬，武官的身价比文官大得多（武官可做文官，文官不能做武官，有极大的文官带一个极小的武官衔，即以为荣宠）。所以人人都可以当兵，国家有祸事，担当得住；政府若不好，推倒得翻。中国若想有翻身的日子，非把重文轻武的鄙见丢了，人人有尚武精神，人人有当兵资格，决无可望了。

第三，要合群。外国虽极小的国，都能强的，即是合群二字尽之了。中国虽说有四万万个人，即是有四万万个心，如散沙一般，所以弱到这个地步。要想以后中国可以救得转，如非大家都捐除意见合起群来，一人被害大家救应，不分彼此，即万无可救之理。

第四，要坚忍。民间起事的也有其人，往往一败即涂地，全没有人即起，这是不能坚忍之过了。各国革命，多的几百年，少的也有几十年，才能变成一个顶好的政府，断没有一举成功的。所以咱们做事要以坚忍为主，即失败到十几次，百余次，断头到数十万，数百万，都不可怕，总要越做越凶，以达了咱们的主意为止。

有了以上的四个条件，才能尽义务，争权利；没有以上的四个条件，义务也就不能尽，权利也就不能争，坐待人家来灭就是了。现在的政府，把咱们一切所有卖与人家，已剩不多了，再慢半刻，什么都卖去了。那时向政府说，政府已经没有了；向各国说，各国是有人送与他的，也说不上。所以列位要说就要说起来，要争就要争起来。

自由乎？死乎？二者必有一项。愿列位于这两项任择其一也。中国国民万岁！

狮子吼[*]

楔　子[①]

　　看官：小子是一个最不喜欢读书的。须知道小子不喜欢读书的缘故，那诗书上每每讲些兴亡事件，小子自幼生就一种痴情，好替古人担忧。讲到兴亡上，便有数日的不舒快，因此把一切书都谢绝了。终日只出外逛耍，淘泻性情。又只见飞的、走的、潜的、植的，无非是"弱肉强食"四字。忽而有，忽而灭，所接于耳，所触于目的，无一不是伤心惨目的事，又每每痛哭而返。因此不读书，也不出游，冥心独坐，万念皆灰，如是者半年。有一日，小使拿了一封信函，自外前走进来，递在小子手里，小子比时把那一封信拆开，不是别人所写，即是小子一个至好契友写来的。那时小子一喜不小，忙将信纸展在桌上。据称"前两月入山樵采，有一座石屏，拔地独立，高有数丈，忽然石破天惊，飞出一铁函来。小弟比时吓死在地，醒后拾起，牢不可破，用斧头劈开，乃是一卷残书，字已不大明显。拿归家中，用了好几日的功，才分辨出来，知是混沌人种的历史，混沌最后一个人所做。虽不能细细译出，大略却可知道。今将稿本寄呈，乞赐斧裁，以便行世，庶使世人知以前原有混沌一族，未始非考古家之一助也"云云。

　　小子把那寄来的书，细心一看，说距今四千五百年之前，有一混沌

---

　　[*]　此文录自《民报》第 2—9 号《小说》栏。第 2 号署名"过庭"，第 3、4、5 号署名"星台先生遗稿"，第 7、8、9 号署名"星台遗稿"。本文当作于 1905 年 12 月前。以刘晴波、彭国兴编校《陈天华集》为校本。

　　①　"楔子"前原有衍文"第一回"，今删。

国，周围有了七万里，人口四万万。他们的祖先，也曾轰轰烈烈做过来，四傍各国都称他是天朝。只有一件大大的不好处：自古传下什么忠君邪说，不问本族外族，只要屁股坐了金椅①，遂尊他是皇帝。本族之中有想恢复的，他遂自己杀起自己来，全不要外族费力。所以这一偌大的文明种族，被那旁边的小小野蛮种族侵制，也非一朝一次。最末之一朝，就是混沌国东北方，一种野蛮人，人口只有五百万，倒杀了混沌人十分之九，占领混沌国二百多年。末年又来了什么蚕食国、鲸吞国、狐媚国，都比这种野蛮又强得远，便把混沌国一块一块的割送他们。混沌人也不知不觉，随他送情。谁知这些国狠恶无比，或用强硬手段，杀人如麻。或用软和手段，全不杀人，只将混沌人的生计，一概夺尽。混沌人不能婚娶，遂渐渐的死亡尽了。兼之各国自己的教育是很②好的，惟对待混沌人全不施点教育，由半文半野降为全野蛮，由全野蛮降为无知觉的下等动物。各国和人家开起战来，把混沌人来挡枪炮，有工程做又把来当牛马。不上三百年，这种人遂全归乌有了。

全书共有一百余页，读了一遍，又触动了小子以前的毛病，不觉得悲从中来。想道：这混沌国不知在今哪一块，何当日的事迹和今日的情形一一吻合也？稀奇得很！想了一回，援笔于后写了几句：

> 恨事有何尽？悠悠成古今。
> 优存劣败理，仔细去推寻。

又吟咏了数次，精神已倦，遂在椅③上睡去了。忽见盟友华人梦，慌忙走进来说道："俄罗斯重占东三省，英国乘机派了长江总督，兵舰三十只，已入吴淞口，不日就抵江宁。"余一惊不小，华人梦走出大门，只见街上异常慌张，忽有数人翎顶军衣，手持高脚牌，上写"两江总督部堂牌示：大英督宪不日下车，此系钦奉谕旨允准，且只管理通商事宜，并非有碍大清主权。凡尔军民，切勿妄造谣言，致取咎戾。切切特示！"又有人说："南汇、江阴等地，已经起事，省城已派大兵去平定了。"余向华人梦说道："事已至此，只得向南汇、江阴走一遭，与我亲爱的同胞们同死在一处，免得在这里同着他们当奴才。"人梦也以为然，即骑了马，跑到江阴。只见洋兵和官兵共在一块，无数万的男女都被赶

---

① "金椅"，原作"金机"，误，据刘晴波、彭国兴编校《陈天华集》校改。
② "很"，原作"狠"，径改。下同。
③ "椅"，原作"机"，误，据刘晴波、彭国兴编校《陈天华集》校改。

下江去。有一小队之义勇，尚在那方厮①杀。正想上前帮助，义勇队已大败特败，四处奔散。一队马兵冲过来，华人梦已不知去向了。只有小子一人，跌在深沟之内，得保性命。及闻人声渐远，才敢爬上来。乃是一个深山，虎狼无数。小子比时魂飞天外，恰要走时，已被他们望见，飞奔前来。起头想空手拦挡，不料已被抓倒在地，右臂已嚼上一口，痛入骨髓，长号一声。原来此山有一只大狮，睡了多年，因此虎狼横行；被我这一号，遂号醒来了，翻身起来大吼一声。那些虎狼，不要命的走了。山风忽起，那狮追风逐电似的追那些虎狼去了。小子正吓的了不得，忽又半空之中一派音乐，云端坐一神人，穿着上古衣冠，两旁侍者无数。小子素来不信那小说上仙佛之事，到此将信将疑，不觉倒身下拜。只见那位神人言道："吾乃汉人始祖，轩辕黄帝是也。吾子孙不幸为逆胡所制，今逆胡之数已终，光复之日期不远。汝命本当死于野兽之口，今特赐汝还阳，重睹光复盛事。"言罢把拂一挥，遂不见了。转眼又不是山中，乃是一个极大都会，街广十丈，都是白石，洁净无尘。屋宇皆是七层，十二分的华美。街上的电气车，往来如织。半空中修着铁桥，在上行走火车，底下穿着地洞，也有火车行走。讲不尽富贵繁华，说不尽奇丽巧妙。心中想道：这是什么地方？恐怕伦敦（英国京城）、巴黎（法国京城）也没有这样。又到一个大会场，大书"光复五十年纪念会"。那会场足足有了七八里，一个大门，高耸云表，匾额上写"日月光华"四字，用珍珠嵌就，又有一副对联：

> 相待何年修种族战史；
> 不图今日见汉官威仪。

门前两根铁旗杆，扯两面大国旗，黄缎为地，中绣一只大狮，足有二丈长，一丈六尺宽。其余各国的国旗，悬挂四面。进了大门，那熙来攘往的人民，和那高大可喜的房屋，真是天上有人间无了！左厢当中，有一座大戏台，共分三层。处处雕琢玲珑，金碧辉耀，眼都开不得了。台上的电灯，约有数百盏，又用瓦斯装成一个横匾，一副对联。匾上写的是"我武维扬"，对联云：

> 扫三百年狼穴，扬九万里狮旗，知费几许男儿血购来，到今日才称快快；

---

① "厮"，原作"撕"，误，据刘晴波、彭国兴编校《陈天华集》校改。

翻二十纪舞台，光五千秋种界，全从一部黄帝魂演出，愿同胞各自思思。

乐声忽动，帘幕揭开，无数的优伶，正在那里演戏：

（小生军服佩刀上）【临江仙】十万貔貅驰骋地，哪堪立马幽燕！羯奴何处且流连？毡庐迷落照，狼穴锁残烟！收拾金瓯还汉胤，重瞻舜日尧天，国旗三色最庄严，乱随明月影，翻入白云边。

【鹧鸪天】铁骑纵横遍大千，当时慷慨气如船，十年龙战玄黄色，一旦鹏抟寥廓天。思往事，感流年，大江东去水涓涓，风云扫尽英雄在，休向重洋叹逝川。

小生，新中国之少年是也。门承通德，家不中赀。六尺微躯，一腔热血。愤胡儿之囫〔溷〕迹，伤汉族之陵夷。百计号呼，唤醒群梦，十年茹苦，造就新邦，重开汤武之天，净洗犬羊之窟。其时薄海内外，同宣独立，都解自由。增四千年历史光荣，震九万里环球观听。内修武备，外慎邦交，挫匈奴不道之师，杜回纥无厌之请，金汤永莫，锋镝潜消。到于今文明进步，几驾欧美而上之。回想当年，好不愉快！（笑指介）你看辽东千里，明月依然。那满政府二百年之威风，五百万之异类，都归何处去也？今日万国平和，闲暇无事，待我将当年勋迹，表表出来，以告天下后世之为黄帝子孙者。正是：

英雄心事循环理，留与他年做样看。

（唱）【仙吕点绛唇】锦绣中原，沧桑几变，肠千转，回首当年，天际浮云掩。

【混江龙】笑处堂燕雀纷纷，颓厦闹寒暄，昨夜西山雨妒，今朝南海春妍。放着他血海冤仇三百载，鬼混了汉家疆宇十余传。鱼游沸釜慢胡缠，龙潜沧海终神变。看一旦风云起陆，波浪掀天。

想当年俺一班同志对付那满洲政府的手段啊！

（唱）【油葫芦】十万横磨如电闪，一霎入幽燕，挟秋霜，挥落日，扫浮烟。烽火断神州，血浪黄河远。麾幕走狐群，落叶西风卷。一个是千年老大无双国，一个是万里驰驱第一鞭。算不了鹬蚌相持，渔父漫垂涎。

当时欧亚各国，见我辈革命军起，也有好几国想出来干涉，（笑介）哈哈！入虎穴，得虎子，正我辈之素志，区区干涉，其奈我何！

（唱）【四门泥】是英雄自有英雄面，怕什么代越庖俎，还他个一矢双穿。人生一世几华年！男儿六尺谁轻贱！精金百炼，磨砺时贤，将军三箭，恢复利权。便封豕长蛇，也不过再起群龙战！

自古道能战而后能守，能守而后能和。当此竞争时代，万无舍着竞争①而能立国之理。（呼介）同胞呀！同胞呀！请看我辈处此，究竟如何？

（唱）【寄生草】从今后，外交策，誓完我独立权！休教碧眼胡儿，污了庐山面，任他花县游蜂恋，还他铁血神龙变。我定要到一声霹雳走春霆，他虚掷了十年肝脑如秋扇。

你看今日三色国旗，雄飞海外，好不光耀，所谓"有志者事竟成"，古人诚不我欺也！（惊呼介）哎呀！前事不忘，后事之师。同胞，同胞！还要大家猛省则个！

（唱）【沉醉东风】你看昔日啊，黑沉沉鬼泣神潜！你看今日啊，碧澄澄璧合珠联！如此河山几变迁，而今天地恁旋转。剩多少新愁旧恨，都付与梨园菊②部，点缀庄严。水晶帘卷，听声声激越，忧深思远。

（作唤醒介）同胞啊！来日方长，竞争未已。俺想二十世纪以后之舞台，必有一种不可思议之活剧发现于世。那时候，再愿我黄帝子孙一齐登场，轰轰烈烈，现万丈光芒于世界，这才算不负俺今日之苦心了。

（唱）【尾声】英勇如许寻常见，须解道忧乐关怀判后先。伫看多少风云留与男儿演。（下）

只觉音韵悠扬，饶有别致，非同尘世之词曲。又走到右厢看看，只见挂着"共和国图书馆"的牌子，那里面的书册不知有几十万册，多是生平所没见过的。有一巨册金字标题"共和国岁计统计"，内称：全国大小学堂三十余万所，男女学生六千余万。陆军常备军二百万，预备兵及后备兵八百万。海军将校士卒，共一十二万，军舰总共七百余只，又有水中潜航艇及空中战艇数十只。铁路三十万里，电车铁路十万里。邮政局四万余所。轮船帆船二千万吨。各项税银每年二十八万万圆，岁出亦相等。又一大册，用黄绢包裹，表面画一狮子张口大吼之状，题曰"光复纪事本末"，共分前后二编，总计约有三十万言。前编是言光复的事，后编是言收复国权完全独立的事。稍为翻阅，书中的大旨，已知道大半。只是为书太多，一时不能看完，又不忍舍。恰好此书有正副二册，遂将副册私藏袖中，匆匆出馆。背后一人追赶出来，大呼："速拿

---

① "万无舍着竞争"，原文作"万无舍著著进争"，有误，校改。
② "菊"，原作"鞠"，误，据刘晴波、彭国兴编校《陈天华集》校改。

此偷书贼，送警察局！"前面已有警吏二人，把小子一手扭住。小子惊吓欲死，大叫"吾命休矣！"醒来原是南柯一梦。急向袖中去摸，那书依然尚在。仔细读了几遍，觉得有些味头。遂因闲时，把此书用白话演出，中间情节，只字不敢妄参。原书是篇中分章，章中分节，全是正史体裁。今既改为演义，变做章回体，以符小说定制。因表面上的狮子，取名《狮子吼》。欲知书中内容如何，待下分叙。

第一回　数种祸惊心惨目　述阴谋暮鼓晨钟

诗曰：

> 红种陵夷黑种休，滔天白祸亚东流。
> 黄人存续争俄顷，消息从中仔细求。

话说天下人种的原始，说来可怪得很，又确实得很。那天主教书上说："人是由上帝所造。"中国的书上说："起先的人名叫盘古。"都是荒唐的话。最可信的，就是近今西洋大学者名叫达尔文的《进化论》。他说世界起初，只有植物，后来才有动物。动物起先，又只有最愚蠢最下贱的动物，渐渐变到猴子，就离人不远了。自有世界以来，已不知有了几千万年，由猴子再一变就成了人。猴子是人的祖先，人是猴子的后身。人原先也是有毛有尾，后来恼恶尾子和身上的毛，久而久之，那尾子遂不见了。西洋医生把人解剖，尻内尚留有尾子的形迹。身上的毛也渐渐细小，全然是一个人了。人以外的动物，叫做下等动物，人是中等动物，将来比人更聪明更厉害的动物出来，才是高等动物。后来的比从前的胜，古时的动物断不及今时的动物，这就叫做进化的公理。自有达尔文先生这一篇《进化论》出来，世人遂把尊崇古人的谬见丢了，事事都想突过前人。不上百余年，遂做出了多少惊天动地的事业，古人所万万不及，都是达尔文先生的赐了。

但在下有一桩疑案：人既出身在后，一定是占少数，怎么于今遍地都是人所居住，一切动物渐渐少得很，并且古书上所有的动物，灭的正不知好多，这是何故呢？后来看见一部《天演论》，是英国赫胥黎先生所著，说照动物发生的比例算起来，不上数百年，世界没有地方可容了。自古到今，动物只有此数，不见加多，什么缘故呢？此中有一个大大的理信叫做"物竞天择，适者生存"。动物和动物同在一个世界，遂要相争竞。相争竞，那强而智的一定胜，弱而愚的一定败。没有人以前，愚弱的动物，已不知亡了好多。等到人出来，气力之强，虽说有不及各动物的，知识就比各动物胜多了。人做出了多少机械，各动物遂渐渐为人所侵害，种类日日消灭。牛马等类，归降于人，听人宰杀，毫不能自主，以至今日只有人的世界，这就是优胜劣败的确证据。在下方才明白。人既和各动物相争得了胜，一群人内又相争竞起来，弱的不敌强的，遂想联合伙伴，敌住人家；联合他人，又不如联合自己一族，于是把同祖先同姓氏的人叫做"同种"。把那不同祖先不同姓氏的人叫做"异种"。对于同种的人相亲相爱，对于异种的人相贼相恶，是为种族的竞争。愚弱的种族被那智强的种族所吞灭，如那下等动物被那中等动物所吞灭一般。等到今日，多的越发多了，少的越发少了。无数万种族之中，存在今日的，大种族有五种，细细分开有数百种。哪五种？

一黄种：住在亚细亚洲。中国、日本、朝鲜（即高丽）、安南（即越南）、缅甸、暹罗，皆是此种人。文明开得最早，三四千年之前，已有各种的制度，人数在百年前有八万万，于今尚有五万万余。

二白种：住在欧罗巴洲。英吉利、俄罗斯、德意志、法兰西、奥大利、西班牙、意大利、和兰、葡萄牙，以及现在阿美利加洲各国的人，皆是此种人。文明开得不甚早，春秋时候，尚在野蛮时代，一切制度多有自中国传去的，如罗盘（周公做指南针，即西人的指北针），鸟枪（火炮之制，发自元朝。后元的驸马撒马儿罕据有五印度，有意大利的人投麾下为兵，盗一鸟铳去，西洋始有火器。至今日遂为无上杀人的利器），书传上都言之甚明。但到了近今二三百年，出了多少学者，发明了多少新学理。那天文学、地理学、物理学、政治学、化学、算学、汽学、重学、声学、光学，一天的精一天，所出的物件神鬼不如，真是巧夺天工，妙参造化。但这些学问，越近越好。火车、轮船、电线、电话、电灯、电气车及一切机器，极远的不过百年，极近的不过一二十年才有。这几十年的进步，真真不可思议，更加几千年，不知变成什么世界了。白种人有了这些学问，那国势蒸蒸日上，各种人的地方，都被他占了。仅仅留得中国、日本、暹罗等几国。人数百年前不上四万万，于今有了八万万，增了一半。

三黑种：住在阿非利加洲。文明至今未开，地方被白种各国瓜分，人数尚有二万万（视百年前减一倍）。

四棕色种：住在南洋群岛。文明同黑种。明朝年间，和兰、葡萄牙、西班牙，由西洋渐渐侵略东方（欧洲在西方称大西洋，亚洲在东方称东洋，南洋群岛在中间），分占南洋群岛。和兰所占最多，英国、法国也分占好几处。葡萄牙遂穿过南洋群岛占领中国广东的澳门，都是明朝的事。到了近今，南洋群岛没有寸土是土人的。白种人待土人比如人待各种动物一样。土人人数日见减少，不过一二千万了（百年前多三四倍）。

五红种：即美洲的土人。从前此洲和东方各洲向来不相通，世人不晓得有这一块大地。也是明朝正德年间，西班牙人哥伦布奉了西班牙皇后的命，寻出此洲。白种各国的人遂移住那方地，土人渐次削除，于今只有三十万人了（百年前多数十倍）。不要四十年，可以灭得净。

以上五种，都以人身颜色而分。白色种又分三大族：一阿利安种，一条顿种，一斯拉夫种。俄罗斯即是斯拉夫种的人，住在欧洲北方，先前也为元朝所征服。到了明朝，元朝的后裔虽然有些，势已小了，距今约四五百年间，才把蒙古（元的种号）尽行赶出国外，完全成了一个独立国。到了清朝康熙时代，俄国出了一个英主，名叫彼得大帝。幼年登基，亲自打扮平人，到外国学习工艺。又聘外国人替俄国练兵，整顿一切政治。此时俄国尚小得很，西边有一个瑞典国，南边有波兰、土耳基二国，都比俄国强得多。彼得大帝把国政、兵制一齐改变，都仿照英国、法国的样子。先前俄国宽袍大袖，如东方各国一般，彼得也把来改变了，连头发、胡须都要剃除得干干净净。大兴工场，广开五金各矿，全国多设学堂。不上几年，遂国富兵强，战败瑞典国，夺取波罗的海之地，在尼洼旁创建都城，取名圣彼得堡（中国以避名为敬，外洋以称名为敬。凡器物城镇，多以有名人之名为名），面临波罗的海。波兰、土耳基都不敢当他的锋。这一位大帝野心勃勃，就想把世界各国尽归他的宇下。怎奈毛羽未丰，有志莫遂。到了临死时候，遗下一个锦囊，传示子孙，说道："日后子孙当渐次吞灭各国，先取亚细亚洲，再并吞全世界。无论何处都要归我俄国的版图。有不奉行此策的，就不是我彼得大帝的孙子，大俄的人民。"自有这个锦囊，俄国奉为金科玉律，世世以蚕食鲸吞为事：和德国、奥国瓜分了波兰国。瑞典国也被他割去三分之二。土耳基也失掉①多少地方。高加索（山名）、里海一带大小的国，都被②俄国灭了。又横占亚细亚洲的北方西伯利亚二万余里。中国自新

---

① "掉"，原作"吊"，误，校改。
② "被"，原作"裁"，误，校改。

疆、外蒙古、黑龙江、吉林省都与他交界。全国八千万个方里（横直一里名叫一方里），居世界陆地七份之一份（多中国一倍多，有日本五十倍），人口一万三千万名（有中国三份之一份弱，多于日本二倍），为世界第一个大国（此外惟英国和他相等。英国的属地大于本国八十倍）。俄国凡灭了一国，必大杀戮一番，十不存一。所有金帛，概行抢①去，并将此国的富户乡绅、读书人士，送往常年有雪的西伯利亚安置，生死不管。留剩的不准学本国语言文字，教门一概要用俄国的。政治之暴虐，更不用讲了。人人都称他是虎狼，没有不恼恶他的，又没有不恐怕他的。把他比为战国时候秦国，竟是一点不差。因他地近北极，一面波罗的海的海口，长半年有冰，出入不便。且到欧洲各国去，必越大西洋，再入地中海，为路也太远了。从俄国境内的黑海到地中海，有一条海港，宽不过数里，名叫君士但丁海峡，正是土耳基的京城所在。俄国想把土耳基灭了，占了君士但丁海峡，把黑海的兵船调到地中海，乘势灭了欧洲各国。于一八三九年（西洋以耶稣降生之年为年号，到今年是一千九百零四年了）遂发大兵侵犯土耳基。英国、法国、意国联兵帮助土耳基，敌住俄兵，五国大战一十五年，两比死伤五十万人。到一八五六年，才议和息兵，禁止俄国兵船不得出黑海口，各国才得无事。俄国枉费了一番心力，空折了许多兵财，一无所得。猛然想起彼得大帝的遗嘱，遂把方针改变，专注意东方。咸丰十一年，向中国索取黑龙江以北的地方数千里，屡次盗占的又是数千里。在海参崴修建军港，为俄国东方海军的根据地，到一八九一年，即光绪十六年，西伯利亚的大铁路起工。此路由俄国旧京莫斯科，修到中国盛京省，计程共有二万余里，为世界最长的铁路。俄国本贫穷得很，从外国借了许多资本来修这一条路。工程完了之后，从莫斯科运兵，不过十日可到东三省（盛京、黑龙江、吉林为东三省，又叫做满洲），中国、朝鲜自然在他掌握之中。倘若再出一支奇兵，由阿富汗（国名）、西藏（四川西中国属），取英国的五印度（五印度在中国之西，佛教出于是处，乾隆年间为英国所灭），亚细亚洲必全为俄国所有了。南洋群岛不消说是俄国的。前此俄国兵船要出黑海，为英、法等所阻，此回他在东方立一个大大的海军舰队，中国既不敢阻他，各国更没有人敢阻，那统一全世界的日子，就在这一条铁路上。今日东亚（中国、日本在亚细亚之东，称做东亚）的风云，根

---

① "抢"，原作"枪"，误，校改。

源于彼得大帝的遗嘱，成功于西伯利亚的铁路；其最大根源，更在种族竞争上。故在下编著此书，远远地从种族上说起，非是故讲闲话，乃是水寻源头的办法。当时俄人经营惨淡，目无千古，万不想再有如英、法等国阻他出黑海之事。孰知新出的一个小小岛国，虽国势的富强万万不及英、法，然而英、法要四国合做的，他偏偏要单独一个扯老虎颔下的须。这一个二百余年无人敢敌的大国，公然打下了败阵。俗话所谓"小小石头，打坏大缸①"，真真不错半分。要知此国为谁，且听下回分解。

第二回 　大中华沉沦异种　　外风潮激醒睡狮

话说天下五个大洲，第一个大洲就是亚细亚。亚细亚大小数十国，第一个大国就是中华。本部一十八省，人口四万万，方里一千五百余万。连属地算之，有四千余万，居世界陆地十五分之一。气候温和，土地肥美，物产丰盈，人民俊秀。真是锦绣江山，天府上国，世界之中，有一无二。文明开得最早，与埃及、巴比伦、希腊、印度相上下。自那伏羲、神农二氏做了文字、农具，文明渐起。到了黄帝，带领本族，由西方入居黄河一带，战胜了苗族，蚩尤氏授首，汉人的势力渐渐膨胀，全国划分万国。那时犹是酋长时代，到②了尧舜四岳为政，已入贵族时代，自后夏、商、周全是贵族时代，民权也很发达。无论天子、诸侯、大夫、陪臣，要想争权的，都要巴结民党。民心所归，大事可成；民心所离，立见灭亡。所以当时的学说都以民为天。如所谓"天视自我民视，天听自我民听"，"民之所欲，天必从之"等话，皆言民之尊重。有得罪了民党的，比什么罪恶都大些，不曰"独夫"，即曰"民贼"，诗书记载，以警后世。春秋弑君，书"某某所弑"的，其罪在臣，言系一人的私见，非国民的公意，所以不能逃弑君之名。如书"某国弑其君某"的，其罪在君，言系国民所公杀，主手的人不过为全国国民的代表，弑君之名，不能坐他。汤放桀，武王伐纣，孟子谓"闻诛独夫纣也，不闻弑君"，即是此意。当时尤严禁华夷种族之辨，于夷狄入犯中国，必深加痛恶拒绝。管仲不死子纠之难，以攘夷有功，孔子许之以仁。其余如"戎狄豺狼，不可亲也"，"非我族类，其心必异"的话③，都悬为宝训，

① "缸"，原作"纲"，误，据刘晴波、彭国兴编校《陈天华集》校改。
② "到"，原作"制"，误，据刘晴波、彭国兴编校《陈天华集》校改。
③ "话"，原作"语"，误，据刘晴波、彭国兴编校《陈天华集》校改。

全国奉守。所以虽当时的戎狄异常猖獗，究不能大为中国之害，因缘"民族主义"，人人心中都有此四字。内里有时自相残杀，遇有夷患，便互相救助起来，恩怨不记，彼此不分。此乃前辈的特质，非后人所能及。

　　秦[1]始皇有焚书愚民的大罪，又有攘斥匈奴（今之蒙古）之大功。汉高祖和匈奴和亲，为中国历史上一大污点。汉武帝雄才大略，命卫青、霍去病两员大将分路出兵，直扫匈奴巢穴，千古第一快事。又命张骞去通西域（今新疆一带），唐蒙去通西南夷（今云贵一带），南越（今两广、岭[2]南）、朝鲜（今高丽）都收入了版图，中国疆土愈广，为汉族最有名誉的雄主。曹魏之时，戎狄已杂处中国。晋朝时候，遂有那五胡（匈奴、鲜卑、氐、羌、羯）倡乱，晋怀帝、晋愍帝被刘渊（匈奴种）掳去，晋元帝保守江东，从此中国分为南北两朝。南朝为晋、宋、齐、梁、陈五代，汉人正统。北朝则先为五胡十六国，忽兴忽灭，后并为北魏，不久又分为东西魏。东魏为高氏所灭，改称北齐。西魏为宇文氏所灭，改称周国，皆夷狄僭主。自南北两朝之分，至此已有了三百多年。汉人为那些犬羊所杀害的，不知凡几。北魏侵犯南朝的时，赤地千里，春间燕子没有人家可归，都在空林结巢。这也不过略举一件！隋文帝承了宇文周，又南灭陈，南北一统，汉人仍掌山河。虽然没有别项功业，这功也不小。唐太宗虽能扫灭突厥、沙陀，但不久即有回纥、吐蕃为唐大害。五代只朱梁是汉人，李唐、石晋、刘汉，皆系犬羊杂种，冒名入主中国。宋朝先有契丹、西夏，屡次侵犯天朝，每年要纳他的岁币。后金国灭了契丹，乘势占了中国北方，把徽宗、钦宗捉到五国城，宋高宗即位临安，是为南宋。秦桧主和，称金为大皇帝，自己称臣称侄，四时请安进贡。后来金为元朝所灭，又照事金的礼事元。到了元世祖，命张宏范带领蒙古汉人灭宋。前此中国土地为夷狄所割据的，合计约有六七百年，总没有被他一统过，到了元朝，中国才为外国一统。那些理学名儒，如许衡、吴澄辈，皆俯首称臣。只有文天祥、张世杰、陆秀夫、谢叠山不肯臣元，都死了节。九十年之中，虽有些英雄豪杰起事恢复，被那些儒生拿着君臣大义，视为盗贼，立刻替元朝平息了。直待朱元璋起义，把胡元仍赶到塞外，中国才再为汉人所有。然胡元的后

---

① "秦"，原作"泰"，误，据刘晴波、彭国兴编校《陈天华集》校改。
② "岭"，原作"藏"，误，校改。

裔，复号蒙古，屡犯中国。土木之变，英宗又为也先拥去，二百余年，未得安息。用六十万大兵，镇守九边，竭力防御，每年所赐俸币，一百余万。

不表明朝与蒙古的事，且说金国本号女真，在今吉林省，人口初只数千；后来灭辽（即契丹）侵宋，遂强大了，所占中国的地，有今直隶、河南、山东、山西、陕西、甘肃。恐怕汉人不受节制，每十户放一明安，百户放一穆安，约如现在千、把等职，惟女真人可做。管下的汉人，所有财产钱钞，随他需索，甚至妇女亦听他奸淫，汉人一句话都不敢讲。还有好多拍他马屁的，首告某家要造反，即把来全家诛灭，家产为所私有，弄得十室九空，怨声载道。等到女真为蒙古所败，不约而同，所有分在各处的明安、穆安，一夜杀尽。女真人在中国的，几乎绝种；留得少数，逃往本家，零星分住，不成为国。到了明朝，中间休养生息，又成了几个部落。宁古塔部长觉昌安最强，到明朝进贡请封，受封为龙虎将军，年俸八百两。后觉昌安与子塑克世为邻部尼堪外兰所杀，塑克世的子弩尔哈赤①以报仇为名，收祖父遗甲一十三副，袭杀尼堪外兰，乘机并吞四傍各部，国号满洲，僭称大号，侵犯中国边界。弩尔哈赤②死后，子皇太极袭继，越发强盛，改国号为大清，把所有的兵编为八旗。明朝的兵官孔有德、耿仲明带领部下，叛投满洲。后又征服了内蒙古，于是他的兵有满洲、蒙古、汉军三项名目。嗣后打起中国来，即把汉军作为先锋，再有降他的也编为汉军，异常骁勇。明朝调了天下的兵马，征讨满洲，只是胜的少，败的多。一连数十③年，中国所隄防的，惟有满洲，加抽田粮来充辽饷，弄得中国民穷财尽，盗贼蜂起。后辽东（今盛京省）又为满洲所得，中国只以山海关做为隔绝满洲的重镇，命吴三桂带兵驻守。李自成破了北京，崇祯帝煤山崩驾，三桂到满洲搬④兵。时皇太极已死，子福临袭位，年仅六岁，叔父多尔衮摄政。文有范文程、洪承畴，武有孔有德、祖大寿，与多尔衮等日日谋算中国，满口接应。令三桂带领所部先发，大兵后来，满兵未到，三桂已把自成打败。自成烧京远走，三桂追赶一阵。比及回兵，满洲已乘虚占了京城，登了宝位，国号仍为大清，改元顺治。封吴三桂为平西王，孔

①② "赤"，原作"齐"，误，据刘晴波、彭国兴编校《陈天华集》校改。
③ "十"，原作"千"，误，校改。
④ "搬"，原作"颁"，误，校改。

有德为定南王，耿仲明为靖南王，尚可喜为平南王，范文程、洪承畴皆
为大学士。把离京横直五百里之地，分给带来的旗人；各王公将校又乘
势在外占领田庄，收没妇女。旗兵四出掳掠，周围数千里，牲畜财帛如
洗，人烟绝尽。然满洲仅占得西北几省，东南各省仍为明朝所有。南京
官民拥立福王登基，大学士史可法督师驻守扬州，差人到满洲修好讲
和，剖分南北。哪知满洲贪心不足，必要全得明朝的江山，返回书币。
即命洪承畴为经略，亲王贝勒分统大兵，汉兵在前，满兵在后。先命人
传"留发不留头，留头不留发"的上谕，有不忍学鞑子模样的，预先自
尽。也有满洲未来，便先剃了以幸免的。有一个女士，看见这等奴性，
不觉有感于心，做了一首七言绝句：

> 惊传县吏点名频，一一分明汉语真。
> 世上无如男子好，看他辫发也骄人。

也可知当时的人心了。但满洲遇着有子女玉帛的，不管剃发不剃
发，总不能免。所过之处，鸡犬不留。将近扬州，可法带兵御敌，大败
而归，入城保守。不数日城破，可法拔刀自刎。满兵入城，焚杀十日，
方才停刀。扬州为南北冲衢，非常繁盛，经此浩劫，到今日尚没复原。
有当时一个遗民，于万死一生之中，逃出性命，做了一本《扬州十日
记》，叙述杀戮之惨，今摘录数段于下：

（前略）四月二十五日，北兵入城。扬州人设案焚香，示不敢抗。
北兵（指满兵）逐户索金，有献出万金而仍不免者。（中略）延至夜静，
城中四周火起，近者十余处，远者不计其数，赤光相映如霞电，霹雳声
轰耳不绝，隐又闻击楚声，哀风凄切，惨不可状！（中略）诸黠卒恐避
匿者多，给众人以安民符节（令旗也），匿者竟出从之，共集至五六十，
妇女参半。三满卒领之，一卒提刀前导，一卒横槊后逐，一卒居中，或
左或右，以防逃逸。数十人如驱牛羊，稍不前即加捶挞，或即杀之，诸
妇女散发露足，深入泥中，长索系颈，累累如贯珠，一步一跌，遍身泥
土。满地皆婴儿，或衬马蹄，或藉人足，肝脑涂地，泣声盈野。行过一
沟一池，堆尸贮积，手足相枕，血入水碧赭化为五色，塘为之平。（中
略）至三卒巢穴，一中年制衣妇，本府人，浓抹丽妆，鲜衣华饰，指挥
言笑，欣然有得色。每遇好物，即向卒乞取，曲尽媚态，不以为耻。卒
尝谓人曰："我辈征高丽，掳妇女数万人，无一失节者。何堂堂中国，
无耻至此！"三卒将妇女尽解湿衣。诸妇女因威逼不已，遂至裸体不能

掩盖，羞涩欲死。换衣毕，乃拥诸妇女，饮酒食肉，无所不为，不顾廉耻。一卒忽横刀跃起，疾呼向后曰："蛮子来！"（满人称汉人为蛮子）被执男子共五十余人，提刀一呼，魂魄皆丧，无一人敢动者。（中略）街前每数骑过，必有数十男妇，哀号随其后。是日虽不雨，亦无日色，不知旦暮。惟闻人声悲泣，街中人首相枕藉。（中略）外复四面火起，倍于昨夕。田中横尸交砌，喘息犹存。遥见何家坟中，树木阴森，哭音成籁。或父呼子，或夫觅妻，呱呱之声，草畔溪间，比比皆是，惨不忍闻！（中略）

二十七日，妇引予避一柩后，魂少定而杀声逼至，刀环响处，怆呼乱起，齐声乞命者，或数十人，或百余人。遇一卒至，南人不论多寡，皆垂首匍伏，引颈受刃，无一敢逃者。至于纷纷子女，百口交啼，哀鸣动地，更无论矣。至午后，积尸如山，杀掠更甚。（中略）忽有十数卒恫喝而来，其势甚凶，俄见一人至柩前，以长竿搠予足。予惊而出，乃扬人为彼向导者，予向之乞怜，且献以金，乃释予而去。（中略）城中忽又烈火四起，一二漏网者，无不奔窜自出。出则遇害，百无一免。亦有阖户焚死者，由数口至百口，一室之中，正不知积骨多少。大约此际无处可避，亦不能避，避则或一犯之，无金死，有金亦死。惟出露道傍，与尸骸杂处，生死反未可知。满城光如电闪，声如山崩，风势怒号，赤日渗淡，为之无光。目前如见无数夜叉，驱杀千百地狱人，惊悸之余，时作昏聩。（中略）

五月初二日，谕各寺院焚化积尸，查焚尸簿，载数共八十余万人。其落井投河，闭门焚缢者不与焉，被掳者不与焉。

初四日，死尸处处焚烧，腥闻数十里。

初五日，幽僻之人，稍出来，相逢各泪下，不能出一语，余初被难时，全家共八人，今仅存三人。（下略）

照这篇上所言，满洲人残杀汉人的事迹，也写出一二来了。但中国一千三百余州县，哪一城不是扬州！《嘉定屠城记》说满洲屠城，凡屠过三次。所叙满人的残酷，与《扬州十日记》不相上下，其余各处可想。只是没者人做记，所以详细不可得知。仅据老辈所传，凡满兵所到的地方，过了数十年，田还没人耕种，这也可补传记之所不及了。扬州的败报到了南京，福王便先走了，百官尽散。等到满兵临江，勋臣官师人等，焚香迎接满兵进城，福王也为人送到，随即遇害。只一乞丐题诗

于桥，跳入河而死。诗道：①

　　　　三百年来养士朝，如何文武尽皆逃？

　　　　纲常留在卑田院，乞丐羞留命一条。

　　后满洲的统帅下令，凡在明的世爵职官及富户之家产，一概查抄入官。有魏国公徐青山，系徐达子孙，因家被抄，至流落为乞丐，替人到官打板子，此是后话不表。满洲虽得了南京，但各处的义兵四起。江阴有一个典史，姓阎名应元，纠集民兵固守八十一日，满洲死了一王二贝勒，折了十余万大兵，才把城打破。城中男女老弱，都在屋上丢瓦抛石，满兵又死七千。全城尽死，没有一个投降的。此外浙江拥立了唐王，江西立一个忠诚社，各人自带粮草入社的共有三万人，都编成军队，抵御满洲。其余各省的义勇，风起水涌。未及一年，唐王又败死。唐王驾下大将郑芝龙，投降满洲。芝龙之子成功，谏父不听，别自去了。后来在金、厦二岛与满洲血战多年，开辟台湾，受封延平郡王，奉明正朔，满洲不敢过问。传国三世，至康熙廿二年，才为满洲所并。

　　后话不叙。且说唐王死后，各处义兵亦多败散，桂王又为臣民所拥立，时势已不可为，支持七八年之久，忠臣义士，多半败死，国土全失，走往缅甸国。吴三桂为满洲统兵，逼缅甸将桂王献出，即在军前缢死，时满洲顺治十八年也。查点户口，只有二千余万。次年即康熙元年，中国没有一处不是满洲所管辖。看见女真因为分散，致被汉人所杀，把带来中国的数百万满洲人，一半驻在北京，号称"禁军"；一半分驻各省，号称"驻防"。皆另居一城，不农不工，不商不贾，由汉人供给。从各省掳来的人口，共有数百万，分发旗兵为奴，牛马都比不上。受苦不过的，私自逃走，匿留一晚，即坐重罪，往往因一个逃丁，株连了千余家。这些人再也不敢走了，只有自尽一法。自尽者每年有数万人。凡跟着三藩起兵的子孙，发往军台，永世不准应考。朝中各官，满汉平分，重要的职任，都是满人执掌。《大清律》上，凡汉人娶满洲人为妻，及奸淫满洲人，照奴犯主的罪，分明是以汉人为满洲人的奴了。

　　满洲僭坐中国二百零五年的时候，道光帝崩驾，咸丰帝登基，国运已经不好了。外间有西洋各国，势力②强大得很，屡次来起冲突。内里

----

　　① 《民报》第4号刊于此处止。下文为第5号刊载。

　　② "力"，原作"子"，误，据刘晴波、彭国兴编校《陈天华集》校改。

又有一个西宫那拉氏，是广东驻防旗兵之女，幼年父母双亡，卖与人家为婢。后咸丰帝拣选秀女，遂入宫廷①。生得有沉鱼落雁之容，闭月羞花之貌，妒似吕后，才如则天，凡书一览不忘，咸丰帝爱幸无比，封为西宫，生有一子。然晓得他心里不正，日后必定乱国，将死之候，对正宫说道："你是朕的正宫，自然这朝中事件为你所执掌。这西宫是一个淫妇，才具又长，恐怕你不能制他。朕又没有别子，不能不立他的子。朕欲仿汉武帝杀钩弋夫人的故事。"（汉武帝妃钩弋夫人，生了昭帝，恐他后日因母以子贵，执掌朝权，再如吕后一样，故先赐钩弋夫人的死，然后立昭帝为②太子，是为杀母立子。）即传那拉氏至前赐死。那拉氏痛哭乞命，正宫亦跪在地下，代那拉氏说道："汉武帝不是一个圣主，所做的事，怎么可学？万岁既要立他的子，为何反要杀了他？于情理不合，务求万岁开恩。"咸丰帝叹了一口气，叫那拉氏退出。因做了一道锦囊，交与正宫道："朕死之后，若那拉氏有不妥当之事，你即传集王公大臣，把朕的锦囊拆开，将那拉氏处死。内有朕的御押御印，可以为凭。"正宫收了，咸丰帝即崩了驾。

新主登基，尊正宫为慈③安太后，生母那拉氏为慈禧太后。照先帝的遗诏，只有正宫可以临朝。那拉氏曲意奉承正宫，正宫喜了他，竟扯他一同临朝。哪知那拉氏遂渐渐揽起权来，全不以正宫为意。一日，那拉氏称说有病，正宫往西宫看他，不是得病，是新生了一个孩子。正宫回宫，大哭了一场，口说："有何面目见先帝于地下！"忽然想起先帝传下的锦囊，打点上朝，传齐文武百官，照先帝的遗诏行事。忽又回转念头，传那拉氏至宫，戒饬了一番，又把锦囊示他，说道："你如不改，我即如此。"那拉氏连忙跪倒在地痛哭，连称"此后不敢"。正宫本是一个没有主见，心慈的妇人，见他如此告哀，即道："只要妹妹以后谨慎，以前我也不追究了。"即对那拉氏把锦囊焚了。那拉氏磕了好多个头，做出那感激不尽的样子，才回自己宫中。过了数日，差一个心腹④宫女，送一碗面食到正宫说："娘娘感激老佛爷了不得，亲手做了这一碗面食，请老佛爷尝尝。"正宫以为他是真意，即吃了。不久腹内遂痛起来，命人往外传太医院的御医，还没赶到，遂呜呼哀哉了。

---

① "廷"，原作"庭"，校改。
② "为"，原作"然"，误，据刘晴波、彭国兴编校《陈天华集》校改。
③ "慈"，原作"懿"，误，据刘晴波、彭国兴编校《陈天华集》校改。
④ "腹"，原作"服"，误，据刘晴波、彭国兴编校《陈天华集》校改。

　　从此大权尽归那拉氏所掌领。但同治帝长大以后，也很英明。同治皇后也与他不合趣。那拉氏性酷爱看戏，养了几套名班，所唱的无非那伤风败俗的戏。一日唱那《烤火》、《买胭脂》二出，同治皇后看了拂袖而起，回得宫来，对同治帝说道："宫中事情，你也要管一管，太不像样了。"那拉氏见同治皇后去后，也起身追来，在窗外窃听，走进来把同治皇后一连几个巴掌，骂道："贱人，你要离间我母子不成！"恨恨而去。因此母子之间，有些不对。同治帝忧愤成疾，没有太子。皇后说道："病已到此，皇上要早定大计，立哪一个做太子？"同治帝正执笔要写，那拉氏忙走进来说道："你病势到了这样，还写得字不成？"要来抢笔。同治帝说了一声"该死"，把笔丢在地下，遂归了天。看官，你道那拉氏怎么不要同治帝立太子？看官谅不知道，因为同治帝若有了后，同治皇后反做了皇太后，他倒做了太皇太后，事情干预不得，所以不准同治帝立后。却为咸丰帝抚了一个儿子，是为光绪帝，年才五岁。同治皇后不久即死，至于何以死的，外人也不能十分明白。

　　从此那拉氏越无法无天的闹，修筑颐和园，约费了数万万银子。太监李莲英，先前是一个乞丐，又做过皮匠，所以人称他做皮小李。那拉氏喜欢梳头，别的太监皆不中意，惟有李莲英梳得最好，貌又生得美，大加宠信，弄权受贿，无所不为。除了那拉氏，就算头一个有权的。光绪帝不过是一木做的傀儡，威势远不及他。朝中各官，争拜他的门下，内政不修，外交自不得手。外洋的势力，日大一日；中国的国威，日损一日。那拉氏只管敛集天下的钱财，行她的快乐，哪里有闲心管这些事！光绪十年，法国灭了越南国。十一年，英国又灭了缅甸国，都是中国的属国。及至二十年，日本又要占朝鲜国，中国连打败阵。到了二十一年，命李鸿章到日本讲和，割辽东七城（即盛京省）及台湾一省，兵费二万万两与日本。后俄国因辽东与他西伯利亚相近，有妨[①]他的进取，强逼日本把辽东退还中国，又命中国再出银三千万两，送与日本，作为辽东赎价。俄国因此示恩于中国，从中国租借旅顺、大连湾。德国先租借了山东的胶州湾。英国也租借山东的威海卫。法国租借广东的广州湾。各国又从中国索得各省的铁路权、矿权、航权、制造权，中国人民的生命没有一件不为所制。一十八省，分归各国的势力范围内。

---

　　① "妨"，原作"防"，误，校改。

　　光绪帝虽是柔懦，制于那拉氏之手，不能有所作为，但到了这个时候，也晓得旧法万不可行，必要变法自强，才不致为各国所分割。怎奈满朝大臣都是昏庸得很，一味守旧，光绪帝不得已，于戊戌岁擢用康有为（广东南海县人）、谭嗣同（湖南浏阳县人）、梁启超（广东新会县人，康有为门生）一班新进，锐意变法。那知康有为是好功名的人，想自己一人一步登天，做个维新的元勋，因此就要排斥谭嗣同等。于是就想出一个计策，在光绪帝面前扯谎，说那拉氏要废光绪帝。他的意思，以为光绪帝必命他保护，岂不得了一场大功了吗？那时果然光绪帝命康有为设法搭救，康有为无法，就向袁世凯借兵，围颐和园。又谁知袁世凯有些害怕，反将康有为计泄露，被那拉氏知道，那拉氏勃然大怒，于八月初六日，从颐和园返转紫禁城，把光绪帝囚禁在南海子（池名），将一般新党谭嗣同、杨深秀、杨锐、刘光第、林旭、康广仁等六个人斩首。单有康有为、梁启超二人为人机巧，就逃往外国，组织一个保皇会，痛诋那拉氏。那拉氏恨不过，向各国索交康、梁二犯，各国简①直不理他。因康、梁是光绪帝用的，又要废光绪帝，立端郡王之子溥儁为同治帝的后，各国也不承认这事。为着此二事，那拉氏及端王等遂有仇恨洋人之意。

　　到了庚②子年，山东、直隶等处，有义和团滋事。这义和团专与天主、耶稣教为仇，称有邪术，能使敌人枪炮不能及身。那拉氏大喜，命他们的大师兄带领拳众，往攻各国的公使馆。攻了数月，不特没有打破，自己反死了好多。各国联兵问罪，直抵北京，那拉氏同着光绪帝，逃往西安。初出京的时候，一件行李没带，数日没有饭吃，真是苦楚异常。后命李鸿章为议和全权大臣，认各国的赔款四万五千万两，分作三十九年偿完，本息共九万八千万两。并将沿海的炮台拆毁，京师驻扎各国的护兵，其余并许各国在中国得多少的利益。到了次年十月，那拉氏由西安回銮，沿途供帐，十分充足，竟比那康熙、乾隆朝之南巡盛典更加热闹。自西安到京城，开销经费二千三百余万。重修颐和园，比从前越发华美，又把五百万两银子起造佛照楼。各位大臣每日在颐和园赏花看戏，正是"亡家败国君休问，终日笙歌入耳来"。不说朝中之事，且说中国的国民，经此几番风潮，浓梦也惊醒了一些，出洋留学的日见其

---

① "简"，原作"检"，误，据刘晴波、彭国兴编校《陈天华集》校改。

② "庚"，原作"庚"，误，据刘晴波、彭国兴编校《陈天华集》校改。

多，东南海中一个小岛，产生几位豪杰，后日竟把中国光复转来，变成第一等强国。要知此岛为谁，待下回分解。

第三回　民权村始祖垂训　聚英馆老儒讲书

话说浙江沿海有一个小岛，名叫舟山，周回不满三百里。明末忠臣张煌言奉监国鲁王驻守此地，鏖战多载，屡破清兵。后为满洲所执，百方说降，坚不肯屈。孤忠大节，和文天祥、张世杰等先后垂辉。那舟山于地理上，也就很有名誉，和广东的崖山（宋陆秀夫负少帝投海殉国于此）同为汉人亡国的一大纪念。那舟山西南有一个大村，名叫民权村。讲到那村的布置，真是世外的桃源，文明的雏本，竟与祖国截然两个模样。把以前的中国和他比起来，真是俗话所谓"叫化子比神仙"了。该村烟户共有三千多家，内中的大姓就是姓孙，除了此姓以外，别姓的人不过十分中之一二。有议事厅，有医院，有警察局，有邮政局；公园、图书馆、体育会，无不具备。蒙养学堂、中学堂、女学堂、工艺学堂，共十余所。此外有两三个工厂，一个轮船公司。看官，你道当时中国如此黑暗，为何这一个小小村落倒能如此？这是有个大典故的。当满洲攻打舟山之际，此村孙家有个始祖，聚集家丁、子弟、族人、邻里，据垣固守。满洲攻了好几次，终不能破。那老临死，把一村的人都喊到面前，嘱咐道："老朽不幸，身当乱世，险些儿一村的人都要为人家所杀。今幸大难已过，然想起当日满洲的狠毒，我还恐怕、痛恨得很。我想满洲原是我国一个属国，乘着我国有乱，盗进中原，我祖国的同胞被他所杀的十有八九。即我们舟山一个孤岛，僻处海中，也不能免他的兵锋。四五年之中，迭次侵犯我这一村。多蒙天地祖宗之灵，一村保全。然你们的祖父，你们的伯叔，你们的兄弟，已死了不少。你们的姑母姊妹，嫁在别村的，为满洲掳去，至今生死不明。这个仇恨，我已不能报他了，望你们能报他。你们不能报他，你们的子孙能报他。万一此仇竟不能报，凡此村的人，永世不许应满洲的考，不许做满洲的官。有违了此言的，即非此村的人，不许进我的祠堂。更有一句话：无事时当思着危难时候。这武艺一事，是不可丢了的。女子包脚很不便，我村不可染了这个恶习。"说完遂死了。此村的人永远守着他始祖的遗言，二百余年，没有一个应考做官的。名在满洲治下，实则与独立国无异。

原先仇视洋人，看见洋人就磨刀要杀。满洲道光年间，舟山为英国所占，从民权村经过①，杀了此村二人。村中即鸣锣聚众，男女四五千人，器械齐全，把英兵团团围住。英兵主将得信，立即带了大兵往救，损了数百名兵丁，死了数员头目，才拔围而出。那时英兵和官兵交战，没有败过一次，单单被民权村杀得弃甲丢枪，损兵折将。因此民权村的名，各国都知。后民权村有几个名人，游历英、法、德、美各国回来，细考立国的根源，饱观文明的制度，晓得一味野蛮排外，也是不行。必先把人家的长处学到手，等到事事够与人平等，才能与人争强比弱。徒凭着一时的血气，做了一次，就难做第二次，有时败下来，或不免折②了兴头，不特前此的意气全无，倒恭顺起人来。所以他们回了民权村，即把人家的好处如何如何，照现在的所为，一定不行的话，切实说了。即提议把村中公费及寺观产业开办学堂。那时反对的人十有其九。这几个人也不管众人的是非，自己拿出己财，开了一个学堂。又时时劝人到外洋求学。那些不懂事的人，说他们于今入了洋教，变了洋鬼子，反了始祖的命令，了不得，带刀要刺杀他们，有几次险些儿不免，这几个人依然不管，只慢慢的开导。到了数年，风气遂回转来了，出洋的日多一日，把一个小小的村子纯仿文明国的办法，所以有这般的文明，仇满排外主义，比前越发涨了好多。前事少叙，话归本传。

且说民权村中有一个孙员外，孺人赵氏。中年在南洋经商，因此发迹，家财千余万，好善乐施。年已五旬，膝下尚没有嗣息。一日，孺人身怀有孕，到了临盆时期，员外因孺人老年产子，未免有些担心，请了几个产婆到家伺候。只听得"呱呱"之声，孩儿已生出来了。过了三日，员外抱来细看，生得面方耳大，一望而知为不凡之器，不胜大喜。及至周岁，替他取了一个名字，叫做"念祖"。年三四岁，即聪慧异常。不到五六岁时候，看见一个小小虾蟆，被一条二尺多长的蛇吃了，不胜愤怒。拿着一根小木棍要想打那蛇，带他的家人连忙要抱住他，哪里抱得住，说道："我要打死他！我看不得这些事！"这家人另唤一个人把那蛇打死，方才甘休。是岁入了蒙养学堂，蒙学毕业，入了村立的中学堂。这学堂的学生共有二三百人。总教习姓文，名明种，原是江苏人氏，是一个大守旧先生。讲了多年的汉学，所著的书有八九种，都是申明古制，提倡忠孝的宗旨。视讲洋务者若仇，以为这些人离经叛道，用

---

① "过"，原作"遏"，误，据刘晴波、彭国兴编校《陈天华集》校改。
② "折"，原作"拆"，误，据刘晴波、彭国兴编校《陈天华集》校改。

夷变夏，盛世所不容，圣王所必诛。凡欲为孔孟之徒的，不可不鸣鼓以攻之。做了好几篇论说，登在《经世文编》内。又拟了几个条陈，打量请一个大员代奏，系言学堂不可兴，铁路不可修，正学必崇，邪说必辟等事。那些守旧党都推他老先生做一个头领，议论风生，压倒一时。文明种说一句，四处都传去了，那想要阻挠新政的，盗来写在奏折内，一定成功。不料他有一个得意门生，瞒了他私往日本国留学。他得了信，噪的了不得，说等他回来，一定要将他打死。未有一年，那门生竟然回来了，一直来见文明种。文明种一见了那个门生，暴发如雷，那时没有刑杖在身边，顺便寻一根撞门棍，举起望那门生当头打来。那门生忙接住了撞门棍，禀道："请老师息怒，待门生说清，再打不迟。"文明种气填满了胸膛，喘息应道："你说！你说！"那门生又道："一时不能说清，请老师容我说六日。"文明种道："你暂且说去。"那门生遂把近日的学说反复说了几遍。文明种又动了几次气，不能容了，又要起来打。那门生扯他不放，只管说下去。渐渐文明种的气平了，容那门生说。说到三日，文明种坐不是，行不是，不要那门生说了。

想好几日，收拾行李，直往日本，在师范学堂听了几个月的讲，又买了一些东文书看了，那宗旨陡然大变，激烈的了不得，一刻都不能安。回转国来，逢人即要人讲新学。那些同志看见他改了节，蜂起而攻他。同县的八股先生打开圣庙门，祭告孔圣，出了逐条，革出名教之外。文明种不以为意，各处游说。虽有几个被他开通了的，合趣的终少。江宁高等学堂聘他当汉文教习，他以为这是一个奴隶学堂，没有好多想头。听得民权村很有自由权，因渡海过来，当了此学堂的总教习，恰好念祖入学堂的年到的。见了念祖一班学生果然与内地不同，粗浅的普通学无人不晓。内中又有两个很好的：一个名叫绳祖，一个名叫肖祖，都是念祖的族兄弟，比念祖略小一点。绳祖为人略文弱一些，而理想最长，笔下最好。肖祖性喜武事，不甚喜欢科学。文明种把他三人另眼看待，极力鼓舞。到了次年，又有一个姓狄名必攘的，来此附学。必攘住在舟山东北，离此七八十里，学问自然不及三人，却生得沉重严密，武力绝伦，十三岁时候，能举五百斤的大石。文明种也看上了他。虽不与三人同班，文明种却使他与三人叙交，他三人也愿交必攘。四人水乳相投，犹如亲兄弟一般。文明种看见这学堂的英才济济，心满意足，替学堂取了一个别号，叫做聚英馆。又做了一首爱祖国歌，每日使学生同声唱和。歌云：（歌文原稿已遗，故中缺）。那聚英馆的学生听了此歌，爱祖国的心，不知不觉遂生出来了。光阴似箭，转瞬已是三年有余，学生的程度水涨的相似，一天不同一天。

文明种晓得这里的种已下了，再想往别处下种。传齐全堂学生，于休息日到一个大讲堂坐下。只见文明种不慌不慢，拿着数本书，走上台来，向众低头行了礼，各学生群起身，向上也行了一礼，仍复坐下，寂静无声。文明种把玻璃杯的茶喝了几口，说道："鄙人无才无学，承蒙贵村的父老错举了来当这学堂的总教习，如今也有好几年了。深喜诸君的学问皆有了长进，老拙实在喜欢的了不得！目下鄙人又要离别诸君，想往别处走一走。老拙对于诸君的种种爱情，无以为赠，只好把几句话来奉告。"又喝了一口茶，咳嗽了几声，即抗声言道："诸君诸君，学问有形质上的学问，有精神上的学问。诸君切不可专在形质上的学问用功，还须要注意精神上的学问呢。"念祖起身问道："精神上的学问怎样讲的？"文明种道："不过是'国民教育'四字。换言之，即是国家主义。不论是做君的，做官的，做百姓的，都要时时刻刻以替国家出力为心，不可仅顾一己。倘若做皇帝的，做官府的，实在于国家不利，做百姓[①]的即要行那国民的权利，把那皇帝、官府杀了，另建一个好好的政府，这才算行了国民的责任。"讲到此处，内中一个学生大惊问道："怎么皇帝都可以杀得的！不怕悖了圣人的训吗？"文明种把此人瞧了几眼，叱道："你讲什么！你在学堂多少久了？难得这些话都亏你出得口！"众人忙答道："他不是本村的人，是从外前来附学的，到此才有几天。"文明种道："这就难怪。坐，我讲来你听。《书经》上'抚我则后，虐我则仇'的话，不是圣人所讲的吗？《孟子》'民为贵，社稷次之，君为轻'的话，又不是圣人所讲的吗？一部五经四书，哪里有君可虐民，民不能弑君的话[②]？难道这些书你都没有读过吗？"那学生埋头下去，答不出话来。文明种又道："后世摘出'普天之下，莫非王土'那一句书，遂以为国家是君所专有，臣民是君的奴才。你们想一想，这一句话可以说得去吗？"众人都没有出声，停了半晌，文明种又道："是必先有君，后有臣民，才可说得去。又必自盘古以来，只有他一家做皇帝，方可说得去。你们道有这些事吗？"众人都道："没有这些事。"文明种道："照[③]卢骚的《民约论》讲起来，原是先有了人民，渐渐合并起来遂成了国

---

① "姓"，原作"性"，误，据刘晴波、彭国兴编校《陈天华集》校改。
② "话"，原作"语"，误，据刘晴波、彭国兴编校《陈天华集》校改。
③ "照"字前原有衍文"是"，今删。

家。比如一个公司，有股东，有总办，有司事。总办、司事，都要尽心为股东出力。司事有不是处，总办应当治他的罪。总办有亏负公司的事情，做司事的应告知股东，另换一个。倘与总办通同做弊，各股东有纠正总办、司事的权力。如股东也听他们胡为，是放弃了股东的责任，遂失了做股东的资格。君与臣民的原由，即是如此，是第一项说不去了。"众人连道："是，是。"文明种又说："三代以上勿论，自秦以后，正不知有多少朝代，当着此朝，口口说要尽忠，和此朝做对敌的，痛骂为夷狄，为盗贼。及那盗贼、夷狄战胜了此朝，那盗贼、夷狄又为了君，各人又要忠他，有再想忠于前朝的，又说是乱臣贼子，大逆不道。君也，盗贼也，夷狄也，其名是随时而异。是第二项又说不过去了。何如以国为主，统君臣民都在内，只言忠国，不言忠君，岂不更圆满吗？"说到此处，众人都拍手。念祖起来问道："适才先生所讲的卢骚是哪一国的人？"文明种道："是法国人。当初法国暴君专制，贵族弄权，那情形和我现在中国差不远。那老先生生出不平的心来，做了这一本《民约论》。不及数十年，法国遂连革了几次命，终成了一个民主国，都是受这《民约论》的赐哩。"肖祖叹一口气道："可惜我中国还①没有一个卢骚！"文明种道："有！有！有！明末清初，中国有一个大圣人，是孟子以后第一个人。他的学问，他的品行，比卢骚还要高几倍，无论新学旧学，言及他老先生，都没有不崇拜的。"肖祖道："到底那人为谁？"文明种道："就是黄黎洲先生。名宗羲，浙江余姚县人。他著的书有一种名叫《明夷待访录》，内有《原君》、《原臣》二篇，虽不及《民约论》之完备，民约之理，却已包括在内，比《民约论》出书还要早几十年哩。"绳祖道："为何法国自有了卢骚的《民约论》，法国遂革起命来，中国有了黎洲先生的《明夷待访录》，二百余年没有影响，这是何故？"文明种道："法国自卢骚之后，还有千百个卢骚相继其后；中国仅有黎洲先生，以后没有别人了，又怎么能有影响呢？"肖祖奋臂起道："以后咱们总要实行黎洲先生所言！"文明种道："现在仅据黎洲先生所言的，还有些不对。何故呢？黎洲先生仅伸昌民权，没讲到民族上来。施之于明以前的中国，恰为对症之药，于今又为第二层工夫了。"必攘于是起身出席问道："请问民族的主义为何？"文明种道："大凡人之常情，对于同族的人相亲爱，对于外族的相残杀，这是一定的道理。慈父爱奴仆，必不如

① "还"，原作"遂"，误，校改。

爱其子孙。所以家主必要本家的人做，断不能让别人来做家主；族长必要本族的人当，不能听外族①来当族长。怎么国家倒可容外族人来执掌主权呢？即不幸为异族所占，虽千百年之久，也必要设法恢复转来，这就叫做民族主义。"必攘点头称是。念祖又出席问道："前先生说要离了此处，再往别方，这句话一定使不得，学生们离了先生，就好像孩子离了爷娘一般，我们一定要留住先生的驾的。"文明种道："你们都已很好了，我在此也没有什么益处，不如到别处走一遭，或可再能开通个把人，也算我文明种稍尽一分国民的义务了。"众人总不答应，说："只要先生过了今年一年，就容先生往别处去。"文明种道："时已不早了，诸君且退，有话明日再讲。"即欠身走下台来。众人只得各归自修室。至次日五点半钟方才起来，号房走进来说道："文先生独自一人，手拿一个提包，于三十分钟前已去了。"众人急忙走出大门来赶，要知能赶到与否，待下回分解。

第四回　孙念祖提倡自治　狄必攘比试体操

话说众人一齐赶到海边，只听得汽笛一声，一团黑烟滚滚向东北而去，船已离岸数里了。念祖等伫望了半点钟，那船遂渐渐不见了。只得都回转学堂，无精无彩的住了数日。学堂总理孙名扬，即将汉文教习史中庸代理总教习一席。那人性情平和，但是学问识见远不及文明种，自己晓得这一班学生久经文明种抬高，压制是一定不行的。又没有新奇学说教训他们，也就于学堂事务不大注意，空领虚衔。这些学生，自经文明种提倡之后，志气陡②增了百倍，人人以国民自命，那些教习少有在他们眼中。自由太过，少不得有些流弊，舍监、教习事事忍让，积久成骄，谨守法度的固多，跳出范围的也不少。舍监稍为约束，即说是压制，说要革命，相约退学，经念祖等排解了多次。有一天，舆地教习某在讲堂上教授地文学，讲错了一个题，那些学生遂大哄起来，羞得那教习面红耳热，告知孙名扬，将某某四生记大过一次。那全班的学生不服，都到孙名扬处请假。孙名扬无可奈何，把那记过簿注销，才得无事。那一个舆地教习下不过去，只得辞馆他往。这一回愈长了学生的气

①　"族"，原作"旅"，误，据刘晴波、彭国兴编校《陈天华集》校改。
②　"陡"，原作"陟"，误，据刘晴波、彭国兴编校《陈天华集》校改。

焰。但是学生虽然如此，毁伤名誉的事，倒也稀少。

后来新到附学十余名，都是从内地来的，把那野蛮气习都带来了。学堂的制服，出外不肯穿戴。要穿那内地的衣服，又不整齐。帽子歪歪戴起，鞋子横横拖起，衣①衫长短不一，半是不结的。背后拖一条猪尾，左右乱掉。不管民权村的警察章程，不是在街中喧笑乱走，即是在茶楼酒馆，痛饮狂呼。即在馆中出入，不守时限。上了讲堂，这十余人的喀咳声，咦唾声，走动声，相连并作，各人甚是厌听。败坏规则的事情，没有不做出来的。念祖等婉言相劝，倒②说是他的自由权，干涉他不得。和学堂的人不知冲突了好多回，脾③气一点都不改变。舍监向他们说，全不放在意下，率着他们的本性行为就是了。住了两三个月，此地的人民也相识了一些，每逢休假④日，即成群结队的去了。

民权村的风气全与内地不同，男女可以交相往来，本为交通社会、讲求学问起见。不料这一班人借此寻花问柳，男学生全不交接，女学生倒喜欢接待几个。无奈各些女学生不堪他们轻薄之态，没有一个敢与他们相交，真是无味得很。内中有一个名叫杨柳青的，在公园亭子内独自一个人打坐，忽然远远来了一位女佳人，生得不长不短，年约十五六岁，学生装束，也只一个人，相貌中人以上，虽然不及那西施、王嫱，也足令人醉心了。杨柳青等他近了亭子前面，便脱帽折躬为礼。那一个女子见他也是一个学生，遂进来与他相谈。杨柳青即将那女子的家世、学堂问了，到了第四日，修书一封，由邮政局送到民权村公立女学校，信面写："钱小姐惠姑亲启。由民权村公立中学堂寄宿舍十八号杨肃缄⑤。"不知这女学校的章程，凡外人寄信学生的，必先呈监督阅过。拆⑥开一看，乃是一封求婚书，监督看了，即传那女子来前，将信交与她看，责道："自由结婚，文明各国虽有此例，但在我这学堂里，尚不能任你自主，东洋的风俗，不比西洋，这话传出来，我这学堂的名誉，不从你一个人扫地吗？当初开女学堂的时候，那些顽固党说立了女学堂，必要做出伤风败俗的事来，不知费了多少的曲折，才能支持到今日。现在虽说风气开了一点，到底是反对的人居其多数。平日无风尚要

---

① "衣"，原作"表"，误，校改。
② "倒"，原作"到"，误，据刘晴波、彭国兴编校《陈天华集》校改。
③ "脾"，原作"皮"，误，据刘晴波、彭国兴编校《陈天华集》校改。
④ "假"，原作"暇"，误，据刘晴波、彭国兴编校《陈天华集》校改。
⑤ "缄"，原作"械"，误，据刘晴波、彭国兴编校《陈天华集》校改。
⑥ "拆"，原作"折"，误，据刘晴波、彭国兴编校《陈天华集》校改。

生波，何况有了话柄，能禁他们不借此推翻吗？"监督说了这一篇话，那女子哭道："当时我以为谈谈话也是交际的常事，孰知那厮怀了这个反意？不要监督责我，我也没有面目在世了！"将信片片的扯碎，拿出一把裁纸刀向咽喉刺去。监督慌了，忙上前按住，幸所刺不深。那女子还是要寻死，监督命多人看守，百方解劝，一面写信将情形知会孙名扬。孙名扬将杨柳青传来，申斥了一番，立刻逐出堂外。同堂的学生知道，也要向杨柳青说话，早已闻风跑了。同来的几个也自己退了学。

那时众人才晓得专任自由，必生出事故来。念祖因说道："'自由'二字是有界限的，没有界限，即是罪恶。于今的人醉心自由，说一有服从性质，即是奴隶了。不知势力①是不可服从的，法律是一定要服从的。法律也不服从，社会上必定受他的扰害，又何能救国呢？依愚的意见，总要共立一个自治会，公拟一个自治章程，大家遵守自己所立的法律，他日方能担当国家的大事。"众人齐答道："是！"即有几个不愿意的，也不敢出来作声。大家公举了念祖起草。不数日章程做完了，众人都皆承认。按照会章，有总理一员，书记二员，会计一员，稽查二员，弹正四员，代议士十人举一人。总理员对于全体的会员，有表率理督之责任。书记员承总理之命，掌一切文件信札，会计员掌会中经费之出入。稽查员考察会员之行为，告知弹正员，弹正员遇会员有不法事情，纠正其非，报告总理员。罪有三等：一当面规劝，二记过，三除名。开起会来，会员皆坐，弹正员在旁站立，整肃会规。代议士修改会章，及提议各事。各代议士又公举一人做议长。总理不尽其职，代议士当会员弹劾②其罪。如经多数会员承认，即命退职。代议士若是舞弊及犯会中规条，也归弹正员治罪，但不可自总理员加命令。其余的详细章程，不及备数了。念祖被举为总理，必攘被举为弹正员，绳祖被举为议长。自是聚英馆的自治规则，办得井井有条，嚣张之气，一扫而绝，不在话下。

文明种去后，那中国的事情，越发不好。惟民权村处在海外，尚不见得。有一天，念祖同着绳祖、必攘等七八人海边游玩，忽来一个游学先生，头戴一顶破帽，身穿一件七补八补的衣，手拿一把将烂的伞，好像是三闾大夫愁吟③泽畔。向念祖等施礼，念祖问他的来历，起初时很

---

① "力"，原作"利"，误，据刘晴波、彭国兴编校《陈天华集》校改。
② "劾"，原作"刻"，误，据刘晴波、彭国兴编校《陈天华集》校改。
③ "吟"，原作"吟"，误，据刘晴波、彭国兴编校《陈天华集》校改。

是支吾，后经念祖层层盘问，遂将他们今年拟在南方八省起设独立军，不料为两湖总督江支栋所败露，同志被害者二十余人。他一人九死一生，由湖南逃到香港，由香港逃到此间，身无一文，沿途乞食，才得残生的事，说了一遍。念祖等忙起身道："原来是一位志士，失敬了！"即为他寻了一个客栈，又集了七八十元洋钱，打发他往日本去了。念祖连日的叹气道："我不知道江支栋什么心肠！杀自己的同族来媚异种。"必攘道："天下的人都是江支栋一流，骂也无益。我们惟有注重体操，以好为同胞报仇。"念祖道："是。即烦你起一个章程。"必攘把章程拟好了，当众念道：

一、于本学堂每周（七日为一周）五点钟体操之外，再加体操五点钟。

二、于每礼拜三、礼拜六两日开军事讲习会，各以二点钟为度。

三、于礼拜日将全堂编成军队，至野外演习，公举一人指挥。

四、每年开运动会两次，严定赏罚，以示劝惩。

五、非入病院，每日体操、军事讲习、野外操演，皆不准请假。

六、教习及代表人之命令皆宜遵守。

七、章程有不妥之处，可以随时改良。

八、有违犯章程者，诸人皆宜视为公敌。

必攘念完说道："诸君有意见的，请上台演说。以为然的，请各举手。"于是举手者居多数，即定议由下礼拜起举行。将章程呈与孙名扬、史中庸阅过，均无异言。此聚英馆的尚武精神，越发振起来了。按下不表。

且说民权村每届三年，举行大运动会。本年十月会期已到，即在公园之左，划出一个大体操场，周围有了二里多路。外用五色布做围墙，四方开门，门口交插龙旗。围墙内张了多少的彩棚，上面有三个大白布帐棚，中一个是运动会各项职员的坐位；左一个摆着自鸣钟、时辰①表、吕宋烟、皮靴、缎绢等件；右一个陈列军乐，共有三十多个人。其余两边的都是来客的坐席，先期买了入场票，没买票的，只②可站在围外。自上午八点钟开场，各学堂的学生，体育会的会员，都络绎而至，共有八百多个。聚英馆早编成了一个中队，步武整齐，俨然节制之师，

---

① "辰"，原作"晨"，误，据刘晴波、彭国兴编校《陈天华集》校改。

② "只"，原作"抵"，误，据刘晴波、彭国兴编校《陈天华集》校改。

不比各人的散漫无章。到齐了，各按指定的方位，如墙鹄立。来的客有乘马车的，也有坐人力车的，队队的进了围场。行路来的，也有好多。坐客约有数百。在围外站的约有千余，内中妇女也不少。有扮西洋装的，有穿中国服饰的，又有几个日本妇人，所以有穿东洋装的。旗帜飘扬，冠履交错，讲不尽的热闹！过了三十分钟，传令开操，军乐大作。先习徒手体操，后习兵式体操，器械体操，危险体操，相继并习。下午竞走，由十人一排竞走，以至超越障碍物件竞走、相扑、击剑各事，都以次并作。只见人人奋勇，个个争先，好容易的分高下。就中惟有必攘超群拔萃，各人所不能及。次之则是肖祖。危险体操之中，有天桥一项，高有二丈，长三丈余，以铁条作梯，削立如壁。两手插腰，手不扶梯，挺身直上，过桥，仍从那头下来，少有不胆战心惊的。必攘飞身而上，仍飞身而下，一连三回，最后从桥上跳下，丝毫不动。又把两根竹竿牵一条绳子，约有八尺多高，必攘一跃而过，两旁拍手不绝。有一个大汉要和必攘相扑，必攘仰看其人，约高六尺，两臂如粗碗，向必攘扑来。必攘卖一个虚势，把他的左足一钩，早已仆地，看者哈哈大笑。那人翻起身来，又要和必攘击剑。两人都用铁面具盖面，两膀及两胁紧缚竹片，极厚的竹板做剑，两两对击。不及数合，那人又败下去。接连五人，都是必攘得胜，只见拍掌的拍个不了。时候已到了四点钟，将要收场，预备颁分赏物，大放烟火。

只见东边客棚内走出一佳人来，不慌不张的高声叫道："且慢，且慢！"众视其人，乃是绳祖之妹女钟，年方二八。身穿灰色大呢外套，头戴鸵羽为饰的冠。生得明眸皓齿，虽不擦脂抹粉，却有天然的姿色，楚楚动人。走到场中，向干事行了一礼，说道："咱们民权村的体操，素来有名的大运动会，也开了好几次，从没有见过外村的人取过第一的。这回被狄君得了头彩，俺民权村的名誉从此扫地了。侬虽女流之辈，也不愿意有此亏损名誉的事。今日各项武艺都比过了，只没有竞马，列位如不以女钟为不才，情愿与狄君竞马一回。"众人欢呼道："妙极！妙极！看娘子军替咱们民权村出一口子气。"早有人牵出两匹马来，一匹是淡黄色，一匹是白色，俱是很好的骏马，从西洋买来的。必攘看此两马，有五尺多高，又没有脚凳，择那淡黄色的骑上。女钟手不扶马，纵身一跃，遂坐下了。把口缰绉一纵，出了围外，从村北而出，再包村外跑到原所，约有十里。初时必攘之马在前，将到围场，女钟将鞭一挥，那马如电闪一般，早突过必攘的马。及到旗门，都下了马，两人神色不变，气不乱喘。喝彩之声，恍①如雷动。座中的女人，都将手帕乱扬。干事忙命有贵重的物件分赏了二人，其余以次受赏。凡事已毕，军乐又复大作。有一物直上云霄，霹雳一声，如万道金蛇，分射空中。正看不厌，背后又响了，又是金光灿烂的，把两目都迷眩了。只见无数金星之中，拥出一个红轮，现出四个大金字"黄人世界"。喝彩的，拍手的，大家闹个不了。声音嘈杂得很，未几车声辚辚，已有好多人去了。必攘等仍排齐队伍，整队而归。齐到门首，那必攘的家人已在此等候，必攘散队，即叫进来问有何事，家人答道："老爷已气息奄奄，不能说话，请少爷作速归家。"必攘大叫一声，倒在地下。欲知后事如何，且听下回分解。

第五回　祭亡父叙述遗德　访良友偶宿禅房

话说众人把狄必攘扶起，久之始醒。痛哭了一场，经众人劝解，始收泪，请肖祖代向舍监处请假，草草收拾行李，同家人飞奔回家。原来必攘的兄弟死亡略尽，母亲也早亡过。必攘父亲，是一个老生员，学名同仁，平生乐人之乐，忧人之忧，出身贫寒，年十九岁，训蒙糊口，修金仅八千文。书馆之旁，有要卖其妻的，抱哭甚哀，问人知原是恩爱夫妻，因家穷难以度日，所以将妻出嫁，情又不能丢舍，二人因此聚哭。那位老先生，遂忘记了自家的艰难，把半年的修金捐了，全他二人。旁人看见一个寒士，尚且如此，都捐了些钱，那人之妻遂得不嫁。一生所行的事，如此之类者甚多。尤好打几个抱不平，遇有强欺弱的事，他老先生遂奋不顾身的帮忙。晚年看见几部新书，那民族的念头也遂很重，自恨没有讲过新学问，因此命必攘到民权村附学。每与必攘书，总是嘱其"勉力为学，异日好替民族出力，切勿以我为念"。此回得病已有了三四月之久，力戒家人，勿使必攘知道，及到临危，手写遗谕一通，命家人交给必攘，遗命不可以满洲服制殡殓，必用前朝衣冠。比必攘到家时，已死去一日了。必攘抚尸哭了许久，家人把遗书拿出来，即在灵位前，焚香跪读，书上写道：

字示季儿知悉：余抱病已非一日，所以不告汝者，恐妨汝课业耳，今恐不及与汝相见，故为书以示汝。余行年七十，亦复何恨？所惜者，

幼为奴隶学问所误，于国民责任，未有分毫之尽，以是耿耿于心，不能自解。汝当思大孝在继父之志，不在平常细节，丧事稍毕，即可远游求学，无庸在家守制。当此种族沦亡之时，岂可拘守匹夫匹妇之谅，而忘祖父之深仇乎！吾之所生存者惟汝，汝有蹉跌，吾祀斩矣。然使吾有奴隶之子孙，不如无也，汝能为国民而死，吾鬼虽馁，能汝怨乎？勉之毋忽，吾于始祖之旁，祝汝功之成也。父字。

必攘读一句，哭一句，未及终篇，不能成声，众人劝了许久，才收泪拜谢亲朋。那聚英馆的窗友，后来得了信，多使人来烧香吊唁，不在话下。

单有女钟自那日竞马回家，心中想道，这狄君真个是一英雄，不知要什么女豪杰，方可配得他。又转念道，有了加里波的，自然有玛利侬，不要替他担心。只是我讲到此处，不便往下再想，只得截住了。一日看那日本《维新儿女英雄记》，不觉有所感触，遂于上填了一首《虞美人》：

柔情①侠意知多少，魂梦偏萦绕。樱花何事独敷荣，为问瑟琶。湖上月三更，英雄儿女同千古，哪管侬心苦。镜台击破剑老红，太②息落花无语怨东风。

填完了又看那法国罗兰夫人的小传。下婢送上咖啡茶来，正待要吃，绳祖已从学堂回来了，女钟忙到外室，只见绳祖面上有些忧色，女钟惊问道："哥哥近来难道有些心事不成呢？"绳祖道："妹妹哪曾知道，那狄君必攘的尊人，闻说已经谢世。愚兄和必攘交情最密，必攘又是一个寒士，这个变故，哪里经得起，意欲帮他一些钱，他又狷介不过的，恐怕不要，转觉没味，所以现在两难，烦闷得很。"女钟道："无论他要不要，咱③们的心总要尽的。"绳祖道："妹妹之言有理。"即定议礼物之外，又加奠银三十圆。恰好肖祖、念祖也来商议此事，见绳祖如此办理，念祖遂出四十圆④，肖祖也出三十圆，共凑成一百圆，差人送去。果然必攘受了礼物，把一百圆的奠银退还。

不表必攘在家之事，且说念祖等一班四十余人，已届四年毕业之

---

① "情"，原作"倩"，误，据刘晴波、彭国兴编校《陈天华集》校改。
② "太"，原作"大"，误，据刘晴波、彭国兴编校《陈天华集》校改。
③ "咱"，原作"唯"，误，校改。
④ "圆"，原作"元"，据上文校改。

期，到了十二月初三日，大行试验，连试七日。榜发之后，念祖第一，绳祖第二，肖祖第三，其余都授了毕业文凭，只有五人功课的分数未满，再留堂补习。念祖等领了优等文凭，各回家渡岁。

到了正月初旬，约齐在念祖之家聚会，提议此后的事。念祖首先说道："现在求学一定是要出洋，若论路近费省，少不得要到日本了。但弟想日本的学问，也是从欧美来的，不如直往欧美，到省得一番周折①。世界各国的学堂，又以美国为最完备，且系民主初祖，宪法也比各国分外的好，所以弟有想要到美国走一遭的②志愿。"肖祖道："哥哥的话，很是。但弟却有些和哥哥不同。因于今的世界，只有黑的铁赤的血，可以行得去。听得德国陆军，天下第一，弟甚想往德国学习陆军，不知哥哥以为然否？"念祖道："有什么不可。各人就各人所长就是了。"于是也有愿和念祖到美国去的，也有愿和肖祖到德国去的，也有几人不想到欧美，欲往日本的，都签了名，惟有绳祖不言不语。众人问故。绳祖道："现在求学，固是要急，但内地的风气，不开通的很，大家去了，哪一个来开通风气？世界各国，哪一国没有几千个报馆，每年所出的小说，至少也有数百种，所以能够把民智开通。中国偌大的地方，就应十倍之了。不料只有近海数种腐败报，有新理想的小说，更没有一种了，这民智又怎么能开。民智不开，任凭有千百个华盛顿、拿破仑，也不能办出一点事来。所以弟想在内地办一种新报，随便纂几种新小说，替你们打通一条路，等你们学成回来，就有帮手了。"众人叫道："很妙很妙，赞成赞成，于今的事，复杂得很，只有分头办理的法，我办我们的，你办你们的，倒是并行不悖的事了。"恰好念祖的家人，摆上酒席来，众人坐了好几席，喝的喝酒，谈的谈心，又把新年的事情，讲了好些。绳祖道："弟虽然不想出洋，弟的妹子女钟，那出洋的思想，倒发达得很，向弟说了好几次，一来是家祖母不肯，二来因他年幼，一人远出，也很不放心。念祖哥哥既要至美国去，即烦把舍妹一同带往③，也好遂他的素志。"念祖迟疑未及回答，众人已在席上欢声雷动，极力称赞，念祖只得答应了。绳祖大喜，先起回家，告知他妹子去了。众人也分起。

回头念祖挽肖祖到外面言道："我和你到后日往必攘家中走一走，

---

① "折"，原作"拆"，误，据刘晴波、彭国兴编校《陈天华集》校改。
② "的"字原脱，据刘晴波、彭国兴编校《陈天华集》校补。
③ "往"，原作"住"，误，据刘晴波、彭国兴编校《陈天华集》校改。

一则问他以后的行止，二则他尊人去世，也应亲去一问。"肖祖应允。到了那日，二人骑了马，两个家人引路，积雪欲溶，枝上的柳叶如鹅黄一般，真是新春的气象。二人一路观风玩景，好不舒畅。忽见一座青山，有十数只水牛，在此抵触为戏。远远来了一个童子，手执行竿一挥，那些牛就战战竞竞的随他去了。肖祖在马上问道："为何这些牛，倒①怕了一个童子。"念祖道："这个缘故，非自一朝一夕来的，讲起来很远。"于是二人把马勒住，缓缓而行。肖祖道："请哥哥讲讲。"念祖道："当初咱们所住的世界，原是禽兽多些，人民少些，禽兽有爪牙卫身，气力又大，人民气类既小，又无爪牙，原敌不过禽兽。只是禽兽不晓得合群，人民为自②卫起见，联起群来，又因着智巧，造出网罟弓矢，禽兽遂渐渐败下去。强悍的如虎狼豺豹等类，逃往深山，与人不相交接，驯良的如牛马等类，遂降伏了人，替人服役。起初尚有一点强硬性子，不甘心受人的节制。自那神农、黄帝二位圣人出来，做了耒③耜（耕田的器）舟车，把牛马用来引重致远，逃不出人的缧绁，不得不俯首为人所驾驭。久而久之，子以传孙，孙又传子，那一种奴性，深入了脑筋，觉得受了的鞭挞，是他们分内的事，毫不为怪。所以见了一个小孩，他也是很怕的，及到了老来，人家要杀他，只晓得恐惧，不晓得反抗，即是'积威之渐'四个字尽之了。"肖④祖道："这等讲来，那牛马也是很可怜的。"念祖道："虽是可怜，也不能替他想个法儿。你没有看见佛家的戒杀牛马文吗？何尝不说得入情入理，哪里有人听他的呢？"肖祖道："为他们设想，到⑤底要如何才好呢？"念祖道："除非是他们自己里内，结成一个团体，向人要求宪法，舍此没有别法了。"肖祖道："这个宪法怎么求呢？"念祖道："所有的牛马，通同联一个大盟，和人订约，做好多工程，就要好多的报酬，少了一项大家就一齐罢工，如此做去，不特人家没有杀牛马的事，还恐怕要十分奉承牛马了。只可惜一件……"肖祖道："可惜⑥哪一件？"肖祖道："可惜牛马中没有一个庐骚。"肖祖道："可惜我不通牛马的言语。若我通牛马的语言，我就做牛马的庐骚去了。"念祖笑道："你要通牛马的语言，也易得，待来世阎王

---

① "倒"，原作"到"，误，据刘晴波、彭国兴编校《陈天华集》校改。
② "自"，原作"谓"，误，据刘晴波、彭国兴编校《陈天华集》校改。
③ "耒"，原作"秉"，误，据刘晴波、彭国兴编校《陈天华集》校改。
④ "肖"，原作"尚"，误，据刘晴波、彭国兴编校《陈天华集》校改。
⑤ "到"，原作"倒"，误，据刘晴波、彭国兴编校《陈天华集》校改。
⑥ "可惜"，原作"惜可"，误，据刘晴波、彭国兴编校《陈天华集》校改。

老子把你往①生牛马道中，那时便得通了。"肖祖笑道："我和你说正经话，你就胡说起来了。"

忽前面来了一个樵夫，头戴一顶半新半旧的草帽，身穿一件半截蓝衣，手拿一根两头尖的木杆，口里唱歌而来（歌词略）。二人听了，念祖道："这人所唱，包藏天演之理，想是个有学问的人。"连忙下马，向那人施礼道："适才尊兄所歌，是你做的，还是他人做的？"那人言道："三四年之前，有一位老先生，在此过路，号什么文明种，教与我们的。我们也不深晓那歌中的意义，只觉唱来顺口，闲②时没事，把来散散闷。"言罢，遂另从一条路去了。

二人痴立了一回，仍上马望前而进。不远到了一个邮亭，背后即是一座小小丛林，家人上前禀道："这个丛林规模虽小，里头倒③有几处景致。"二人动了兴，即教他们看守马匹，进那丛林里来。那丛林里的知客，看见他二人衣冠齐整，谅是富贵人家，又有几个小僧说是骑着马来的，越发猜着了，喜笑颜开，恭恭敬敬的引二人到客堂，殷勤款待。问府上住在哪里，贵姓尊名，二人都告知了。又问现在有几房少太太，家中收得多少租谷。二人看见问的不中听，即起身告辞。那僧扯住带往三层楼上，楼后有一嶂大岩，岩上的苍松盘旋而上，如攀龙一般。前面一望千里，天际高山，远远围绕。下楼到一个岩洞，有一个铁佛，趺④坐其内，石壁上刻有游人的题咏。观览已毕，仍走到客厅。及吃了茶，二人又要告辞。却已摆上斋席，苦苦的留下。吃了饭，天色已不早了，又苦苦的留在禅房歇宿，家人马匹早已着人招呼了。二人无奈，只得随他进了禅房，虽无摆玩，却也幽闲。到了晚上，知客又引二人往见方丈。那方丈年约五十余岁，身躯伟大，一口大胡须，约长五六寸。见二人进来，忙从蒲团上跳下，合掌念道："请施主坐。"命人把上好的香茶送上来，讲了一段闲话，把他的二本诗稿拿出来，请二人题和，又道："出家人勉强献拙，不比你们读书人诗是素来会做的。"指道："这一首是因康梁的邪说猖狂有感而作的；中一联'辟邪孰起孟夫子，乱世竟有鲁闻人'，这二句颇为得意；这一首是那日贫僧在台州府，遂见几个洋人，恨他不过，几至欲挥老拳，被友人劝止，归来做了此首诗，其中颇

---

① "往"，原作"注"，误，据刘晴波、彭国兴编校《陈天华集》校改。
② "闲"，原作"间"，误，据刘晴波、彭国兴编校《陈天华集》校改。
③ "倒"，原作"到"，误，据刘晴波、彭国兴编校《陈天华集》校改。
④ "趺"，原作"跌"，误，据刘晴波、彭国兴编校《陈天华集》校改。

写忠君爱国之忱，都是贫僧得意之作。"念祖道："和尚既然知道爱国，就要替国家想想，方今的世界岂系能够锁国的吗？既然国家与国家交通，就不禁国人彼此往来。岂有见着外国人就打的理，彼此守着法律，我不犯他，他不犯我，才是正理呢。"那僧听了把两目都翻上来了，许久乃言道："罢了罢了。于今的人都变成了洋人了。老僧也无心在尘世，只想早早归西天就造化了。"念祖道："请问老和尚，这西天到底在哪里？"那僧道："就是佛菩萨所住的五印度。"念祖道："若是五印度，老和尚今日就可去得，不过十余日就到了。"那僧惊道："还①有这样的事。当年唐僧到西天取经，有孙行者、猪八戒保驾，尚经了八十一难，一十八年才回。难道咱们凡人倒②去得呢？"念祖道："这是不扯谎的。从这里搭轮船，二三日到了香港，又从香港到新加坡，不过四五日，从新加坡到加尔各尔上岸，不过三四日光景，已是东印度。由加尔各尔坐火车到中印度及北印度一带，极多不过几日。现在英国想从大吉岭（在北印度）筑一条铁路到西藏，由西藏接到四川，再由四川接到汉口。又由东印度修一条铁路到缅甸（与云南接界的大国，前为中国属国。光绪十一年为英国所灭），由缅甸接到云南，由云南也接到汉口。这两条铁路若成，到五印度越发易得了。"那僧道："当真的吗？是仗着齐天大圣的神通，扇熄了火焰山，一路的妖怪都降伏了，道路也为齐天大圣开得平平坦坦，所以他们来来往往的走个不断的哩。"念祖道："那齐天大圣是小说上一段寓言，没有其人的。但现在洋人的本领，也就和《西游记》上所说齐天大圣的法力差不多。《西游记》说齐天大圣一个筋斗能走十万八千里，又称他上能入天，下能入海，手中所执的金刚棒③，有八万四千斤，拔一根毫毛，遂能另外变出一个行者，这些话《西游记》不过扯一扯谎，以使看者称奇。哪知洋人实地里做出那样事来，电线传信，数万里顷刻即到。还有德律风，虽隔千里，对面可为相谈。火车每日能走四千多里，已快的了不得。又闻德国有一种电气车，一分钟走得九里，一点钟走得五百四十里，闻说还可加倍，岂不更快吗。美国已有了空中飞艇，一只可坐得三十人，一点钟极慢走得一千里，即是一日一夜走得二万四千里，三天可把地球周回一次。海底行船更是不希罕的事，可惜海龙王之说是扯谎的，若是当真有龙王的水晶宫，恐怕龙王的

---

① "还"字后原有衍文"里"，今删。

② "倒"，原作"到"，误，据刘晴波、彭国兴编校《陈天华集》校改。

③ "棒"，原作"捧"，误，据刘晴波、彭国兴编校《陈天华集》校改。

龙位也坐不稳了。炼钢厂的大铁椎，重有几千万斤，一人拿住运动如意，本领岂不此孙行者更大吗？活动写真，把世界的物件①都在影灯内闪出，与真的无二，转瞬千变万化，神仙变化，也不过如是了。西人的电戏，一个女优在电光之中，婆婆而舞，变得无数的样来，本只一个人，忽然四面有十多个，一样的颜色，一样的动法，真的假的，竟分不出来。你道不是活孙行者到了吗？这是我亲眼看见过的，老和尚也可去看一看。照科学家的话说，将来天地一定是没有权的，晴雨寒暖，都可以人力做到。则要到那月球上，金星、木星上，有可去的日子。目下意想所万不能到的，后日或竟有做到之日。恐②怕不止如那个封神、西游一派荒唐话所言了。"那僧道："据施主的话，难怪于今的人都怕了洋人。但是佛法无边，洋人怎么到得佛地。你说英国要从五印度修铁路接到中国，好像五印度也有了洋人，这话又怎么讲的？"念祖未及回答，肖祖忍不住笑道："你们当真以佛菩萨果有灵验，能救苦救难吗？哪知那里③菩萨，倒没有人救呢。你说五印度还是佛地不成呢？是千年以前的事了，我讲来你们听听：那五印度的地方，当初只有婆罗门教，自释伽如来佛出世之后，遂多半奉了佛教。到了佛教大行中国的时候，那五印度的佛教又渐渐的衰下去，婆罗门教又渐渐的盛起来。到了元朝之时，回子教又侵入五印度。清朝乾隆年间，五印度全为英国所灭④，放了一所总督、七个巡抚，分治其地，那天主教、耶稣⑤教五印度也遂有了。于今五印度的人口，将近三万万，一半是婆罗门教，一半是回子教，天主教、耶稣⑥教也有了数百万，佛教倒总共只有一十二万人，所谓舍卫国，所谓大雷音寺，现在都零落不堪，连基址⑦都不晓得了，那处的僧人受苦不过。老和尚日日想到西天，恐怕他们倒日日想到东天哩。这是我问那亲从五印度来的，所说如此。老和尚不信，现在走过五印度的人很多很多，可去问一问。坊间还有新出的地理书可买来看一看，才知道我的话不是扯谎的。"那僧道："有这些事呢，我倒不知，想是洋人正在得时，佛亦无可如之何了。将来佛运转时，自有重兴的日的。"念祖道："老和尚要想佛法重兴，即应从老和尚做起。有什么佛运

① "伴"，原作"伴"，误，据刘晴波、彭国兴编校《陈天华集》校改。
② "恐"字后原有衍文"尚"，今删。
③ "里"，原作"的"，误，据刘晴波、彭国兴编校《陈天华集》校改。
④ "灭"，原作"减"，误，据刘晴波、彭国兴编校《陈天华集》校改。
⑤⑥ "稣"，原作"苏"，误，据刘晴波、彭国兴编校《陈天华集》校改。
⑦ "址"，原作"趾"，误，据刘晴波、彭国兴编校《陈天华集》校改。

不佛运，人家都是由人力做出来的，非是从天安排的。你若靠天，那就一定靠不住了。"那僧还要有言，肖祖不耐烦了，即道："咱们今日辛苦了，请老和尚叫人带咱们去睡，明天再说。"即有两个小僧带他二人出来，仍到那间禅房歇宿。到了次日，又留了吃了早餐。那知客便把缘薄拿了出来，念祖把他十块洋钱，还要争多，又添了十块，才送二人出门，念了几声阿弥陀佛。

二人上马，到了路中，肖祖道："可恶的是僧道，勾引人家，如妓女一般。需索钱文，如恶丐一样。将来定要把这些狗娘养的杀尽。"念祖道："也不须如此，只要学日本的法子，许他们讨亲，国家的义务，要他一样担任，就是化无用为有用的善策了。"

二人行不多时，到了一个小小口岸，问知离必攘家只有五里路程。念祖道："必攘的家，谅不宽广的。咱们把这些人马，一齐到他家去，殊觉不便，不如叫李二在此，住在一家客栈里，看守两匹马，只叫张宝带了礼物，同咱们去。"肖祖道："很是。"即将马匹交李二，寻了一家客栈，留寓在内。他二人却带了张宝，向必攘家中而来。约行了三里多路，有一小溪，溪上有一条板桥，却有三条大道，不知到必攘家过桥不过桥，又没有人可问，正慌张得很，忽远远那头有一个穿白衣的人向此而来，三人正注目望着。张宝指道："那不是狄少爷吗?"二人着意看时，果真是必攘。不胜大喜，向前迎去，要知他三人相见如何，且听下回分解。

第六回　游外洋远求学问　入内地暗结英豪

话说必攘是日从父亲坟山里回家，恰好撞见念祖二人，彼此握手为礼，即带他主仆三人过了板桥，不走那条大道，另从田间一条小径，约行了一里多路，到一个小小的村落。青山后拥，碧水前流，饶有田家风味。必攘所住的屋，在村落左傍，茅屋三橡，十分整洁。必攘家无别人，有一个寡姊接养在家，替必攘照管一切，外雇工一人，耕着薄田十余亩。

必攘叫开了门，让念祖等先行到了中堂，摆着必攘父亲的灵位，命人把香烛燃起，念祖二人向灵位前上了香，然后再与必攘行了礼，即带进书房，说了好些话。必攘的姊整了两碗蔬菜，一碗鸡肉，一碗腊肉，烫了一壶火酒，叫雇工送进来。二人坐下，必攘另用一碗素菜，在旁相

陪。吃完了饭，坐了一阵，必攘带他二人往外顽耍。出村落一二里，有
一小市，茅店八九家，市后有一小岭，登之可以望海，虽不及民权村的
壮丽，却有洒落出尘之景。游竟归家，日已衔山，有一四五十岁的人，
满面烟容，身上的衣没有一件扣的，用一根腰带系紧，走进来把必攘喊
出，到那厢说了许久，然后去了。必攘①仍走进房子来，面带愁容，不
言不语，有半个时辰，肖祖问必攘道："才来的人，是你的什么人？"必
攘道："他是我一个同房的叔父，他有一个女儿，和我一岁生的，比我
仅小一月，先慈请他的妻室做弟的乳母，故我和他的女儿，同在一处长
成，后先慈过世，弟随先严往别处住馆，有了好几年，彼此分离，不相
记忆。一日弟从外间回来，在路上撞见一个绝美的女子，虽是村装野
服，却生得妖容艳态，面上的肉色，光华四发。弟比时惊道，乡间安有
如此的美女！后在乳母家，又会见一面，才晓得即是弟同乳的房妹。比
问嫁在哪姓，说是姓梁的，细细查究起来，房妹有一个中表，年像相
当，两相爱悦，私订百年之约。弟乳母亦已心许，只弟房叔平日不务正
业，惯吃洋烟，欠债甚多，要把这女儿做一根钱树子。近村有一个富
户，即姓梁的人，生得异常丑恶，年已四十余岁，前妻死了，要讨一个
继室，看上了房妹，出聘银三百两，弟那房叔不管女儿愿不愿，强迫嫁
了梁姓。那中表因此成了痨病，不上一年遂死了。弟房妹也抑郁得很，
兼之那人前室，已有了三子一女两房媳妇，那女比房妹还要大一岁，终
日在梁姓前，唆事生非，说房妹在家表兄妹通奸。那人初先是溺爱少
妻，不信这些话。后见房妹的情总不在他，遂信以为真，暴恶起来，不
是打就是骂。三四年之中，不知淘了多少气，乳母向弟哭诉了几次。房
叔才来说舍妹因受苦不过，悬梁自缢，要弟做一张呈纸，到衙门前告
状。弟于这些事素来不知道，兼在制中，不便干预外事。兄弟叫我这个
问题如何处置？"二人都叹息了一回。然后念祖把他们出洋的事说了一
遍，狄必攘道："这事很赞成，苦②弟此时方寸已乱，无心求学了，将
来想在内地走一遭，看有机会可乘么。"又谈论了一些。到第三日，念
祖等辞行要归，必攘又送他二人到前日相会之处，然后珍重而别。二人
到了那市镇，取了马匹，仍由旧路而归。

念祖的母亲，暴得重病，偃卧在床。念祖生性最孝，日夜侍药，衣

---

① "攘"，原作"肖"，误，据刘晴波、彭国兴编校《陈天华集》校改。
② "苦"，原作"若"，误，据刘晴波、彭国兴编校《陈天华集》校改。

不解带，把那出洋的事暂搁一边。过了十余日，那同班毕业的学生，有五个要往东洋的，来到念祖家里辞行。念祖嘱咐了几句话，约在东京相会。五人起程去了。又过一月，念祖母亲的病尚未大减，不胜焦急。肖祖同着二人，一个姓王名得胜，福建闽县人，也是同班的附学生，一个姓齐名争先，山东历城县人，天津武备学堂毕业生，往德国游学，先来民权村游历，与肖祖最相得。是日三人同来念祖家告知于本周木曜日，乘英国公司轮船，向欧洲进发，一来问念祖母亲的病势，二则告别。到了木曜日，念祖亲送三人上船，说到了德国之后，彼此都要长长通信。肖祖道："这个自然，哥哥到了美国，也要把美国的真象查考出来，切不可随人附和，为表面上的文明所瞒过。"念祖道："兄弟自然要留心，你到德国，也要考察考察。"又对齐争先道："舍弟学问平常，性①情乖僻，祈兄时时指教，就感激不尽了。"齐争先道："小弟学问也空疏得很，还要求令弟教训，这话顶当不起了。"那轮船上的汽②笛，震天的叫了几声，船已要开了。念祖同那些送行的人，又切实讲了几句，说一声珍重，忙上了岸。那船渐渐的离岸去了。

念祖等回得家来，母亲的病势虽渐到好边来，尚不能出外行走。有一个同学，也是姓孙，名承先，约念祖同往美洲，恰值念祖为母病逗留，他也不能行，一连等了三四个月，心上乱七乱八的不好过，又不便催，只时时来念祖家问病。念祖心知其意，言道："兄弟不要急，只等家慈的病，到了平稳一边，就要走的。"到了下月，念祖母亲的病已大愈。念祖遂把到美洲留学的事，禀知了员外。员外虽只有一子，爱惜得很，却晓得游学是要紧之件，不好阻留。只是念祖母亲，平日把念祖宝贝样的看待，如何舍得，大哭起来。念祖也悲伤得很，倒是员外道："这外洋一带我不知住了好多年，为何儿子要往外洋游学，就要做出这个样子？快快收拾，打发他去。"念祖母亲不好哭了，念祖也收住了泪，退到书房，写了两个邮便，知会承先、绳祖。绳祖接到邮便，即一面催女钟勾当各事，一面禀知祖母。原来绳祖的父母，俱已亡过，只有兄妹二人，上头仅有一个祖母，年已七十余岁了。到了动身日期，女钟上堂拜辞祖母，女钟祖母听说女钟要到洋国去，一见女钟来前，心肝儿心肝儿的叫，哭不成声，手中的拐杖，支持不住，往后便倒。绳祖上前一手

---

① "性"，原作"姓"，误，据刘晴波、彭国兴编校《陈天华集》校改。
② "汽"，原作"气"，误，据刘晴波、彭国兴编校《陈天华集》校改。

扶住说："祖母不要伤心，妹妹不久就要回来的。"女钟正色言道："孙女出洋求学是一件顶好的事，老祖宗倒要如此悲哀，孙女顶当不起了，孙女年已长大，自己晓得打点自己，祖母不要担心。祖母在家，有哥哥伏侍，孙女也放心得下，只要祖母自己好生保养，孙女不过一两年，就要回来看祖母呢。"那女钟的祖母，看见女钟如此说，心中有好些话要说的，一句也说不出来，只睁开两只泪眼，瞪视绳祖兄妹。比要说，喉中又喀嗽起来，说不成功。女钟连忙并了两拜。说一声"祖母珍重，孙女去了"，转身望外而走，女钟的祖母，看见女钟去了，喀嗽了一会，方才放声大哭起来，绳祖扶进后堂，安慰了许久，再走出招呼女钟上船。念祖、承先已先到了。绳祖少不得向二人把女钟嘱托几句，二人都说不要费心，万事有我二人担任。三人上船，然后绳祖同两家送行的亲朋，都各转回。绳祖即在本村开了一个时事新报馆，又邀集同志数人，办了一付铅字排印机器，把一切新书新小说，都编印出来，贴本发卖不表。

且说四川①省保宁府南部县，有一个秀才，名叫康镜世，是一个农夫之子，薄有资产。康姓素来以武力传家，到康镜世才是一个文生员。康镜世的弟，名叫康济时，入了武庠，能开两石之弓，鸟枪习得极精，仰射空中飞鸟，百不失一。康镜世自幼也好习拳棒，操得周身本领，文事倒不及他的武事。专爱锄强扶弱，结交些猎户痞棍，终日不是带人打架，即是带人捉人。也拼过些大对头，打了几场官司，把家财弄得七零八落，本性依然不改，因此远近都叫他做康大虫。

同府的苍溪县，也有一个秀才，姓贝名振，性情顽固得很，仇恶洋人，疾视新学，连那洋布洋货，凡带了一个洋字的，都是不穿不用。一生轻财仗义，把数万金的家赀，不上十年花得精光，连两个门生的家财，也被他用去大半，两个门生，口无怨言。因此人人爱戴，一呼可聚集数千人，乡间事情他断了的没一个敢违。那些乡绅富户很恨不过，却怕了他。

单有康镜世慕名投他门下，彼此谈论兵法，甚为相得。后贝振因闹了一场教案，杀死两个教民，被官兵捉拿去正了法。康镜世常有为师报仇的心，恨洋人与教民愈加切骨，所读的即是《孙子兵法》、《纪效新书》，日日组织党羽。

---

① "川"，原作"州"，误，据刘晴波、彭国兴编校《陈天华集》校改。

本府书院，有一个山长，姓马名世英，是安徽相城县人。为本府太守聘来掌教，最喜欢讲新学，排满的心极热。只是保宁府的人，奴隶心太重，凡来书院读书的，都是为着科名而来，哪里晓得国民事业。虽有些可造的，还少得很。听闻康镜世的行径，晓得他和常人有些不同，打量运动他。又听得他是著名的顽固党，怎好开口。想了一回，说道："是了。大凡顽固人，不开通便罢；开通了，就了不得。他是个仇恨洋人的人，开先就要他讲新学是万不行的。少不得要照他平日的议论，渐渐归到新学上，自然不致有冲突之事了。"主意拿定，打听康镜世到了府城，即私自一人，带了名刺，寻访康镜世的寓所，投了名刺，相行了礼，果然一团的雄悍气，全没有文人气象。马世英先说了两句应酬套话，即侃侃而谈，说时局如何不好，洋人如何可恶，中国如何吃亏，淋淋漓漓的说了一遍。说得康镜世摩拳擦掌，把佩刀向案上一丢，说道："是的，于今①不杀洋人，将来一定不得了。先生所言，真是痛快得很，只恨那鸟官府不知道，专心怕洋人，实在懊气之至。"马世英道："不是官府怕洋人，是满洲政府怕洋人，满洲政府若是不怕，那官府一定不敢阻民间杀洋人了。"康镜世道："这是不错。"马世英道："满洲政府，原先何尝不想杀洋人。一切事情，都当洋人不得，怎么行呢。"康镜世道："怎见得？"马世英道："别项不要讲，即如枪炮一项，洋人的枪，能打五六里，一分钟能发十余响。中国的鸟枪，不过打十几丈，数分钟才能发得一响，这是我没近他的前，已早成了肉泥了。"康镜世道："只要舍得死，枪炮安足怕哉。"马世英道："事到临危正要这样讲，但预先不可存这个心，学到他的把来打他，不更好呢。"康镜世道："学造枪炮就是了，为何又要讲什么洋务？"马世英道："洋务也不得不讲的。每年中国买他的洋货，共计数万万两，都是一去不返的，又不能禁人不买，是工艺之学，万不可不讲了。中国在洋人一边经商的，也有好多人，但总不如洋人之得法。如银行、公司、轮船、铁路、电线，洋人为之，则要赚钱，中国做了，遂要失本，是商学又不可不讲了。中国的矿，随便拿一省，即可抵洋人一国，因自己不晓得化炼，把矿砂卖与洋人，百份才得一二，是化学与矿学又不可不讲了。"康镜世道："洋人长处也不过就在几项。"马世英道："不是这样讲。古人云，知彼知己，百战百胜。洋人于中国的事情，无一不知，中国于洋人的本国，倒底是怎么样的，好比

---

① "今"，原作"还"，校改。

在十层洞里，黑沉沉的如漆一般，又怎么行呢？是外国的语言、文字、历史、地理、政治、法律各学，也不可不讲了。总而言之，要自强必先排满，要排满自强，必先讲求新学，这是至断不移的道理。"康镜世听了，沉吟了半响言道："先生之言，颇似有理，容在下思之。"马世英知他的心已动了，即辞回书院。

到次日，着人把《现今世界大势论》、《黄帝魂》、《浙江潮》、《江苏》、《湖北学生界》、《游学译编》等书，送①至康镜世的寓所。康镜世把这些书，做四五日涉猎了大略，即走到马世英处，顿首言道："康镜世于今才算得个人，以前真是糊涂得很，先生是我的大恩人了。可惜我的贝先生，没有撞见先生，白白送了性命。自今以后，请以事贝先生的礼事先生了。"马世英道："不敢当，不敢当。贝先生的爱国心，素来所钦慕的，鄙人不及贝先生远了，敢劳我兄以贝先生相待，是折损鄙②人了。"

自是康镜世与马世英异常相得，折节读书。要想立一个会，却寻不出名目来。一日说起中国的英雄固多，英雄而为愚夫俗子所知道所崇拜的，惟有关帝与岳王，但关帝不过刘备一个私人，他的功业，何曾有半点在社会上、民族上。比起岳王替汉人打鞑子，精忠报国而死，不专为一人一姓的，实差得远了俺汉族可以崇拜的英雄，除了岳王，没有人了，不如我这个会名，就叫做岳王会。把此意告知马世英，世英道："很妙。"即替康镜世草了一个会例，交与康镜世。书院里有两个学生，一个名叫唐必昌，一个名叫华再兴，预先入了会。康镜世回家，把一班朋友都喊了来，告知立会之事，都欢喜的了不得，齐签了名。会员每人给《精忠传》一部，当岳王诞期演精忠戏三本。会员四出演说，说岳王如何爱国，咱们如何要崇拜岳王，及学岳王的行事，渐渐说到岳王所杀的金鞑子，即是于今的满洲，岳王所撞的，只有一个金国，尚且如此愤恨，现在有了满洲，又有了各国，岳王的神灵，不知怎么样的悲怆了。咱们不要仅仅崇拜岳王，遂了里事，还要了那岳王未遂的志呢。这些话，说得人人动心。不两个月，入会的有数千人，会赀积到万余金。康镜世推马世英做了会长，把会章大加改订。

恰值岳王圣诞，演戏已毕，康镜世提议集赀修建岳王庙，就为本会

---

① "送"字前原有衍文"着人"，今删。

② "鄙"，原作"卑"，误，校改。

的公所。马世英把会章的大意，述了一遍，又演了一遍说，那时会内会外的人，约有三四千，都是倾耳而听。散了会，马世英走到康镜世家里，谈论了好些。紧要的会员，都皆在座。忽报有一生客来，马世英同康镜世走出，延客进室，只见那客年纪不过二十多岁，粗衣布履，像貌堂皇，衣上微带些灰尘，你道此客为谁，原来就是狄必攘。

必攘当念祖起程赴美三四个月之后，把家中的事，托与寡姊，带了些盘费，先到绳祖处，把要到内地的事情，说与绳祖听。不一会在内拿出三百圆钱来，交与必攘做川赀。必攘不受，绳祖道："古人云，行者必以赆。此系可以受得的，吾兄不复太拘执了。"必攘只得收下，乘坐一个小火轮，一直到上海，平日听说上海是志士聚会之所，进了客寓，卸了行装，把那些著名志士姓名寓所，探访明白，用一个小手折子，一一开载。到了次日，带了手折，照所开的方向去问。十二点钟以前，都说没有起来，十二点钟以后，又都说出门去了。会了三四日，鬼影都会不到一个，焦闷得很。隔壁房里，有一个客，说是自东京回来的，和必攘讲了些东京的风土情形。必攘道："弟想在此和那些志士谈谈，一连三四日，人都会不到手，真奇怪得很。"那客笑道："要会上海的志士，何难之有。到番菜馆、茶园子、说书楼及那校书先生的书寓里走走，就会到了。有时张园、愚园开起大会来，就有盈千盈百的志士在内。老兄要想会志士，同我走两天，包管一齐都会到了。"必攘惊道："难道上海的志士，都是如此呢。"那客道："哪一个不是如此。现在出了两句新名词，野鸡政府，鹦鹉志士。要知现在志士与政府的比例，此两句话做得代表。老兄不要把志士的身价看得太高了。"必攘低①着头默默无言，长叹了一声。那客又道："老兄不要见怪，这上海的熔化力，实大得很。老兄若在这里多住几月，恐怕也要溜进去了。"必攘也不回语，把一团的热心，和一炉红灯灯的火，陡然下了一桶大冷水，熄灭了大半。从此也不再会那些志士，乘着轮船，向长江上流进发。

同船之中，有②一个湖北人，姓武名为贵，是武备学堂学生，新做了一个哨官，和必攘谈论了一会，颇相契洽③。武又引了一个人来，说是他学堂的教习，马步炮队，都操得好，姓任名有功，江西人，于今奉了广东总督的札子，到河南招兵，其人很有革命思想，才听得我说，亟

---

① "低"，原作"祇"，误，据刘晴波、彭国兴编校《陈天华集》校改。

② "有"，原作"此"，误，据刘晴波、彭国兴编校《陈天华集》校改。

③ "洽"，原作"恰"，误，据刘晴波、彭国兴编校《陈天华集》校改。

亟要来会老兄。必攘和任有功施了礼，各道名姓，果然慷慨的了不得，三人各把籍贯及通信的地方写了，彼此交给收下。到了江宁，他二人上岸去了，必攘私自一人，到汉口投寓高升客栈。

汉口居天下之中，会党如林。必攘在家，结识了一个头领，名叫陆地龙，开了一个名单，凡长江一带的头目，总共开了三十多个。内中有一个名叫小宋江张威，是一个房书，专好结交会党中人，凡衙门有逮捕文书，他得了信，马上使人报信，倘或捉拿到案，也必极力周张，所以会党中人，上了他这个名号，正住在汉口市。必攘到了第二日，遂到张威家拜访，张威平时听得陆地龙说，狄必攘是当今第一条好汉，渴慕得很。比闻必攘已到，喜出望外，见了必攘，先就问寓在何所，忙使人取过行李，即留必攘在家住宿。一连住了十余日，果然来往的人不少，就中有一个赛武松饶雄，贵州人氏，拳棒①最精，是会党中一个出色人物。张威因必攘特开了一个秘密会，头领到的二十多个，中有五个大头领：石开顽、周秀林、杨覆清、王必成、陈祖胜。张威先开说道："今日是黄道吉日，众位兄弟都已聚会，各山缺少一个总头领，事权不一，又怎样能成呢？弟意要于今日举一个人当总头领，各兄弟赞成吗？"众皆道赞成。张威又道："咱们会内的人，有文的少武，有武的少文，惟新来的狄君，文武双全，文是诸君皆知道的，不要试了，武则请诸位兄弟当面试过。"众皆道："妙，妙。"必攘坚不敢当，众人已把装束改好，必攘也只得解了长衣，把腰束好，走到坪中。起先是陈祖胜来敌，不上十合，败下去了。石开顽走上来，又只十余合，败下去。饶雄头缠青丝湖绉，额上扎一个英雄标，腰系一根文武带，挥起拳势，对必攘打来，两人交手七十余合，不分胜负，必攘卖一个破绽，飞脚起处，雄已落地。余人更没敢上前，于是众人都举狄必攘当总头领，必攘谦让再三，才敢承受。于是把前此的会规十条废了，另立十条新会规。

一、本会定名为强中会，以富强中国为宗旨。所有前此名称，概皆废弃。

一、本会前称会中人为汉字家，今因范围太小，特为推广，除满洲外，凡系始祖黄帝之子孙，不论入会未入会，概视为汉字家，无有殊别。

一、本会前此之宗旨，在使入会弟兄，患难相救，有无相通，而于

---

① "棒"，原作"捧"，误，据刘晴波、彭国兴编校《陈天华集》校改。

国家之关系，尚未议及。今于所已有之美谊，固当永守，于其缺陷之处，尤宜扩充，自此人人当以救国为心，不可仅顾一会。

一、本会之人，须知中国者汉人之中国也。会规中所谓国家，系指四万万汉人公共团体而言，非指现在之满洲政府，必要细辨。

一、本会之人，严禁保皇字目。有犯之者，处以极刑。

一、会员须担任义务，或劝人入会，或设立学堂、报馆，或立演说会、体操所，均视力之所能，会中有事差遣，不得推诿。

一、会员须操切实本领，讲求知识，不可安于固陋，尤不可言仙佛鬼怪星卜之事，犯者严惩。

一、会员须各自食其力，不可扰害良民。会中款项，合力共筹，总要求出生财之道，不能专仰于人。

一、会规有不妥之处，可以随时修改。

一、前此所设苛刑，一概删除，另订新章。

必攘把十条会规草完了，各头领看了，都皆心服。即印刷出数千张，使人分示各处，全体会员都画了押。必攘已在汉口三月有零，要想往四川游历，与张威商量。张威道："四川保宁府有一个好汉，绰号康大虫康镜世，兄弟二人，好生了得，远近闻名，只不肯入咱们的会。贤兄到了四川，一定要会其人。"必攘领会，一①到四川即来访康镜世。恰值是日开会，必攘也随在人丛中，听见马世英所报告的会章宗旨，与他大略相同，只浑含一些，心中大惊，特不知道马世英是什么人。散了会，他遂到康镜世家来。康镜世、马世英也失了惊，彼此问了姓名，坐下谈了好些世事，然后请将今日宣告的会章，给他细细一读，外面措词虽极和平，但里头的意思却隐跃可知。晓得他两个不是等闲之人，遂把来意说明，也把他新定的会章拿出来，送与二人看，两人极力称赞。必攘正要说两会合并的事，马世英的小厮从书院跑来，说有一个客人称新从外洋回来，要见老爷，请老爷作速回转府城。马世英即辞了镜世、必攘，同小厮匆匆而去。要知来人为谁，请待下回分解。

第七回　专制威层层进化　反动力渐渐萌机

话说马世英别了康镜世、狄必攘，回到书院，听差迎着说道："客

① "一"字前原有衍文"怕"，今删。

人已到外边去了。"过了两三点钟,外间走进一个人来,穿着外洋学堂制服,向马世英脱帽为礼。马世英惊道:"哪里来的东洋人。"仔细一看,乃是自己一个学生,遂大笑起来,上前两相握手。原来马世英有三个学生在东洋留学,一个姓鲁名汉卿,为人勇敢猛进,在日本留学界中,顶刮刮有名。一个姓梅名铁生,深沉大度,很有血性。一个姓惠名亦奇,办事认真,学问亦好。这回来的即是梅铁生。

马世英将东洋情形问了一番,然后梅铁生将来意表明。因为梅铁生三人连次写信要马世英到日本求学,马世英虽答应了,为书院里的人苦苦缠住,本府知府也是苦留,屡屡爽约,特派梅铁生回国,面催马世英赴东。马世英道:"这日本是我在梦里都想去的,怎奈目下没有脱身之策,好歹到了明年,一定是要来的。"梅铁生道:"这谎你扯多了,要去就去,怎么要到明年呢。我知道你在这里当的是山长,有许多人吹你的牛皮,有时知府大老爷还要请你吃酒,客客气气的,称你是老师,好不荣宠。到了日本,放落架子,倒转来当学生,你原是不干的。"马世英道:"不要这等说,难道我是这样的人呢。你如不信,我这里积有川赀六百元,预备出洋的,你先带去,明年我如不来,尽可把来充公。"梅铁生道:"去不去由你,我不能替你带钱,我还有别项事情呢。"马世英道:"你在路途辛苦了,在此多住几天。"梅铁生道:"不能久住。"马世英道:"至少也要住两三天。"到了第三日,梅铁生坚要去了。马世英送了几十块洋钱,说道:"向汉卿、亦奇讲,明年正、二月,我准定到东京。议论要和平一点,还以习科学为是。"梅铁生道:"知道了,你到了才晓得。"这回梅铁生满想马世英同他一路到日本,不料马世英托辞等待来年,已十分不快,兼之马世英故意说出老实话,谓种种不可过激,更加不对。还有几个朋友,在安徽省城各学堂读书,打量运动他们出洋,遂一直转回安庆省城。

那城门口的委员,看见一个穿洋装的人来了,连忙戴了大帽子,恭恭敬敬的站在门首。梅铁生毫不理他,一直向城里跑去。那委员叫四名巡勇跟随其后。梅铁生行的是体操步子,极其快速。四名巡勇走得气喘喘的,还赶不上。梅铁生进了客栈,方才赶到。站了许久,才敢说道:"小的们是城门委员大老爷差来伺候洋大人的,请洋大人给小的们一个名片,待小的们报明洋务局,洋务局再报明院上,等各位大人好来请洋大人的安。"梅铁生道:"我不是洋大人,是一个留学生。你要名片,却可拿一个去。"在怀中拿出一个名刺,交给巡勇去了。

到了次日，正想往各学堂里去，在街上会见一个同过学的朋友，扯住梅铁生到僻处，问道："你何时来的，有相熟的人会过你否？"梅铁生道："没有会过。这话怎么讲的？"那人道："你不知道么，现在日本留学生，起了一个什么拒俄会，驻日公使乌钦差打了一个电报与两江总督，说是名为拒俄，暗为革命，两江总督立即通饬各属，凡留学生在这几个月内回来的，一体严拿，就地正法。现正办得很紧呢。"梅铁生道："这事我在东京时候，没有出来，既①是拒俄难道也要拿办，理信全不讲吗？"那人道："官场有什么理信，你不如早早走罢。从我们学堂出洋的，有一个名叫田汉藩，名单内也有其名，闻说已经回来了。昨日抚台差人到学堂，查问了一次。"梅铁生惊道："他人不要紧？这田汉藩是我的至交，我一定要在此设法救他，不然，与他死在一块，也是好的。"遂不听那人的言，仍在客栈住。有知道的日日来催他出走，总不依从。那风声一天天的不同，有一个人要到东洋去，遂写了一封信他，带交安徽同乡会员：

风闻汉藩兄已归，殊属可虑。现风声益紧，诸友日促铁生返东。设铁生去而汉藩来，则势力益孤，决意在此静候，设法出汉藩于险。如其不能，情愿与汉藩同悬头江干，以观我四万万同胞革命军之兴。

那书发后之夜，客栈前忽然蜂拥多人，灯笼火把，照耀如同白日，走进两个警察局的小委员，带领三四十巡勇，将梅铁生的衣囊行箧，一齐搜去。又有几个人扯住梅铁生的手，如飞的一般，带到警察局，问了一些，又送往抚台衙门，倾囊倒箧，搜了一番，一点凭据没有。那抚台还是半开通的人，从轻开释。那些人白费了一些功，面面相觑的散去。和梅铁生相熟的，已吓的了不得，梅铁生出来，个个躲避，没有一个敢与讲话的。后梅铁生打听田汉藩着实没有回国，也就起程到日本去了。

且说拒俄会因何而起？满洲末年，朝中分了几派，守旧党主张联俄，求新党主张联日，留学生知道日俄都不可联，反对联俄的更多。俄国向满洲政府要来永占东三省之权，在日本的留学生闻知，愤不可言，立了一个拒俄会。不料满洲政府，大惊小怪，加以革命的徽号。其实当时留学生的程度，尚甚参差。经满洲几番严拿，和平的怕祸，激烈的遂把"拒俄"二字改了，直称"革命"，两相冲突，那会遂解散了。满洲因此防留学生更防得严，处处用满学生监察汉学生，又有许多无耻的汉

---

① "既"，原作"概"，误，据刘晴波、彭国兴编校《陈天华集》校改。

学生，做他的耳目，侦探各人的动静。那时满洲有两个学生，一个名叫梁璧，一个名叫常福，他两个人专打听消息，报知满洲政府。留学生在日本有一个会馆，每年开大会二次。有一回当开大会之时，一人在演台上公然演说排满的话，比时恃着人众，鼓掌快意，忘着有满人在座。

二人归寓，即夜写了几封密信，通知满洲的重要人物，说有缓急二策，急策把凡言排满革命的人，一概杀了，永远禁止汉人留学。缓策有几项办法，一不准汉人习陆军、警察，专派满人；二不准汉人习政治、法律，只准每省官派数人；三凡汉人留学，必先在地方官领有文书，没有毕业，不准回国；四不准学生著书出报；五不准学生集会演说。

那满洲的大员，接了这几封信，取着那缓办一策，行文日本政府。孰知日本的政党，都说没有这个办法，一概不答应。满洲政府没法，只得叫各省停派留学生，封闭学堂，即有几个官办的，用满洲人做监督，严密查察学生的动静，严禁新书新报。哪知压力愈大，抵力愈长，学生和监督、教习冲突的，不知有多少，每每全班退学，另组织一个共和学堂。书报越禁销数越多。那时上海有一个破迷报馆，专与政府为难，所登的论说，篇篇激烈，中有一篇革命论，尤其痛快。其间警论一段：

诸君亦知今日之政府，何人之政府也，乃野蛮满洲之政府，而非我汉人公共之政府也。此满洲者，吾祖若父，枕戈泣血，所不共戴天之大仇。吾祖父欲报而不能，以望之吾侪之为孙子者。初不料后人奉丑虏为朝廷，尊仇雠为君父，二百余年而不改也。披览嘉定屠城之记，扬州十日之书，孰不为之发指目裂，而吾同胞习焉若忘，抑又何也，其以满洲为可倚赖乎？彼自顾不暇，何有于汉人，东三省为彼祖宗陵墓重地，不惜以与日俄，而欲其于汉族有所尽力，不亦慎欤。世岂有四万万神明贵胄不能自立，而必五百万野蛮种族是依者。诸君特不欲自强耳，如欲之，推陷野蛮政府，建设文明政府，直反掌之劳也。有主人翁之资格而不为，而必奴隶焉，诚不解诸君何心也。

诸君平日骂印度不知爱国，以三百兆之众，俯首受制于英。试以英与满洲比较，其野蛮文明之程度，相去为何如也。印度之于英也，为直接之奴隶；中国之于满洲也，为间接之奴隶，奴隶不已而犬马之，犬马不已而草芥之。诸君尚欲永远认满洲为主人乎，而不知已转售于英俄美日德法诸大国之前，作刀俎上陈列之品矣。及今而不急求脱离，宰杀割烹之惨，万无可免。夫以理言之则如彼，以势言之则如此，诸君虽欲苟且偷安幸免一己，不可得也。其曷不急翻三色之旗，大张复仇之举，远追明太，近法华拿，复汉官之威仪，造国民之幸福，是则本馆所馨香顶祝，祷切以求也。

此论一出，人人传颂。"革命革命"，"排满排满"之声，遍满全国。报馆开在租界内，中国不能干涉，所以该报馆敢如此立言。看官你道怎么不能干涉呢？通例：外国人住居此国，必守此国的法律，外国人犯了罪，归此国的官员审问，领事官只管贸易上的事情，一切公事不能过问，也没有租界之名。警察只可本国设立，外国不能在他人之国设置警察。惟有当时中国许外国在中国有领事裁判权，在租界内，不特外国人不受中国官员管束，即是中国的犯人，也惟有领事审得，领事若是不管，中国官员是莫可如何的。

后来满洲政府想收回此权，开了一个律例馆，修改刑律，不知刑律是法律中之一项，法律是政治中之一项，大根原没改，枝叶上的事，没有益的。各国在中国，有领事裁判权，于国体上是有大大的防碍。那些志士幸得在租界，稍能言论自由，著书出报，攻击满洲政府，也算不幸中之一幸。独是满洲政府，各国要他割多少地方，出多少赔款，无不唯唯听命，即是要挖他的祖坟，也是敢怒而不敢言，哭脸改作笑脸。只有在租界内的报馆日日非难他们，倒容忍不得。在各国领事面前屡次运动，各国领事原先是不准，后见他苦求不已，只得派了巡捕，封闭破迷报馆，把主笔二人拿到巡捕房，悬牌候审。到了审日，各国的领事官，带了翻译，坐了马车，齐到会审公堂，公推美国领事做领袖。满洲也派一个同知做会审委员，坐在底下一旁，各国领事中坐。巡捕将两批①人证带到，都坐马车，站在廊下。计开原告满洲政府报告江苏候补道余震明，年四十三岁，所请的律师四位。被告破迷报馆正主笔张宾廷，年卅二岁，副主笔焦雍，年廿一岁，所请律师二人。各国的领事官命将人证带上堂来，就有印度巡捕和中国巡捕把一干②人证带上。各国领事先将各人的年貌、履历问了，由翻译传上去，然后原告的律师替原告将情由诉出，说："张、焦两个人，在租界内设立报馆，昌言无忌，诋毁当今皇上，煽动人心，希图革命，实在是大逆不道，求贵领事将人犯移交中国地方官，按律治罪。"被告的律师驳道："请问贵堂上各官，今日的原告，到底是哪一个？"余震明猛听得此语，不知要怎样的答法，若说是

---

① "批"，原作"比"，误，校改。
② "干"，原作"千"，误，据刘晴波、彭国兴编校《陈天华集》校改。

清国皇上，面子太不好；若说是自己的原告，这个题目又担当不起，踌躇了好久，尚答话不出，被告的律师又催他说，原告的律师代替应道："这个自然是清国政府做原告。"被告的律师道："据这样看来，原告尚没有一定的人，案件没有原告就不能行的。况且破迷报馆并没有犯租界的规则，不过在报上著了几篇论说，这著述自由，出版自由，是咱们各国通行的常例，清国政府也要干涉？这是侵夺人家的自由权了。据本律师的意见，惟有将案注销，方为公平妥当。不知贵堂上之意以为如何？"这一篇话，说得原告的律师，无言可答。美领事道："据原告律师之言，说要将被告移交清国地方官，无此道理。被告律师说，要将案件注销，也使不得。好歹听下回再审。"巡捕将人犯仍复带下，各领事仍坐着马车回署。

余震明同着上海道，打听各领事的消息，没有移交被告的意思，不过办一个极轻的罪了事，即打电报禀明两江总督。两江总督打一个电报到外部，请外部和各国的公使商议，外部的王爷大人晓得空请是不能的，向各国公使声明，如将张、焦二人交出，情愿把两条铁路的敷设权送与英国，再将二十万银子送与各国领事。各国公使各打电报去问各国的政府，各国的政府回电都说宁可不要贿赂，这租界上的主权万不可失。各国公使据此回复外部，外部没法，只得据实情奏明西太后那拉氏，急得那拉氏死去活来，说道："难道在咱自己领土内，办两个罪人，都办不成功吗？这才气人得很。"有一个女官走上奏道："奴婢有一个顶好的妙计。"你道此女为谁，也是一个旗女，他的父亲名叫玉明，做过俄国的公使，娶了一个俄国女人，生下此女，通晓几国语言文字，那拉氏叫他做了一个女官，与各国公使夫人会见之时命他做翻译，传述言语，十分得宠。那氏拉听闻他所奏，即问道："你有什么好计？"玉小姐道："洋人女权极重，男子多半怕了妇人的。老佛爷明日备一个盛筵，请各国公使夫人到颐和园饮酒，多送些金珠宝贝，顺便请他们到各国公使前讲情，叫各国在上海的领事把犯人交出，岂不是好呢。"那拉氏道："这计果好，依你的就是了。"忙命太监将颐和园修饰得停停当当，四处铺毡挂彩，安设电灯，光焰辉华，如入了水晶宫一般。当中一座大洋楼，内中陈设的东西，都是洋式，不知要值几百万。楼上楼下，都摆列花瓶，万紫千红，成了一个花楼。时将向午，各国公使夫人，带领使女，也有抱着小孩子的，乘坐大马车由交民巷向颐和园而来。那拉氏亲自迎接进殿，各公使夫人分两旁坐下，所带的使女小孩，也宣进殿来，个个都有赏赐。那拉氏亲安了各夫人的坐，太监、女官献了茶，又讲了好多的应酬话，都是玉小姐通译。传旨赠送各公使夫人每人大磁瓶一对，嵌宝手镯子一双，金刚石时表一个，其余珍玩数件。各公使夫人受了，向那拉氏道了谢。女官奏请入宴，都到大洋楼上，楼下奏起洋乐，那拉氏举杯亲敬了各公使夫人的酒，各公使夫人也举杯呼了那拉氏的万岁。宴毕退下，引各公使夫人到那拉氏卧房里，玉小姐便将那拉氏的本意表出，各公使夫人听了作色答道："敝国虽重女权，国家政事，妇女却干涉不得。即是你老若在敝国，也不过是皇族中一个人，朝中大事议院与皇帝担任，做太后的一点不能干与，何况咱们呢？这却应不得命。"那拉氏半响说不得话，忽又回转脸来，笑道："老身不过说来玩玩，没有一定的。各位夫人不应允就是了。"各公使夫人也起身告辞，回转交民巷。那拉氏费了卅几万，空空抢些白，懊气得很，却又没有出气地方，只将太监痛打，一连打死几个，打得各太监狗血淋漓，无处躲藏。有一日总管李连英奏道："喜保有机密事，要见老佛爷。"那拉氏道："叫他进来。"喜保跪见了那拉氏，即道："现有著名革命党匿藏京城，被奴才查知住所，特来请旨定夺。"那拉氏喜道："好，好。咱到处找寻你不到手，今回你送上来了。快传旨九门提督，带领二百人马，将逆犯拿交刑部治罪，不得有误。"要知所拿为谁，且听下回分解。

第八回　鸟鼠山演说公法　宜城县大闹学堂

话说喜保领了那拉氏的旨意，向九门提督衙门点了二百名兵丁，在西河原联升栈，拿获一个人，一直送交刑部。那时刑部六个堂官，以及司员，不知为着什么事情，慌忙接了懿旨。

懿旨上写道："逆犯审血诚，前在湖北谋逆，事败之后，访闻潜逃来京，着喜保拿交刑部严行拷讯，钦此。"堂官领旨之后，即同坐大堂，把犯人带上。问案官问道："你是不是审血诚？"答道："我不晓得什么审血诚。"问案官道："你到底名叫什么？"答道："我名叫审不磨。"问案官道："你是不是读书人？"答道："我是读书人。"问案官道："你既是读书人，为何要入革命党呢？"答道："我不是革命党，是一个流血党。"问案官道："这流血党三字，从没听见讲过，怎么就叫做流血党呢？"答道："现在国家到了这样，你们这一班奴才只晓得卖国求荣，全不想替国民出半点力，所以我们打定主意，把你这一班狗奴才杀尽斩尽，为国民流血，这就叫做流血党咧。"问案官对着喜保讲道："好了。近来为着那些革命党，弄得咱们慌手慌脚的，为何又弄出一个流血党来了。这都是你弄出来是非。"喜保道："不要着急。"即在堂下带上一个人来。

你道此人是谁？即是审血诚一个同学朋友，姓吴名齿，点过翰林。那年攀附康梁，得了一个新党的招牌，康梁败事，他的翰林也丢掉了。正在穷得很，酷喜赌博，向审血诚借银，审血诚没有借与他，因此怀恨在心。审血诚自湖北走到北京，一连数年，无人知道他的真名。恰好喜保也因事革职，想图开复，没得一条门径，吴齿把审血诚改名在京的事告知喜保，并说他现在当破迷报馆的访事，今年老佛爷听着李总管（即李连英）之言，打算把东三省切实送与俄国，和俄国订了七条密约，也被那厮登在报上发露，老佛爷得知了，这椿功岂不大得很吗？喜保不胜大喜，因一五一十的告知李连英，李连英带他见了那拉氏，拿获审血诚。可巧审血诚的供口，与喜保所指的一毫不对。喜保因此把吴齿唤来，当面认识。吴齿上堂，将审血诚一生的事迹一齐说出，又对审血诚说道："你别要怪我，前程要紧呢。"审血诚大骂道："你这奴才！悔我当时没眼，结识了你。"问案官道："案情定了，据实奏闻就是。把审血诚打下天牢，听侯懿旨发落。"那时正值那拉氏盛怒之下，命将审血诚乱棍打死。即有八个如狼似虎的狱役，各执竹条纵横乱击，打得血肉横飞，足足打了四个小时，方才丧命。因这一椿告密的功劳，赏了喜保一个道台，吴齿也赏了一个知府，就令他两个四处侦探革命党。

这一椿事传播出来，人人危惧，外国各报馆都论说那拉氏这样的残酷，真真是文明之公敌，各国政府切不可把破迷报馆主笔交出，致遭恶妇人的毒手，因此破迷报馆的案件越发松了。各领事把张、焦二人，在租界内监禁，三月之后，听其自由。这一场官司可算是满洲政府没有占到好多的便宜，是为汉族与满洲政府立于平等地位头一次。

且说马世英自梅铁生起身之后，狄必攘、康镜世也到马世英书院里，马世英把梅铁生到此之事说了一遍，又将梅铁生之为人形容出来，讲得狄必攘、康镜世二人不胜钦慕，都道："可惜来迟一点，不然，也可以会一会。"马世英道："不要急。总有会见的日子。"彼此谈论了一些，然后狄必攘提议两会合并的事，马世英道："弟也有此意思。但是现在风气初开，倘若又有所变动，恐怕生出事故来了。咱们的联合只要在精神上，不要在那面子上，日后若有事情做，自然是此发彼应的。"

必攘点头称是。马世英留住狄必攘、康镜世，在书院暂住①一二天。书院里的人不要讲，多有愿来交结的。唐必昌、华再兴二人愈加倾慕必攘，和必攘订了深交。起先只打算住一天，不知不觉遂住了五天，才别了马世英、康镜世、唐必昌、华再兴，起程向陕西一路而去，（中缺）由汉中府顺流向湖北进发。

及抵襄阳府属的宜城县一个小市镇，必攘在那里落了一个客栈，打算歇一两天的脚。方才放了行装，只见外面人声鼎沸，必攘慌忙走出来。去了一队人又一队人，都说"打土洋人呀！打土洋人呀！"必攘也随在人丛中去看，只见许多的人，围烧一个小小学堂。学堂里的学生四处奔散，有几个强壮的，保着一个头发雪白的老先生出走，后面百余人赶来。狄必攘抬头一看，正是文明种。狄必攘赶上一步道："先生不要惊慌，弟子来了。"当着街中，把赶来的人，随手一分，遂倒翻几个。只是越来越多，那街前后，都聚有人，齐喊勿走了土洋人。必攘既要打开各人，又要保护文明种，渐渐危急得很。幸得此地有几个大绅士恐怕酿出大祸，竭力弹压，喝散众人，把文明种、狄必攘带到一个绅士家中。连夜写了一只船，叫文明种、狄必攘赶快出境。原来此处的土人，喊学堂做教堂，喊学生做土洋人。文明种所住的学堂，原是一个灵官庙改的。文明种在此掌教，才有三个月。那愚人都说他是一个教士，灵官庙改为学堂，全出他的意见，恨文明种刺骨。恰好这个月内，该地忽然降下疫症，死人不知其数。文明种对学生说道："这是街道的水沟没有疏通，臭气熏人，于卫生上不宜，只要把街道打扫，水沟疏通，饮食上注意一点，那疫症自然没有了。"谁知此地的居民，听闻文明种的话，遂大嚷起来，说："这是分明他占了灵官爷爷的庙宇，所以灵官爷爷显圣，降起疫症来了，他又移到水沟上，难道这一条水沟，能够②降下疫症不成呢？"一人哄十，十人哄百，顷刻聚集数百人，险些儿致遭不测，幸遇狄必攘打救出来。

比到了船上，狄必攘才致问道："先生一向在哪里，几时到此地的？"文明种道："鄙人自离了民权村之后，当了好几小学堂的教习，又在各处的工场运动了一番，到此处才有几个月的光景。贤契几时出来的？念祖诸人现在怎样？"狄必攘道："弟子出外前来，不过一年多的光

---

① "住"，原作"佳"，误，据刘晴波、彭国兴编校《陈天华集》校改。

② "能够"，原作"够能"，误，据刘晴波、彭国兴编校《陈天华集》校改。

景。念祖往美国留学，肖祖往德国留学，同去的都很有几人呢，绳祖在家开了一个报馆。只是这几个月内，弟子奔走江湖，都没有接到音信呢。"文明种道："如此就很好了，你现在打算到哪里去呢？"狄必攘道："弟子有几个相识的人，住在汉口，此回打算到汉口去。先生可同弟子走一遭？"近着文明种的耳朵，讲了几句。文明种道："哦，哦，很好，我一定去。我本想到宜城县去说一声，把这些东西惩创一番。仔细想来，究犯不着，还同你去的好。"顺风一帆，不几日就到了汉口。狄必攘同文明种直奔张威家来，恰好饶雄、周秀林一班正在张威家里，见必攘来了，都个个来见礼，必攘一一把姓名告知文明种，又把文明种的生平告知各人，张威诸人重向文明种为礼。吃了午餐，然后狄必攘把一路的情形原原本本讲了一遍，众人听了都皆赞叹康镜世诸人不了。

忽见石开顽提了一个包袱，背着一把短刀，大步大摆从外前走进来，一面行，一面喊："咱干了一回公事还来了，你们怎么不来接风呢，真正岂有此理。"张威喝道："狄大哥在此，还如此的放肆。"石开顽听得狄大哥三字，犹如半空中打下霹雳，忙把行李放下，向必攘打了一个参，必攘命他向文明种见礼，也拱了一拱手。狄必攘笑问道："你干了一回什么公事呢？"石开顽笑嬉嬉的道："我这回公事，大哥一定要赞赏的。"狄必攘道："你只管说，办得好，自然有赏；办得不好，怕还有罚呢。"石开顽道："说来大哥没有不喜欢的。小弟这一回从河南来，那河南的地方真真拐得很，到处有强盗。"饶雄道："你自己不是一个强盗呢？"石开顽道："往年也干过这些事来，自从跟了狄大哥，多久没有干了，你还不知道呢。"饶雄道："你私自去干，那个管你的闲事。兼且当着狄大哥，你原是不招的。"石开顽急得不得了，说："你不信我就可赌个咒。我若从了狄大哥之后，再做了强盗的，一世不见脑后壳。"惹得一堂都笑起来。狄必攘道："不要夹杂他，等他说。"石开顽道："那强盗又多又恶，逢着他的，银钱固然是拿去了，连人都要掳去家中。有银钱的多出些银钱，赎了回来，没有银钱的，不管三七二十一就是一刀。有一群客人，驱着多少骡车，将近信阳州的界。忽来了几十个强盗，都拿着雪白的刀。那一群客人吓得四散奔走，走不及的，都向强盗叩头乞命。那强盗不由分说，驱着骡车便走，还把那些客人，一条大绳子穿了。那时各客正在上天无路入地无门，忽然来了一个救星。"饶雄道："这个救星名叫什么？"石开顽道："少不得是咱老子了。咱此时也从那一条路来，便叫强盗不要如此。那不知死活的强盗，敢在太岁头上逗凶，向咱试起威风来了，咱不由火从心起，把那些强盗打得不亦乐乎，个个抱头鼠窜，仍把货物一齐退还各客人，送他们离去河南境界，这不是小弟的一椿公事吗？"狄必攘道："果然是你一椿公事，值得两碗大酒，略等一等，就要赏你的功了。"

狄必攘和张威商议道："咱们的兄弟，也有好几万，不想个法子安置他们，恐怕也有那些事。"张威道："兄弟也这样想，只是人太多了，怎么安置呢？"必攘道："只有多开些工厂，各人都有相熟的人，可以招些股来。弟也有几个相好的朋友，家道都很殷实，几万银子大约可以拿来的。"张威道："很妙。兄弟也可备办几千银子。"文明种道："这个法子都可以，但是全不施点教育也很不行的，就在工厂内添一个半日学堂，一面做工，一面就学，不更好呢。"必攘道："很好。弟子素来主张如此的。"文明种道："更有一项当办。各国的会党莫不有个机关报，所以消息灵通。只有中国的会党，一盘散沙，一个机关没有，又怎么行呢？这个机关报是断不可少的。"必攘道："是。将来筹足款贳，一定要请先生开一个报馆。"文明种道："这开报馆的经费，我也可筹得一些。"

两三个月光景，必攘请①绳祖在民权村筹来银子五万两，文明种、张威也筹了一万多银子，在武汉一带，开了五个工厂，每个工厂，附设一个体育会，一个半日学堂。文明种在汉口开了一个时事新报馆，兼半日学堂的总监督，从此无业游民化为有用绿林豪杰，普吸文明。五千里消息灵通，数十万权衡在握，诚为梁山上一开新面目了。

不上半年，联络了十几起会党。东西洋的留学生，都联为一气。在美洲的留学生领袖，就是念祖；在欧洲的留学生领袖，就是肖祖，这两处的领袖都是必攘的同学，不要讲是常常通信的。东洋的留学生领袖，名叫宗孟、祖黄。这两个人与必攘平日没有交情，就在近今几个月内，慕了必攘的名和必攘订交的。留学生空有思想，没有势力，所以都注目必攘身上。必攘的声势就日大一日，五个工厂，添到十个，报馆也十分发达。一日狄必攘接到宗孟、祖黄一封信，看未及半，神色陡变，忙命人喊文先生来。要知后事如何，且看下回分解。

案星台至此绝笔矣。

---

① "请"，原作"记"，误，校改。

致中国留学生总会诸干事书[*]

　　干事诸君鉴：闻诸君有欲辞职者，不解所谓。事实已如此，诸君不力为维持，保全国体，不重辱留学界耶？如日俄交战，倘日本政府因国民之暴动而即解散机关，坐视国家之灭，可乎？否乎？今之问题，何以异是。愿诸君思之。

---

　　[*] 此文录自《民报》第 2 号，原文附录于《陈星台先生绝命书》后，题目为编者所加。写作时间当为 1905 年 12 月 7 日。《民报》1905 年第 2 号标注的发行时间与第 1 号同为 11 月 26 日。

致湖南留学生书[*]

　　鸣呼！同乡会不可解散。鸣呼！愿我同胞养成尽义务守秩序之国民。当今之弊，在于废弛，不在于专制。欲救中国，惟有开明专制。鸣呼！我同胞其勿误解自由。自由者，总体之自由，非个人之自由也。我同胞其听之耶？鸣呼！愿我同胞其听之，其听之。

---

　　* 原载新化自治会 1907 年刊本《陈君天华绝命书》（标明"非卖品"）。写作时间约为 1905 年 12 月 7 日。此文录自刘晴波、彭国兴编校《陈天华集》。

陈星台先生绝命书[*]

　　呜呼！我同胞其亦知今日之中国乎？今日之中国，主权失矣，利权去矣，无在而不是悲观，未见有乐观者存。其有一线之希望者，则在于近来留学生日多，风气渐开也。使由是而日进不已，人皆以爱国为念，刻苦向学，以救祖国，即十年、二十年之后，未始不可转危为安。乃进观吾国同学者，有为之士固多，可疵可指之处亦不少。以东瀛为终南捷径者，目的在于求利禄，而不在于居责任，其尤不肖者，则学问未事，私德先坏，其被举于彼国报章者，不可缕数。

　　近该国文部省有清国留学生取缔规则之颁，其剥我自由，侵我主权，固不待言。鄙人内顾团体之实情，不敢轻于发难。继同学诸君倡为停课，鄙人闻之，恐事体愈致重大，颇不赞成。然既已如此矣，则宜全体一致，始终贯彻，万不可互相参差，贻日人以口实。幸而各校同心，八千余人不谋而合，此诚出于鄙人预料想之外，且惊且惧。惊者何？惊吾同人果有此团体也。惧者何？惧不能持久也。然而日本各报则诋为乌合之众^①，或嘲或讽，不可言喻。如《朝日新闻》等则直诋为"放纵卑劣"，其轻我不遗余地矣。夫使此四字加诸我而不当也，斯亦不足与之计较。若或有万一之似焉，则真不可磨之玷也。

　　近来每遇一问题发生，则群起哗之曰："此中国存亡问题也。"顾问题有何存亡之分？我不自亡，人孰能亡我者！惟留学而皆放纵卑劣，则中国真亡矣。岂特亡国而已，二十世纪之后有放纵卑劣之人种能存于世乎？鄙人心痛此言，欲我同胞时时勿忘此语，力除此四字，而做此四字

<small>* 此文录自《民报》第 2 号（1905 年 11 月 26 日）。写作时间应为 1905 年 12 月 7 日。</small>
<small>① "众"，原作"斥"，误，校改。</small>

之反面：坚忍奉公，力学爱国。恐同胞之不见听而或忘之，故以身投东海，为诸君之纪念。诸君而念及鄙人也，则毋忘鄙人今日所言。但慎毋误会其意，谓鄙人为取缔规则而死，而更有意外之举动。须知鄙人原重自修，不重尤人。鄙人死后，取缔规则问题可了则了，切勿固执。惟须亟讲善后之策，力求振作之方，雪日本报章所言，举行救国之实，则鄙人虽死之日，犹生之年矣，诸君更勿为鄙人惜也。

鄙人志行薄弱，不能大有所作为，将来自处，惟有两途：其一，则作书报以警世；其二，则遇有可死之机会而死之。夫空谈救国，人皆厌闻，能言如鄙人者，不知凡几。以生而多言，或不如死而少言之有效乎。至于待至事无可为，始从容就死，其于鄙人诚得矣，其于事何补耶？今朝鲜非无死者而朝鲜终亡，中国去亡之期极少须有十年，与其死于十年之后，曷若于今日死之，使诸君有所警动，去绝非行，共讲爱国，更卧薪尝胆，刻苦求学，徐以养成实力，丕兴国家，则中国或可以不亡。此鄙人今日之希望也。然而必如鄙人之无才无学无气者而后可，使稍胜于鄙人者，则万不可学鄙人也。与鄙人相亲厚之友朋，勿以鄙人之故而悲痛失其故常，亦勿为舆论所动而易其素志。鄙人以救国为前提，苟可以达救国之目的者，其行事不必与鄙人合也。今将与诸君长别矣，当世之问题亦不得不略与诸君言之。

近今革命之论嚣嚣起矣，鄙人亦此中之一人也。而革命之中，有置重于民族主义者，有置重于政治问题者。鄙人所主张，固重政治而轻民族，观于鄙人所著各书自明。去岁以前，亦尝渴望满洲变法，融和种界，以御外侮。然至近则主张民族者，则以满汉终不并立，我排彼以言，彼排我以实，我之排彼自近年始，彼之排我二百年如一日，我退则彼进，岂能望彼消释嫌疑，而甘心愿与我共事乎？欲使中国不亡，惟有一刀两断，代满洲执政柄而卵育之。彼若果知天命者，则待之以德川氏可也，满洲民族许为同等之国民。以现世之文明，断无有仇杀之事。故鄙人之排满也，非如倡复仇论者所云，仍为政治问题也。盖政治公例，以多数优等之族，统治少数之劣等族者为顺，以少数之劣等族，统治多数之优等族者为逆故也。鄙人之于革命如此。

然鄙人之于革命有与人异其趣者，则鄙人之于革命，必出之以极迂拙之手段，不可有一毫取巧之心。盖革命有出于功名心者，有出于责任心者。出于责任心，必事至万不得已而后为之，无所利焉。出于功名心者，己力不足，或至借他力，非内用会党，则外恃外资。会党可以偏用，而不可恃为本营。日俄不能用马贼交战，光武不能用铜马、赤眉平定天下，况欲用今日之会党以成大事乎？至于外资，则尤危险。菲律宾覆辙可为前鉴。夫以鄙人之迂远如此，或至无实行之期，亦不可知。然而举中国皆汉人也，使汉人皆认革命为必要，则或如瑞典、诺威之分离，以一纸书通过，而无须流血焉可也。故今日惟有使中等社会皆知革命主义，渐普及下等社会。斯时也，一夫发难，万众响应，其于事何难焉。若多数犹未明此义，而即实行，恐未足以救中国，而转以乱中国也。此鄙人对于革命问题之意见也。

近今盛倡利权回收，不可谓非民族之进步也。然于利权回收之后无所设施，则与前此之持锁国主义者何异？夫前此之持锁国主义者，不可谓所虑之不是也，徒用消极方法而无积极方法，故国终不锁。而前此之纷纷扰扰者，皆为无效。今之倡利权回收者，何以异兹？故苟能善用之，于此数年之间改变国政，开通民智，整理财政，养成实业人才，十年之后，经理有人，主权还复，吸收外国资本，以开发中国文明，如日本今日之输进外资可也。否则，争之甲者，仍以与乙；或遂不办，外人有所藉口，群以强力相压迫，则十年之后，亦如溃堤之水滔滔而入，利权终不保也。此对于利权回收问题之意见也。

近人有主张亲日者，有主张排日者，鄙人以为二者皆非也。彼以日本为可亲，则请观朝鲜；然遂谓日人将不利于我，必排之而后可者，则愚亦不知其说之所在也。夫日人之隐谋，所谓司马昭之心，路人皆知。即彼之书报亦倡言无忌，固不虑吾之知也。而吾谓其不可排者，何也？"兼弱攻昧，取乱侮亡"，吾古圣之明训也。自有可亡之道，岂能怨人之亡我？吾无可亡之道，彼能亡我乎？朝鲜之亡也，亦朝鲜自亡之耳，非日本能亡之也。吾不能禁彼之不亡我，彼亦不能禁我之自强，使吾亦如彼之所以治其国者，则彼将亲我之不暇，遑敢亡我乎？否则，即排之有何实力耶？平心而论，日本此次之战，不可谓于东亚全无功也。倘无日本一战，则中国已瓜分，亦不可知。因有日本一战，而中国得保残喘。虽以堂堂中国被保护于日本，言之可羞，然事实已如此，无可讳也。如耻之，莫如自强，利用外交，更新政体，于十年之间，练常备军五十万，增海军二十万吨①，修铁路十万里，则彼必与我同盟。夫同盟与保护不可同日语也。保护者，自己无实力，而惟受人拥蔽，朝鲜是也。同

---

① "吨"，原作"顿"，误，校改。

盟者，势力相等，互相救援，日、英是也。同盟为利害关系相同之故，而不由于同文同种。英不与欧洲同文同种之国同盟，而与不同文同种之日本同盟，日本不与亚洲同文同种之国同盟，而与不同文同种之英国同盟，无他，利害相冲突，则虽同文同种而亦相仇雠；利害关系相同，则虽不同文同种而亦相同盟。中国之与日本利害关系可谓同矣，然而实力苟不相等，是同盟其名，保护其实也。故居今日而欲与日本同盟，是欲作朝鲜也。居今日而欲与日本相离，是欲亡东亚也。惟能分担保全东亚之义务，则彼不能专握东亚之权利，可断言也。此鄙人对于日本之意见也。

凡作一事，须远瞩百年，不可徒任一时感触而一切不顾，一哄之政策，此后再不宜于中国矣。如有问题发生，须计全局，勿轻于发难，此固鄙人有谓而发，然亦切要之言也。

鄙人于宗教观念素来薄弱，然如谓宗教必不可无，则无宁仍尊孔教，以重于违俗之故，则并奉佛教亦可。至于耶教，除好之者可自由奉之外，欲据以改易国教，则可不必。或有本非迷信欲利用之而有所运动者，其谬于鄙人所著之《最后之方针》言之已详，兹不赘及。

近来青年误解自由，以不服从规则、违抗尊长为能，以爱国自饰，而先牺牲一切私德。此之结果，不言可想。其余鄙人所欲言者多，今不及言矣，散见于鄙人所著各书者，愿诸君取而观之，择其是者而从之，幸甚。《语》曰："君子不以人废言。"又曰："鸟之将死，其鸣也哀；人之将死，其言也善。"则鄙人今日之言，或亦不无可取乎？

陈天华年谱简编

1875 年（光绪元年　乙亥）

3 月 6 日（农历正月二十九）　出生于新化县知方团（今荣华乡）下乐村（今小鹿村），兄弟三人，他最幼。父亲陈善系落第秀才、乡村塾师，"勇于公益事，有侠骨风"。天华幼年丧母，家境贫寒，从小过着困苦生活，所以日后虽家中箪瓢屡空，却能处之怡然。

天华原名显宿，字星台、过庭，别号思黄。

1879 年（光绪五年　己卯）

始在乃父督导下发蒙读书，天资聪颖，学习刻苦。同时替人放牛或提篮叫卖，因迷读《水浒传》、《西游记》等，所卖糖果常被人取食，不知计值收钱。宋教仁评论他"性敦笃，善属文"，"不事家人生产作业"。

1883 年（光绪九年　癸未）

仍为人放牛。始读《左传》、《资治通鉴》等书，尤爱民间说唱弹词，经常仿效编写短篇通俗小说与山歌小调，颇受乡邻欢迎。

1889 年（光绪十五年　己丑）

始入私塾读书。

1895 年（光绪二十一年　乙未）

随父至新化县城谋生，住资江书院，负贩为生。常到书院旁听。院长邹苏柏见其文笔不凡，破例许其借阅书院藏书。借得一部《二十四史》，"整日整夜细心研读"，仅半年多读完。"每读书至奸佞乱朝、夷狄猾夏，制度废弛之所由"处，常掩卷长叹，忧愤不已。邹苏柏爱才心切，说动新化巨绅陈御丞周济其入院读书，每月供给米三斗、钱一串。

1896 年（光绪二十二年　丙申）

正式就读资江书院。

1897 年（光绪二十三年　丁酉）

10 月，湖南巡抚陈宝箴倡导新学，在长沙创立时务学堂，陈天华被录为外课生。他勤奋学习学堂规定的中、西学课程，在外课生中脱颖而出。

1898 年（光绪二十四年　戊戌）

考入新化实学堂肄业。该学堂提倡新学，故接触到维新书刊，受到改革思想影响。戊戌变法被清廷镇压后，憎恨清朝政府腐朽统治。

在作文比赛中写《述志》短文，文曰："大丈夫立功绝域，决胜疆场，如班定远、岳忠武之流，吾闻其语，未见其人。至若运筹帷幄，赞划庙堂，定变法之权衡，操时政之损益，自谓差有一日之长。不幸而布衣终老，名山著述，亦所愿也。至若循时俗之所好，返素真之所行，与老学究争胜负于盈尺地，有死而已，不能为也。"教师罗仪陆阅后，大加赞赏，提笔在卷旁写了两句批语："狭巷短兵相接处，杀人如草不闻声。"还加了一个眉批："少许胜人多许。"

9 月 8 日，《湘报》149 号刊出《新化县童生陈天华等〈公恳示禁幼女缠足禀〉并批谕》。陈天华等在禀文中指出："妇女缠足，于古无征……害及天下万世"，吁请官府"出示晓谕，以觉愚俗，而变颓风"，认为这样做，"则不惟二万万女孩馨香顶祝，而强种保族之举，亦略见一端矣"。

1900 年（光绪二十六年　庚子）

年初　经人资助，前往长沙岳麓书院游学。

7 月，父病逝，归里。同时受八国联军侵占京津事变刺激，大病。

1901 年（光绪二十七年　辛丑）

大病稍愈，入长沙求实书院学习，以文章闻于世。

1902 年（光绪二十八年　壬寅）

12 月，由湖南长宝道保送应考，录取省城师范馆。

1903 年（光绪二十九年　癸卯）

3 月，以湖南留日学生人数不足额，补为官费游学师范生前往日本。20 日晚由上海乘博爱丸轮船东渡，27 日抵达东京。

4 月，入弘文学院师范科学习。

4 月 29 日，参加五百留日学生召开之拒俄大会。

4 月 30 日，参加拒俄义勇队本部工作。

拒俄义勇队改名为学生军，每日操练，准备回国参加对俄作战。清政府镇压拒俄运动，要求日本政府下令解散。留日学生中的激进者从爱国走向革命。陈天华亦受到革命思想影响。

5月11日，与黄兴等在东京创立军国民教育会，以"革命"为宗旨，并自荐为"运动员"，准备回国运动反清。

5月24日，所撰《敬告湖南人》公开信刊于《苏报》，鼓动家乡父老共御外敌。

5月26、27日，在《苏报》发表《论〈湖南官报〉之腐败》，批评该报从形式到内容的腐败。

5月30、31日，所撰支持邹容发起组织中国学生同盟会之《论中国学生同盟会之发起》一文在《苏报》连载。

6月14日，所撰《复湖南同学诸君书》在《苏报》刊出，向省内同学介绍拒俄运动情况，表示誓死为国之决心。

夏，撰写《猛回头》。该文先曾在湖南留日归国学生所办之《湖南俗话报》刊载。10月，湖南留日学生在东京出版之《游学译编》第11期刊登再版《猛回头》广告，称："是书以弹词写述异族欺凌之惨剧，唤醒国民迷梦，提倡独立精神，一字一泪，一语一血，诚普渡世人之宝筏也。初版五千部，不及兼旬，销罄无余，因增订删改（视原本约增加四分之一）再版。"

秋，撰写《警世钟》。

冬，因沙俄重占奉天（今沈阳），撰写血书数十封，寄往湖南各学堂，号召家乡民众与外敌死战。

《警世钟》初版。该书1904年排印本为再版，封面上有"本社印送，不取分文，自己阅后，转送别人"。卷首有《印送〈警世钟〉缘起》，称："此书原本出于日俄未战之前，今仍请神州痛哭人将近日情节补入，故与原本有出入。"

11月4日，为协助黄兴建立革命团体，回到长沙，参加黄兴召集的预备会议。

1904 年（光绪三十年　甲辰）

2月15日，在长沙参加华兴会成立大会，会后参与长沙起义的宣传、组织工作。在担任运动军队工作的同时，编辑《俚语报》，并撰写文章，抨击时政。

春，湖南当局封闭《俚语报》，被迫重渡日本，入法政大学法政速成科学习。

夏，再从日本回国。曾赴江西吉安策动清军巡防营统领廖名缙转向革命。

9月24日，与刘揆一等在湖南浏阳普集市会见洪江会首领马福益，举行仪式授予马福益少将衔，并修订起义计划。起义计划外露，辗转赴上海避匿。

11月初，与华兴会同志在沪重聚，准备在南京、武昌等地发动起义，起义计划再次遭破坏后，重返日本法政大学。

开始撰写小说《狮子吼》。

1905年（光绪三十一年 乙巳）

1月，在梁启超影响下，撰写《要求救亡意见书》致留学界，提议由留学生全体选派代表归国，向清政府请愿，立即颁布立宪，以救危亡，并拟只身进京上书清廷。

1月30日，湖南同乡会开会，决议不赞成要求政府之说，而主张全省独立自治。实为不同意陈天华的《要求救亡意见书》。

1月31日，黄兴与宋教仁磋商阻止陈天华北上之行事。后经黄兴、宋教仁劝告，陈天华放弃了《救亡意见书》的主张。

6月3日，与宋教仁等在东京创办《二十世纪之支那》杂志。

7月28日，与宋教仁在《二十世纪之支那》杂志社与孙中山晤面，力主华兴会与兴中会实行联合。

7月30日，参加同盟会筹备会议，对同盟会盟书加以修改润色，被推为同盟会章程起草员之一。

8月上、中旬，参与起草同盟会章程。

8月13日，留日学生、爱国华侨开会欢迎孙中山，陈天华记录会议情形，撰写《纪东京留学生欢迎孙君逸仙事》。

8月20日，出席同盟会成立大会，由该会总理指任为书记部职员。

9～11月，作为《民报》编撰人员，写作《中国革命史论》、《论中国宜改创民主政体》、《怪哉，上海各学堂各报馆之慰问出洋五大臣》等文，投入与改良派的大论战中。

10月，撰写《国民必读——奉劝一般国民要争权利义务》。此小册子出版时未署作者、出版单位及写作时间。《民报》第2号《烈士陈星台小传》（宋教仁撰）介绍说："烈士所著书，其已都成集者，《猛回头》、《警世钟》、《最近政见之评决》、《国民必读》、《最后之方针》、《中国革命史论》，皆风行于世；其散见于他书者，尚俟厘订。"该书由李松年在柳亚子磨剑室藏书中发现，并考证为陈天华所作。

10月20日，《民报》第1号出版，陈天华在该号发表《纪东京留学生欢迎孙君逸仙事》（署名过庭）、《丑哉，金邦平》（署名过庭）、《周君辛铄事略》（署名同邑陈天华）、《论中国宜改创民主政体》（署名思黄）、《今日岂分省界之日耶》（署名思黄）、《怪哉，上海各学堂各报馆之慰问出洋五大臣》（署名思黄）、《中国革命史论》（署名思黄）。《中国革命史论》在《民报》第2号（1906年5月6日印刷）继续刊登了一部分。由于他的去世，此文未写完。

11月7日，日本文部省颁布十九号令，即《关于许清国学生入学之公私立学校规程》（通称"取缔清国留学生规则"），对留日学生的言论、结社、居住及通信自由横加限制，引起广大留日学生的强烈反对。

宋教仁劝陈天华撰文发表对此事的意见，陈天华答以："否。徒以空言驱人发难，吾岂为耶。"

11月28日，中国留日学生会馆总干事杨度领衔向中国驻日公使杨枢上禀帖，称"取缔规则"第九、十两条对中国学生不利，请其照会日本文部省将此两条规定取消。

12月2日，杨枢将留学生禀帖转呈日本内阁总理大臣兼外务大臣桂太郎。

12月4日，留日学生为反对清政府勾结日本政府颁布"取缔中国留学生规则"，开始罢课、归国。陈天华对留学生的过激行动不以为然，故无所动。

12月7日，全体留日学生总罢课。日本《朝日新闻》发表文章对中国留学生爱国行动进行肆意嘲讽，认为留学生对文部省令多有"误解"，并诬蔑中国留学生为"乌合之众"，"清国人特有的放纵卑劣之意志，其团结亦会十分薄弱"。陈天华愤嫉日本报刊对中华民族的污蔑，决定以死来警醒国人团结一致，是日晚遂撰《绝命书》和《致留日学生总会诸干事书》、《致湖南留学生书》，呼吁留日同学"去绝非行"，"坚忍奉公，力学爱国"，不要听信亲日派言论。同时撰写有《先考宝卿府君事略》，文后写有"烦伯笙检择冠于华文集上"字样，即嘱同乡兼好友杨源濬（字伯笙）将此文收入自己的文集中。

12月8日，晨，将《绝命书》等挂号寄往留学生会馆杨度收，随即在东京大森湾蹈海自尽。

邹容卷

禀父母书[*]

第^①廿三次

次男桂文谨跪禀父母亲大人膝前万福金安：

　　六月廿七日上第廿二次禀，想入尊鉴。是日翌云未赴皖，因江师到，来见亦云："数次见汝信，去日甚好。中国无一完善学校。"华舅并不经纪此事。伏读大人第九次谕内之情，恐华舅阻止，用意之苦，男已默俞而孰之。彼持其老成谋国之见，一直顽固，所发之论，全无生气。云："中国之弱，乃是天运盛衰之理，陈陈相因。前满人盛，今洋人盛，所谓报应。张、刘亦伟人，尚无奈何，天下汝一人岂能挽回？士农工商皆为衣食计耳，汝将英文读好，即吃着不尽，何必别生他念。若欲为国，试看谭嗣同将头切去，波及父母。好否自知。"

　　长篇大言，思之未尝无理，然惜乎其去圣人之道远矣！春秋世乱已极，孔子尚困于陈蔡，奔走风尘。苟世道治乱与人无关，孔子亦可谋其衣食，终老名山也，何为栖迟道路哉！是知不可为而为，此圣人之所以俎豆万古也。人人俱畏死，则杀身成仁可无言，若谭者，可谓杀身成仁也。不然田横五百人岂尽愚哉！方正学之恐波父母妻子，即当为成祖草诏，彼之不计夫父母妻子者，正以成其仁义耳。要之，仁义所在，虽粉身碎骨不计，乃人之义务也。呜呼！文王、武王不作，成王、康王之多也。若所谓孝子贤孙者，则家居终古，足抵妻，怀抱子，守祖父田产而不失，若其子可谓近于道也。有^②人子者，思所以卓耀古今，感民胞物与之念，成一绝学，以留后世，则将鄙为大逆不道。旁观者固妒之，为

＊　手稿，原件藏中国三峡博物馆。作于 1902 年 8 月 4 日。

①　"第"，原作"弟"，误，校改。下同。

②　"有"前原衍一"有"字，今删。

父母者亦甘之，此中国所以亡也。今大人独出乎此，为人子者亦可知感也。男之幸何如！若而人者，直欲使后生小子，群如成康，不杀不尽，不尽不快，不快不止也。其他总总谬论，不堪入耳。男惟侍以长亲之道，不置一辞。

俟翌云到来，当向华舅率二百元，犹正金银行汇去。前在渝，言托东洋妥友照拂，今属子虚也。想其时见男气直，亦无如。前次逼男上禀言学费，即是阻止刁难之意。有亲戚如此，不如无之为虞。愤愤！谨叩晨昏。

七月一日谨禀

致长兄书 *

蕴丹大哥大人：

电悉。弟因本省大府有遣学生留学日本事，于五月十六日束装晋省。荷蒙江叔澥先生荐举，于六月十五日同知府李立元（为此役监督）谒奎帅，勉励数语，旋命归渝治行装，于八月中旬同往日本。次又病嘉定十余日，至七夕日始达家。

捧读吾兄五月、六月两书，敬领一是。乡试今岁决无。闻云、贵主考尚未到省，大约亦要停止。鄙见明年亦无乡试，科举路从此绝矣。近国家多难，而必欲糜费千百万之国帑，以于百千万帖括、卷折、考据、词章之辈中，而拣其一二尤者，于天下国家，何所裨益？于是知其必停。兄明晢者也，切毋①奔走于词章帖括中，以效忠于前人；其从事于崇实致用之学，以裨于人心世道也可。

兄近精神顿增，身体强健，于此可见不吸洋烟之效也。赐梅花一页，亦大雅不俗，于墨气间稍加珍［斟］酌，即可应世。医可学，不可应世，其审慎之。

大人近多小疾，精神亦非从前可比，于怒兄之言词，稍减一二分耳。归家后，闻大嫂于月前间与两大人有龃龉语，弟亦不知何事。弟今远游，约五年始能归省，甘旨亦无人承奉，外事更无人支持。倘荆沙无为，不如返渝，仍同两大人居，以代趋承色笑，是则弟之大幸也。

近世途艰险，人贵自立，虽吴野樵姻长，另青厚待，然依人作嫁，

---

* 手稿，原件藏中国三峡博物馆。作于 1902 年 8 月 14 日。

① "毋"，原作"无"，误，校改。

终非久计，吾兄其熟思之。临书怅怅，几不知流涕之自出也。东游停泊荆沙时，再为面见。此叩箸安。

并请于吴野樵姻长处，叱名代致拳拳。两大人无恙，阖家均吉，二侄亦顿见玲珑。

次弟桂文顿首百拜

辛丑七月十一日泐

革命军 *

　　不文以生，居于蜀十有六年；以辛丑出扬子江，旅上海；以壬寅游海外，留经年。录达人名家言印于脑中者，及思想间所不平者，列为编次，以报我同胞，其亦附于文明国中言论自由、思想自由、出版自由者欤？虽然，中国人，奴隶也。奴隶无自由，无思想。然不文不嫌此区区微意，自以为以是报我四万万同胞之恩我，父母之恩我，朋友兄弟姊妹之爱我。其有责我为大逆不道者，其有信我为光明正大者，吾不计。吾但信卢梭、华盛顿、威曼诸大哲于地下有灵必哂曰：孺子有知，吾道其东。吾但信郑成功、张煌言诸先生于地下有灵必笑曰：后起有人，吾其瞑目。文字收功日，全球革命潮。吾言、吾心不已已。

　　　　　　　　皇汉民族亡国后之二百六十年，岁次癸卯三月　日
　　　　　　　　　　　　　　　　　　革命军中马前卒邹容记

---

　　* 邹容著《革命军》，署名"革命军中马前卒"，章炳麟作序，最早于 1903 年（光绪二十九年）由上海大同书局刊行。后多次更名再版，所易书名有《图存篇》（皇汉丛书之一，甲辰版）、《革命先锋》、《救世真言》等。并编入各种文集，如《章邹合刊》（与章炳麟《驳康有为论革命书》合称），部分章节选编入《黄帝魂》。1949 年后，本文编入中国史学会编《中国近代史资料丛刊·辛亥革命》（一）（上海人民出版社 1957 年版）、周永林编《邹容文集》（重庆出版社 1982 年版）和罗炳良主编、冯小琴评注本《革命军》（华夏出版社 2002 年版）等。此文录自《革命军》初版本，并以张枏、王忍之编《辛亥革命前十年间时论选集》第一卷下册（三联书店 1960 年版）所载《革命军》为校本。其中第二章、第四章则与罗家伦主编中华民国史料丛编《黄帝魂》（中国国民党中央委员会党史料编纂委员会 1968 年影印本）所载《革命之原因》、《革命必剖清人种》两文参校。

第一章 绪论

扫除数千年种种之专制政体，脱去数千年①种种之奴隶性质，诛绝五百万有奇披毛戴②角之满洲③种，洗尽二百六十年残惨虐酷之大耻辱，使中国大陆成干净土，黄帝子孙皆华盛顿，则有起死回生，还魂返魄，出十八层地狱，升三十三天堂，郁郁勃勃，莽莽苍苍，至尊极高，独一无二，伟大绝伦之一目的，曰"革命"。巍巍哉！革命也！皇皇哉！革命也！

吾于是沿万里长城，登昆仑，游扬子江上下，溯黄河，竖独立之旗，撞自由之钟，呼天吁地，破额裂喉，以鸣于我同胞前曰：呜呼！我中国今日不可不革命，我中国今日欲脱满洲人之羁缚，不可不革命；我中国欲独立，不可不革命；我中国欲与世界列强并雄，不可不革命；我中国欲长存于二十世纪新世界上，不可不革命；我中国欲为地球上名国、地球上主人翁，不可不革命。革命哉！革命哉！我同胞中老年、中年、壮年、少年、幼年，无量男女，其有言革命而实行革命者乎？我同胞其欲相存相养相生活于革命也。吾今大声疾呼，以宣布革命之旨于天下。

革命者，天演之公例也；革命者，世界之公理也；革命者，争存争亡过渡时代之要义也；革命者，顺乎天而应乎人者也；革命者，去腐败而存良善者也；革命者，由野蛮而进文明者也；革命者，除奴隶而为主人者也。是故一人一思想也，十人十思想也，百千万人百千万思想也，亿兆京垓人亿兆京垓思想也。人人虽各有思想也，即人人无不同此思想也。居处也，饮食也，衣服也，器具也，若善也，若不善也，若美也，若不美也，皆莫不深潜默运，盘旋于胸中，角触于脑中；而辨别其孰善也，孰不善也，孰美也，孰不美也，善而存之，不善而去之，美而存之，不美而去之，而此去存之一微识，即革命之旨所出也。夫犹指此事物而言之也。试放眼纵观，上下古今，宗教道德，政治学术，一视一谛

---

① "年"，原作"来"，误，据张枏、王忍之编《辛亥革命前十年间时论选集》第一卷下册所载《革命军》校改。

② "戴"，原作"载"，误，据张枏、王忍之编《辛亥革命前十年间时论选集》第一卷下册所载《革命军》校改。

③ "洲"，原作"州"，径改。余同。

之微物，皆莫不数经革命之掏搌，过昨日，历今日，以象现现象于此也。夫如是也，革命固如是平常者也。虽然，亦有非常者在焉。闻之一千六百八十八年英国之革命，一千七百七十五年美国之革命，一千八百七十年法国之革命，为世界应乎天而顺乎人之革命，去腐败而存良善之革命，由野蛮而进文明之革命，除奴隶而为主人之革命。牺牲个人，以利天下，牺牲贵族，以利平民，使人人享其平等自由之幸福。甚至风潮所播及，亦相与附流合汇，以同归于大洋。大怪物哉，革命也！大宝物哉，革命也！吾今日闻之，犹口流涎而心痒痒。吾是以于我祖国中，搜索五千余年之历史，指点二百余万方里之地图，问人省己，欲求一革命之事，以比例乎英、法、美者。呜呼！何不一遇也？吾亦尝执此不一遇之故而熟思之，重思之，吾因之而有感矣，吾因之而有慨于历代民贼独夫之流毒也。

自秦始统一宇宙，悍然尊大，鞭笞宇内，私其国，奴其民，为专制政体，多援符瑞不经之说，愚弄黔首，矫诬天命，挽国人所有而独有之，以保其子孙帝王万世之业。不知明示天下以可欲可羡可歆之极，则天下之思篡取而夺之者愈众。此自秦以来，所以狐鸣篝中，王在掌上，卯金伏诛，魏氏当涂，黠盗奸雄，觊觎神器者，史不绝书。于是石勒、成吉思汗等类，以游牧腥膻之胡儿，亦得乘机窃命，君临我禹域，臣妾我神种。呜呼革命，杀人放火者，出于是也！呜呼革命，自由平等者，亦出于是也！

吾悲夫吾同胞之经此无量野蛮之革命，而不一伸头于天下也；吾悲夫吾同胞之成事齐事楚，任人掏抛之天性也。吾幸夫吾同胞之得与今世界列强遇也；吾幸夫吾同胞之得闻文明之政体、文明之革命也；吾幸夫吾同胞之得卢梭《民约论》、孟德斯鸠《万法精理》、弥勒约翰《自由之理》、《法国革命史》、《美国独立檄文》等书译而读之也。是非吾同胞之大幸也夫！是非吾同胞之大幸也夫！

夫卢梭诸大哲之微言大义，为起死回生之灵药，返魄还魂之宝方，金丹换骨，刀圭奏效，法、美文明之胚胎，皆基于是。我祖国今日病矣，死矣，岂不欲食灵药、投宝方而生乎？苟其欲之，则吾请执卢梭诸大哲之宝幡，以招展于我神州土。不宁惟是，而况又有大儿华盛顿于前，小儿拿破仑于后，为吾同胞革命独立之表木。嗟乎！嗟乎！革命！革命！得之则生，不得则死。毋退步，毋中立，毋徘徊，此其时也，此其时也。此吾之所以倡言革命，以相与同胞共勉共勖，而实行此革命主义也。苟不欲之，则请待数十年百年后，必有倡平权释黑奴之耶女起，以再倡平权释数重奴隶之支那奴。

第二章　革命之原因

革命！革命！我四万万同胞今日何为而革命？吾先叫绝曰：

不平哉！不平哉！中国最不平、伤心惨目之事，莫过于戴①狼子野心、游牧贱族、贼满洲人而为君，而我方求富求贵，摇尾乞怜，三跪九叩首，酺嬉浓浸于其下，不知自耻，不知自悟。哀哉！我同胞无主性！哀哉！我同胞无国性！哀哉！我同胞无种性！无自立之性！

近世革新家、热心家常号于众曰：中国不急急改革，则将蹈印度后尘、波兰后尘、埃及后尘，于是印度、波兰之活剧，将再演于神州等词，腾跃纸上。邹容曰：是何言欤？是何言欤？何厚颜盲目而为是言欤？何忽染疯病而为是言欤？不知吾已为波兰、印度于满洲人之胯下三百年来也，而犹曰"将为也"。何故？请与我同胞一解之。将谓吾已为波兰、印度于贼满人，贼满人又为波兰、印度于英、法、俄、美等国乎？苟如是也，则吾宁为此直接亡国之民，而不愿为此间接亡国之民。何也？彼英、法等国之能亡吾国也，实其文明程度高于吾也。吾不解吾同胞不为文明人之奴隶，而偏爱为此野蛮人奴隶之奴隶。呜呼！明崇祯皇帝殉国，"任贼碎戮朕尸毋伤我百姓"之一日，满洲人率八旗精锐之兵，入山海关，定鼎北京之一日，此固我皇汉人种亡国之一大纪念日也！

世界只有少数人服从多数人之理，愚顽人服从聪明人之理。使贼满洲人而多数也，则仅五百万人，尚不及一州县之众；使贼满人而聪明也，则有目不识丁之亲王、大臣，唱京调二簧之将军、都统。三百年中，虽有一二聪明特达之人，要皆为吾教化所陶熔。

一国之政治机关，一国之人共司之。苟不能司政治机关、参预行政权者，不得谓之国，不得谓之国民，此世界之公理，万国所同然也。今试游华盛顿、巴黎、伦敦之市，执途人而问之曰："汝国中执政者为同胞欤？抑异族欤？"必答曰："同胞，同胞，岂有异种执吾国政权之理。"

───────────

① "戴"，原作"载"，误，据张枬、王忍之编《辛亥革命前十年间时论选集》第一卷下册所载《革命军》校改。

又问之曰："汝国人有参预行政权否？"必答曰："国者，积人而成者也，吾亦国人之分子，故国事为己事，吾应而参预焉。"乃转诘我同胞，何一一与之大相反对也耶？谨就贼满人待我同胞之政策，为同胞述之①。

满洲人之在中国，不过十八行省中之一最小部分耳，而其官于朝野者，则以一最小部分，敌十八行省而有余。今试以京官满汉缺额观之，自大学士、尚书、侍郎满汉二缺平列外，如内阁衙门，则满学士六，汉学士四，满、蒙侍读学士六，汉军、汉侍读学士二，满侍读十二，汉侍读二，满、蒙中书九十四，汉中书三十。又如六部衙门，则满郎中、员外、主事缺额约四百名，吏部三十余，户部百余，礼部三十余，兵部四十，刑部七十余，工部八十余，其余各部堂主事皆满人，无一汉人。而汉郎中、员外、主事缺额，不过一百六十二名。每季《搢绅录》中于职官总目下，只标出汉郎中、员外、主事若干人，而浑满缺于不言，殆有不能示天下之隐衷也。是六部满缺司员，几视汉缺司员而三倍（笔帖式尚不在此数）。而各省府道实缺，又多由六部司员外放，何怪满人之为道府者，布满国中也。若理藩院衙门，则自尚书、侍郎迄主事、司库皆满人任之，无一汉人错其间（理藩之事，惟满人能为之，咄咄怪事）。其余掌院学士、宗人府、都察院、通政司、大理寺、太常寺、太仆寺、光禄寺、鸿胪寺、国子监、銮仪卫诸衙门缺额，未暇细数。要之，皆满缺多于汉缺，无一得附平等之义者。是其出仕之途，以汉视满，不啻霄②壤云泥之别焉。故常有满、汉人同官、同年、同署，汉人则积滞数十载不得迁转，满人则俄而侍郎，俄而尚书，俄而大学士矣。纵曰满洲王气所钟，如汉之沛、明之濠，然未有绵延数百年，定为成例，竟以王者一隅，抹煞天下之人才，至于斯极者也。向使嘉、道、咸、同以来，其手奏中兴之绩者，非出自汉人之手，则各省督抚、府道之实缺，其不为满人攫尽也几希矣。又使非军兴以来，杂以保举、军功、捐纳，以争各部满司员之权利，则汉人几绝于仕途矣。至于科举清要保之选，虽汉人居十之七八，然主事则多额外，翰林则益清贫，补缺难于登天，开坊类乎超海，不过设法虚縻③之，以戢其异心。又多设各省主考、学政，及州县教官等职，俾以无用之人治无用之事而已。即幸而亿万人中有竟

① "为同胞述之"，《黄帝魂·革命之原因》作"一为同胞揭破之"。
② "霄"，原作"宵"，误，据张枬、王忍之编《辛亥革命前十年间时论选集》第一卷下册所载《革命军》校改。
③ "縻"，《黄帝魂·革命之原因》作"縻"。

登至大学士、尚书、侍郎之位者，又皆头白齿落，垂老气尽，分余沥于满人之手。然定例汉人必由翰林出身，始堪大拜。而满人则无论出身如何，均能资兼文武，位兼将相，其中盖有深意存焉。呜呼！我汉人最不平之事，孰有过于此哉！虽然，同种待异种，是亦天演之公例也。

然此仅就官制一端而言也，至乃于各行省中，择其人物之骈罗，土产之丰阜，山川之险要者，命将军、都统治之，而汉人不得居其职。又令八旗子弟驻防各省，另为内城以处之，若江宁，若成都，若西安，若福州，若杭州，若镇江等处，虽阅年二百有奇，而满自满，汉自汉，不相错杂。盖显然而贱族不得等伦于贵族之心。且试绎"驻防"二字之义，犹有大可称惊骇者，得毋时时恐汉人之叛我，而羁束之如盗贼乎？不然，何为而防，又何为而驻也？又何为驻而防之也？

满人中有建立功名者，取王公加拾芥，而汉人则大奴隶如曾国藩、左宗棠、李鸿章之伦，残弑数百万同胞，挈东南半壁奉之满洲，位不过封侯而止。又试读其历朝《圣训》，遇稍著贤声之一二满大臣，奖借逾恒，真有一德一心之契。而汉人中虽贤如杨名时、李绂、汤斌等之驯静奴隶，亦常招谴责挫辱，不可向迩。其余抑扬高下，播弄我汉人之处，尤难枚举。

我同胞不见夫彼所谓八旗子弟、宗室人员、红带子、黄带子、贝子、贝勒者乎，甫经成人，即有自然之禄俸，不必别营生计以赡其身家，不必读书向道以充其识力，由少爷而老爷，而大老爷，而大人，而中堂，红顶花翎，贯摇头上，尚书、侍郎，殆若天职。反汉人而观之，夫亦可思矣。

中国人群向分为士、农、工、商。士为四民之首，曰士子，曰读书人。吾见夫欧美人无人不读书，即无人不为士子，中国人乃特而别之曰士子，曰读书人，故吾今亦特言士子，特言读书人。

中国士子者，实奄奄无生气之人也。何也？民之愚，不学而已；士之愚，则学非所学而益愚。而贼满人又多方困之，多方辱之，多方汩之，多方鄵之，多方贼之①，待其垂老气尽，阘然躯壳，而后鞭策指挥焉。困之者何？困之以八股、试帖、楷折，俾之穷年矻矻，不暇为经世之学。辱之者何？辱之以童试、乡试、会试、殿试（殿试时无坐位，待

---

① "而贼满人又多方困之，多方辱之，多方汩之，多方鄵之，多方贼之"，《黄帝魂·革命之原因》作"而贼满人又多方困之，辱之，汩之，縶之，且从而摧贼之"。

人如牛马），俾之行同乞丐，不复知人间有羞耻事。洇之者何？洇之以
科名利禄，俾之患得患失，不复有仗义敢死之风。蜀之者何？蜀之以庠
序、卧碑，俾之柔静愚鲁，不敢有议政著书之举。贼之者何？贼之以威
权势力，俾之畏首畏尾，不敢为乡曲豪举、游侠之雄。牵连之狱，开创
于顺治（朱国治巡抚江苏，以加钱粮株①连诸生百余人）；文字之狱，
滥觞于乾隆（十全老人以一字一语，征诛天下，群臣震恐）。以故海内
之士，莘莘济济，鱼鱼雅雅，衣冠俎豆，充牣儒林，抗议发愤之徒绝
迹，慷慨悲咤之声不闻，名为士人，实则死人之不若。《佩文韵府》也，
《渊鉴类函》也，《康熙字典》也，此文人学士所视为拱璧②连城之大类
书也，而不知康熙、乾隆之时代，我汉人犹有仇视满洲人之心思，彼乃
集天下名人以为此三书，以借此销磨我汉人革命复仇之锐志焉（康熙开
千叟宴数次，命群臣饮酒赋诗，均为笼络人起见）。噫吁嘻！吾言至此，
吾不禁投笔废书而叹曰："朔方健儿好身手，天下英雄入彀中。"好手
段！好手段！吾不禁五体投地，顿首稽颡，恭维拜服满洲人压制汉人、
笼络汉人、驱策汉人、抹熬汉人之好手段！好手段！

　　中国士人，又有一种岸然道貌，根器特异，别树一帜，以号于众
者，曰汉学，曰宋学，曰词章，曰名士。汉学者流，寻章摘句，笺注训
诂，为六经之奴婢，而不敢出其范围。宋学者流，日守其《五子近思
录》等书，高谈其太极、无极、性功之理，以求身死名立，于东西庑上
一嗋冷猪头。词章者流，立其桐城、阳湖之门户流派，大唱其姹③紫嫣
红之滥调排腔。名士者流，用其"一团和气，二等才情，三斤酒量，四
季衣服，五声音律，六品官阶，七言诗句，八面张罗，九流通透，十分
应酬"之大本领，钻营奔竞，无所不至。此四种人，日演其种种之活
剧，奔走不遑，而满洲人又恐其顿起异心也，乃特设博学鸿词一科，以
一网打尽焉。近世又有所谓通达时务者，拓腐败报纸之一二语，袭皮毛
西政之二三事，求附骥尾于经济特科中，以进为满洲人之奴隶。欲求不
得，又有所谓激昂慷慨之士，日日言民族主义，言破坏目的，其言非不
痛哭流涕也，然奈痛哭流涕何？悲夫！悲夫！吾揭吾同胞腐败之现象至

---

①　"株"，原作"诛"，误，据《黄帝魂·革命之原因》校改。
②　"璧"，原作"壁"，误，据张枬、王忍之编《辛亥革命前十年间时论选集》第一卷下
册所载《革命军》校改。
③　"姹"，原作"嫣"，误，据张枬、王忍之编《辛亥革命前十年间时论选集》第一卷下
册所载《革命军》校改。

此，而究其所以至此之原因，吾敢曰：半自为之，半满洲人造之。呜呼！呜呼！刀加吾颈，枪指吾胸，吾敢曰：半自为之，半满洲人造之。

某之言可以尽吾国士人之丑态者，曰："复试而几案不具，待国士如囚徒。赐宴而尘饭途羹，视文人如犬马。簪花之袍，仅存腰幅，棘围之膳，卵作鸭烹。一入官场，即成儿戏。是其于士也，名为恩荣，而实羞辱者者，其法不行也。由是士也，髫龄入学，皓首穷经，夸命运、祖宗风水之灵，侥房师、主司知音之幸，百折不磨，而得一第，其时大都在强仕之年矣。而自顾余生吃着，犹不沾天位天禄毫末忽厘之施，于此而不鱼肉乡愚，威福梓里，或恤含冤而不包词讼，或顾廉耻而不打抽丰，其何能赡养室家，撑持门户哉？"痛哉斯言！善哉斯言！为中国士①人之透物镜，为中国士人之活动大写真（即影戏）。然吾以为处今之日，处今之时，此等丑态，当绝于天壤也。既又闻人群之言曰某某入学，某某中举，某某报捐，发财做官之一片喊声，犹是嚣嚣然于社会上。如是如是，上海之滥野鸡；如是如是，北京之滑兔子；如是如是，中国之腐败士人。嗟夫！吾非好为此奸酸刻薄之言，以骂尽我同胞，实吾国士人屠毒社会之罪，有不能为之恕者②。《春秋》责备贤者，我同胞盍醒诸！

今试游于穷乡原野之间，则见夫黧其面目，泥其手足，荷锄垅畔，终日劳劳而无时或息者，是非我同胞之为农者乎？若辈受田主、土豪之虐待不足，而满洲人派设官吏，多方刻之，以某官括某地之皮，以某官吸某民之血，若昭信票，摊赔款，其犹著者也。是故一纳赋也，加以火耗，加以钱价，加以库平，一两之税，非五六两不能完，务使之鬻妻典子而后已，而犹美其名曰薄赋，曰轻税，曰皇仁。吾不解薄赋之谓何，轻税之谓何，若皇仁之谓，则是盗贼之用心，杀人而曰救人也。嘻！一国之农为奴隶于贼满人下而不敢动，是非贼满人压制汉人之好手段？呜呼！呜呼！刀加吾颈，枪指吾胸，吾敢曰：贼满人压制汉人之好手段！

不见乎古巴诱贩之猪仔、海外被虐之华工，是又非吾同胞之所谓工者乎？初则见拒于美，继又见拒于檀香山、新金山等处，饥寒交逼，葬身无地。以堂堂中国之民，竟欲比茸发重唇之族而不可得。谁实为之，至此极哉？然吾闻之，外国工人有干涉国政、倡言自由之说，以设立民

① "士"，原作"世"，误，据《黄帝魂·革命之原因》校改。
② "者"字原脱，据《黄帝魂·革命之原因》校补。

主为宗旨者，有合全国工人立一大会，定法律以保护工业者，有立会演说、开报馆，倡社会之说者，今一一转询中国：有之乎？曰：无有也。又不见乎杀一教士而割地偿款，骂一外人而劳上谕动问①？而我同胞置身海外，受外人不忍施之禽兽者之奇辱，则满洲政府殆若盲于目聋于耳者焉②。夫头同是圆，足同是方，而一则尊贵如此，一则卑贱如此。呜呼！呜呼！刀加吾颈，枪指吾胸，吾敢曰：满洲人之虐待我！

抑吾又闻之，外国之富商大贾，皆为议员执政权，而中国则贬之曰末务，卑之曰市井，贱之曰市侩，不得与士大夫伍。乃一旦偿兵费，赔教案，甚至供玩好、养国蠹者，皆莫不取之于商人。若者有捐，若者有税，若者加以洋关而又抽以厘金，若者抽以厘金而又加以洋关，震之以报效国家之名，诱之以虚衔、封典之荣，公其词则曰派，美其名则曰劝，实则敲③吾同胞之肤，吸吾同胞之髓，以供其养家奴之费，修颐和园之用而已。吾见夫吾同胞之不与之计较也自若。呜呼！呜呼！刀加吾颈，枪指吾胸，吾敢曰：满洲人之敲④吾肤，吸吾髓！

以言夫中国之兵，则又有不忍言者也。每月三金之粮饷，加以九钱七之扣折，与以朽腐之兵器，位置其一人之身命，驱而使之战，不聚歼其兵而馈饷于敌，夫将焉往？及其死绥也，则委之而去，视为罪所应尔。旌恤之典，尽属虚文；妻子哀望，莫之或问。即或幸而不死，则遣以归农，扶伤裹创，生计乏绝，流落数千里外，沦为乞丐，欲归不得，而杀游勇之令又特立严酷。似此残酷之事，从未闻有施之于八旗驻防者。嗟夫！嗟夫！吾民何辜，受此惨毒！始也欲杀之，终也欲杀之，上薄苍天，下彻黄泉，不杀不尽，不尽不快，不快不止。呜呼！呜呼！刀加吾颈，枪指吾胸，吾敢曰：满洲人之残杀我汉人！

文明国中，有一人横死者，必登新闻数次，甚至数十次不止。司法官审问案件，即得有实凭实据，非犯罪人亲供，不能定罪（于审问时，无用刑审问理）。何也？重生命也。吾见夫吾同胞每年中死于贼满人借刀杀人，滥酷刑法之下者，不知凡几，贼满人之用苛刑于中国，言之可丑可痛。天下怨积，内外咨嗟。华人入籍外邦，如避水火。租界必思会

---
① "骂一外人而劳上谕动问"，《黄帝魂·革命之原因》作"骂一外人而动劳上谕慰问者乎"。

② "者焉"，《黄帝魂·革命之原因》作"莫然无所动于其心"。

③ "敲"，《黄帝魂·革命之原因》作"剥"。

④ "敲"，《黄帝魂·革命之原因》作"剥"。

审，如御虎狼。乃或援引故事虚文，而顿忘眼前实事。不知今无灭族，何以移亲及疏？今无肉刑，何以毙人杖下？今无拷讯，何以苦打成招？今无滥苛，何以百毒备至？至若监牢之刻，狱吏之惨，犹非笔墨所能形容，即比以九幽十八狱，恐亦有过之无不及，而贼满人方行其农忙停讼，热审减刑之假仁假义以自饰。呜呼！呜呼！刀加吾颈，枪指吾胸，吾敢曰：贼满人之屠戮我！

若夫官吏之贪酷，又非今世界文字语言所得而写拟言论者也，悲夫！

乾隆之圆明园已化灰烬，不可凭藉，如近日之崇楼杰阁、巍巍高大之颐和园，问其间一瓦一砾①，何莫非刻括吾汉人之膏脂，以供一卖淫妇那拉氏之笑傲？夫暴秦无道，作阿房宫，天下后世尚称其不仁，于圆明园何如？于颐和园何如？我同胞不敢道其恶者，是可知满洲政府专制之极点。

开学堂则曰无钱矣，派学生则曰无钱矣，有丝毫利益于汉人之事，莫不曰无钱矣，无钱矣。乃无端而谒陵、修陵，则有钱若干，无端而修宫园，则有钱若干，无端而作万寿，则有钱若干。同胞乎！盍思之。

"量中华之物力，结友邦之欢心"，是岂非煌煌上谕之言哉。中国者，中国人之中国也。割我同胞之土地，抢我同胞之财产，以买其一家一姓五百万家奴一日之安逸，此割台湾、胶州之本心，所以感发五中矣。咄咄怪事，我同胞看者！我同胞听者！

吾读《扬州十日记》、《嘉定屠城记》，读②未尽，吾几不知流涕之自出也。吾为言以告我同胞曰：扬州十日，嘉定三屠，是又岂非③当日贼满人残戮汉人一州一县之代表哉？夫二书之记事，不过略举一二耳，想当日既纵焚掠之军，又严剃发之令，贼满人铁骑所至，屠杀掳掠，必有十倍于二地者也④。有一有名之扬州、嘉定，有千百无名之扬州、嘉定，吾忆之，吾恻动于心，吾不忍而又不能不为同胞告也！《扬州十日记》有云：

---

① "砾"，原作"铄"，误，据张枬、王忍之编《辛亥革命前十年间时论选集》第一卷下册所载《革命军》校改。

② "读"，原作"吾"，误，校改。

③ "非"字原脱，据张枬、王忍之编《辛亥革命前十年间时论选集》第一卷下册所载《革命军》校补。

④ 《黄帝魂·革命之原因》于"也"后有"无可疑者"。

初二日，传府道州县已置官吏，执安民牌，遍谕百姓，毋得惊惧。又谕各寺院僧人，焚化积尸。而寺院中藏匿妇女，亦复不少，亦有惊饿死者。查焚尸载籍①，不过八日，共八十余万，其落井投河、闭门焚缢者不与焉。

吾又为言以告我同胞曰：贼满人入关之时，被贼满人屠杀者，是非吾高曾祖之高曾祖乎？是非吾高曾祖之高曾祖之伯叔兄舅乎？被贼满人奸淫者，是非吾高曾祖之高曾祖之妻之女之姊妹乎？（《扬州十日记》云："卒常谓人曰：'我辈征高丽，掳妇女数万人，无一失节者，何堂堂中国，无耻至此！'"读此言，可知当日奸淫之至极。）《记》曰："父兄之仇，不共戴天。"此三尺童子所知之义，故子不能为父兄报仇，以托诸其子，子以托诸孙，孙又以托诸玄、来、礽。是高曾祖之仇，即吾今父兄之仇也。父兄之仇不报，而犹厚颜以事仇人，日日言孝弟，吾不知孝弟之果何在也。高曾祖若有灵，必当不瞑目于九原。

中国之有孔子，无人不尊崇为大圣人也。曲阜孔子庙，又人人知为礼乐之邦，教化之地，拜拟不置，如耶稣之耶路撒冷者也。乃贼满人割胶州于德，而请德人侮毁我尧、舜、禹、汤、文、武、周公遗教之地，生民未有神圣不可侵犯之孔子之乡，使神州四万万众无教化而等伦于野蛮。是谁之罪欤？夫耶稣教新旧相争，犹不惜流血数百万人，我中国人何如？

一般服从之奴隶，有上尊号，崇谥法，尊谥为圣祖仁皇帝、高宗纯皇帝者，故在黑暗时代，所号为令主贤君。及观《南巡录》所纪，实则淫掳无赖，鸟兽洪水，泛滥中国。（乾隆欲食黄角蜂，让张家口递至扬州，三日而至，于此可见其奢侈。）嗟夫！竭数省之民力，以供觉罗②玄烨③（即康熙）、觉罗④弘历（即乾隆）二民贼之所之行止，方之隋炀、明武为比例差，吾不知其相去几何？吾曾读《隋炀艳史》，吾安得其人再著一康熙、乾隆南游史，揭其禽兽之行，暴著天下。某氏以法王路易十四比乾隆，吾又不禁拍手不已，喜得其酷肖之神也。

主人之转卖其奴也，尚问其愿不愿。今以我之土地送人，并不问之，而私相授受，我同胞亦不与之计之较之，反任之听之。若台湾，若香港，若大连湾，若旅顺，若胶州，若广州湾，于未割让之先，于既割

---

① "籍"，《扬州十日记》作"簿"。
② "觉罗"，一般作"爱新觉罗"。
③ "烨"，原作"晔"，误，校改。
④ "觉罗"，一般作"爱新觉罗"。

让之后，从未闻有一纸公文布告天下。我同胞其自认为奴乎？吾不得而知之。此满洲人大忠臣荣禄所以有"与其授家奴，不如赠邻友"之言也。

牧人之畜牛马也，牛马何以受治于人？必曰人为万物之灵。天下只有治牛马之理，今我同胞受治于贼满人之胯下，是即牛马之受治于牧人也。我同胞虽欲不自认为牛马，而彼实以牛马视吾。何以言之？有证在。今各府州县苟有催租劝捐之告示出，必有"受朝廷数百年豢养深恩，力图报效"等语，煌煌然大贴于十字街衢之上，此识字者所知也。夫曰"豢养"也，即畜牧之谓也。吾同胞自食其力也，彼满洲人抢吾之财，攘吾之土，不自认为贼，而犹以牛马视吾。同胞乎！抑自居乎？抑不自居乎？

满洲人又有言曰："二百年食毛践土，深仁厚泽，浃髓沦肌。"中国者，中国人之中国也，非贼满人所得而固有也。夫谁食谁之毛，谁践谁之土，不待辩别而自知。贼满人之为此言也，抑反言欤？抑实谓欤？请我同胞自道之。贼满人入关二百六十年，食吾同胞之毛，践吾同胞之土，吾同胞之深仁厚泽，沦其髓，浃其肌。吾同胞小便后，满洲人为我吸余尿①，吾同胞大便后，满洲人为我舔余粪②，犹不足以报我豢养深恩于万一。此言也，不出于我同胞之口，而反出诸满洲人之口，丧心病狂，至于此极耶？

山海关外之一片地曰满洲，曰黑龙江，曰吉林，曰盛京，是非贱满人所谓发祥之地、游牧之地，贼满人固当竭力保守者也。今乃再拜顿首③奉献于俄罗斯。有人焉，己不自保，而犹望其保人，其可得乎？有人焉，不爱惜己之物，而犹望其爱惜人之物，其又可得乎？

拖辫发，着胡服，踽踽而行于伦敦之市，行人莫不曰 Pig tail（译言猪尾）、Savage（译言野蛮）者，何为哉？又踽踽而行于东京之市，行人莫不曰チヤンチヤンホッ（译曰拖尾奴才）者，何为哉？嗟夫！汉官威仪扫地殆尽④，唐制衣冠荡然无存。吾抚吾所衣之衣，所顶之发，

---

① "尿"，原作"屎"，误，校改。

② "吾同胞小便后，满洲人为我吸余尿，吾同胞大便后，满洲人为我舔余粪"，《黄帝魂·革命之原因》作"此固满洲人所粉骨碎身，吮痈舐痔"。张枬、王忍之编《辛亥革命前十年间时论选集》第一卷下册所载《革命军》无此两段文字。

③ "再拜顿首"，《黄帝魂·革命之原因》作"再拜稽首以之"。

④ "尽"，原作"异"，误，据张枬、王忍之编《辛亥革命前十年间时论选集》第一卷下册所载《革命军》校改。

吾恻痛于心；吾见迎春时之春官衣饰，吾恻痛于心；吾见出殡时之孝子衣饰，吾恻痛于心；吾见官吏出行时，荷刀之红绿衣，喝道之皂隶，吾恻痛于心。辫发乎，胡服乎，开气袍乎，花翎乎，红顶乎，朝珠乎，为我中国文物之冠裳乎？抑打牲游牧贼满人之恶衣服乎？我同胞自认。

贼满人入关所下剃头之令，其略曰：

向来剃头之制不急，姑听自便者，欲俟天下大定，始行此事。朕已筹之熟矣。君犹父也，民犹子也，父子一体，岂可违异。若不归一，不几为异国人乎？自今布告之后，京城限旬日，直隶各省地方，自部文到日亦限旬日，尽行剃头，若惜发争辩，决不轻贷。

呜呼！此固我皇汉人种为牛为马，为奴为隶，抛汉唐之衣冠，去父母之发肤，以服从满洲人之一大纪念碑也。同胞！同胞！吾愿我同胞日日一读之！

倡妓①之于人也，人尽可以为夫，皆为博缠头计也。我之为贼满人顺民，贼满人臣妾，从未见益我以多金者。即有②入其利禄诱导之中，登至尚书、总督之位，要皆以同胞括蚀同胞，而贼满人仍一毛不拔自若也。呜呼！我同胞何倡妓③之不若！

吾同胞今日之所谓朝廷，所谓政府，所谓皇帝者，即吾畴昔之所谓曰夷、曰蛮、曰戎、曰狄、曰匈奴、曰鞑靼，其部落居于山海关之外，本与我黄帝神明之子孙不同种族者也。其土则秽壤④，其人则羶⑤种，其心则兽心，其俗则毳俗⑥，其文字不与我同，其语言不与我同，其衣服不与我同，逞其凶残淫杀之威，乘我中国流寇之乱，闯入中原，盘踞上方⑦，驱策汉人⑧，以坐食其福⑨。故祸至则汉人受之，福至则满人享之。太平天国之立也，以汉攻汉，山尸海血，所保者满人。甲午战争

---

① "倡妓"，《黄帝魂·革命之原因》作"娼妓"。

② 《黄帝魂·革命之原因》于"即有"后有"一二"。

③ "倡妓"，《黄帝魂·革命之原因》作"娼妓"。

④ "壤"，原作"坏"，据《黄帝魂·革命之原因》校改。

⑤ "羶"，原作"氄"，误，据《黄帝魂·革命之原因》校改。

⑥ 张枏、王忍之编《辛亥革命前十年间时论选集》第一卷下册所载《革命军》无"其土则秽壤，其人则羶种，其心则兽心，其俗则毳俗"。

⑦ "盘踞上方"，《黄帝魂·革命之原因》作"盘踞上国"。

⑧ 《黄帝魂·革命之原因》于"汉人"后有"二百余年"。

⑨ "福"，《黄帝魂·革命之原因》作"禄"。

之起也，以汉攻倭，偿款二百兆，割地一行省，所保者满人。团匪①之乱也，以汉攻洋，血流津京，所保者满人。故今日强也，亦满人强耳，于我汉人无与焉；故今日富也，亦满人富耳，于我汉人无与焉。同胞同胞毋②引为己类！贼满人刚毅之言曰："汉人强，满人亡。"彼族之明此理久矣。愿我同胞当蹈其言，毋③食其言。

　　以言夫满洲人之对待我者固如此，以言夫我同胞之受害也又如彼，同胞，同胞，知所感乎？知所择乎？夫犬羊啮骨，犹嫌鲠喉，我同胞受此种种不平之感，殆有若铜驼石马者焉。然而贼满人之奴隶我者尚不止此，吾心之所欲言者而口不能达之，口之所能言者而笔不能宣之。吾今发一大誓言以告人曰：有举满人对待我同胞之问题以难于吾者，吾能杂搜博引，细说详辩，揭其隐衷微意，以著于天下。吾但愿我身化为恒河沙数，一一身中出一一舌，一一舌中发一一音，以演说贼满人驱策我、屠杀我、奸淫我、笼络我、虐待我之惨状于我同胞前。我但愿我身化为无量恒河沙数名优巨伶，以演出贼满人驱策我、屠杀我、奸淫我、笼络我、虐待我之活剧于我同胞前。

　　且夫我中国固具有囊括宇内，震耀全球，抚视万国，凌轹五洲之资格者也。有二百万方里之土地，有四百兆灵明之国民，有五千余年之历史，有二帝三王之政治。且也地处温带，人性聪明，物产丰饶，江河源富，地球各国所无者，我中国独擅其有。倘使不受努④尔哈赤⑤、皇太极、福临诸恶贼之蹂躏，早脱满洲人之羁缚，吾恐英吉利也，俄罗斯也，德意志也，法兰西也，今日之张牙舞爪以蚕食、瓜分于我者，亦将逞气敛息，以惮我之威权，惕⑥我之势力。吾恐印度也，波兰也，埃及也，土耳其也，亡之灭之者，不在英、俄诸国，而在我中国，亦题中应有之目耳。今乃不出于此，而为地球上数重之奴隶，使不得等伦于印度红巾（上海用印度人为巡捕）、非洲黑奴。吁！可惨也！嘻！可悲也！夫亦大可丑也！夫亦大可耻也！呜呼！灭六国者，六国也，非秦也；族

---

① "团匪"，《黄帝魂·革命之原因》作"拳民"。

② "毋"，原作"母"，误，据张枏、王忍之编《辛亥革命前十年间时论选集》第一卷下册所载《革命军》校改。

③ "毋"，原作"母"，误，据张枏、王忍之编《辛亥革命前十年间时论选集》第一卷下册所载《革命军》校改。

④ "努"，原作"弩"，误，校改。

⑤ "赤"，原作"齐"，误，校改。

⑥ "惕"，《黄帝魂·革命之原因》作"怵"。

秦者，秦也，非天下也。满洲人亡我乎？抑我自亡乎？古人曰："往者不可谏，来者犹可追。"昨日之中国，譬犹昨日死，今日之中国，譬犹今日生。过此以往，其光复中国乎？其为数重奴隶乎？天下事不兴则亡，不进则退，不自立则自杀，徘徊中立，万无能存于世界之理，我同胞速择焉。我同胞处今之世，立今之日，内受满洲之压制，外受列国之驱迫，内患外侮，两相刺激，十年灭国，百年灭种，其信然夫。然有达人言①曰："欲御外侮，先清内患。"如是如是，则贼满人为我同胞之公敌，为我同胞之公仇，二百六十余年②之奴隶犹能脱，数十年之奴隶勿论已。吾今与同胞约曰：张九世复仇之义，作十年血战之期，磨吾刃，建吾旗，各出其九死一生之魄力，以驱逐凌辱我之贼满人，压制我之贼满人，屠杀我之贼满人，奸淫我之贼满人，以恢复我声明文物之祖国，以收回我天赋之权利，以挽回我有生以来之自由，以购取人人平等之幸福。

噫吁嚱！我中国其革命！我中国其革命！法人三次，美洲七年，是故中国革命亦革命，不革命亦革命。吾愿日日执鞭以从我同胞革命，吾祝我同胞革命。

"忍令上国衣冠，沦于夷狄；相率中原豪杰，还我河山！"我同胞其有是志也夫！

第三章　革命之教育

有野蛮之革命，有文明之革命。野蛮之革命，有破坏，无建设，横暴恣狙，适足以造成恐怖之时代，如庚子之义和团，意大利之加波拿里，为国民增祸乱。文明之革命，有破坏，有建设，为建设而破坏，为国民购自由平等独立自主之一切权利，为国民增幸福。

革命者，国民之天职也，其根柢③源于国民，因于国民，而非一二人所得而私有也。今试问吾侪何为而革命？必有障碍吾国民天赋权利之恶魔焉，吾侪得而扫除之，以复我天赋之权利。是则革命者，除祸害而求幸福者也。为除祸害而求幸福，此吾同胞所当顶礼膜拜者也。为除祸

---

① "有达人言"，原作"达有人言"，误，校改。

② "二百六十余年"，《黄帝魂·革命之原因》作"二百五十余年"。

③ "柢"，原作"抵"，误，据张枬、王忍之编《辛亥革命前十年间时论选集》第一卷下册所载《革命军》校改。

害而求幸福，则是为文明之革命，此更吾同胞所当顶礼膜拜者也。

欲大建设，必先破坏，欲大破坏，必先建设，此①千古不易之定论。吾侪今日所行之革命，为建设而破坏之革命也。虽然，欲行破坏，必先有以建设之。善夫意大利建国豪杰玛志尼之言曰："革命与教育并行。"吾于是鸣于我同胞前曰："革命之教育。"更译之曰："革命之前，须有教育，革命之后，须有教育。"

今日之中国，实无教育之中国也，吾不忍执社会上种种可丑、可贱、可厌、可嫌之状态，以出于笔下。吾但谥之曰：五官不具，四肢不全，人格不完。吾闻法国未革命以前，其教育与邻邦等；美国未革命以前，其教育与英人等，此兴国之往迹，为中国所未梦见也。吾闻印度之亡也，其无教育与中国等；犹太之灭也，其无教育与中国等，此亡国之往迹，我国擅其有也。不宁惟是，十三州②之独立，德意志之联邦，意大利之统一，试读其革命时代之历史，所以鼓舞民气，宣战君主，推倒母国，诛杀贵族，倡言自由，力尊自治，内修战事，外抗强邻。上自议院、宪法，下至地方制度，往往于兵连祸结之时，举国糜烂之日，建立宏猷，体国经野，以为人极。一时所谓革命之健儿，建国之豪杰，流血之巨子，其道德，其智识，其学术，均具有振衣昆仑顶，濯足太平洋之概③焉。吾崇拜之，吾倾慕之，吾究其所以致此之原因，要不外乎教育耳。若华盛顿，若拿破仑，此地球人种所推尊为大豪杰者也，然一华盛顿，一拿破仑倡之，而无百千万亿兆华盛顿、拿破仑和之，一华盛顿何如？一拿破仑何如？其有愈于华、拿二人之才之识之学者又何如？有有名之英雄，有无名④之英雄，华、拿者，不过其时抛头颅溅热血无名无量之华、拿之代表耳！今日之中国，固非一华盛顿、一拿破仑所克有济⑤也，然必预制造无量无名之华盛顿、拿破仑，其庶乎有济。吾见有爱国忧时之志士，平居深念自尊为华、拿者若而人，其才识之愈于华、拿与否，吾不敢知之，吾但以有名之英雄尊之。而此无量无名之英雄，则归诸冥冥之中，甲以尊诸乙，乙又以尊诸丙。呜呼，不能得其主名者

---

① "此"，原作"必"，误，据张枏、王忍之编《辛亥革命前十年间时论选集》第一卷下册所载《革命军》校改。

② "州"，原作"洲"，误，校改。

③ "概"，原作"慨"，误，校改。

④ "名"，原作"民"，误，据张枏、王忍之编《辛亥革命前十年间时论选集》第一卷下册所载《革命军》校改。

⑤ "济"，原作"事"，误，校改。

也。今专标斯义，绝大①斯旨，相约数事，以与我同胞共勉之。

一、当知中国者，中国人之中国也　中国之一块土，为我始祖黄帝所遗传，子子孙孙，绵绵延延，生于斯，长于斯，衣食于斯，当共守其勿替。有异种贱族，染指于我中国，侵占我皇汉民族之一切权利者，吾同胞当不惜生命共逐之，以复我权利。

一、人人当知平等自由之大义　有生之初，无人不自由，即无人不平等，初无所谓君也，所谓臣也。若尧、舜，若禹、稷，其能尽义务于同胞，开莫大之利益以孝敬于同胞，故吾同胞视之为代表，尊之为君，实不过一团体之头领耳，而平等自由也自若。后世之人，不知此义，一任无数之民贼、独夫、大盗、巨寇，举众人所有而独有之，以为一家一姓之私产，而自尊曰君，曰皇帝，使天下之人无一平等，无一自由，甚至使成吉斯汗、觉罗②福临等，以游牧贱族入主我中国，以羞我始祖黄帝于九原。故我同胞今日之革命，当共逐君临我之异种，杀尽专制我之君主，以复我天赋之人权，以立于性天智日之下，以与我同胞熙熙攘攘，游幸于平等自由城郭之中。

一、当有政治法律之观念　政治者，一国办③事之总机关也，非一二人所得有之事也。譬如机器，各机之能运动，要在一总枢纽，倘使余机有损，则枢纽不灵。人民之于政治，亦犹是也。然人民无政治上之观念，则灭亡随之；鉴于印度，鉴于波兰，鉴于已亡之国，罔不然。法律者，所以范围我同胞，使之相无过失耳。□□曰："野蛮人无自由。"野蛮人何以无自由？无法律之谓耳。我能杀人，人亦能杀我，是两不自由也。条顿人之自治力，驾于他种人者何？有法律之观念故耳。

由斯三义，更生四种：

一曰养成上天下地，惟我自尊，独立不羁之精神。

一曰养成冒险进取，赴汤蹈④火，乐死不辟之气概。

一曰养成相亲相爱，爱群敬己，尽瘁义务之公德。

一曰养成个人自治，团体自治，以进人格之人群。

---

①　"绝大"，张枏、王忍之编《辛亥革命前十年间时论选集》第一卷下册所载《革命军》作"推广"。

②　"觉罗"，一般作"爱新觉罗"。

③　"办"，原作"辨"，据张枏、王忍之编《辛亥革命前十年间时论选集》第一卷下册所载《革命军》校改。

④　"蹈"，原作"踏"，误，据张枏、王忍之编《辛亥革命前十年间时论选集》第一卷下册所载《革命军》校改。

第①四章 革命必剖清人种

地球之有黄白二种，乃天予之以聪明才武，两不相下之本质，使之发扬蹈厉，交战于天演界中，为亘古角力较智之大市场，即为终古物竞进化之大舞台。夫人之爱其种也，必其内必有所结，而后外有所排。故始焉自结其家族以排他家族，继焉自结其乡族以排他乡族，继焉自结其部族以排他部族，终焉自结其国族以排他国族，此世界人种之公理，抑亦人种产②历史之大原因也。吾黄种，吾黄种之中国之皇汉人种，吾就东洋历史上能相结相排之人种，为我同胞述之，使有所观感焉。

亚细亚黄色人种，约别为二种：曰中国人种，曰西伯利亚人种。

中国人种蔓延于中国本部、西藏及后印度一带地方，更详别为三族：

第一，汉族。汉族者，东洋史上最特色之人种，即吾同胞是也。据中国本部，栖息黄河沿岸，而次第蕃殖于四方，自古司东亚文化之木铎者，实惟我皇汉民族焉。朝鲜、日本亦为我汉族所蕃殖。

第二，西藏族。自西藏蔓延克什米尔、泥八剌及缅甸一带地方。殷周时之氏、羌，秦汉时之月氏，唐之吐蕃，南宋之西夏等，皆属此族。

第三，交趾支那族。自支那西南部，即云南、贵州诸省，而蔓延于安南、暹罗等国，此族在古代似占据中国本部，而为汉族所渐次驱逐者。周以前之苗民、荆蛮，唐之南诏，盖属此族。

西伯利亚人种，自东方亚细亚北部蕃殖北方亚细亚一带。今更详别之，凡四族。

第四，蒙古族。原蕃殖于西伯利亚之贝加尔湖东边一带，其后次第南下，今日乃自内外蒙古，蔓延天山北路一带地方。元朝由此族而起，殆将浑一欧亚。印度之莫卧尔帝国，亦由此起。

第五，通古斯族。自朝鲜北部经满洲而蔓延于黑龙江附近地。秦汉时之东胡，汉以后之鲜卑，隋唐时之末曷靺鞨，唐末之契丹，宋之女真

---

① "第"，原作"弟"，误，据张枬、王忍之编《辛亥革命前十年间时论选集》第一卷下册所载《革命军》校改。

② "产"，张枬、王忍之编《辛亥革命前十年间时论选集》第一卷下册所载《革命军》作"发生"。

等，皆属此族。今日入主我中国之满洲人，亦由此族而兴焉。

　　第六，土耳其族。原蕃殖于内外蒙古地，后渐西移，今日则自天山南路，凡中央亚细亚一带地方，多为此族占据。周以前之獯鬻、獫狁，汉之匈奴，南北朝之柔然，隋之突厥，唐之回纥等，皆属此族。今东欧之土耳其，亦此族所建。

　　今就今日人种之能成立者，列表如左：

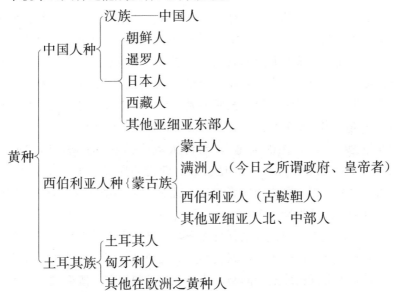

　　由是以观，我皇汉民族，起自黄河东北一带之地，经历星霜，四方繁衍，秦汉之世，已布满中国之全面，以中国本部为生息之乡。降及今日，人口充溢四万万，为地球绝大蕃多、无有伦比之民族，其流出万里长城以外，青海、西藏之地者，达一千余万之多。更进而越日本之境，或侵入北方黑龙江之左岸俄界，或达南方，进入安南、交趾、柬蒲塞、暹罗、缅甸、马来半岛。更入太平洋，侵入布哇、美洲合众国、加拿大、秘露、伯拉。逾南洋侵入吕宋、爪哇、浡泥及澳洲、欧洲者，亦不下三四百万。无资力者，孜孜励精，以劳力压倒凌驾他国人民。有资力者，拥数十百万之资本，与欧美之富商大贾争胜败于商场中而不相下。我汉族之富于扩张种族之势力者有如此，即以二十世纪世界之主人翁推尊我汉族，吁！亦非河汉之言也。

　　呜呼！我汉种，是岂飞扬祖国之汉种，是岂独立亚细亚大陆上之汉种，是岂为伟大国民之汉种。呜呼！汉种！汉种虽众，适足为他种人之奴隶；汉地虽广，适足供他种人之栖息。汉种！汉种！不过为满洲人恭顺忠义之臣民。汉种！汉种！又由满洲人介绍为欧美各国人之奴隶。吾宁使汉种亡尽，杀尽，死尽，而不愿其享升平盛世，歌舞河山，优游于满洲人之胯下。吾宁使汉种亡尽，杀尽，死尽，而不愿其为洪承畴，为细崽，为通事，为买办①，为翻译于地球各国人之下。吾悲汉种，吾先以种族之念觉汉种。

执一人而谓之曰："汝之父非真汝父也，为汝父者某某也。"其人莫不立起而怒，以诘其直而后已。又一家人，父子、夫妇、兄弟，相居无事也，忽焉来一强暴，入其室，据其财产，又奴其全家人，则其家人莫不奋力死斗，以争回原产而后已。夫语有二父而不怒，夺人之家产而不争，是其人不行尸走肉，即僵尸残骸。吾特怪吾同胞以一人所不能忍受之事，举国人忍受之；以一家所不能忍受之事，举族忍受之。悲夫！满洲人入关，称大清朝顺民；联军破北京，称某某国顺民；香港人立维多利亚纪念碑，曰"德配天地"；台湾人颂明治皇②功德，曰"德广皇仁"。前之为大金、大元、大辽、大清朝之顺民既去矣，今之为大英、大法、大俄、大美国之顺民者又来。此无他，不明于同种异种之观念，而男盗女娼，羞祖辱宗之事，亦何不可为！

吾正告我同胞曰：昔之禹贡九州，今日之十八省，是非我皇汉民族嫡亲同胞生于斯，长于斯，聚国族于斯之地乎？黄帝之子孙，神明之胄裔，是非我皇汉民族嫡亲同胞之名誉乎？中国华夏，蛮夷戎狄，是非我皇汉民族嫡亲同胞区分人种之大经乎？满洲③人与我不通婚姻，我犹是清清白白黄帝之子孙也。夫人之于家庭则莫不相亲相爱，对异姓则不然，有感情故耳。我同胞岂忍见此莫大之奇辱，而无一毫感情动于中耶？爱尔兰隶于英，以人种稍异故，数与英人争，卒得其自治而后已④。谚曰⑤："非我族类，其心必异。"又曰："狼子野心，是乃狼也。"我同胞其三复斯言！我同胞其有志跳身大海洋中，涌大海洋之水，以洗洁我同胞羞祖辱宗男盗女娼之大耻大辱乎？

---

① "办"，原作"辨"，误，据张枏、王忍之编《辛亥革命前十年间时论选集》第一卷下册所载《革命军》校改。

② 《黄帝魂·革命必剖清人种》于"皇"前有"天"。

③ 《黄帝魂·革命必剖清人种》于"满洲"前有"幸而"。

④ 《黄帝魂·革命必剖清人种》于"后已"后有"我同胞宁不彼若乎？"

⑤ "谚曰"，《黄帝魂·革命必剖清人种》作"传曰"。

第①五章　革命必先去奴隶之根性

曰国民，曰奴隶。国民强，奴隶亡。国民独立，奴隶服从。中国黄龙旗之下，有一种若国民非国民，若奴隶非奴隶，杂糅不一，以组织成一大种。谓其为国民乎？吾敢谓群四万万人而居者，即具有完全之奴颜妾面。国民乎何有！尊之以国民，其污秽此优美之名词也孰甚！若然，则以奴隶界之，吾敢拍手叫绝曰：奴隶者，为中国人不雷同，不普通，独一无二之徽号。

印度之奴隶于英也，英人非欲奴隶之，印人自乐为奴隶也。安南之奴隶于法也，非法奴隶之，安南②人自乐为奴隶也。我中国人之奴隶于满洲、欧美人也，非满洲、欧美欲奴隶之，中国人自乐为奴隶耳。乐为奴隶，则请释奴隶之例。

奴隶者，与国民相对待而不耻于人类之贱称也。国民者，有自治之才力，有独立之性质，有参政之公权，有自由之幸福，无论所执何业，而皆得为完全无缺之人。曰奴隶也，则既无自治之力，亦无独立之心，举凡饮食男女、衣服居处，莫不待命于主人，而天赋之人权，应享之幸福，亦莫不奉之主人之手。衣主人之衣，食主人之食，言主人之言，事主人之事，倚赖之外无思想，服从之外无性质，谄媚之外无笑语，奔走之外无事业，伺候之外无精神，呼之不敢不来，麾之不敢不去，命之生不敢不生，命之死不敢不死。得主人之一盼，博主人之一笑，如获异宝，登天堂，夸耀于侪辈以为荣；及撄主人之怒，则俯首屈膝，气下股栗③，至极其鞭扑践踏，不敢有分毫抵忤之色，不敢生分毫愤奋之心，他人视为大耻辱，不能一刻忍受，而彼无怒色，无忤容，怡然安其本分，乃几不复自知为人。而其人亦为国人所贱耻，别为异类，视为贱种，妻耻以为夫，父耻以为子，弟耻以为兄，严而逐之于平民之外，此固天下奴隶之公同性质，而天下之视奴隶者，即无不同此贱视者也。我中国人固擅奴隶之所长，父以教子，兄以勉弟，妻以谏夫，日日演其惯为奴隶之手段。呜呼！人何幸而为奴隶哉！亦何不幸而为奴隶哉！

---

① "第"，原作"弟"，误，据张枏、王忍之编《辛亥革命前十年间时论选集》第一卷下册所载《革命军》校改。

② "南"字原脱，校补。

③ "栗"，原作"慓"，误，校改。

且夫我中国人之乐为奴隶，不自今日始也。或谓秦汉以前有国民，秦汉以后无国民。吾谓宴息于专制政体之下者，无所往而非奴隶。数千年来，名公巨卿，老师大儒，所以垂教万世之二大义，曰忠，曰孝，更释之曰："忠于君，孝于亲。"吾不解忠君之谓何，吾见夫法、美等国之无君可忠也，而斯民遂不得等伦于人类耶？吾见夫法、美等国之无君可忠也，而其国人尽瘁国事之义务，殆一日不可缺焉。夫忠也，孝也，是固①人生重大之美德也。以言夫忠于国也则可，以言夫忠于君也则不可。何也？人非父母无以自生，非国无以自存，故对于父母、国家，自有应尽之义务焉，而非为一姓一家之家奴、走狗者，所得冒其名以相传习也。

中国人无历史，中国之所谓二十四朝之史，实一部大奴隶史也。自汉末以迄今日凡千七百余年，中国全土为奴隶于异种者三百五十八年；黄河以北为奴隶于异种者七百五十九年。呜呼！黄帝之子孙，忍令率其嫡亲之同胞，举其世袭之土地，为他族所奴隶者，何屡见而不一？箪食②壶浆，以迎王师，纡青拖紫，臣妾骄人，二圣青衣行酒去，九哥白马渡江来，忠君忠君，此张弘范、洪承畴之所以前后辉映也，此中国人之所以为奴隶也。

曾国藩也，左宗棠也，李鸿章也，此大清朝皇帝所谥为文正、文襄、文忠者也，此当道名人所推尊为中兴三杰，此庸夫俗子所羡为封侯拜相，此科举后生所悬拟崇拜不置。然吾闻德相毕士麻克呵李鸿章曰："我欧洲人以平异种为功，未闻以残戮同胞为功。"嗟乎！吾安得起曾、左而闻是言！吾安得起曾、左以前之曾、左而共闻是言！吾安得起曾、左以后之曾、左，上自独当一面之官府，下至不足轻重之官吏，而亦共闻是言！夫曾、左、李三人者，亦自谓为读书有得，比肩贤哲之人也，而犹忍心害理，屠戮同胞，为满洲人忠顺之奴隶也如是，其他何足论。吾无以比之，比之以李自成、张献忠，吾犹嫌其不肖。李、张之所以屠戮同胞，而使满洲人入主中国也，李、张固无学识，不读书，又为明之敝政所迫，而使之不得不然，吾犹为之恕。曾、左、李三人者，明明白白知为汉种也，为封妻荫子屠戮同胞，以请满洲人再主中国也，吾百解而不能为之恕。某氏谓英人助满洲平太平天国，亡汉种之罪，英人与有

---

① "固"，原作"故"，误，据张枏、王忍之编《辛亥革命前十年间时论选集》第一卷下册所载《革命军》校改。

② "箪食"，原作"单笥"，误，校改。

力焉。呜呼！是又因乌及屋之微意也。

曾、左、李者，中国人为奴隶之代表也。曾、左、李去，曾、左、李来，柔顺也，安分也，韬晦也，服从也，做官也，发财也，中国人造奴隶之教科书也。举一国之人，无一不为奴隶，举一国之人，无一不为奴隶之奴隶。二千年以前皆奴隶，二千年以后亦必为奴隶。同胞乎！同胞乎！法国议院中无安南人足迹，英国议院中无印度人足迹，日本议院中无台湾人足迹。印度人之为奴隶也，犹得绕红布头巾为巡捕立于上海、香港之十字街头上，驱策中国人以为乐。然吾试问我同胞，曾否于地球面积上，择一为巡捕之地，驱策异种人以为乐？面包一块，山芋一碟①，此固②非洲黑奴之旧生活也，同胞！同胞！其重思之！

吾先以一言叫起我同胞曰：国民！吾愿我同胞万众一心，支体努力，以砥以砺，拔去奴隶之根性，以进为中国之国民。法人革命前之奴隶，卒收革命之成功。美洲③独立前之奴隶，卒脱英人之制缚。此无他，能自认为国民耳。吾故曰：革命必先去奴隶之根性。非然者，天演如是，物竞如是，有国民之国，群起染指于我中土，我同胞其将由今日之奴隶，以进为数重奴隶，由数重奴隶而猿猴，而野豕，而蚌介，而荒荒大陆绝无人烟之沙漠也。

近人有古乐府一首，名《奴才好》云：

奴才好，奴才好，勿管内政与外交，大家鼓里且睡觉。古人有句常言道，臣当忠，子当孝，大家切勿胡乱闹。满洲入关二百年，我的奴才做惯了，他的江山他的财，他要分人听他好。转瞬洋人来，依旧要奴才。他开矿产我做丁，他开洋行我细息，他要招兵我去当，他要通事我也会，内地还有甲必丹，收赋治狱荣巍巍。满奴作了作洋奴，奴性相传入脑胚，父诏兄勉说忠孝，此是忠孝他莫为。什么流血与革命，什么自由与均财，狂悖都能害性命，倔强那肯就范围。我辈奴仆当戒之，福泽所关慎所归。大金、大元、大清朝，主人国号已屡改，何况大英、大

① "碟"，原作"堞"，误，据张枬、王忍之编《辛亥革命前十年间时论选集》第一卷下册所载《革命军》校改。
② "固"，原作"故"，误，据张枬、王忍之编《辛亥革命前十年间时论选集》第一卷下册所载《革命军》校改。
③ "洲"，原作"州"，误，据张枬、王忍之编《辛亥革命前十年间时论选集》第一卷下册所载《革命军》校改。

法、大美国，换个国号任便戴①。奴才好！奴才乐！世有强者我便服。三分习黠七分媚，世事何者为龌龊？料理乾坤世有人，坐阅风云多反复，灭种覆族事遥遥，此事解人已难索。堪笑维新诸少年，甘赴②汤火蹈鼎镬，达官震怒外人愁，身死名败相继仆。但识争回自主权，岂知已非求己学。奴才好！奴才好！奴才到处皆为家，何必保种与保国！

第③六章　革命独立之大义

与贵族重大之权利，害人民营业之生活，擅加租赋，胁征公债，重抽航税，此英国议院所以不服查理王而倡④革命之原因也。滥用名器，致贵贱贫富之格大相悬殊，既失保民之道，而又赋敛无度，此法国志士仁人所以不辞暴举逆乱之名，而出于革命之原因也。重征茶课，横加印税，不待立法院之承允而驻兵民间，此美人所以抗论于英人之前，遂以亚美利加之义旗，飘扬于般岌剌山，而大倡革命，至成独立之原因也。吾不惜再三重申详言曰：内为满洲人之奴隶，受满洲人之暴虐，外受列国人之刺击，为数重之奴隶，将有亡种殄种之难者，此吾黄帝神明之汉种，今日倡革命独立之原因也。

自格致学日明，而天予神授为皇帝之邪说可灭。自世界文明日开，而专制政体一人奄有天下之制可倒。自人智日聪明，而人人皆得有天赋之权利可享。今日，今日，我皇汉人民，永脱满洲之羁绊，尽复所失之权利，而介于地球强国之间，盖欲全我天赋平等自由之位置，不得不革命而保我独立之权。嗟予小子，无学顽陋，不足以言革命独立之大义，兢兢业业，谨模拟美国革命独立之义，约为数事，再拜顿首，敬献于我最敬最亲爱之皇汉人种四万万同胞前，以备采行焉。如左：

一、中国为中国人之中国。我同胞皆须自认为自己的汉种中国人之中国。

一、不许异种人沾染我中国丝毫权利。

一、所有服从满洲人之义务一律消灭。

---

① "戴"，原作"载"，误，校改。
② "赴"，原作"走"，误，校改。
③ "第"，原作"弟"，误，据张枬、王忍之编《辛亥革命前十年间时论选集》第一卷下册所载《革命军》校改。
④ "倡"，原作"唱"，误，校改。余同。

一、先推倒满洲人所立北京之野蛮政府。

一、驱逐住居中国中之满洲人，或杀以报仇。

一、诛杀满洲人所立之皇帝，以儆万世不复有专制之君主。

一、对敌干预我中国革命独立之外国及本国人。

一、建立中央政府，为全国办①事之总机关。

一、区②分省分，于各省中投票公举一总议员，由各省总议员中投票公举一人为暂行大总统，为全国之代表人。又举一人为副总统。各州县府又举议员若干。

一、全国无论男女，皆为国民。

一、全国男子有军国民之义务。

一、人人有承担国税之义务。

一、人人当致忠于此所新建国家之义务。

一、凡为国人，男女一律平等，无上下贵贱之分。

一、各人不可夺之权利，皆由天授。

一、生命、自由及一切利益之事，皆属天赋之权利。

一、不得侵人自由，如言论、思想、出版等事。

一、各人权利必需保护。须经人民公许，建设政府，而各假以权，专掌保护人民权利之事。

一、无论何时，政府所为，有干犯人民权利之事，人民即可革命，推倒旧日之政府，而求遂其安全康乐之心。迨其既得安全康乐之后，经承公议，整顿权利，更立新政府，亦为人民应有之权利。

若建立政府之后，少有不洽众望，即欲群起革命，朝更夕改，如弈棋之不定，固非新建国家之道。天下事不能无弊，要能以平和为贵，使其弊不致大害人民，则与其颠覆昔日之政府而求伸其权利，毋宁平和之为愈。然政府之中，日持其弊端暴政，相继施③行，举一国人民，悉措诸专制政体之下，则人民起而颠覆之，更立新政，以求遂其保全权利之心，岂非人民至大之权利，且为人民自重之义务哉？我中国人之忍苦受困，已至是而极矣。今既革命独立，而犹为专制政体所苦，则万万不得

---

① "办"，原作"辨"，误，据张枏、王忍之编《辛亥革命前十年间时论选集》第一卷下册所载《革命军》校改。

② "区"，原作"驱"，误，据张枏、王忍之编《辛亥革命前十年间时论选集》第一卷下册所载《革命军》校改。

③ "施"，原作"放"，误，据张枏、王忍之编《辛亥革命前十年间时论选集》第一卷下册所载《革命军》校改。

甘心者矣，此所以不得不变昔日之政体也。

一、定名中华共和国（清为一朝之名号，支那为外人呼我之词）。

一、中华共和国为自由独立之国。

一、自由独立国中，所有宣战、议和、订盟、通商，及独立国一切应为之事，俱有十分权利与各大国平等。

一、立宪法悉照美国宪法，参照中国性质立定。

一、自治之法律，悉照美国自治法律。

一、凡关全体个人之事，及交涉之事，及设官分职国家上之事，悉准美国办理。

皇天后土，实共鉴之。

第①七章　结论

我皇汉民族四万万男女同胞，老年、晚年、中年、壮年、少年、幼年，其革命，其以此革命为人人应有之义务，其以此革命为日日不可②缺之饮食。尔毋自暴！尔毋自弃！尔之土地占亚洲三分之二，尔之同胞有地球五分之一，尔之茶供世界亿万众之饮料而有余，尔之煤供全世界二千年之燃料亦无不足。尔有黄祸之先兆，尔有种族之势力。尔有政治，尔自司之；尔有法律，尔自守之；尔有实业，尔自理之；尔有军备，尔自整之；尔有土地，尔自保之；尔有无穷无尽之富源，尔须自挥用之。尔实具有完全不缺之革命独立之资格，尔其率四万万同胞之国民，为同胞请命，为祖国请命。掷尔头颅，暴尔肝脑，与尔之世仇满洲人，与尔之公敌爱新③觉罗氏，相驰骋于枪林弹雨中；然后再扫荡干涉尔主权之外来之恶魔，则尔历史之污点可洗，尔祖国之名誉飞扬，尔之独立旗已高飘④于云霄，尔之自由钟已哄哄于禹域，尔之独立厅已雄镇于中央，尔之纪念碑已高耸于高冈，尔之自由神已左手指天，右手指地，为尔而出现。嗟夫！天清地白，霹雳一声，惊数千年之睡狮而起舞，是在革命，是在独立。

---

① "第"原作"弟"，误，据张枬、王忍之编《辛亥革命前十年间时论选集》第一卷下册所载《革命军》校改。

② "可"字原脱，校补。

③ "新"，原作"亲"，误，据张枬、王忍之编《辛亥革命前十年间时论选集》第一卷下册所载《革命军》校改。

④ "飘"，原作"标"，误，校改。

皇汉人种革命独立万岁！

中华共和国万岁！

中华共和国四万万同胞的自由万岁！

刘伯温烧饼歌曰：

手执大刀九十九，

杀尽鞑子方罢手！

驳革命驳议 *

　　昨读某报《革命驳议》①，自谓主张维新，而不主张革命，大致以今日革命之难，一在外界干涉，一在内容腐败，故不如降心壹志，研究实学，以为异日辅佐君国、兴起宗邦之用。语多鹘突，未能分析明了，不知异日获用，将以立宪政体辅佐君国、兴起宗邦乎？抑将小小变法，补苴罅漏，而遂可以辅佐君国、兴起宗邦乎？若仅变法而已，康有为戊戌②之事，成鉴未远，诚使胡牝就戮，明辟当阳，百日新政，延至百岁，而外人之侵犯国权，要求割地，果能御之与否？若言立宪，某报既知人心腐败，以凿井耕田为本分，输租纳税为常职，初不知何者为自由，何者为不自由矣。而欲其决议税则，规复权利，此又必不可得之数也。夫小小变法，不过欺饰观听，而无救于中国之亡。立宪足以救中国之亡，又非不知自由者所能就，然则研究实学果安所用耶？然而维新之极点，则必以立宪为归矣。彼所以侈陈维新、讳言革命者，非谓革命之举，必伏尸百万，流血千里，大蹂大搏，以与凶顽争命，而维新可从容晏坐以得之耶？

　　夫各国新政，无不从革命而成。意大利、匈牙利之轰轰烈烈，百折

　　* 最初发表于《苏报》第 2488、2489 号（1903 年 6 月 12 日、13 日），署名"汉种之中一汉种"。据柳亚子《我和言论界的因缘》称："阴历五月中旬，《新闻报》登了一篇《革命驳议》，太炎先生便写《驳革命驳议》来反驳它。开了一个头，他不高兴写了，叫我续下去。我续了一段；同邑蔡冶民先生也续写了一段；末尾是威丹先生加下去的。我的一段，是关于菲律宾独立的问题。"据此，《驳革命驳议》为集体创作，作者有章太炎、柳亚子、蔡寅、邹容四人。另有章士钊在《疏〈黄帝魂〉》中自称为此文作者。由于台北影印的《苏报》缺 1903 年 6 月 13 日报纸，此文录自《苏报案纪事》（中国国民党党史史料编纂委员会 1968 年版），并以《黄帝魂·驳革命驳议》为校本。

　　① "昨读某报《革命驳议》"，《黄帝魂·驳革命驳议》作"有著《革命驳议》者"。
　　② "戊"，原作"戍"，误，据《黄帝魂·驳革命驳议》校改。

不回，放万丈光芒于历史者无论矣。英伦三岛，非以不成文宪章与宪政祖国之名，自豪于大地者乎？然一千二百十五年之革命何如？一千四百八十五年之革命何如？一千八百三十二年之革命又何如？使英人而不革命，则一土耳其耳！东眈日本，非以皇统绵绵，万世一系，贡媚言于其君主者乎？然萨、长二藩，尊王覆幕之革命何如？西乡、南洲、鹿儿岛之革命又何如？使日本而不革命，则一朝鲜耳。然则革命与维新，又何择焉？

某报①言论，洋洒万千，而莠言荧听，最足破众庶之胆。而短英雄之气者，则曰外人干涉而已。夫干涉亦何足惧？使革命思想能普及全国，人人挟一不自由毋宁死之主义，以自立于抟抟大地之上，与文明公敌相周旋，则炎黄之胄，冠带之伦，遗裔犹多，虽举扬州十日、嘉定万家之惨剧重演于二十世纪之舞台，未必能尽歼我种族。不然，逆天演物竞之风潮，处不适宜之位置，奴隶唯命，牛马唯命，亦终蹈红夷棕蛮之覆辙而已！菲立宾前事，尤吾党所搉胸泣血、饮恨终夕者也。虽然，以阿圭拿度之英杰，菲国国民之义愤，今虽茹辛含苦，暂为强敌所屈伏，而仰视天，俯视地，咄咄书空之情态，殆不可以一日已。黄河伏流，一泻千里，大地风云，朝不谋夕，吾敢昌言曰：十年以后，太平洋中，无复美利坚之殖民政略矣。即不然，而当日义旗一指，千里从风，西班牙九世之仇，亦既扫荡无余，不犹愈于伈伈俔俔，长为奴隶者乎？彼谓乡村富户，值群盗在门之时，其主人与仆从，唯有齐心协力，抵御外侮。若两造同室操戈，先已筋疲力尽，迨至群盗破门而入，即更②不复能抵御，此固一定之理矣。吾不知彼之所谓主人与奴隶者，将何所指乎？夫中国国民固为全国之主人翁，若今之政府不能尽公仆之天责，而反摧夷辱戮我民以为快，直群盗之尤无赖者耳！内盗不去，盘堂踞奥，而嚣嚣然曰"拒外盗，拒外盗"，缚手足而与人斗，乌可胜乎？

且彼既排革命而主张维新矣，而维新终未可从容晏坐以得之，则仍不得不望诸民党之崛起。彼政府之仇视我也，见我民之稍有气节，稍有举动者，莫不欲得而甘心，又岂知革命与维新之有别哉？唐才常昌言勤王，而伏尸鄂市；日本留学生以服从政府为主义，而下诏大索海内，况维新、革命，相去不能以寸乎？吾知一旦宪政党出现于中国，而政府之

---

① "某报"，《黄帝魂·驳革命驳议》作"且彼之"。
② "更"字原脱，据《黄帝魂·驳革命驳议》校补。

追讨，外人之干涉，犹如故也。夫低首下心，以求所谓维新者而终不成，何如昌言革命，反有万一之希冀哉！

彼谓中国之民未有怨政府之心，不可以言革命。夫我国民岂生而具奴隶之性质、牛马之资格，任政府之食吾毛、践我土①而不动于心哉？毋亦智识未开，浸淫于四千年来之邪说，而号称提倡民权如某报者，复从而益之②，上天下泽，名分等严，虽有怨尤，莫③如之何耳！使有人决此藩篱，昌明大义，二十世纪之中国，何讵不如十九世纪之欧洲乎？然则被所谓"明目张胆，于稠人广众之中，公言不讳，并登诸报章，以期千人之共见"者，正以中国国民未知革命，而求所以知之之道耳。

彼谓联络会党殊不足恃，而引拳匪④为鉴。夫拳匪之事，岂可与革命党同日语哉！彼挟一"扶清灭洋"之宗旨，既可以皇汉之贵种而腼然自称大清之顺民，帖耳俯首，受治异族，无复廉耻矣。又何不可以为大英、大法、大日本之顺民乎？能为张氏奴，亦必能为李氏奴，性质如此，无足怪者。而遽以区区少数并多数之未必如是者而同类并讥之，亦瞀言而已。抑今日之主张革命者，虽词严义正，不必如某报⑤所谓彼亦一是非，此亦一是非，而阳和之韵，不入里耳，逞臆为谈，犹多歧路。无已，请比较革命、立宪之难易，还以商榷⑥之义，与海内外人士质之可乎？

革命之举，虽事体重大，然诚得数千百铮铮之民党遍置中外，而有一聪明睿知之大人率而用之，攘臂一呼，四海响应，推倒政府，驱除异族；及大功告成，天下已定，而后实行其共和主义之政策，恢复我完全无缺之金瓯，则所革者，政治之命耳；而社会之命，未始不随之而革也。若夫维新则必以立宪为始基，立宪则必以人人能守自治之法律，人人能有担任宪政之资格，然后得以公布宪法为举国所同认。今以数千年遗下懦⑦弱疲玩之社会性质，俯首屏息于专制政体之下，一旦欲其勃焉而兴，胥人人而革之，以进于光明伟大立宪国之国民，吾恐迟之十年数

---

① "践我土"，《黄帝魂·驳革命驳议》作"践吾土"。

② 《黄帝魂·驳革命驳议》无"而号称提倡民权如某报者，复从而益之"一句。

③ "莫"，原作"末"，据张枬、王忍之编《辛亥革命前十年间时论选集》第一卷下册《驳革命驳议》校改。

④ 《黄帝魂·驳革命驳议》中"拳匪"俱作"拳民"。

⑤ "某报"，《黄帝魂·驳革命驳议》作"彼"。

⑥ "榷"，原作"摧"，误，据《黄帝魂·驳革命驳议》校改。

⑦ "懦"，《黄帝魂·驳革命驳议》作"茶"。

十年后，仍不能睹效于万一，而中国之亡，已亟不能待，况满清政府之初无立宪思想乎！

夫对此扞格不谋之敌体，出此迂远无补之希望，如醉如痴，如梦如寐。外人乃朝换一约，暮索一款，伺我内情之懈弛，徐行其扩张权利之计，使我膏涸血竭，财穷智绌，遍国人无能为抵御之策，而彼乃印度我，波兰我，支那大陆，永永陆沉，吾不知行立宪主义者，尚足以救波兰、印度之亡否耶？无奋雷之猛迅，则万蛰不苏；无蒲牢之怒吼，则晨梦不醒；无掀天揭地之革命军，则民族主义不伸；民族主义不伸，而欲吾四万万同胞一其耳目，齐其手足，群其心力，以与眈眈列强竞争于二十世纪之大舞台，吾未闻举国以从也。

彼又谓中国一隅之地，往往彼焉怨咨，此焉讴歌。至证以科举之丑态，厘金亩捐之弊政，是真大惑不解者矣。科举者愚民之术，有志之士不入其彀中，即以常人言之，获者不过少数，而不获者仍是多数，是固讴歌少而怨咨多也。厘金亩捐，凿损元气，举国皆蒙其害，况于生物、成物、运物之农工商，随在有密切之关系。吾未闻工商受厘金之酷虐，而农者讴歌于野；农者受亩捐之勒派，而工商讴歌于市。虽有讴歌，亦如哭泣痛苦之中，暂而饮酒以慰无聊而已。及其既醒，则怨咨如故也。此何足为独倡寡和，不能革命之证哉？

总之，国民与政府，立于对待之地者也。革命之权，国民操之，欲革命则竟革命。维新之权，非国民操之，不操其权，而强聒于政府，亦终难躐此革命之一大阶级也。悲夫！放弃国民之天职，而率其四万万神明之同胞，以仰一异种胡儿之鼻息，是又昌言维新者所挟以自豪乎？无量头颅无量血，即造成我新中国前途之资料。畏闻革命者，请先饮汝以一卮血酒，以壮君之胆，毋再饶舌，徒乱乃公意。

狱中与蔡寅书[*]

冶民志士足下：

读致枚公等，及金松岑君来，奉闻近状。念夏初时，在爱国学社相与快论，不无生感。岁月逼人，羁此又将卒岁也。比来老大支那瓜分之说哗嚣尤甚，亡国之民，同兹慨忿。伪政府擅敢以吾族血土，再拜敬献于列国皇帝、统领阶下之前，徒恨我柔脆奴隶之汉种，只能坐视其盗卖，不思一抗耳！今者海内大义日益昌明，我神圣文武之皇祖或眷其胤，亲爱之同胞同德一心，而又加以吾同志之自持不退，终必有俎醢此五百万蛮族之一日。狱事问松岑即知，不具述。

书此。敬问起居。

弟邹容顿首

十月廿五日

＊ 此文录自手稿复制件。该信作于 1903 年 12 月 8 日，《人民日报》1981 年 10 月 6 日第五版《苏州发现邹容亲笔信》披露。

致四君书[*]

□□志士足下：

奉致枚公书，得近状。审足下以支那大陆尚有某某，不以其微贱忽之，感甚感甚。某事国无状，羁此半年，徒增多感。幸得枚公，同与寝食，迩来获闻高义，耳目一新。奈某愚极，不堪造诣，且思潮塞绝，欲尽文字的国民责任，念而不能。得足下活阔之文章，鼓吹国民，祖国前途或有系耶！狱事消息又转伪京，俟有来文，然后定议。

书此。敬问起居侍祉。

弟邹容谨上

---

* 此文录自《复报》1906 年第 5 期，署名威丹，原题后有"癸卯十月"，作于 1903 年 11 月、12 月间。此为致柳亚子信，底本中的"□□志士"为"人权志士"，"人权"系柳亚子改字。

邹容年谱简编

1885 年（光绪十一年　乙酉）

出生于四川巴县（今重庆）城内夫子池洪家院子。其父邹子璠系当地富商，颇饶资财。

邹容谱名桂文，曾改名绍陶，字蔚丹（亦作威丹、味丹），容是留学日本时改的名字。

1890 年（光绪十六年　庚寅）

随大哥蕴丹入私塾读书，习"四书"、"五经"，读《史记》、《汉书》等古籍。

1896 年（光绪二十二年　丙申）

第一次参加县试。临试见试题很生僻，与主考官顶撞，愤而退出考场。父亲责打，他申辩说："臭八股儿不愿学，满场儿不愿入。衰世功名，得之又有何用？"有人回忆邹容曾将《神童诗》"少小须勤学，文章可立身。满朝朱紫贵，都是读书人"，改为"少小休勤学，文章误了身。贪官与污吏，尽是读书人"，反映了他对科举、功名的鄙弃。

1898 年（光绪二十四年　戊戌）

在这两年里，接触到《天演论》和《时务报》等宣传维新变法的书报，萌生革新思想，不愿再参加科举考试。从而赴重庆，在日本驻重庆领事馆学习日文、英文和西学。不久进入经学书院，在院中大胆批判传统封建说教。戊戌变法失败后，曾作《题谭嗣同遗像》诗："赫赫谭君故，湖湘士气衰。惟冀后来者，继起志勿灰"，成为他继承谭嗣同遗志的誓言。

1900 年（光绪二十六年　庚子）

在重庆楼外楼痛骂重庆知府幕僚之子科场舞弊，并当面指责知府，受到打二十记手心的处罚。

1901 年（光绪二十七年　辛丑）

初夏，冲破家庭阻挠，步行千里前往成都，参加官费留日学生考试。本已录取，但因其"聪颖而不端谨"被临时摈出。

8 月 4 日，上书父母，表达了对舅父刘华廷阻止其留日学习一事的不满。向其父陈说舍身成仁、留学救亡的道理。父亲最终对其自费赴日留学予以支持。

8 月 14 日，致书其兄邹蕴丹，以"科举路从此绝"而劝其兄"切勿奔走于词章帖括中，以效忠于前人"。

9 月，到上海，入广方言馆，继续学习日语，做自费留日准备。

1902 年（光绪二十八年　壬寅）

8 月，渡海抵达日本东京，入同文书院，补习日语和普通课程。

在此期间，广泛阅读西学书籍，尤其是政治、历史著作对其影响大，初步形成较为系统的革命思想。

1903 年（光绪二十九年　癸卯）

1 月 29 日，出席东京中国留学生会馆举行的新年团拜会，发表激烈的反清革命演说。从此，每会必到，到必慷慨陈词。

3 月 31 日，留学生监督姚文甫因破坏留学生运动，并犯有奸情，被留日学生剪掉发辫，邹容参与其中，被清政府驻日公使蔡钧索拿，被迫返国。

4 月 16 日，回到上海，入爱国学社学习，结识章太炎等革命派人物。

4 月 28 日，参加张园拒俄集会，并与改良派论战，发起成立中国学生同盟会。

4—5 月，奋笔写作《革命军》一书。

5 月 30 日，《革命军》在沪大同书局出版，署名"革命军中马前卒"。章太炎为之作序。

6 月 1 日，《苏报》宣布大改良，邹容协助章士钊，引导《苏报》进一步革命化。

6 月 9 日，《苏报》刊文介绍、赞扬《革命军》，其中爱读《革命军》者（章士钊）的《读〈革命军〉》一文大声疾呼："卓哉！邹氏之《革命军》也，以国民主义为干，以仇满为用，捃扯往事，根极公理，驱以犀利之笔，达以浅直之词。虽顽懦之夫，目睹其事，耳闻其语，则

罔不面赤耳热，心跳肺张，作拔剑砍地奋身入海之状。呜呼！此诚今日
国民教育之一教科书也。李商隐于韩碑，愿书万本诵万遍，吾于此书
亦云。"

6月10日，《苏报》转载章太炎所写《〈革命军〉序》，序文开头一
段为："蜀邹容为《革命军》方二万言，示余曰：'欲以立懦夫，定民
志，故辞多恣肆，无所回避，然得无恶其不文耶？'余曰：凡事之败，
在有其唱者而莫与为和，其攻击者且千百辈，故仇敌之空言，足以堕吾
实事。"

6月12—13日，《苏报》刊载邹容与章太炎等合写的《驳革命驳
议》。据柳亚子回忆：《革命驳议》发表后，"太炎先生便写《驳革命驳
议》来反驳它。开了一个头，他不高兴写了，叫我续下去。我续了一
段；同邑蔡冶民先生也续了一段；末段是威丹先生加下去的。"因此，
《驳革命驳议》系章太炎、柳亚子、蔡冶民和邹容合撰。

6月29日，《苏报》刊出章太炎《康有为与觉罗君之关系》（《驳康
有为论革命书》节录），内有"载湉小丑，未辨菽麦"的指斥光绪皇帝
的话，酿成"苏报案"。章太炎、邹容均在拘传之列。

6月30日，章太炎被捕入狱。

7月1日，邹容自动到租界巡捕房投案，入狱。

7月15日，上海租界会审公廨对章、邹二人多次审讯，章、邹二
人进行了坚决斗争。

7月22日，章太炎写《狱中赠邹容》诗："邹容吾小弟，被发下瀛
洲。快剪刀除辫，干牛肉作糇。英雄一入狱，天地亦悲秋。临命须掺
手，乾坤只两头。"邹容亦写《狱中答西狩》诗："我兄章枚叔，忧国心
如焚。并世无知己，吾生苦不文。一朝沦地狱，何日扫妖氛。昨夜梦和
尔，同兴革命军。"

8月，闻沈荩被清廷杖毙，章炳麟作《狱中闻沈禹希见杀》诗悼
念，邹容亦作《和西狩〈狱中闻沈禹希见杀〉》："中原久陆沉，英雄出
隐沦。举世呼不应，抉眼悬京门。一瞑负多疚，长歌召国魂。头颅当自
抚，谁为垒新坟。"诗刊于《国民日日报》第八号（1903年8月14
日）。

12月4日，上海租界组成"额外公堂"，继续审讯章太炎、邹容。
"额外公堂"徇清廷之请，判二人永远监禁。

1904年（光绪三十年　甲辰）

5月21日，改判章太炎监禁三年，邹容监禁二年，罚作苦工，期

满驱逐出租界。其判词如下："本县奉南洋大臣委派，令同英副领事审讯苏报馆一案，今审得……至邹容作《革命军》一书，章炳麟作《馗书》，并作《〈革命军〉序》，又有《驳康有为》一书，言语纰缪，形同悖逆。彼二人者，同恶相济，罪不容恕，议定邹容监禁二年，章炳麟监禁三年，罚作苦工，以示炯戒，限满开释，驱逐出境。"

两人在狱中一道坚持斗争，并联句作绝命词："击石何须博浪椎（邹），群儿甘自作湘累（章）。要离祠墓今何在（章），愿借先生土一抔（邹）。""平生御寇御风志（邹），近死之心不复阳（章）。愿力能生千猛士（邹），补牢未必恨亡羊（章）。"

作《涂山》诗："苍崖坠石连云走，药叉带荔修罗吼。辛壬癸甲今何有，且向东门牵黄狗。"诗在其去世后刊于《汉帜》第二期（1907 年 2 月）。

1905 年（光绪三十一年　乙巳）

在狱中饱受磨难，病危。

4 月 2 日，即保释出狱就医前一天，服用租界工部局医院的药后在下半夜死亡。死时口吐鲜血，人们怀疑中毒致死。

中国近代思想家文库

方东树、唐鉴卷	黄爱平、吴杰　编
包世臣卷	刘平、郑大华　主编
林则徐卷	杨国桢　编
姚莹卷	施立业　编
龚自珍卷	樊克政　编
魏源卷	夏剑钦　编
冯桂芬卷	熊月之　编
曾国藩卷	董丛林　编
左宗棠卷	杨东梁　编
洪秀全、洪仁玕卷	夏春涛　编
郭嵩焘卷	熊月之　编
王韬卷	海青　编
张之洞卷	吴剑杰　编
薛福成卷	马忠文、任青　编
经元善卷	朱浒　编
沈家本卷	李欣荣　编
马相伯卷	李天纲　编
王先谦、叶德辉卷	王维江、李鹜哲、黄田　编
郑观应卷	任智勇、戴圆　编
马建忠、邵作舟、陈虬卷	薛玉琴、徐子超、陆烨　编
黄遵宪卷	陈铮　编
皮锡瑞卷	吴仰湘　编
廖平卷	蒙默、蒙怀敬　编
严复卷	黄克武　编
夏震武卷	王波　编
陈炽卷	张登德　编
汤寿潜卷	汪林茂　编
辜鸿铭卷	黄兴涛　编

图书在版编目（CIP）数据

中国近代思想家文库. 杨毓麟 陈天华 邹容卷/严昌洪，何广编. —北京：中国人民大学出版社，2013.12

ISBN 978-7-300-18564-4

Ⅰ.①中… Ⅱ.①严… ②何… Ⅲ.①思想史-研究-中国-近代 ②杨毓麟（1872～1911)-思想评论 ③陈天华（1875～1905)-思想评论 ④邹容（1885～1905)-思想评论 Ⅳ.①B250.5

中国版本图书馆 CIP 数据核字（2013）第 319622 号

中国近代思想家文库

杨毓麟 陈天华 邹容卷

严昌洪 何 广 编

Yangyulin Chentianhua Zourong Juan

出版发行	中国人民大学出版社	
社 址	北京中关村大街 31 号	**邮政编码** 100080
电 话	010 - 62511242（总编室）	010 - 62511770（质管部）
	010 - 82501766（邮购部）	010 - 62514148（门市部）
	010 - 62515195（发行公司）	010 - 62515275（盗版举报）
网 址	http://www.crup.com.cn	
经 销	新华书店	
印 刷	涿州市星河印刷有限公司	
开 本	720 mm×1000 mm 1/16	**版 次** 2014 年 1 月第 1 版
印 张	25.25 插页 1	**印 次** 2025 年 4 月第 3 次印刷
字 数	391 000	**定 价** 99.00 元

版权所有 侵权必究 印装差错 负责调换